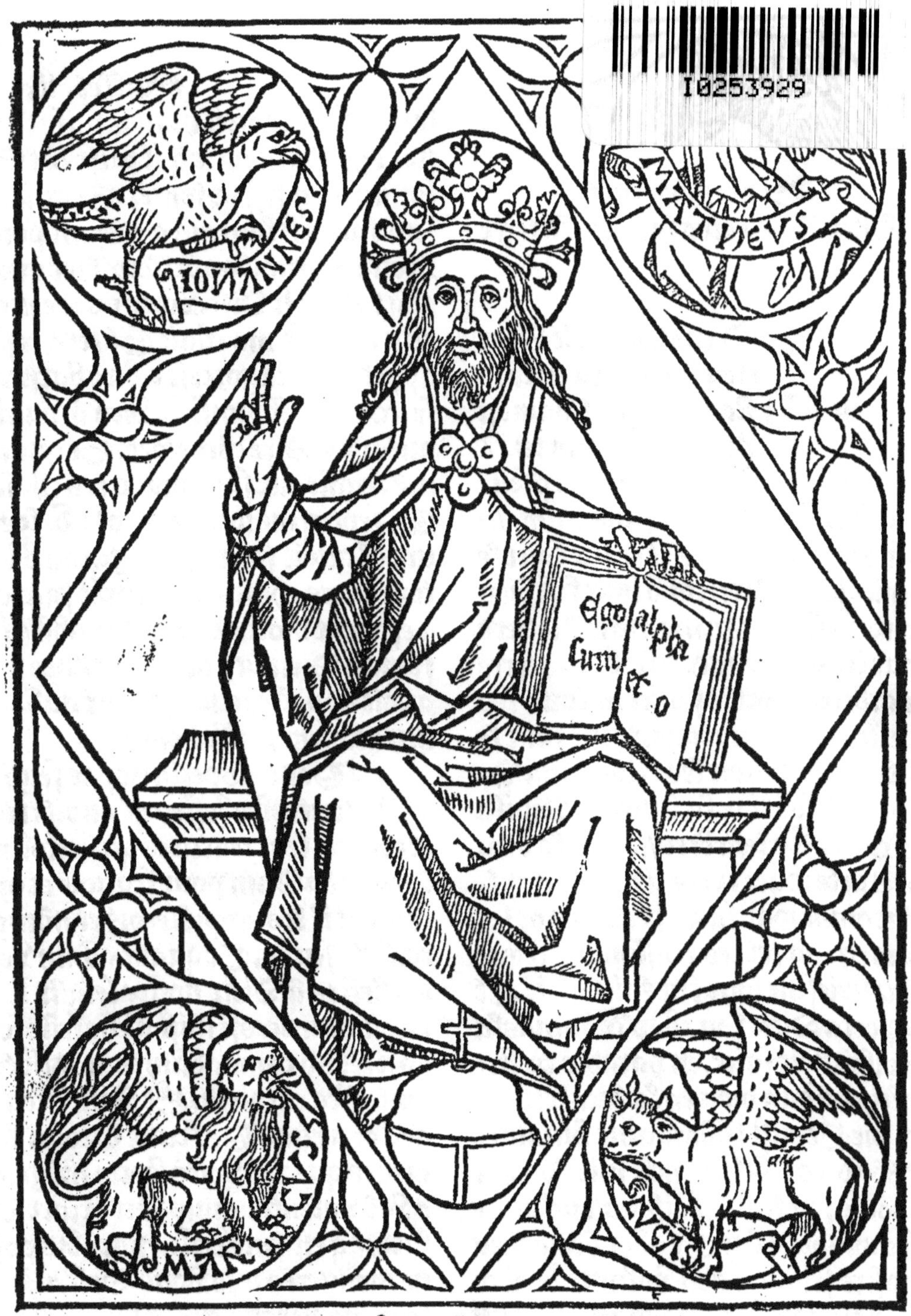
IOHANNES
MATHEUS
Ego alpha
et o
MARCUS

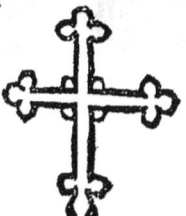

Cy cõmence la bible en francois.

Et premieremēt.
Cõment Dieu crea le ciel & la terre

A cõmencemēt Dieu crea le ciel & la terre. La terre estoit vaine & vuide/ et grans tenebres estoient au pdessꝰ labisme q̃ est matiere sans forme/ & fist dieu lumiere. Et ce fut faict le pmier iour. Au second iour fist dieu la rondesse du firmament Au tiers iour leaue & la mer & lerbe sus terre et arbres q̃ portēt fruict, et tous les aultres. Au quart iour fust faict le soleil et la lune & les estoilles:& de partit le soleil de la lune Et diuisa la clarte des tenebres/ & apella dieu la clarte iour: et les tenebres nuyt. Au quint iour furēt faictz les oyseaux en lair/ et les poissons en leaue Au sixiesme iour fut faict adã. Et le porta Dieu du chãp de damas la ou il lauoit faict, en paradis trestre & luy inspira dieu en la face lesperit de vie Et eust lhõme ame viuante. Et apres il dist: il nest mie bon que lhõme soit soeul: faisons vne aide semblable a luy Et adõc dõna dieu nostre seignr a adã volunte de dormir Et tãdis quil dormoit il prist vne des costes de adam/ & replist

feuillet. ii.
le lieu de char ou il lauoit prise la coste. Et de la coste q̃ il prist de lhõe forma et en fist la femme. Et quãt il leut faicte si lamena a adam pour veoir cõment il appelleroit/ et quãt adã la vist si dist. voicy os de mes os & chair de ma chair Et sera ceste appellee virago: cest a dire barnais se: car elle est prinst de viro q̃ vault autant a dire cõme ver. Et quant nr̃e seignr eut fait toutes ces choses Au septiesme iour se reposa de loeuure ql auoit faicte Et regarda dieu toutes ces choses quil auoit faictes & estoient moult bõnes Et adã & sa fēme q̃ dieu luy auoit dõnee q̃ il auoit appellee eue: estoient nudz et nen auoient nulle honte.

Donc appella nostre seignr toutes les bestes ql auoit crees et toutes les creatures qui estoient deuant adam pour scauoir et oyr cõment il les appelleroit et nõmeroit chascune. Et quant adam veit les bestes q̃ dieu nostre seignr luy auoit amenees si mist a chascũe son nõ & tel nõ cõme adam leur mist tel lont elles encoires. Et dist dieu a adã et a eue. De fruict de tous les arbres que vous voies vous mãgeres a ṽre volente: mais du fruict de larbre q̃ est emy cestui paradis point ne mengeres ie le vous deffendz et leur monstra larbre et leur dist En quelq̃ iour q̃ vous en mãgeres: vo⁹
a. ii.

mortes. Ainsi leur commanda nostre seigneur et leur mist tout a leur commandement excepte le fruict de larbre qu' leur deffendit. Et eut adam la seigneurie sur toutes creatures q dieu auoit faictes: mais qu' se gardast qu' ne mengeast du fruict de larbre que Dieu nostre sire luy auoit deffendu

Et le serpent qui estoit la plus malicieuse beste de toutes celles q nostre seigneur auoit crees: si se pensa quil feroit faire telle chose a lhomme se il pouoit, quil legetteroit hors de si grande seignourie comme Dieu luy auoit Donnee, et mis en sa baillie/ mais il nosoit pler a lhomme car il scauoit bien que lhomme estoit saige et plain de sens et ferme en courage et en pensee. Car adam eut les trois principales Vertus, car il eut force plus q nulz homs neut onq̃s Et luy donna nre seigneur grant sens come il luy Vint a plaisir quãt il lui inspira en la face Dont lame luy fut ou corps mise. Il eust plus grant beaulte que nul lhomme mortel peust onq̃s auoir. Car dieu le forma come chascũ scet a son ymage et a sa semblance Et quant nostre seigneur lui eut Donne toutes ces trois Vertus: force sens et beaulte, si lui donna apres Vng moult beau Don et fut congnoissance de bien faire et de mal. Et de scauoir le lequel Vault mieulx/ cest a dire liberum arbitrium q Vault autãt

a dire comme franche Voulente qui est pouoir de bien faire et mal laisser Et tout ce eut adam.

Dant le serpent Vit q lhomme estoit plain de si grant sens q dieu lui auoit donne si ne losa attraire pour decepuoir ains se pensa q il assairoit sa feme a qui Dieu nauoit pas Donne tant de Vertus ne de perfection si Vint a sa feme et luy dist Pourquoy ne p quelle raison Vous a dieu deffendu que Vous ne mãges poit du fruict qui est emy paradis. Et la femme luy respondit. Il nous a Dit que de quelq̃ heure et de quelq̃ iour que par auenture nous en mãgerios: nous mourrions. Et pour ce le nous a deffendu. Et le serpent lui dist il nest mie alsy car dieu scet bien que qnt Vous aures mãgie du fruict de larbre qu' Vous a deffendu tãt serot Voz yeulz mieulz ouuers: et seres si come Dieu q scet le bien et le mal.

Dãt eue eut ouy ce q le serpent lui dist: si lui pleut moult bien et cuida que ce fut Verite: et regarda eue le fruict bel a Veoir et Doulx au goust: si en prist et en mengea et en Dona a adam. Et adam en prist de la main de eue sa femme et en mengea. Et tãtost q eue et adam eurẽt mãgie du fruit de larbre q dieu leur auoit deffendu si furent leurs yeulx ouuers et sceurent bien quilz estoiẽt nudz et eurẽt moult grant hõte lũg de lautre. Or prindrent des feuilles dug figuier et en couurirent chascu le lieu qui leur sembloit plus honteux sus luy/ et si se miserent soubz ung arbre fueilleux: car ilz ne se osoient monstre ainsi coe ilz faisoient deuant pource qlz se veoient nudz.

Dont nostre seigneur ala apres midy en paradis il cria et dist adam ou es tu. Et adam luy respondit. Sire iay ouye ta voix en paradis. Si te ay doubte pource q ie stoie nud Et dieu luy respondit. Qui ta monstre que tu estois nud. si non que tu as mengie du fruict de larbre que ie tauoie deffendu. Et adam luy respondit Sire la femme que tu me as donne men a donne et ma deceu. Et nostre seigneur luy dist: Pource q tu as obey a la voix de ta feme plus que a la mienne: la terre que tu laboureras soit mauldicte quant tu y auras mis ton labeur au mieulx q tu pourras. Elle ne te rendra mie son fruict ne donera mais elle te aportera espines et chardons. Tu mengeras ton pain a la sueur de ton visaige et de ton corps iusques a tant q tu vindras en la terre dont tu fus faict. Et quant nostre seignr eut parle a adam: si appella eue sa femme et luy dist. Pourquoy as tu mengie du fruict de larbre que ie te auoie deffendu. Et elle respondist le serpent ma deceue et ie ay mengie

feuillet. iii.

Et nostre seigneur luy respondist Tu enfateras en douleur tes enfans et seras subiecte a lhomme tout le temps de ta vie. Et apres dist au serpent. Pource que tu as ce fait tu yras sur ton pis et mengeras terre tous les iours de ta vie Et metteray guerre entre toy et la feme tu lespieras p deuers les piedz et elle te foulera et brisera le chief.

Coment nostre seigneur priua et debouta adam et eue hors de paradis terrestre pource que ilz furent desobeissans a son comandement en mengeant du fruict de larbre q leur auoit deffendu.

Pres ce fist nre seignr a adam et a eue deux cottez de poil/ et les en vestit et les mist hors de padis et mist ung cherubin a lentree de paradis a tout ung glaiue que on appelle espee tournant et ardant et luy comanda a garder lentree de padis ou larbre est qui porte le fruict de vie.

Dont adam et eue furet hors de paradis pource qlz auoient trespasse le comandemet de nostre seigneur q il leur auoit fait si furet en si grant douleur et en si grat tristesse que nul ne le pourroit dire car leur sire estoit si courrouce enuers eulx q il ne attendoiet a auoir nul confort Et les bestes et les creatures sur les qlles dieu leur auoit donne seignourie si ne les cognoissoient qt ilz les

a. iii.

dirent Bestus, car qͥt la seignourie leur fut donnee ilz estoiēt nudz Et tant cōme ilz furēt nudz et sans vesture en paradis: les creatures les tindrēt a seignr̄ Et qͥt ilz eurēt pdu la seignourie par leur meffait: si ne les ognēurt de la en auāt ne ne les tindrēt a seignr̄ mais toutes les creatures q̄ auant qͥlz eussēt meffaict enuers nostre seigneur les tenoiēt a amis leur furēt apʒ le meffaict ēnemis Et tout ce q̄rent ilz pour eulx q̄ pour toutes leurs lignees pour le meffaict quilz firent a nostre seignr̄

e A grant douleur furēt adā et eue sa femme de ce que ilz auoient fort mespris enuers leur createur q̄ ne trouuoient cōfort en nulles creatures. Si fist q̄ edifia adam vng tabernacle de raisiaux darbres pour soy garder lui q̄ sa femme contre lardeur du soleil et pour eulx garantir contre les bestes sauluaiges Et quant adam q̄ eue eurēt este vng temps ainsy: sy cogneut adam eue charnelemēt sicōe nature luy enseigna et engendra vng beau filz q̄ pourta eue lēfant tel tēps cōe nostre seigneur luy establit, q̄ a son droit terme se deliura dung filz, q̄ dist iay hōme en possession de p dieu et lappellerent chain, et son pere et sa mere ne eurent de quoy le couurir fors que dabres q̄ de fueilles Mais iceluy chain incontinēt qͥl fut ne: se prist q̄ la mamelle de sa mere cōme nature luy ēseigna q̄ prist sa substāce Moult aymerent adam, eue leur enfant chain q̄ moult en furēt recōfortes. Et encores recōgneut adā sa feme et engendra vng aultre filz, et qͥt il fut ne: sī appellerent abel/ qui vault autāt a dire cōe pleurs Mōlt aymerēt adā et eue leurs enfans/ et les nourirent au mieulx qͥlz peurent iusques a ce quilz furent grans

Dāt chain et abel furēt grās q̄ hors deffance si deuit chat laboureur de terre/ et abel se print a garder brebis. Et quant les brebis auoient aigneaulx: si prenoit abel lung des plus beaulx et le sacrifioit a dieu nr̄e seignr̄. Et chain ardoit du bled de la terre et sacrifioit a nostre seignr̄ Et la fumee du sacrifice que abel faisoit: alloit par deuers le ciel. Et la fumee du sacrifice chain aloit et tournoit vers la terre et ne montoit point en hault. Et chain sen print garde q̄ luy sembla q̄ dieu prenoit plꝰ en gre le sacrifice de abel qͥl ne faisoit le sien Et en fut moult courrouce q̄ qmēca moult a hair sō frere par enuie et pensoit cōment il luy feroit mal se il pouoit.

Mult fut ire chain cōtre son frere abel de ce qͥl luy sēbloit q̄ le sacrifice que il faisoit de laignel plaisoit mieulx a dieu q̄ ne faisoit le sien et cōcheut telle hayne a lē cōtre feuillet. iiii.

de abel que a grãt peine le pouoit regarder Et qʼt il eut tant attendu: si dist ung iour a son frere abel. alõs aux chãs et abel q ny pensoit synon que a bien ala auecqs luy. Et quãt ilz furẽt eslõgnez du lieu ou adã leur pere ẽ eue leur mere habitoiẽt: si courut chai sus abel / ⁊ le ferit dũg fust en la teste tellement q il cheut mort Et qʼt chai vit qʼl ne se releuoit poit si le laissa gisãt sur la tre et sen ala mais il nosa retourner a son pere ne a sa mere / car il scauoit biẽ qʼl auoit mesprins ⁊ meffaict Et apres ce nostre seigneur vint aud. chain et luy demãda ou estoit son frere abel. Et chain luy respondit. Je ne scay sire. Suis ie donc garde de mon frere. Et nostre seignr luy dist. Que as tu faict Voicy la voix du sãg de ton frere qui crie a moy de la terre Dõt tu seras ores mauldit sur terre q a ouuerte sa bouche ⁊ receu le sang de ton frere de ta mai et tu seras mauldit ⁊ poit ne seras estable ne ferme.

Quãt chain eut ouy la parolle de nre seigneur ⁊ ce q il disoit Il respõdit a nre seignr. Mon meffait et mon iniqte est si grãde q ie ne pourroy auoir mercy ne pdon mais ie te prie que ceulx q me verront me mettẽt a mort. Et nostre seignr lui dist Il ne sera mie ainsy car ie mettray ung tel seigne en toy q toꝰ ceulx q te verront te cognoistront. Si luy

donna nre seigneur ung grief mal q fut tel qʼl trẽbloit toꝰiours du corps et de toꝰ ses mẽbres et atãt se deptit du lieu ou nre seignr auoit ple a lui et sen ala ca et la cõe hõme desperé ⁊ nosoit retourner a son pere ne a sa mere pour le meffaict qʼl auoit fait.

Cõment adã ⁊ eue ploureret leur filz abel p lespace de cent ans

Ne sceurent adã ne eue que leurs enfans furẽt deuenꝰ ne la ou ilz estoient alles. et quant ilz les eurent tant attendus et ilz virẽt que ilz ne venoient point si allerent aux champs de la part ou ilz les auoient veu aller. Et qʼt ilz eurent cheme si trouuerẽt abel mort gisãt sur terre tout ensanglante mais ilz ne trouuerent point chain. Si se pẽseret bien q chain auoit fait ce murdre par malice Et lors ilz prindrent abel et ẽtre eulx deux lemporterent au mieulx quilz puerent en leur tabernacle: et le coucherent par terre pour veoir sil se releueroit poit. car ilz cuidoiẽt qʼl fut endormy et ne scauoiẽt se mort estoit ou nõ. Et quãt ilz eurent tant attẽdu: la charoigne du corps abel leur ōmẽca a puir tãt qʼlz ne la pouoiẽt souffrir / et attendoiẽt tousiours qʼl se releuast Et qʼt ilz virẽt qʼl ne se releuroit point: si le prindrẽt et lemporterẽt hors pour la pueur qʼlz ne pouoiẽt plꝰ souffrir. si ouurirẽt la terre ⁊ le mistent dedens

a. iiii

(?) le couurirent affin que les mau[l]/
uaises bestes ne le deuorassent.

Au tiers iour apres allerent
adam et eue ou ilz lauoient
mis/et le descouurirent de la terre.
Et puis quāt ilz leurēt descouuert
si le trouuerent tost corrūpu/pourri
en grant ptie. Adonc sceurent ilz biē
que ainsy les cōuenoit pourri en la
terre pource que ilz auoient mespris
enuers nostre seigneur/si menerent
si grant dueil par cent ans q̄ nul ne
le pouroit dire. Et apres ce recong/
neut adā sa fēme et engendra ung
filz qui fut apelle seth. Et eue dit:
Dieu ma rendu semance en lieu de
abel que chain occist par enuie

Comment le peuple creut et
multiplia de degre en degre et cō
ment enoch fut prins et raui de ce
monde/et pourte en paradis terestre
par la volante de dieu.

En grant pourete et en grant
douleur furent adā et eue sa
fēme et viuoiēt darbres et de ce que
la terre apourtoit de sō gre et p nate
sans autre peine ne labeur. si eurēt
adā et eue moult grāt plāte denfās
filz et filles. Et comanda dieu q̄ de
leur semence fust la terre rēplie. Si
prēdrent les filz les filles/et ēgēdre
rent moult denfans. Et engendra
seth ung enfant q̄ l appella enoch.
Et fut le premier qui en especial le
nom de dieu ōmēca a hōnourer et a

appeller. Et q̄nt enoch le eut ainsy
seruy lōguemēt dieu laimoit mōlt
et ploit a luy ainsi amiablemēt cōe
deux hōmes plēt lung a lautre. Et
pourtāt q̄ de la malice du monde il
ne fust surpris et corrumpu: dieu le
rauyt et empor̄ta hors de ce mōde (?)
le mist en lieu secret q̄ nul terrien ne
scet onc ques/ ne ne sera mais veu
iusq̄s a tant que n(ot)re seignr lēuoyra
luy (et) helie p̄scher en tre pour gforter
le peuple cōtre la venue de lātecrist
Mōlt eut de peine et de douleur chai
et chascū iour prioit a nostre seignr
quil trouuast ung hōme qui l occist
car il luy ēnuyoit de ce quil viuoit
tant. Et dieu luy dist quil ne seroit
mie ainsy/ car qui occira chain il sera
pugny en sept doubles cest a dire q̄
lameth q̄ par aduēture le tua estoit
le septiesme getton de la lignee q̄ le
tua. Long temps vesquit adam et
recōgneut sa femme et eut ung filz
qui fut appelle enoch quāt il fut ne

Cōment adam et eue apres ce
qlz eurēt vescu long tēps en ce mōde
en grāt pourete et douleur moururēt
et furent enterres en a valee debron

Donc creut et multiplia le
peuple (et) y en eut de telz qui
firent moult de maulx qui
desplaisoient a dieu. Et moult de
tēps vesqrent adam (et) eue en grant

douleur. Et quant ilz eurent tant esté en ce monde tant qu'il pleut a nostre seigneur si trespasserent de ce siecle et furent ensepuelis si come listoire dit en la Valee de Ebron. et chain desque en moult grant douleur qu'il en tellit n'ne habitoit point entre les gens, car chascun scauoit bien qu'ilz le veoient trembler la teste et tous les membres: que c'estoit chain q auoit occis son frere, et dieu luy auoit donné tel seigne pour son meffaict, et habitoit en forestz et en lieux desers Et lameth estoit si viel q point ne veoit n'estoit aueugle de vielesse mais si bon archier n'si certain estoit q quant il tiroit de son arc a une beste saulvaige en la forest il abatoit de sa sayette. Et ung homme luy conduisoit et adressoit sa sayette vers la beste q'il veoit ou elle estoit Et lameth tiroit si droit n'si fort qui la

Comment lameth n'celuy, tiroit q le conduisoit allerent en une forest pour scavoir silz pourroient trouver aulcune beste saulvaige qlz peussent abatre, et occirent chain cuidant que ce fust une beste saulvaige.

V ng iour alloient par my la forest lameth n'lhomme qui le conduisoit. Et estoient alles en une forest pour scauoir silz pourroient trouver aulcune beste qlz peussent abatre. Si vindrent en ung lieu ou chain estoit dessoubz une arbre fueilleu iusques a terre, n'trembloit si fort q il faisoit trembler les fueilles q estoient pres de luy. Et quant celuy q conduisoit lameth vint pres de larbre ou chain estoit couchie: cuida que ce fust une beste pour les fueilles q fort trembloient et dist a lameth q'il veoit une beste. Et lameth luy dist q'il adressast sa sayette vers la beste, n'si fist il: n'lameth tira si fort q mieulx peut vers le lieu ou celuy q le conduisoit lui avoit sa sayette tournee si ferit si fort chain ou col q'il loccist. Et quant il eut tire si cuyda bien qu'il eut tue une beste come il souloit et sen alla lui n'celuy qui le conduisoit au lieu ou il avoit trait. et quant ilz vindrent la: si trouverent qu'ilz avoient tue ung homme de moult laide facon espouentable a merveilles. Et quant celluy q conduisoit lameth dit que c'estoit ung homme de si laide facon q estoit occis si dist a lameth, Sire tu as tue ung de la plus laide facon qui peut estre. Et quant lameth ouyt parler il sceut bien q c'estoit chain qu'il avoit occis. Il fust si fort courrouce que il eust bien voulu estre mort: ne sceut que dire. Car il scauoit bien q dieu avoit dit, qui chain occiroit il seroit pugny au septiesme double plus q chain nestoit. Si getta son arc n'ses sayettes ius a terre et dist q iamais ne porteroit arc, et se fist mener par cellui qui le conduisoit en son herbergement. Et fust mort asses tost apres ce qu'il eust occist chain

Chascun iour croistoit et multiplioit le siecle en mal plus q̃ en bien. Car il nestoit en celuy tẽps ne loy ne enseignemẽs et faisoit chascũ ce q̃ bõ lui sembloit, nestoit nul q̃ leur dist bõs faictes mal et moult desplaisoit a nr̃e seignr̃ ce q̃ grãt partie de ceulx q̃ adõc estoiẽt faisoient car ilz prenoiẽt sans differẽce des femes a leur volẽte sans qtredit: et viuoiẽt cõe bestes sans raison et sãs mesure Et scauoient bien les anciens que le siecle fineroit deux fois lune p eaue et lautre p feu, maisil ne scauoient le quel fin viendroit deuant ne quãt ce aduiẽdroit Et le disoiẽt les vngz aux aultres. Et doubtoient nostre seigneur les aulcũs cõt il leur souuenoit de la vẽgeãce q̃ dieu auoit prise de adam leur premier pere et de sa femme que ainsy les auoit gettes de paradis pour ce petit meffaict.

De cubal et de iubal freres et de leur art.

EN celuy temps furẽt deux freres qui furent de moult grãt sens: dont lung fut appelle tubal lautre iubal, et ces deux freres sceurent le maniere de tous instrumẽs de musique. Tubal sceut le sẽs des cloches et des metaulx. Et iubal sceut le sẽs de la melodie de vielles et musique et des arbres et de tous instrumẽs. Et en ce deport et deduit estoit son labeur ne a aultre ne entẽdoit. Et en monstroit et aprenoit a tous ceulx q̃ en vouloient aprendre Et tubal prenoit les pieces de metal et en faisoit les cloches, et en ce auoit mis toute sa cure et son entẽdement Et fist chascũ de eulx moult de instrumens et sa sciẽce et en diuerses manieres: mais ilz ne scauoient cõmẽt ceulx qui viendroiẽt aps eulx les pourroient scauoir. Car bien ilz scauoient que le siecle debuoit finer deux fois, lune p eaue et lautre par feu. Mais ilz ne scauoiẽt le quel fin viendroit deuant. Si se penserent moult cõmẽt ilz pourroient garder et sauluer leurs ars et contre lũe des manieres des fins et contre lautre si q̃ ceulx qui viendroient aps les peussent scauoir et sen peussent desduire et scauoir aider.

Dont les deux freres tubal et iubal eurẽt tant pense gmẽt et par quelle maniere ilz pourroiẽt sauluer leur art et leur science affin que ceulx qui apres viendroient les puissent scauoir: si firent deux grãs pilliers cõme deux tours: dõt lung fut de pierre et lautre de terre, et en chascũ de ces deux pilliers miserent la maniere de tous instrumẽs. Et fut telle leur intention q̃ se le siecle finoit la premiere fois par eaue: le pillier de terre se defferoit en leau: et le pillier de pierre demourreroit sãs empirer Et se le siecle finoit par feu la première fois le feu cuiroit le pillier de terre et celuy de pierre seroit ars et ainsi seroit saulue leur art et leur science, laquelle des fins qui venist deuant, et laurois ceulx qui apres viendroient. Et par ainsy ne seroit mie perdue leur science

Coment dieu vint a noe et luy comanda a faire vne arche.

En celuy temps que siecle qui adonc estoit menoit telle vie et faisoient les plus grans maulx sans raison, ne portoit lug a laultre foy ne leaulte: Fut vng home q ama et doubta nre seignr et se gardoit de mal faire et de courocer dieu ql amoit et seruoit selon son sens: et auoit nom noe. Et qtant nostre seigneur vit quil estoit de si bonne voulente euers luy et quil ne menoit mie telle vie come faisoient ceulx qui a leure estoient. Si lama moult et luy dist. Noe ie voy q toutes les creatures q viuent sus terre ont corrumpue leur voie deuat moy et la terre est corrumpue de maulx et de douleurs et ie les vueil pugnir et destruire des hõme iusques aux petites bestes qui viuent sus terre. Et les oyseaulx qui en lair volent: et me repens que ie les feis oncques. Tu feras vne arche de fust bien quarree et bien polie et ioincte ensemble. Et feras ceste arche de .iiii. ces piedz de long et cincquãte de large et trente de

Feuillet. Si.

hault. Et feras en ceste arche plusieurs estaiges et diuerses chãbres et les quillieras moult bien hors et dedens, tellement que nulle eaue ny puisse entrer ne greuer.

Coment noe fist larche par le commandement de nostre seigneur en quoy il se saulua du deluge luy et ses gens

Quant noe eut entendu et ouy ce que nostre seigneur lui eut dit et comande. Si comenca a faire larche si de nostre seigneur luy auoit comande. Et quant elle fut parfaicte si luy dist nostre seignr. Tu prendras de toutes manieres de bestes et de oyseaulx qui viuent sus terre de chascune masle et femelle et de chascune nature, Et mettras pour chascune creature dedens viures selon que mestier leur sera. Et toy ta feme et tes trois filz et leurs femmes seres ou moyen estaige et y mettras viande pour vous. Car ie feray les eaues yssir hors de leurs cours et courre si hault que toutes creatures qui viuent sur terre serõt peries et mortes, excepte celles qui seront en larche auec toy.

Donc prist noe des bestes et des oyseaulx et de chascune nature masle et femelle si de dieu lauoit cõmande: et qt il eut tout mis si entra dedens, luy sa feme et ses trois filz et leurs femes. Et qt ilz furent dedens: si vint nostre seignr a larche et clouit luy p dehors. Et les eaues commencerent a croistre moult fort/ et souleua larche la force des eaues tellemēt en hault qlle ne sentoit plus la terre

Quarāte iours et quarāte nuitz furent ouuertes les fenestres du ciel/ et pleut moult grant plante deaue et les fontaines des abismes furēt toutes derōpues Et surmōta leaue toute la terre et toutes les plus haultes montaignes qui estoiēt ou monde bien .xv. coudees en hault, et furēt peries toutes les creatures du monde qui estoiēt sus terre/ excepte noe/ sa fēme/ et sa maisnie q estoiēt en larche. Et moult estoiēt en grāt doubtance de ce que ilz ne veoient mais que ciel et eaue Et les grans flotz degettoiēt larche ca et la mais noe auoit tousiours sa fiance et son intention a Dieu nostre seigneur et les oyseaulx et les bestes et les corps des hōmes et des fēmes qui estoiēt peritz du deluge: flotoient pardessus leaue sicōme la force deseaues les menoit.

R fut noe en larche luy et sa maisnie qui estoient tous en grāt esmoy et en grāt doubtance pource qlz ne veoiēt point de terre ne si ne scauoient ou ilz estoiēt mais q en leaue seulement. Et noe prioit tousiours nostre seignr qui le regardast luy et ses gēs et deliurast qnt son plaisir seroit du meschief ou ilz estoiēt et auoiēt este si lōguemēt sans qfort mais de Dieu seulemēt. Moult grant temps furēt noe et sa gent en larche: et mōlt leur tournoit a grāt meschief et enuyoit de ce qlz y estoiēt tāt car ilz doubtoiēt q dieu ne les eust mis en oubly/ mais il ne les oublia mie. Aincoys les deliura sās mal et sās peril qnt sō plaisir fut

Ix mois dura la grāt force du deluge Et au chef de dix mois cōmencerent les eaues a abesser Et noe sen apperceut si se pēsa quil laisseroit aller vng oysel hors de larche pour scauoir se la tre seroit descouuerte de nulle part si prist le corbiau et le mist dehors de larche par la fenestre Et le corbiau vola tant qil trouua vne charoigne flotant pdessus leaue Si sassit dessus et ne retourna point en larche. Et qnt ce vit a laultre iour aps/ et noe vit q le corbel nestoit mie retourne: si prit vne colūbe et la mist hors de larche car il apperceut bien q les eaues appetissoient et adōc qnt la coulūbe fust mise dehors li vola tant qlle trouua vng oliuier en vne haulte montaigne q estoit la vng peu descouuerte si prit en son bec vng raisel de celuy oliuier: et reuint en larche a vespres a tout le rafcel doliuier et qnt noe le vit li fut mōlt ioyeulx et ses enfās aussi

et sceurent bien lors q̃ les eaues a͞p
petissoient et aualoient. On̄ peu
apres reprist noe la corlumbe et la
mist hors p la fenestre pour scauoir
sil estoit encores pl⁹ de la terre descou
uerte et trouua pasture pour elle et
demoura ⁊ ne retourna pas en lar/
che noe qui lauoit enuiee.

Dant noe vit que la coulūbe
ne reuenoit point: si se per. ⁊
et sceut bien q̃lle auoit trouue asses
de pasture et aussi de terre descou
uerte pour habiter. Si en adoura
nostre seignr̄ et en eut moult grant
ioye: car il auoit este long temps en
prison du deluge. Et les eaues me
nerēt larche sus les haultes mōtai
gnes de armenie et la se arresta. Et
asses tost aps osta le toyt de larche
et vit la terre discouuerte. Et yssit
hors de larche luy ⁊ sa maisnie ⁊ les
aultres q̃ estoiēt laisses et maigres
du mal q̃ ilz auoiēt souffert. Et q̃t
tous furent dehors hōmes et bestes
⁊ oyseaulx: si prist noe des bestes ⁊
fist vng autel ⁊ sacrifia a nostre sei
gn̄r des bestes q̃ estoient yssus hors
de larche. Et nostre seigneur receut
lor̄ r du sacrifice. Et dit a noe ⁊
⁊ maisnie et leur dist. croisses et
ultiplies et rēplisses la terre ⁊ ie
establiray ma semēce en vous, vr̄e
semēce aps vous. Jay iuray p moy
mesmes q̃ ne destruiray pl⁹ le siecle
p deluge. Si monteray mon arc es

feuillet. vii.

murs du ciel en seigne de ferme alia
ce et de feaulte que iay en vous.

Oult furēt noe ⁊ sa maisnie
peines et trauailles lō tēps
mais moult furēt ioyeux de lalia͞ce
que dieu eut establie et faicte a eulx
⁊ a leurs hoirs aps eulx ⁊ les bestes
furēt en la pasture que moult estoit
amere et mauluaise pour les eaues
qui auoient corrumpue ⁊ empire la
doulceur de la terre. Et noe et ses
enfans firent leur tabernacle pour
habiter et eulx reposer / et alloient p
la terre et trouuoient de diuerses
herbes. Et en peu de temps augmen
cerent herbes a croistre et a venir en
moult de lieux par la terre. Et les
enfās de noe en p̄noiēt a leur voulē
te et en portoiēt a leur tabernacle ⁊
en dōnoient a leur pere noe.

a   Pres ce q̃ noe et ses enfans
furēt yssus de larche : noe cō
meça a cultiuer la terre ⁊ deuint la
boureur de terre. et fut le p̄mier qui
planta la vigne et lusaige de vin
trouua dōt il fit du vin ⁊ en beut.
en fut yure / ⁊ si surprie q̄l se dormit
en son tabernacle et gisoit tout des
couuert si q̃ les mēbres de nature hō
teux furēt to⁹ descouuers / car pour
le tēps dadōc nestoit mie encores lu
saige de petis drapeaulx. Et adonc
q̃t il gisoit si hōteusement cham son
filz ētra ou il gisoit ain̄sy descouuert
⁊ ne le recouurit point: ais se moqua

et yssit hors en riant et disant a ses aultres freres: Venes veoir cōmēt nostre pere gist nud en son taberna/cle. Et quāt les deux freres sen et iaphet oyrent leur frere ainsi parlez si ētrerēt au tabernacle de leur pere et trouuerent que leur pere gisoit a reuere asses hōteusemēt: si en furēt honteux & eurent honte du regarder mais tournerent leur visaige (a cou urirent leur pere au mieulx que ilz peurent (a oncqs ne getterent leur re gard a ce quilz veissent les honteux mēbres de leur pere pour le grāt biē de hōnestete qestoit en eulx.

Dant noe fut esueille (a oit cō ment son filz cham luy auoit faict p ses deux freres q luy auoient raconte/ et sceut cōment il sestoit de luy mocque il en fut durement cou rouce contre luy. Adoncqs luy mā da noe non mie en psonne: mais en la psonne de sō filz/ (a dist maudit soit cham ton filz tellement ql soit en seruitude et serf de ses freres. Benoistz soiēt deuāt nostre seignr sen (a iaphet/ et cham soit serf (a sub get a eulx. Dieu face grant (a puis sant iaphat (a demeure auec sō frere et cham soit serf a luy.

Insi furent noe et ses enfans ensēble et labourerēt les ēfās les terres et eurent grans nourritu res des bestes. Et vesqt noe apres le deluge trois cens (a cincquāte ans (a

six cens ql auoit deuant. Ainsi vesqt il neuf cens cincquante ans/ (a puis mourut. Et apres ce quil fut mort les freres se departirēt et sen allerēt en diuers lieux: (a auoit chascū grāt plante deffans. Et vesqrent moult long temps chascun en son lieu/ et peillemēt en sa terre. Et les freres prīdrent leurs soeurs a fēme car ilz ne trouuoiēt autre. Si creut (a mul tiplia le siecle/ (a nauoient ne loy ne enseignemens ains faisoit chascun ce que bon luy sembloit. (a vituoient ainsy cōme ilz vouloiēt sās cōtredit Ainsy furent p long tēps/ (a creurēt et multiplierent moult des bestes. Et se penserent qlz se departiroient en diuers terres/ et en diuers pais et fondèrent leurs cites et faisoient leurs habitations chascun ou lieu ou ilz veoient quilz pourroient plus aise viure (a plus seurement habiter Mais auant que ilz se departissent il leur fut aduis et choses asses rai sonnable qlz feissent auāt aulcune remembrāce qui fut apparāt iusqs a la fin du monde que les enfans estoient yssus de noe (a de ses enfans estoient tous de lignaige et de vne generatiō. Et pource q la rem[em]brā ce de ceulx si fust a tousiours m[es] tant q le monde auroit de dure a to ceulx q viendroient apres eulx fust recorde (a mis a souuenāce.

Tel conseil se tindrent les

Feuillet.viii.

enfans noe/ se conseillierent entre eulx et direnc qlz feroient une tour si grande et si merueilleuse q apres celle tour ne seroit telle faicte ne veue. Si se assemblerent en babilone et cõmencerẽt tous ensemble a faire une tour et a edifier. Et auoient tuilles cuites en lieu de pierre et forte terre plus tenant q nul cymẽt/ ne poix/ ne glus/ ne colle quelcõques pour le mortier en lieu de cyment. Et la fonderent tellement que sa haultesse toucheroit au ciel et y peut aduenir: car cestoit leur intention de la faire ainsi haulte et merueilleuse.

¶ Et quãt dieu sceut et vit leur intention: si les confundit tellemẽt q lung ne entẽdoit point lautre ne nul ne entẽdoit ce q son cõpaignõ disoit Car la furent les langues diuisees et les lãgaiges diuers establis et formes: et furent moult esbahis de ce et dont il leur pouoit uenir. Et pour ceste aduẽture qʼl leur estoit souruenue: laisserent ilz a faire celui ouurage merueilleux qlz auoient entrepris. et se departirent les ungz des aultres pource quilz ne se pouoiẽt entẽdre ne parler lung a lautre: et sen allerent lũg ca et lautre la aual les terres et pais. Et fut appellee ceste tour de babiloine q vault autant a dire cõme cõfusion pour la premiere langue qui y fut confundue et diuisee. et tãt de langues aual le monde dont lune

ne resemble iamais a lautre.

a ¶ Donc se departirẽt ceulx q estoiẽt yssus de la lignee des enfans noe apres le deluge: et alla chascun ou il peult mieulx: et edifierent cites et villes. car la terre estoit moult grande et moult large et ny auoit nulz habitans dont lune partie de ceulx se deptirent et sen vindrent en une terre qui est appellee arram. Et la trouuerent bonne terre et plaisante cõme ilz leur plaisoit et la habiterent et eurent enfans/ bestes/ et richesses: et y multiplierent et creurent moult et y establierent villes et maisons pour habiter eulx et leurs gens Et ceulx q vindrent la et habitoient en celle terre q fut appellee arram p̃loient ebrieu: et les aultres allerẽt en diuerses terres. Et habita chũn en celle quil trouua meilleure. et en toutes les terres ou ilz habitoient chascũ y mist son langaige. Et tel comme il luy fut donne a la tour de babiloine encores les tiennent ceulx q y ssirent deulx et tiendront iusqs a la fin.

e ¶ Et ceulx qui allerẽt en la terre de aram creurent et multiplierent moult. Or dieu aymoit la terre et les habitans. et tant creurent dung hoir en lautre q ung homme fut ne de leurs gens q eut nõ nachor q fut preudons: et ayma moult nr̃e seigneur/ et eut bestes et moult de richesses. et estoit son intention de gar der bestes et nourir: et en ce mettoit sa cure. Vesquit moult long temps Et eut ung filz q̄ feut appelle thare q̄ vesquit ainsi comme son pere avoit vescu. ⁊ amoit nostre seign̄r ⁊ nostre seigneur luy creut et multiplia ses biens et ses bestes: et luy mōstra quil le tenoit a amay. Et thare vesquit moult long tēps: et eut ung filz tres vaillant et fort saige q̄ Dieu ayma moult et luy donna moult de riches ses: et fut appelle abraham. Et qn̄t il vint en aage si print une femme q̄ eut nom sarra. Moult long tēps fu rent ēsemble abraham et sarra quilz neurent nulz enfans car Dieu nostre seigneur ne le vouloit point. Si en avoit si tresgrant dueil q̄l se ne pou voit bōnemēt cōforter de ce q̄l navoit nulz enfans Et abraham avoit ung sergent qui avoit nom eleasar lequel estoit de damas et estoit celuy elea sar procureur et gardē de toutes les bestes et de tous les biens q̄ abrahā avoit. Et sarra la femme de abrahā avoit une belle damoiselle q̄ avoit nō agar. En grāt douleur de cueur estoit sarra quāt elle voit les ēfans des aultres gens aller p̄ la voie et el le ny voiet aller nulz des siens: si en avoit si tresgrāt duiel quelle amoit mieulx estre morte que vive. Grant plante de maisnie avoit abraham avec grant plante de sergent q̄ luy gardoient les bestes per les champs par les montaignes ⁊ p̄ les terres, et les aulcūs faisoient ses gaignages et ses labeurs sicōme il leur cōmandoit Abrahā avoit ung sien prochain voi sin leq̄l il aymoit autant q̄ me si fust son frere car il estoit filz de son pere Et avoit celuy hōe nom loth ⁊ avoit celuy loth moult grāt maisnie q̄ gar doient ses bestes et les menoiēt en pa sture: ⁊ alloient aulcunesfois les pa stours de abraham ⁊ les pastours de loth ensemble tant quil advint ung iour q̄ les pastours de abrahā se plai gnirēt a luy des pastours de loth. Et quāt abraham sceut quil y avoit di scord ētre ses pastours ⁊ les pastours de loth: si ne luy fut mie bel ⁊ se pen sa qu..lz se dpartoiēt de luy car il ne vouloit mie avoir discord a luy. et vint a loth ⁊ luy dist. Nous sōmes freres: il nest mie bon que ayons di scord entre nous ne ētre nous autres maisnies. Voicy la terre grande et large. Vat̄ ⁊ en faitz mener tes be stes ou tu vouldras: ⁊ se tu vas a dextre: ie iray a senestre. ⁊ se tu vas dune part: ie mē iray de lautre part et par ainsi serons en paix nous et nous gens.

q Dāt loth ouyt abrahā ainsi pler si luy fut moult bel: car il ne vouloit mie avoir discord a lui ne a sa maisnie. Et vint regarder q̄ la terre ⁊ le pas qui estoient entour le fleuve de iordain estoit moult bel et moult plaisāt de biēs adōc se pēsa ql iroit en celle ptie ⁊ y feroit mener ses bestes et ses aultres choses. Et dist a abraham ie me irayen la regiō du fleuue iordaī ⁊ feray mener mes bestes et mes biens et tu demourras en la terre ou tu as ta maisnie ⁊ tes bestes: car ie ne veulx point auoir discord a toy ne a ta maisnie Et abraham luy octroya a faire sa volente si sen alla loth dune pt ⁊ abrahā demoura en son lieu dautre pt.

Ainsi se deptirent loth ⁊ abraham q̄ par long tēps auoiēt demoure ensemble en paix. Moult fut aise loth en sa region du fleuue iordain et moult luy pleut lhabitatiō et lestre du pais: car il estoit plain de tous biens et estoit plain de trop grāt loyaulte. Long temps y fut a moult grant aise et nostre seigneur luy multiplia moult ses biens ⁊ ses bestes Or aduint q̄ en celuy temps armaphael le roy de sēnaā ⁊ arioth le roy de ponthi ⁊ cordolamor le roy de lamitās et thadas le roy des payens firent guerre contre le roy de gomorre et encōtre sennaā le roy de dame: et ēcōtre semebel le roy de chebor et ēcontre le roy de balee q̄ est segor et leur vindrent courre sus: car ces roys deuoiēt estre subiectz au roy de cordolamor par lespace de .xii. ans ētiers et a cōplis. ⁊ en apres au treziesme an ne vouldroiēt estre pl̄s

feuillet. ix.

subiectz a luy ne paier le tribu acoustume. Et pource sint cordolamor a toute ce cōpaignie encōtre eulx et debrisa tout leur pais et despoulla et desconfit tous en bataille ⁊ en ēmenerēt toutes les proies des cinq royaulmes: et auec ce emenerent. Loth le nepeu de abrahā ⁊ to⁹ ses biens: car il demouroit au pais. et ainsi la menerēt prins auec les aultres q̄ls auoient prins au pais Et quant abrahaz ouyt ceste nouuelle il fist armer ses gens de son hostel et courut apres les roys q̄ emenoient. Loth le filz de son frere ⁊ eut en sa cōpaignie de bōnes gens. ccc. et .xviii. hōmes. Et tant les va chasser quil lestroua et tantost leur courut sus et les mist a mort tous a sa voulēte et ramena. Loth et toute sa proye q̄ls en auoient emenee. hōmes et femmes et aultres biēs qui appertenoient a Loth et aux aultres.

q̄ Dant abraham reuenoit de ceste victoire q̄l auoit eue en laq̄lle il auoit vaincu le roy de cordolamor et les aultres rois qui estoiēt auec luy et eust Loth son nepeu ramene ⁊ tous ses biēs quil auoit pdu et ce q̄ appertenoit a luy: si luy vint au deuāt ⁊ alencōtre melchisedech le roy de sale qui estoit p̄stre au tres hault dieu et offrit a abrahā pain et vin et dist Benoist soit abraham a q̄ dieu a donne si bōne victoire de

b. i.

ses enemis. Adonc le roy de sodome luy dist. Donne moy les corps des hommes et des femmes que tu as ramenes et tout le demourant de la proye prens quitte et franc. Et abraham lui rendit soies certain q̄ de chose qui appertienne a toy ie men prendray ne tāt ne quāt affin q̄ ne me puisse reprocher que iaye rien du tien.

Comment dieu parla a abraham.

a Pres ces choses faictes sapparut nr̄e seigr̄ a abraham et luy dist. Aies en moy bōne fiance et point ne doubtes: car ie te aideray grandemēt et tauāceray, car ie suis auec toy et ta foy est grāde p deuers moy. Et abraham luy respondist. Sire q̄l bien me feras tu: car ie morray vng de ces iours sans hoir de mō corps, et cest homme estrāge qui est mō procureur aura toute ma cheuāce et tous mes biens. Et adonc luy dist nostre seigr̄ Il ne sera mie ainsy Tu auras hoir de ton corps q̄ aura tous les biens q̄ tu as. Et adōc luy monstra nostre seigr̄ les estoilles du ciel et luy dist q̄l les nōbrast se il pouoit. Car ainsi q̄ō ne peut les estoilles du ciel nōbrer ne le sablon de la mer: ainsy ne pourra nul nombrer la semence que de toy istra tant multipliera. Et quāt abraham eut ouy la promesse q̄ nostre seigr̄ luy fist: il creut fermemēt que ainsi le feroit cōme il luy auoit promis, mais il sçauoit bien q̄ sarra sa fēme estoit brehaingne Dont elle auoit moult grāt dueil, et pour sa honte couurir print agar sa damoiselle et la fist gesir auecques son mary abraham affin q̄ elle en peut auoir aulcūs enfans quelle peut nourrir cōme siens.

a Ce conseil se tint abrahā et print agar et lengrossa et eut de luy vng beau filz q̄l appella Ismael. Et quāt agar veit q̄lle auoit fruict de son seigneur: adonc print a despiter sa dame: et p especial pour ce quelle veoit q̄ sa dame ne pouoit auoir nulz enfans Et quāt lenfant fut ne: sarra le prīt et lauoua pour sien, et abraham en eut moult grāt ioye, et aussi eut elle Et quāt vint au huitiesme iour celluy enfāt fut circuncis et fut appelle ismael Et dist abraham. celui sera fier homs: et sa main sera contre tous: les mais de tous seront contre luy et fichera son tabernacle a lēcontre de ses freres.

Dult fut ismael bel enfant et bien le nourrit sa mere: et abraham laima moult. Et apres ce estoit abrahā en la vallee de mēbre et au plus hault du iour estoit a son huis et regardoist les allās et les venans. Et voicy q̄l veit venir par la voie trois hōmes se lui sēbloit mais cestoient trois āgelz si leur alla au deuāt pour eulx saluer. Et cōbien quil en veist trois: toutesfois il nē adoura q̃ vng seul, ⁊ puis apres les pria moult de venir en sa maison et les y mena moult ioyeusemẽt ⁊ tres gracieusemẽt les receut et beurẽt et mẽgerẽt auecqs luy, ⁊ de puis dirẽt a abraham ou est sarra ta fẽme Et abrahã respondit q̃lle estoit a lostel Adonc dit lange. Dedens vng an ou auãt que lan soit passe ie reuiendray p icy et aura sarra vng beau filz. Et quãt sarra ouyt ce: si q̃men ca a rire Et q̃ment pourroit ce estre dist sarra/ie suis vieille ⁊ ancienne et aussi est mon sire. Et adonc luy dist lange q̃ veritablement il seroit ainsi q̃me il auoit dit que auãt quil fust vng an q̃lle auroit vng beau filz Et adonc sen allerent les anges vers la cite de sodome ⁊ abrahã les cõduisoit Et adonc dist nostre seigneur a lange. Cõment pourroy ie celer a mon amy abraham ce que ie pense a faire Je scay bien pour vray quil commãdera a ses ẽfans apres luy quilz gardẽt ma loy ⁊ mes q̃mandemẽs ⁊ quilz feront iustice et quilz seront droicturiers affin que ie leur acomplisse tout ce que iay promis a abraham. Et apres ce dist nostre seigneur. Le cry et gemissement du peuple de sodome est venu iusques a moy. Je les vueil aller visiter et esprouuer pour leur mauuaistie: car plus ne les puis supporter, ie les destruiray et tous les lieux aussi.

feuillet .x.

Dant abrahã ouyt ce il eut si grant paour de loth son nepueu q̃ demouroit auec celle mauuaise gent en la cite. Si sen va ehardir et demãder a nostre seignr̃. Et commẽt sire veulx tu pẽdre le iuste et linnocent destruire auec les pecheurs sil y auoit en la cite cinquãte iustes ne espgnerois tu point les aultres pour lamour deulx. Et nostre seignr̃ dit oy. et de .l. vint a .xl. ⁊ de .xl. vint a .xxx. et puis a .xx. et a dix. et briefuemẽt nostre seignr̃ dit q̃ sil y en auoit .x. si vouldroit il faire grace aux aultres pour lamour de dix. Et adonc sen allerent les anges et vindrent a vespres en sodome et se midrẽt en la place la plus cõmune de la cite et la se tindrẽt pour veoir se nul les semõdroit pour herbeger.

Cõment lange pla a loth

E quãt loth les eut apperceuz il courut vers eulx ⁊ les semõdist a son hostel et tant fort les en pria et de si bon cueur q̃lz luy octroient et sen allerent auec luy, et il les receut moult ioyeusement et liemẽt. Et quant ilz eurent mengie auãt quilz furẽt couchez si vindrẽt les faulx et desloiaulx de la cite du vieulx iusqs au ieusne hurter en la maisõ de loth tous ẽsemble en criãt a haulte voix Metz hors ces hõmes que tu as herbeges en ton hostel car no⁹ en voulõs faire a nr̃e voulente.

b.ii

Et loth yssit hors et cloit luis aps luy et leur dist. Seignrs allez vous en et ne vueillez mie faire ceste mauuaistie. Jay deux belles filles vierges et pucelles prnes les et en acomplisses voz desirs: et laisses en paix ces bõnes gens q iay hebergez. Et il luy respondirent qlz se souffrit ou il lui feroiẽt vilanie et ia vouloient entrer leãs a force ¶ Voicy q les deux ãgez de dieu prindrẽt loth p la mai et le tirerẽt a force dedens sa maison et cloirẽt luis et aueuglerẽt les mauuais hõmes q auoiẽt la maisõ loth enuironee et assiegee et dirẽt a loth Se tu as icy riens q apptiẽne a toy ne lignee ne aultre chose: prens le et tẽ va hors du lieu: car nostre seignr veult destruire ceste mauuaise gẽt et leur pais. Adonc alla pler loth a ses gẽs q debuoient auoir ses filles en mariage et leur dist ces nouuelles: mais ilz nen firẽt cõte/ ains sen mocquerẽt de luy. et quant loth vit ce: il dissimula iusqs a lẽdemain et tout au matin les ãgez seleuerẽt et prindrẽt loth et ses filles et les conduirẽt hors de la cite et luy cõmanderẽt qlz sen allassent en vne montaigne pres de la pour eulx saulver et garẽtir: et que point ne regardassẽt derriere eulx.

¶ Commẽt la cite de segor ne fut point perie p la priere de loth.

Donc loth demanda grace aux anges pour la cite de segor: car en icelle cite se cuidoit sauuer et les liure pour sa demourãce et aussi par sa priere celle ville fut de dieu deffendue. Et adonc se deptirent les ãges de loth et sen allerẽt et dieu fit descẽdre feu et souffre du ciel si abondãment cõme pluie sur les cinq cites q estoient en la valee et furẽt confondues destruites et arses. Et loth q ourt le bruit eut si grãt paour quil nosa aller en la cite de segor pour laqlle il auoit prie: mais sen fouit en vne montaigne et ses deux filles auecqs luy. Et sa femme se tourna pour regarder derriere elle: et tantost elle fut pagnie de dieu et muee en vne roche de sel.

¶ Cõmẽt loth egrossa ses .ii. filles

Or fut loth moult esbahi qñt il sceut ceste nouuelle et veit ceste merueille de sa fẽme: si demoura luy et ses deux filles en la mõtaigne et se coucherent en vne fosse. Et quant les deux filles de loth virent q les cites estoiẽt ainsi fõdues si cuiderent q tous les gens du mõde fussent pdus et destruictz: excepte elles et leur pere tant seulemẽt. Si se penseret dune chose assez merueilleuse et estrãge: car elles enyurerent leur pere vne nuit tellemẽt ql ne scauoit quil faisoit et le coucherẽt et quãt il fut couche si sendormit. Et adonc se coucha auec luy la plus aisne: et eut cõpaignie a elle et lengrossa, et toutesfoiz oncq̃s le pere ne sen apperceut ne a coucher ne au lever de sa fille qui gisoit avecq̃s luy Et quãt lune des filles eut couche avec luy celle nuit si ordõnerẽt pour lautre soeur apẽs de lautre nuit ẽsuivãt tellemẽt q̃ toutes deux furẽt grosses de leur pere τ firẽt celle chose pour ce q̃lles cuidoiẽt q̃ tout le monde/se elles neussẽt ce fait/eut este destruit Or eurent les deux filles de loth deux filz dõt le pmier de sa pmiere fille fut appellee Amõ: duq̃l vint vng grant peuple des amonicies. Et le second de sa seconde fille fut appelle moab qui fut pere des moabicies et furẽt deux peuples q̃ tousiours furent contraires au peuple disrael.

Rant ioye eut abrahã quãt il sceut q̃ loth son nepveu fut delivre τ gette hors de sodome: τ moult le cõforta: mais moult avoit grãt dueil de sa fẽme q̃l avoit aisy pardue τ vesquit moult peu de tẽps apres et quant il fut mort ses deux filles lenseveliret cõe la coustume estoit Et abrahã estoit en sa terre ẽtre sa maisnie: τ fut sa fẽme sarra grosse de luy dont elle fut moult hõteuse pource q̃lle estoit si vieille, τ abraham en avoit tresgrãt ioye.

Ant porta sarra cõe nature et raison lordonne et a son

feuillet. xi.
droit terme se delivra dũg bel ẽfant Et abrahã le circũcist au huitiesme iour, et lappella Isaac pource q̃ sarra avoit ris quãt lãge luy avoit dit q̃lle auroit vng enfant Et allaicta sarra son filz tant cõme il fut seure de la mamelle mais elle ne pouoit avoir paix a Agar la mere ysmael car elle ŏtredaignoit sa dame pour lenfãt q̃lle avoit et sarra ne la pouoit veoir pource q̃lle se orgueilloit contre elle. Adonc advint vng iour q̃ les ẽfans se iouoyẽt ẽseble τ apperceut sarra q̃ ysmael faisoit dur te a son filz ysaac Si en fut moult courroucee et dist a Abrahã: gettez hors agar la serve et sõ enfãt aussi: car ie ne vueil mie q̃l soit hoir avec le miẽ

Dãt abrahã eut ouy ce si fut moult trouble et luy despleut car il aimoit moult ismael: mais il nosa faire le ŏtraire pource q̃ lange luy avoit dit q̃l vouloit q̃l fust ainsi Adonc print abrahã agar τ ysmael son filz et les envoia hors de son hostel, et leur chargea du pain τ plaĩs baris deau, Et tant alla agar q̃lle vint au desert de barsabee: et alloit errãt part le desert tãt que son eaue faillit. Si dit q̃ lenfant avoit grãt soif et le mist dessoubz vng arbre et se eslŏgna de luy bien le traict dũg arc affin q̃lle ne veist lẽfant morir. Et nostre seignr̃ eut pitie de lenfãt si envoya son ãge qui appella agar:

B. iii

et lui commanda q̃lle print lenfant et le nourrist: car de luy isteroiẽt grãs gens. et si fist elle ⁊ vit ung puis q̃ lange luy monstera ou elle puisa de leaue pour abruuer son enfant Et son enfant creut ⁊ deuint grãt archer ⁊ demoura ou desert de pharaon

Asses tost aps appella nostre seignr abraham: et le voulut esprouuer si luy dit. Abrahã: prẽs ton filz ysaac q̃ tu aymes tant chere ment et loffre a moyẽ sacrifice sus une montaigne que ie te mõstreray Et quãt abrahã eut ouy nostre sei gnr et ce q̃l luy eut commandé si sap pareilla de acõplir son cõmandemẽt Et lendemain bien matin chargea ung asne de bois ⁊ print du feu ⁊ une espee ⁊ emena son filz ysaac a uec luy et aussi deux varletz et sen allerẽt tous ẽsemble iusq̃es a la mon taigne que nostre seignr lui auoit de monstré ⁊ enseigné. Et quant ilz vindrẽt la: si dist abraham a ses ser gens. Attẽdez moy icy: et moy ⁊ len fant irons adourer dieu lassus Et quãt nous aurõs fait nous viedrons a vous ⁊ nous en irons ẽsemble.

Donc print abrahã le bois et le mist sur le col de isaac son filz et print en sa main le feu ⁊ lespee et monterẽt en la montaigne ⁊ en al lant ysaac dist a son pere Pere voi cy le feu et le bois ou est ce q̃ tu dois sacrifier et offrir. Et abraham luy respondist Mon cher ẽfant dieu no stre seigneur pourruoira de sacrifice pour luy. Adonc fist ung autel et mist le bois ⁊ le feu dessoubz ⁊ quãt il eut lautel ⁊ le bois ⁊ le feu appa reille: il print son filz ysaac par les cheueux et le mist sur le feu et leua lespee pour le tuer et sacrifier a dieu Et adonc ung ange luy escria. A braham abrahã retrais ta main et garde que tu ne tues ton ẽfant. car ie voy bien que tu crains et aymes moult nostre seignr. Et ie te iure p moy mesmes / ce dist nostre seignr / q̃ pource q̃ tu as cecy fait et nas point ton ẽfant espargné pour lamour de moy ie te beniray ⁊ multiplieray tel lemẽt que ta semence et lignie recep uerõt bñdiction. Et abrahã tourna ses yeulx ⁊ vit ung mouton entrap pé de ses cornes emmy ung buisson si le print et le sacrifia a dieu en lieu de ysaac son filz.

Quant abrahã eut fait son sa crifice a dieu du moutõ si de scendirent lui et isaac son filz de la mõtaigne ⁊ vindrẽt aux deux ser gens et a lasne quilz auoiẽt laissés au pied de la mõtaigne ⁊ quant les serges virẽt leur seigneur et lenfãt ilz eurẽt grãt ioye: et se mirẽt au chemin ⁊ sen re tournerẽt en la terre dont ilz estoiẽt venus Et apres nostre seigneur multiplia mõlt les biens de abrahã ⁊ luy monstra tant

damour quil ploit a luy ainsi côme
ung hôme parle a son amy. Ainsi
fut long temps tant quil deuit viel
et ancien: et aussi fut sa femme sarra
Et ysaac croissoit et amêdoit tous
les iours et le pere et la mere laimoi/
ent moult: car il estoit moult bel et
moult saige.

Oult bel et saige deuit isaac
et se tremettoit des besoignes
de son pere ainsi comme il luy mon/
stroit et enseignoit: et moult laimoit
et aussi faisoit eleasar le procureur
de son pere et pourtât quilz estoient
ainsi amis dieu leur monstra tant
damour quil voulut. Sarra la fê/
me abraham trespassa et menerent
grant dueil et lenseuelit abraham
en ebron en la terre quil acheta aux
enfans emor

Ar long têps vesquit abraâ
apres la mort de sa femme:
mais quât il regardoit ysaac si luy
souuenoit delle et en prioit au cueur
tel meschef quil demandoit a nostre
seigneur quil luy donnast la mort
car sa vie luy tournoit a enuy pour
sa compaignie quil auoit perdue.
Long têps mena son dueil ne riens
quon luy dist ne le pouoit côforter.

Dât abraâ eut moult vescu
et que nostre seigneur lui eut
multiplie ses biens en toutes oeu/
ures: adoncques appella abrahâ le
plus âcien gouuerneur de sô hostel

feuillet. xii
et luy fist iurer per sa foy p son ser/
ment q̃ nullemêt il ne marieroit son
filz aux femmes de canaam ne de la
terre. Mais/ dist il/ tu iras en mon
pais en arram et de mes propres pa
rens et amis lui prendras femme au
mieulx q̃ tu pourras et q̃ tu trouue
ras. Et son varlet lui dist et respô
dit. Si ie ne treuue fême q̃ vueille
venir auec moy pour espouser ton
filz q̃ feray ie: mê iray ie en ton pais
Et abraham luy respôdit. Garde
sur ton serment que nullemêt tu ne
faces le contraire de ce que tay dit.
te deffendz que nullemêt tu ne mai
nes point mon filz en mon pais. car
dieu ma promis quil donera a mes
enfans ceste terre ou ie demeure Et
ie croy pour vray quil pouruoira de
femme a mon filz a son plaisir. et se
tu ne treuue fême quil vueille venir
auec toy ie te quitte ton serment. Il
iura bonnemêt et loyaulmêt q̃l fe/
roit tout ce que comande luy auoit.

Donc se deptit le varlet de
son seigneur abrahâ: et print
dix chemeaulx de lostel de son sei/
gneur abraâ: et les chargea de tout
ce q̃ mestier luy estoit pour faire son
chemin. Et se mist au chemi et tant
chemina quil vint en syrie en la cite
ou demouroit nathor le frere de a/
braham sondict seigneur: Et auant
quil se arrestast en la ville: il vint
au pres dune fontaine ou les filles

b. iiii

de la ville venoient communement puiser de leaue et la fist repaistre ses chameaulx. Adonc fist sa priere a dieu et dist Sire dieu qui es le grāt amy de mon seignr tu soies au iour duy a mon encontre et me vueilles adresser et faire grace a mō seigneur abrahā. Et voicy la grace que ie te requiers: q les filles de ceste ville q icy viēdront puiser de leaue celle a qui ie diray fille donne moy a boire et elle dira voulētiers et a vos chameaulx ie vueil donner a boire: ce sera celle q tu as ordōnee pour estre espouse a ysaac et en ce auray ie certaine cognoissāce et seigne que tu auras faict grace et misericorde a mō seigneur abraham.

Et quāt le varlet abraham eut faicte sa priere: voicy une pucelle qui va venir tresbelle pure et nette qui estoit fille de la fēme nathor q estoit frere de abrahā laqlle apportoit une cruche pour porter a la fontaine et ia auoit puise et sen retournoit. et quant le varlet abrahā lencōtra si luy pria qlle luy dōnast a boire de leaue quelle portoit. Et adōc celle pucelle mist ius sa cruche et lui donna a boire de leaue et quāt il eut asses beu elle luy dist. Sire ie vueil abruuer vos chameaulx. si alla puiser de leaue et les abruua. et le varlet abrahā la regarda a merueilles et se pensoit ql auoit trouue

ce quil demandoit. Et adonc print āneaulx pcieux et aultres ioyaulx et les donna q celle pucelle nommee rebeca et luy demanda qui estoit son pere et luy dēmāda aussi si en lostel son pere auoit lieu et place pour lui et pour ses bestes heberger et aiser. et elle luy respōdit quelle estoit fille de bathuel q fut filz de melche fēme a nathor et que lostel son pere estoit grant et plain de tous biens et que moult y seroit bien heberge et aise. Et adonc alla rebeca a la maison de son pere et amena labā son frere qui amena le varlet de abrahā et le receut moult ioyeusemēt. Et auāt quil beut et mengeast il leur racōta a q il estoit et pourquoy il estoit venu: et commēt il auoit a son seignr promis de venir querir fēme pour ysaac son filz. et cōmēt il auoit prie nostre seigneur a la fontaine: et comment rebeca estoit venue a son propos. Et pource voulut il scauoir leur intention et quelle responce ilz luy donneroient

Quant bathuel le pere rebeca et labā son frere eurēt ouy ce que le varlet auoit dit et raconte: si luy respondirēt. Dieu a ceste chose ordōnee: si ne pouōs ne vouldōs aler a lēcontre au contraire ne muer son ordōnance voicy rebeca en ta psence prens la et lēmaine pour ton seignr Adōc le varlet eut moult grāt ioye

Feuillet. xiii.

et tira hors des pl9 beaulx ioyaulx quil eut: et en departit aux amis de rebeca, et print couppes et hanaps dor et dargent et pierres precieuses robbes et aultres ioyaulx asses: et les donna a rebeca pour son douaire. Et firent les amis vng moult grãt coniue ensemble. et qñt vint lende main au matin il demanda congé pour retourner mais pour priere quõ lui sceust faire plus ne voulut demourer et le pere et les aultres amis lui chargerent rebeca et lui donnerent hommes et femmes en son seruice et puis le commanderent a Dieu.

Donc sen vit le varlet abraham et emena rebeca auec lui et eut moult grãt ioye de ce qͥl auoit si bien exploitte. Et ainsi cõme ilz vindrent et qͥlz approcherẽt de lostel abrahaz ysaac vit les chameaulx q̃ venoient et le varlet qui amenoit rebeca: et ysaac cogneut tãtost le varlet. Et dist le varlet a rebeca. Vela ysaac. et quãt elle le vit et appceut elle couurit son visaige et nelosa pl9 regardr̃ pour honte. Et quant le varlet eut raconte de mot a mot cõment il auoit fait si deliura rebeca a ysaac. et ysaac la print p la main et lamena en lostel de sarra sa mere et lespousa. Et tant laima que pour son amour il oublioit et entrelaissoit le dueil de sa mere.

Oult eut grant ioye abrahã de ce que son varlet auoit si bien besõgne et de ce q̃ son filz estoit si biẽ assigne et marie auãt quil mourut. Or estoit abrahã si ancien quil defailloit tout de vieillesse dont assez tost aps mourut. car il auoit vescu sept vingtz et quinze ans. et lenseuelirẽt ses deux enfãs ysaac et ismael auec sarra sa femme et en menerent grant dueil car il auoit este moult preudhõme. Et lauoit Dieu nostre seigneur aime cõme il luy auoit mõstre par plusieurs fois.

De ysaac et rebeca sa femme q̃ fut fille de bathuel.

Ant temps furẽt ensemble ysaac et rebeca sains auoir enfans Et quãt ysaac vit ce: si pria moult deuotement nostre seigneur quil luy donnast lignee. Et nostre seignr̃ receut sa priere et luy octroia ce quil demãdoit Il auoit quarante ans quãt il espousa rebeca et a quarante ans rebeca greut enfant et fut grosse et enchainte dont ysaac en fut moult ioyeulx et auoit deux enfans ou corps mais quãt ilz eurent vie ilz se hurtoiẽt et batoiẽt lung a lautre ou ventre de leur mere et luy faisoiẽt telle douleur q̃ a peine qlle ne mouroit et sen alloit qseiller a nostre seigneur et nostre seignr̃ luy dist que deux manieres de gens et deux peuples de gẽs estoiẽt en son ventre dont lung seroit contraire a lautre ⁊ seruiroit le plus grāt au plus petit. et quāt le terme de rebeca vint quelle debuoit esfanter selon le cours de nature on va trouuer q̄lle auoit deux enfans ou ventre. Et le p̄mier qui saillit estoit roussel et tout velu. et pource il fut appelle esau. ⁊ tantost lautre yssit hors et tenoit en sa main la plāte du pied de son frere Et pour ce sappellon iacob. Et q̄t isaac vit q̄ la mere et les ēfans estoiēt yssus hors de peril: si eut moult grāt ioye de la deliurance de la dame qui fut sans peril.

De esau ⁊ de iacob freres

o R furēt nez les deux enfans esau et iacob et creurēt tant quilz futēt grans ⁊ deuint esau veneur pour prēdre ⁊ chasser venoisō et laboureur de terre. Et iacob fut dune simple maniere et coye ⁊ se tenoit a lostel q̄l ne alloit ne ca ne la. Et ysaac aymoit esau plusq̄ iacob pour la bōne venoison q̄l luy apportoit souuēt Mais rebeca aimoit pl⁹ iacob q̄ esau pource que tant doulx et tant amiable le trouuoit.

⁊ Cōment esau vendit son p̄mier ne a sō frere iacob pour vne esculee de lentilles

S Ng iour aduint q̄ iacob fist vne viāde de potaige de lentilles moult bien appreille. et voicy esau q̄ venoit de chasser toute la iournee sās boire et sans mēger et q̄t il vit a lostel il fut tout cōtrait de dire a son frere. donne moy de ceste viande a mēger Et iacob luy r̄ndit voulētiers te donneray ie p̄mier me veulx dōner ⁊ vēdre tel droit q̄ tu as en ce q̄ tu es le p̄mier ne. Et esau luy r̄ndit Je meurs maitenāt de male faim q̄t ie seray mort q̄ me vauldra ceste dignite. Or me iure dōcques/ce dit iacob/q̄ tel droit que tu as tu le me vens maitenāt. Et il lui vendit tel droit icontinēt cōme il y auoit pour ceste esculee de lētilles et but ⁊ mē gea et ne prisa que vng pou ou neāt ce q̄l auoit vendu son p̄mier ne.

o R deuit isaac si ācien q̄ goutte ne veoit et perdit la veue. Vng iour appella son p̄mier ne esau et luy dist. Mon trescher filz ie ne garde lheure q̄ ie meure Prens donc ton arc ⁊ tes saiettes auec tez armes et ten va chasser. et quant tu auras prins aulcune bōne venoison: si lappareille en la maniere q̄ tu sces que ie la menge voulētiers ⁊ la me apporte affin que tu ayes ma benediction auant que ie meure.

q Dant rebeca eut ouy tout ce que isaac auoit dit a son filz esau: si appella iacob son filz et luy dist. Jay biē ouy tout ce q̄ ton pere a dit et g̾māde a son frere cōe il veult q̄l luy appr̄te de la venoisō ⁊ lui face viāde de telle cōe il scet q̄l la mēge

le plus voulentiers: z luy a promis
quil luy donneroit sa benediction. Or
te prie mon cher enfant q̄ tu me croies
et faces ce q̄ ie te conseilleray vaten
en la bergierie z prens des meilleurs
cheureaulx q̄ tu y trouueras et les
apporte: z ie les appareilleray tout
en la maniere q̄ ie scay que ton pere
les menge plus voulentiers. Et q̄nt
il aura mengie auant que ton frere
vienne il te donnera sa benediction
auant quil meure. Et iacob lui re-
spondit Mere tu sces bien comment
esau est home pelu z ie ne le suis mie:
ie me doubte se mon pere me touche
ou me sent quil ne tienne que ie lay
voulu decepuoir. si me donnera sa
malediction en lieu de benediction
Et adonc dit rebeca. Mon trescher
filz sur moy vienne ceste maledictiō
crois sans plus mon conseil et map-
porte ce que ie te demande
a   Donc sen alla iacob et ap-
            porta deux gras cheureaux
et les mist en la maison de sa mere
z elle les appareilla et appresta au
plus tost quelle peust. Et quant la
viande fust bien appareillee elle la
dona a son filz iacob. z pource que
isaac ne le cogneut: elle prit les pe-
aulx des cheureaulx z en couurit le
col de iacob et les mais. et print les
meilleures robbes q̄ esau auoit q̄lle
gardoit et en reuestit iacob. Adonc
print iacob la viande z la porta a son

feuillet. xiiii

pere et dist. Voicy la viande que tu
mas demandee lieue toy sus et si me
gue et puis me donneras ta benedictiō
Adonc isaac luy dist comment cher
filz as tu si tost trouue veneison.
Et iacob luy respondit ce a fait nrē
seigneur qui ma fait trouuer ce q̄ ie
queroie. Or te approche de moy mon
enfāt pour scauoir se tu es mon filz
esau ou nō. Et quāt il vint pres de
luy ysaac le print p la main et sentit
ses mains velues et adōc prit isaac
a dire Voicy la voix de iacob mais
les mains sont les mains de esau. z
ne le cogneut point pour les mains
qui resembloient les mains de esau
pource q̄lles estoient velues.

Comēt iacob receut la benedictiō
de son pe isaac q̄ esau deuoit auoir.
         Donc print ysaac la viande
         que iacob luy auoit apportee
et en mengea voulētiers: et quāt il
eut mēge si lui apporta iacob le vin
et beut et puis dist a iacob Mō cher
filz baise moy z iacob le baisa si sen
tit isaac la grāt doulceur de ses rob
bes. et adonc beneist iacob en disāt
Voicy lodeur de mon filz comme le
odeur dung champs plain de floures
z rempli de tous biens a qui nostre
seigneur a donne sa beneissō Dieu
nostre seigneur te doint de la rou-
see du ciel z de la gresse de la terre
grant abondance z aussi grant plā
te en froment en vin: en huille. Et

te seruiront plusieurs gens et peuples diuers et te adoureront diuerses lignies, tu ayes seignourie sus toutes freres et soies souuerain et sire sus eulx, et les enfans ta mere deuant toy senclineront. qui te mauldira il soit de dieu mauldit, et qui te beneira il soit de dieu benist.

Dant isaac eut se parolle finee et q̃ Jacob se fut parti de son pere voicy esau q̃ entre en la maison et vient deuers son pere (luy apportoit de la beneison toute appareillee ainsy come il sceut mieulx le faire et dist a ysaac Mon cher pere or sus lieue toy et menge de la benoison q̃ ton filz esau a prinse et appareillee et quãt tu en auras menge tu me donneras ta beneisson. Et quãt isaac eut ouy esau aisi parler il fut si esbahi et si esperdu quil ne sceut que dire ne q̃ penser et tout esmerueille sa dire Ou est doncq̃s celuy q̃ ma apporte grant piece a de sa benoison/ et ten ay mengie et luy ay donee ma beneisson et il sera benist. Quant esau eut ouy parler ainsy son pere il comença a braire et a crier: et fut si esbahi et si esperdu q̃ plus ne pouoit et come tout esperdu dit a son pere Je te prie cher pere q̃ tu me beneisses Et ysaac luy respondist. Ton frere est venu a moy malicieusement et ma deceu et a prise ta beneisson

Dãt esau eut entendu q̃ iacob son frere luy eut tollue sa beneisson il en eut si grãt dueil q̃ nul ne le pouroit dire Et droictement est son nom appelle de iacob dit esau: car autresfois ma supplante ma beneisson et taui mon droit de premier ne. et puis dist a son pere Pere ne mas tu pas garde la mienne beneisson. Et isaac luy respondist. Je lay institue et ordonne estre ton seigneur: et que tous ses freres soient subgetz a luy. En fourment et en vin sera riche et plantureux. Et apres ce que pourray ie faire Et esau luy dist He cher pere nas tu que vne benediction tant seulement. Vueilles moy beneistre ie ten prie tant que ie puis. Et començã a le beniftre et dist. En la gresse de la terre et en la rousee du ciel par dessus tous sera ta beneisson.

Il fut esau moult courrouce de ce que Jacob son frere luy auoit tollue sa beneisson si se pensa et dit que si son pere estoit mort que il occiroit iacob son frere: car moult le hayoit pour sa benediction que tollue luy auoit. Et quant rebeca sceut que esau auoit ainsi menace son frere Jacob: si appella secretement et luy dist Jacob: ton frere te menace de tuer. or escoute mon enfant et fay ce que ie te conseilleray. Tu ten iras demain bien matin ou païs ou ie fus ne: et vers la maison de Labam mon frere en aram tu te

tireras et la demoureras ung peu
de temps iusques a ce que ton frere soit
appaise et son mal talent soit passe
Et adonc quant ie verray qͥl sera a
point ie te manderay querir ⁊ adonc
sen vint rebeca a isaac et luy dist.
Jay grant ennuy au cueur et hais ma
vie pour les filles de loth car se Ja-
cob prent femme de ceste gent ie ne re-
quiers plus a viure

Coment iacob sen fouit en aram
deuers son oncle laban pour la dou-
bte de son frere esau.

a   Donc isaac appella son filz
iacob ⁊ luy dona sa beneisson
et luy commanda q̄ nulles des filles
de la terre de chanaan ou il demourat
il ne print a femme mais sen allast
ou pais de sa mere en arraz en lostel
bathuel le pere de rebeca sa mere: et
des filles de laban son oncle print
femme. Et iacob ouyt moult bien ce
q̄ isaac son pere luy auoit commande
Si print conge de luy ⁊ de sa mere
⁊ se mist au chemin sans plus arrester

Dant iacob se fut parti de lostel
de son pere pour aller en aram
il vint iusques en bersabee et vit ung
lieu la assez bel pour reposer ⁊ quant
la nuit le print il prit des pierres du
lieu et les mist dessoubz sa teste ⁊ se
dormit la celle nuitee et en dormant
luy apparut une merueilleuse vi-
sion. car il vit une grande eschelle
dont lung des chies touchoit au ciel

feuillet. xv

et lautre a terre et vit que les anges
montoient et descendoient par ceste es-
chelle ⁊ que dieu nostre seigneur estoit
au dessus de leschelle la apuie q̄ luy
disoit. Je suis le dieu de abraham ton
grant pere ⁊ de isaac ie te donneray
la terre ou tu dors en possession a tou-
iours mais a toy et a ta lignee. ta li-
gnee se extendera tellement quelle com-
prendra orient et occident septentrion
et midy. Et si te garderay et condui-
ray en quelques lieu que tu voises:
et point ne te laisseray iusques a tant
que iaye acompli ce que iay promis
a toy et a tes peres et en toy et en ta
lignee seront toutes gens sauues ⁊
benis. Et quant iacob se fut esueille
il se leua et dit: veritablement nostre
seigneur est en ce lieu ⁊ y habite ⁊ ie
ne le scauois mie. Il print la pierre
quil auoit eu la nuit dessoubz sa te-
ste et la leua en hault en reuerence et
en souuenance perpetuelle et espandit
de luile dessus et dit. Comment est
ores ce lieu terrible et merueilleux.
Il nest icy aultre chose q̄ la porte de
la maison de dieu. Et puis promit
a dieu et iura en disant. Si toy q̄ es
mon dieu et mon seigneur veulx
estre auec moy: et moy garder et def-
fendre de tous perilz en ceste voye
ou ie vois: et me donner pour moy
viure et des robbes pour moy vestir
et q̄ ie puisse sain et haitie retourner
en lostel de mon pere tu seras mon

Dieu ne aultre q̃ toy ne veulx ie iamais seruir ne adourer. et ceste pierre que iay ici dessus dressee (z esleuee sera la maisõ de Dieu appellee: (z de tous les biens q̃ tu me dõneras ie te dõneray et te feray les dismes. Et appella la cite du lieu de bethel que deuãt on appelloit besa qui puisfut appellee hierusalem.

a Tant se deptit du lieu (z sen alla tant q̃l vint en aram et approcha pres du lieu ou ses oncles demourroient: et vit asses pres dela trois troppeaulx de brebis qui se repaissoient les puis. Et iacob se retraict celle part et va demãder aux bergiers dont ilz estoiẽt. (z ilz respõdirẽt: nous sõmes de aram. Et iacob leur demanda (z dist cognoisses vous point labã le filz de nathor. Et ilz luy respõdirẽt que moult bien le cognoissoient ilz. Et il leur demãda sil estoit sain et haitie. (z ilz dirent q̃ oy. Et voicy rachel sa fille a tout son troppel de brebis q̃ vint icy pour les abruuer Quant iacob eut ce ouy et vit venir sa niepce il luy courrut au coul et la salua. et la baisa (z comença a plourer: et luy dist qui il estoit et dont il venoit. Et rachel sen ala courãt a l'ostel et dist a son pere que iacob le filz de sa soeur estoit venu Dont laban eut moult grant ioye et luy courrut a lencontre (z lembrassa et baisa moult cherement (z lemena

en sa maison et luy fist moult grãt chiere. Et en apres quant iacob luy eut tout raconte pourquoy et comment il sen estoit venu il luy dist, tu es de ma chair et de mon sang tu soies le tresbien venu auecques moy: et ie penseray de toy.

Comment iacob eut espousees deux filles de laban son oncle qui furent appellees lune lia et laultre rachel.

Ng iour apres enuiron vng mois ensuyuant: laban vint a son nepeu. Iacob et luy dist. Ia soit ce que tu soies mõ nepueu ie ne vueil mie q̃ tu me serues pour neãt Or diz que tu veulx gaigner pour me seruir. Et laban auoit deux filles a marier: dont la plus ãcienne auoit nom Lia: et la plus ieusne auoit nom Rachel. Mais lia nestoit pas belle (z aussi nauoit mie beaulx yeulx. et rachel estoit belle du corps (z des yeulx. Et quant iacob leut bien regardee et consideree: elle luy pleut moult bien (z dist a son oncle Ie te serueray sept ans pour ta fille rachel. Et laban luy dist que bien le vouloit et que mieulx la luy aymeroit a donner que a nulz autres Ainsi seruit iacob sept ans pour la belle rachel et tant laymoit que les sept ans luy durerẽt peu et point ne luy ennuycit le tẽps pour la grãt et parfaicte amour quil auoit en elle.

feuillet. xvi.

Quant les sept ans furent passes du seruice de iacob quil auoit faict de rachel il dist a laban son oncle Donne moi ta fille rachel pour laqlle ie tay si bien et loiaulmēt serui sept ans. car il est temps que ie soye marie Adōc laban fist les nopces et fit vng grāt qtiue a tous ses amis et quant vint au coucher la nuit la ban print sa fille lia qui estoit la plus ācienne et la coucha secretemēt auec iacob: et point ne sen appceut iacob iusques au matin. Et quāt il se leua il vit que lia estoit couche auec luy et nō pas rachel il en fut moult trouble et courrouce. et dist a son oncle: quesse que tu mas fait: ne tay ie pas serui sept ans a moult grant peine et a moult grant traueil pour rachel ta fille et tu la mauois octroiee et promise pourquoy mas tu fait telle durte et telle vilanie. Adonc laban le rapaisa le mieulx qͥl peult et luy dist que ce nestoit pas la coustume du lieu ne du pais quon mariast la plus ieusne fille deuāt lanciēne. demeure encores auecques moy ceste sepmaine cy et me seruiras sept ans et ceste sepmaine passee: et puis auras rachel a ta voulente. Adonc sacorda Iacob et la sepmaine apres espousa rachel et laimoit mieulx qͥl ne faisoit lia Et nostre seigneur voiant qͥl la despitoit il la fist oceptoir et sa soeur rachel demora brehaigne

et enfanta lia et eut vng filz quō appella ruben Et adonc dit lia Dieu nostre seigneur a veu mon humilite or me aimera mō mary doresenuāt Encores de rechief elle eut vng autre filz quon appella simeon: et dit pource qͥ nostre seignr a veu que ie estoie pou amee et prisee de mō mari il ma donne encores vng beau filz Et encores apres en eut vng aultre quelle appella leui. or maintenāt dit elle sacordera mon mari a moy et aimera ma cōpaignie car ie luy ay porte trois beaulx filz. Quartemēt elle enfanta et eut vng filz et dist. Maintenāt louray ie nostre seignr et pource luy mist elle nō iudas Et apres quelle eut eu cest enfant elle laissa le porter.

Donc quāt rachel vit qͥlle ne portoit nulz enfans elle en fut moult honteuse et āgoisseuse: et eut moult grāt enuy au cueur et grant enuie cōtre sa soeur et dist a iacob Se tu ne fais qͥ iaye des ēfās ie morray de dueil. Adonc lui en dit iacob qͥ en fut moult courrouce suis ie celuy qͥ tay priuee du fruict de ton ventre. par ma foy ce nay ie mie fait Adonc rachel dit iay ma damoiselle et ma serue ie vueil que tu couches auec elle a fin qͥ iaye des enfans de toy p elle Et adonc iacob la print et eut compaignie auec elle et fut grosse de luy et eut vng filz quō appella dā et dit

Dieu a receu ma priere et le ma mō
stre puis ql ma donne vng filz. En
cores coucha Jacob auec celle serue
q̃ auoit nō Bala, et en eut vng filz q̃
eut nō Neptalim. Et quāt elle vit
q̃lle ne portoit plus: elle prit zelphā
sa serue et la mist en la main de Ja
cob son mary: et fist tant q̃l eut com
paignie a elle et eut vng enfant de
luy q̃l appella Gaal en disāt: or est
bien. Et encores ieut iacob auecq̃s
zelphā: et eut encores vng filz q̃ fut
appelle ezer. Car adonc dit rachel
les femes dirōt q̃ ie suis bien euree
car dieu ma donne cest enfant pour
ma beneisson.

Il aduint vng iour q̃ Rubē
sen alloit esbatre aux chāps
en temps de messons et va trouuer
deux mādegloires q̃ est vne racine
qui porte forme dhōme et de femme
aulcune ffois Et dient aulcūs que
se vne feme qui est brehaigne prent
le mandegloire qui ayt semblāce de
hōme et le mect en son lit elle cōcep
uera. Et quant ruben eut ces deux
mādegloires trouues il les apporta
a Lya sa mere. Et quant rachel les
vit elle les desira et cōuoita moult
a auoir, et dist alia sa soeur dōne
moy des mandegloires q̃ ton filz a
apportes et rachel luy dist Je vueil
que iacob gise ceste nuytee auec toy
mais q̃ iaye des mandegloires que
tu as et elle luy en donna.

Dant vint a vespres q̃ iacob
reuint des chāps: lia luy vint
au deuāt et luy dist Tu gerras en
cores enuyt auec moy: car ie tay bien
achete. Et celle nuyt ieut Jacob a
uec elle et engēdra vng enfant qui
fut appelle ysachar encores aduint
q̃ lya conceut vng enfant et dist Or
ma dieu donnee de beaulx enfās dores
enauāt sera mon mary auec moy et
me aymera plus q̃ les aultres fois:
car ie luy apporte six beaulx enfans
Et apres ce nostre seignr eut pitie
de rachel et conceut vng beau filz q̃
fut appelle Joseph et pria nre seignr
q̃l luy en dōnast encores vng aultre.

Dant ioseph fut ne. Jacob
vint a labā et luy dist Il est
temps que ie men retourner en mon
pais: iay asses demoure icy et long
tēps serui: il est temps q̃ ie pourroie
dores enauāt a mon hostel / et me de
liurer mes femmes et mes enfans et
la metiue chose si men iray chez mō
pere. Et quāt labā ouyt ainsy pler
iacob: si sapprocha de luy et luy dist
Jacob ie cognois bien q̃ tu mas bien
et loyaulmēt seruy et p long temps
q̃ tu as este auec moy dieu nostre sei
gneur ma fait moult de biens pour
lamour de toy or ie prie q̃ tu vueilles
encores demourer auecq̃s moy: et re
garde q̃ ie te donneray pour ton serui
uice. Adonc iacob luy dist. Je scay
biē q̃ dieu nostre seignr ta fait asses

de biens p̱ long tēps que ie tay serui car tu estois poure q̄t ie vins auec toy et tu es grandemēt enrichi Dōc se tu veulx q̄ ie demeure auec toy en ton seruice tu me dōneras doresenauāt ce q̄ ie te diray Enuirōne tous les troppeaulx des bestes que tu as soiēt brebis soiēt cheures: et toutes celles q̄ seront doresenauant vaires ou tachez elles serōt a moy, τ celles dune coleur soiēt blāches ou noires seront a toy et ne pourras dire cy a pres q̄ iay rien du tien que a point. Moult print en gre ceste parolle offerte par iacob τ luy actroya moult voulentiers.

Dant iacob eut loctroy de labā il se pēsa dune chose asses subtile et malicieuse car il print bastōnetz dune maniere darbre quon appelle pouplier et osta lescorche: τ ou lescorche estoit ostee il estoit vair et vert ou elle estoit demouree. Et ces verges mist iacob es chaneaux ou les brebis et les cheures buuoiēt au tēps que les masles alloiēt aux femelles en leurs chaleurs, et pour ce q̄ les verges vaires leur estoient au deuant ilz engendroiēt bestes tachees et de diuerses couleurs.

N celle ānee eut ētre les bestes de labā plus de tachees et de diuerses couleurs que de celles dune couleur blanches ou noires, τ et iacob metot le tachees dune part

feuillet. xvii

pour luy et les autres pour laban. Et quāt laban vit que iacob auoit tant de bestes et que dieu luy mulplioit ainsi ses choses il en eut grāt enuie τ appella iacob et luy dit. Tu as eu en vng an plus de bestes tachees q̄ ie nay eu dune couleur mais ie ne vueil mie quil soit ainsi. Tu auras celles dune couleur et iaurai les tachees τ iacob luy octroia pour auoir paix. Or eut iacob celles qui estoiēt dune couleur sans taches τ foison de moult de tachees p̱ auant et labā eut les tachees. Or aduint celle ānee que moult peu y en eut de tachees et grant foison qui nestoiēt point tachees. Et les prenoit iacob et les menoit auec les siennes. En ceste maniere eut iacob tāt de bestes en pou de tēps dunes et daultres q̄ laban ne sceut q̄ dire. Et estoit si esbahi que plus ne pouoit, τ maintesfois chāgea celle couuenāce: car aulcunesfois souloit auoir les tachees quāt il les veoit multiplier en la main de iacob et a laultre fois les aultres pour semblable cas: mais tousiours luy en mescheoit. Dont quant les ēfans de labā virent ce: si en eurēt moult grant dueil τ grāt enuie et en parloiēt duremēt contre iacob en disant Iacob a eu des biēs de nostre pere et en est enrichi: τ nous /en sommes poures.

Dant iacob ouyt q̄lz en mur

c.i.

muroient ainsi contre luy: si se donna
garde q̃ laban le regardoit enuis et de
mauluais yeulx. Si dist vng iour
aux champs ou il estoit en pasture a
ses deux femmes lia et rachel Je voy
bien q̃ me apperçoy que vostre pere ne
me voit plus si voulentiers comme il
soloit et dieu a este auec moy p̃ tout
le temps q̃ ie lay seruy: et ay eu en son
seruice de la peine et du traueil beau
coup: dont il ma tresmal paye. car
par dix fois il ma change pour moy
greuer mõ loyer. Mais dieu na mie
voulu qͥl mait greue qͭ il vouloit.
q̃ ieusse les tachees silz conceuoient
et auoient bestes tachees asses plus
q̃ des aultres dune couleur. Et qͭ
il vouloit q̃ ieusse celles qui estoient
dune couleur: adonc en naissoient plͦ
q̃ des aultres. Et ainsi ma dieu donne
les biens de vostre pere: et nostre
seignr sest apparu a moy et ma dit
Je suis le dieu de Bethel a q̃ tu plas
quant tu venois icy: et ma dit. Jay
bien veu q̃ laban tay fait ie te cõmande
q̃ tu retournes en ton pais et ou lieu
q̃ tu fus ne en lostel de tõ pere.

Comment Jacob se departit de
aram et emena auec luy tout ce quil
luy appartenoit et sen reuint en be-
thel par deuers son pere ysaac.

Dant lya et rachel ouyrent q̃
iacob lui disoit: si respondirent
a iacob. Nous nauons nulle esperance
q̃ des biens nr̃e pere nous doyons riens

auoir: car il ne scet mie porte euers
nous comme il deust. ne si ne nous a
pas reputees cõme ses filles mais a
despendu tout le nostre. Si te prions
que tu faces tout ce q̃ nostre seignr
ta commande et nous irons quelque
part q̃ tu vouldras. Et lendemain
au matin iacob print ses femmes et
ses enfans et les mist sus chameaux
et chargea tout ce que a luy appar-
tenoit/ bestes et aultres choses: et se
mist au chemin pour retourner en
son pais et ne le voulut mie faire a
scauoir a laban son sire. Et dressa
son chemin vers la montaigne de ga
laad, et laban estoit alle tondre ses
brebis: et de ce riens ne scauoit. Et
rachel au departir alla chez son pere et
luy robba ses ydoles qui estoient dor
et dargent et les emporta secretement
auec elle ne iacob point ne le scauoit

O tiers iour apres ce q̃ iacob
sen retournoit en son pais vin
drent aulcũs a laban et luy noncerent
coment iacob son gendre sen alloit et
emenoit ses femmes et ses enfans auec
luy. Adonc laban vint a son lostel
et trouua quilz luy emportoient ses
dieux dor et dargent si en fut moult
courrouce. Et adonc print laban ses
amys et les fist monter et armer en
grãt diligẽce/ et chasserent aps iacob
p̃ sept iours. et tant le chasserent qlz
le retaindirent en la montaigne de ga
laad ou il se reposoit lassͦ. Et celle

nuyt sapparut nostre seigneur a laban et luy dist, donne toy bien garde que tu ne faces ne diez rien qui oncques soit encontre iacob ou autrement mal ten viendra. Lendemain vint laban au mont de galaad ou iacob auoit fiche son tabernacle si dist a iacob Pourquoy mas tu fait telle durte et telle vilonnie que ainsi ten es venu en larrecin sans moy commader a dieu et en as emene mes filles et mes enfans. Et ie teusse ceduit a me nestriers et a grant ioye. Tu as fait mal et ie te leusse monstre se nostre seigneur ne le meust deffendu. Mais il ma ennuyt commade que en riens ne te greuasses. et pnons que tu eusses voulete et desir daller en ton pais et de veoir ton pere pourquoy mas tu emble mes dieux. Adonc iacob lui respondit. De ce que tu me argues que ie men suis venu sans le te faire assauoir. Je lay fait pourtant que ie me doubtoie que tu me feisses aulcun grief et enuy au departir: et que tu ne voulsisses point laisser partir tes filles auec moy. Et du larrecin que tu me metz sus: enquieres bien diligemment de toutes pars: et se nul la fait des miens: ie vueil quil soit occis deuant nous tous. Et en disant ce: il ne scauoit point que Rachel eust les ydoles de laban son pere.

a Donc quant laban eut ouy parler Jacob et luy excuser:

feuillet. xviii.
si va querir par tout pour ses dieux trouuer: et quist bien diligemment ou tabernacle iacob et de lya et de toutes leurs maisnies et rien ne trouua Et quant rachel vit que son pere venoit a son tabernacle: si sauanca et prit les dieux de son pere et les mist dessoubz le siens des chameaulx et sassit dessus. Et quant laban voulut la querir elle dist, pere ne te courrouce point encontre moy se ie ne me lieue contre toy: car il mest aduenu ce qui conuient aux femmes aduenir et ainsi trompa son pere et point ce quil queroit et ne le peult oncques trouuer.

q Dant iacob vit ce que laban luy eut fait: si en eut moult grant despit et en fut moult trouble et le reprit moult durement et luy dist Que tay ie meffait: ne quel deffault as tu trouue en moy que ainsi as reuerse tous mes biens. Apporte icy deuant nous tout ce que tu y as trouue et ce que ie eporte du tien Esce le loier que tu me rens pour le seruice que ie toyfait que ainsi me mettes sus larrecin. Je tay serui par lespace de .xx. ans que oncques tes brebis ne tes cheures ne laisserent le porter vng seul mouton: oncques des tiens ie ne mengay: ne ce que le loup et aultre beste prit oncques ne estranglast oncques ie ne tay voulu monstrer. Je tay tousiours rendu bon compte et refait tes dommaiges: et si te perdoie
e.ii

rien du tien ou on me sembloit: tu le me faisois paier et rēdre. Jay eu des chaleurs et des froidures pour toy: ꝙ maintes nuitees en ay laisse a dormir et ay perdu mō repos. Par dix fois mas chāge mon loier et encores apres tout ce tu meusses couru sus et fait grāt vilanie se dieu ne teust deffendu que tu ne me touchasses. Or dieu nostre seigneur a bien veu ma peine et mō trauail si ma de tes mains deliure et ta reprīs de ce que tu voulois faire. Adonc respondit laban. Et que puis ie moy car mes filles et mes ēfans et les tropeaulx des bestes que ie voy icy tout doust estre mien. Et que pourray ie donc donner a mes ēfans et a mes neueux quāt tu ēporte tout ma cheuāce

¶ Dant iacob et laban eurent ainsi parle ēsemble: si se vont aduiser de faire vng bon accord et vne bonne aliāce ēsemble ꝙ iamais lung ne fust contre lautre, et que iacob porteroit honneur aux filles de laban, et iamais ne iroient ne ne seroient lung contre lautre Et si iurerēt et promirēt lung a laultre ꝙ en signe de ceste aliāce et en tesmoignage de verite esleuerēt vng grāt moncel de pierres ꝙ lappellerēt galaad qui vault au tant a dire cōme vng moncel de tesmoignaige. Et puis beurēt et mengerēt ēsemble: ꝙ firent ensemble vng grant menger

au veptir. Et laban baisa ses deux filles ou departir et ses ēfans aussi et les commāda a dieu et puis sen reuint en son hostel

¶ Dant labā sen fut alle adōc iacob print son chemin pour sen venir en son pais. Et les anges de dieu luy sont a lēcontre et le conduisoiēt Et quāt il les apperceut si dist voicy lost de dieu. Et ainsi cōme il sen venoit il luy va souuenir de son frere esau. Il print vng messaige ꝙ lēuoia par deuers luy affin qͥl sceust sil estoit appaise p̄ deuers luy. Et cōuenoit quil trouuast maniere de soy appaiser par deuers luy Donc manda a son frere tellemēt. Jacob vostre frere vous salue ꝙ vous mande ainsi. Jay demeure auecꝗ labā nostre oncle des ꝙ ie me deptis de nostre pais iusques a maintenāt Et ay beufz, vaches, chameaulx, asnes brebis, hōmes et femmes qui miēs sont et aussi a vous cher frere car tout ce que iay est a vostre cōmādemēt. Et pource ienuoie a vous affin que ie soie a vostre grace ꝙ en vostre amour. Or reuindrēt ceulx que iacob auoit enuoies a son frere: et lui dirent. Nous auons trouue vostre frere esau en la terre de seir en la religion de edon ꝙ luy auōs dit tout ce que tu nous auois commis a dire ꝙ veez le cy qui te vient au deuant a tout quattre cens hommes.

Quant iacob ouyt ces nouuelles il fut moult esbahy: et eut moult grãt paour, et adonc ſa diuiſer le peuple q̃ eſtoit auec luy (et toutes ſes beſtes en deux troppeaulx en diſãt, ſe mõ frere court ſus a lũg lautre eſchappera, et puis pria nr̃e ſeigneur moult doulcemẽt (et diſt. Sire dieu q̃ mas gouuerne dés mõ ẽfance tu mas cõmande q̃ ie retournaſſe en mon pais (et mas promis a me faire moult de biẽs Or te prie q̃ tu me vueilles garder de mon frere eſau qlne me tue ou face aulcũ mal a moyne a mes ẽfans. Adonc iacob alla prẽdre deux cens et trẽte beufz deux cens brebis (et dix moutons, et .xxx. chameaulx a tous leurs poulains .xl. vaches: et .xx. thoreaulx .xx. aſnes et .x. ieuſnes aſnons, (et les ẽuoya ꝓſenter a ſon frere: et diſt a ceulx qui debuoiẽt faire ce preſent. Alles vous en deuant moy (et faites eſpace ẽtre les vnes beſtes et les autres, et ie men voiz apres vous. Et diſt a celuy qui alloit le pmier, ſe tu rẽcontres eſau mon frere et il te demande a qui ſont ces beſtes que tu maines: tu reſponderas. Sire elles ſont a voſtre poure gerſon Jacob: et vees le cy qui vient apres nous, et vous faict preſenter cecy Et tout en ſemblable maniere diſt aux aultres quilz fiſſent ainſi

Commẽt lange luita a iacob

feuillet .xix.

Ores les ẽuoia ainſi deuant luy: et celle nuyt ſe repoſa et dormit la: (et entour la minuyt ſe va leuer (et prit ſes deux fẽmes (et ſes .xi. filz auec leurs aultres meres / et les fiſt tous aller et paſſer deuãt et demoura derrire. Et voicy vng ange en forme dõme qui luita a luy et ne ceſſerẽt de luiter iuſques au poit du iour: ne oncques ne le peult vaincre Et quãt il vit q̃ vaincre ne le pouoit: ſi le ferit en la dextre cuiſſe tellemẽt q̃ les pr̃cipaulx nerfz ſecherent et en fut boiteux de la en auant Adonc luy diſt lange laiſſe moyen aller: car laube du iour appert (il mẽ cõuint aller Et iacob luy diſt que nullemẽt ne le laiſſeroit aller ne departir de luy ſil ne luy dõnoit ſa benedictiõ Et lange luy demãda cõment on lappelloit et quel nom il auoit Et il reſpondit q̃d lappelloit iacob Et lange le beniſt de par dieu et luy diſt Tu nauras plus nõ iacob mais iſrael: car ſe tu as eu force contre dieu cõment ne lauras tu en cõtre les hommes Adonc quãt il eut beniſt ſi ſen vola au ciel Et iacob miſt nom au lieu phanel en diſant Jay veu noſtre ſeigñr face a face et lame de moy en eſt ꝓfortee (et ſaulee.

Pres ce que iacob eut ce fait ſes gens alloiẽt deuãt luy et il venoit apres Et en venant il va getter ſes yeulx (et vit de loing que

c. iii.

son frere Benoit a tout quattre cens hommes auec luy. Et quant ainsi les vit venir il print les serues et leurs enfans et les mist au p̄mier front, et lya et ses enfans au second, et rachel et ioseph tout au dernier, et il se mist tout deuant les autres et sen alla au deuant de tous pour saluer son frere esau. Et quant il vint a luy si sencli na moult humblement et doulcement deuant luy. Et esau descendit de dess⁹ son cheual et luy courut au col et le embrassa moult cherement et en plourant le baisa moult tendrement. Et quant ilz se furent saluez, si demanda esau a qui estoit tout ce quil auoit encontre. Et iacob luy dist quil appartenoit a luy et que cestoient ses femmes et ses enfans et les biens que nostre seigneur luy auoit donne ou lieu dont il venoit, et moult luy pria quil soulsist prendre le present quil luy auoit enuoie. Et esau ne le voulut, car de telz biens auoit assez. Toutesfois tant len pria quil le print. Adonc dist esau a iacob frere allons ensemble: car ie te vueil conduire toy et ta maisnie. Et iacob luy respondit que ainsi ne pouoit estre: car cher frere mes enfans sont encores tendres et petis, et mes brebis et vaches sont praines et plainnes, si ie les faisois aller plustost que ne doibuent elles mourroient. Alles vo⁹ en cher frere deuant et ie vo⁹ suiueray au plus tost que ie pourray.

· Donc se deptit esau de iacob son frere et sen reuint ou lieu dont il estoit parti et venu. et iacob sen alloit tousiours auant iusques a tant quil vint en salē qui estoit la principale cite des sichimens en la terre de chanaā, et la acheta vng champ aux enfans de emor et a leur pere, et en paya cent aigneaulx et la esleut sa demourance et edifia vng autel pour seruir nostre seigneur.

Comment sichen le filz de emor rauit et efforca Dine la fille de Lya q̄ fut fille de iacob.

IL aduint que dine la fille de lia sen alla aux champs esbatre et fut molt curieuse de veoir et scauoir quelles estoient les femmes de celle terre et du pais pareillement. Et sichen le filz de emor q̄ estoit sire et prince du pais la vit et fut espris de son amour et pour la grant beaulte delle la rauit et corrumpit a force. Donc quant iacob et ses enfans le sceurent, en furent si courrouces que plus ne peurent car grant honte leur auoit faict siche d'auoir ainsi macule leur seur. Adonc quant emor le pere de sichen vit telle honte si se pensa de lappaiser au mieulx quil pourroit. Et vint a iacob et luy va dire Mon filz siche ayme tant ta fille q̄ delle ne se peult departir. Je te vouldroie bien prier que tu la luy donnasses a femme, et que dorsenauant nous fussions si bos amis ensemble q̃ mes enfans et les tiens se copulassent ẽsemble p̃ loial mariage et nostre terre sera toute a vostre commãdemẽt et laboures en nostre terre a vostre voulente: car no⁹ la mettõs toute soubz vr̃e main

Dont iacob et ses enfans eurent ouy emor ainsi parler ilz respondirent q̃ nullemẽt ceste chose ne pourroiẽt faire si ainsi nestoit q̃lz voulsissent faire vne chose qui leur quenoit faire. Et sichen leur respondit quil nestoit chose qlz ne feissent: mais q̃ letur fille peust auoir a fẽme, ⁊ demãde⁊et commande⁊ tout ce q̃ vous vouldres et ie suis appareille de le faire Adonc leur dirẽt iacob et ses ẽfans p̃ vng faulx semblant car forcenes estoiẽt les freres pour la vilanie que sichen le filz de emor auoit faicte a leur soeur dyne. Et q̃ roiẽt voie et maniere cõment ilz sen pourroient venger et leur dirent qlz quenoit q̃ sichen et tous les hõmes de sa terre fussent circũcis, et que p̃ ce pourroiẽt ilz faire tout ce q̃ emor et sichen demãdoient ou aultremẽt ilz prendroient leur soeur et sen deroient leur pais et sen iroient

Dont sichen eut ouy ce q̃ les enfans de iacob eurent dit ⁊ requis: il leur octroya voulentiers et de bon cueur ceste chose. car tant aymoit la fille que riens ne luy fust grief: ne ne pensoit ne aduisoit a la

feuillet. xx.

malice q̃ contre eulx pensoiẽt les enfans iacob. Adonc sen vint sichẽ en la cite et parla a son peuple: ⁊ aussi fist emor q̃ moult aymoit sichen car cestoit la plus noble ⁊ la plus gracieuse personne de tout son lignaige Et fist tant le pere que tous ses hõmes si accorderẽt: et sans plus attẽdre il se circuncist ⁊ fist tous les hõmes de la terre circuncirre.

Ⓞ tiers iour apres q̃ sichen et tous ses hõmes furẽt circuncies: adonc q̃nt la douleur des plaies estoit plus grande. Simeon ⁊ leui les deux freres de dine prĩdrẽt leurs armures et tous armes vont entrer en la cite et coururẽt sus a emor ⁊ a sichen et les mirẽt a mort ⁊ tous les hõmes de la cite mirent a lespee tellement q̃ nul nen eschappa de tous les aultres freres. Et ardirẽt et despoillerẽt la dicte cite ⁊ degasterẽt tout aux chãps et a la ville quant qly auoit de biẽs et de bestes ⁊ femmes ⁊ enfãs emenerent prisonniers et si prindrẽt vegeãce de la vilanie q̃ auoit este faicte a leur seur laq̃lle ilz trouuerẽt a la maison de sichen ou il lauoit rauie: et la prindrent et lemmenerent.

q Dont iacob ouyt ceste nouuelle si fut duremẽt trouble et courrouce. Et dit a leui et a simeon ses deux enfãs. Vo⁹ maues trop courrouce et me feres hair de ceulx de ce

c. iiii

ste terre & silz se meuuent ce sera mal pour nous: et sõmes en peril qlz ne se mettent ensemble et qlz ne vous viẽnent courre sus. Et ilz respondirent qlz ne debuoient mie souffrir telle honte quon auoit faicte a leur soeur. Apres ce sapparut nostre seigneur a iacob et luy dist Lieue toy & ten va en Bethel et la tu demourras et feras ung autel pour adourer celuy dieu q̃ tapparut qñt tu ten fouis pour la paour de ton frere esau.

Donc iacob qmãda a toute sa maisnie qlz gettassẽt hors de leurs temples toutes ydoles et dieux estrãges: et ne adourassent q̃ ung seul dieu q̃ est ou ciel & quilz se purifiassent. Et ainsi le firent ilz & se deptirẽt et sen allerent en Bethel ainsi cõme nostre seignr lauoit comandé a iacob. Et quãt ilz furent la venus ilz edifierent ung bel autel & appellerẽt ce lieu la maisõ de dieu nostre seignr. Car nostre seigneur sestoit la apparu a lui quãt il passa p la quãt il fouyt pour sõ frere esau Asses tost de rechief sapput nostre seignr a iacob et luy dist. Tu ne seras plus appelle iacob mais israel adonc le benist nostre seignr et luy dist: quil multipliast & creust et q̃ de luy isteroiẽt maintes gens & plusieurs peuples roys et princes. Et quãt il eut ainsi benist il se departit de luy. Adonc iacob fut moult ioyeulx quant nostre seigneur luy eut donne sa benediction.

Ung iour aps iacob se departit de Bethel et sen vit deuers euffrate. Et adõc commẽca rachel a trauailler denfant: dont elle fut moult trauaillee et greue tant q̃lle en mourut. Et eut ung filz qui fut appelle beniamin. et fit iacob a sa fẽme une moult belle sepulture & noble. Et fit lenfant nourrir moult diligẽment. Et de la sen vint iacob a ysaac son pere & le trouua moult ancien: car il auoit. viiii. vigtz ans & se laissa mourir. Et iacob et esau son frere lenseuelirẽt auec son pere abrahã. et demourerẽt au pais les deux enfãs de ysaac iacob & esau. Et de uindrẽt si tresriches q̃ plus ne peurent demourer ẽsemble mais se deptirent lung de lautre. Et sen alla esau es mõtaignes de seir & de edon et la demoura et fut moult grãt homme au pais: et de luy vindrẽt moult de gens/ roys/ et princes. Et iacob esleut sa demourãce en la terre de canaã ou son pere auoit demoure.

Or demoura iacob & ses enfãs en celle terre et alloient tous aux pasturaiges/ et nourrissoient moult de bestes. car dieu leur croissoit & multiplioit tous les iours leurs biens. Mais ioseph et beniamin demourerent a lostel auecq̃ leur pere pource quilz estoient les plus petis

et aussi les aymoit il plus cherement
q̃ nul des aultres pour lamour de
rachel leur mere. Et sur tous en especial
il aymoit Joseph: τ tant cherement
laymoit q̃ tous les aultres freres
en auoient grãt enuie et le commencerent
tant a hair q̃lz ne le pouoient
de bõs yeulx regarder ne a lui
doulcemẽt pler Or aduint q̃ quãt
il eut enuiron .xvi. ans il estoit en
pasturage auecq̃s ses freres: et dit
vng grãt deffault en eulx et les accusa
p deuers son pere dõt en furẽt
trop grieuuement diffames. Et le
pere le croyoit de tout ce q̃l disoit po'
cause de lamour q̃l auoit en luy, τ
en furent ces freres durement courouces
contre luy

a Duint vng iour que ioseph
songea vng songe: et fust le
songe tel. Il luy sembloit q̃ lui τ ses
freres en vng chãp estoient et lioiẽt
gerbes de bled et q̃t elles furẽt liees
τ dressees il luy fut aduis q̃ les gerbes
de ses freres senclinoiẽt enuers
les siennes τ les adouroiẽt Ce songe
racõpta ioseph a son pere τ a ses freres:
dont ilz en eurent grãt despit τ
lui direnc cõment cuide tu estre nr̃e
sire et q̃ doyons estre tes subiectz.
Encores dit il vng aultre songe q̃
leur racõpta et fut telle songe Jay
veu la lune et le soleil/ dist il/ τ .xi.
estoilles du ciel q̃ me adoroiẽt et faisoient
reuerẽce. Quãt le pere eut ce

Feuillet .xxi.

ouy il len reprint et dit Que veulx
tu dire p ces songes: cõuiendra il q̃
moy/ ta mere/ et tes freres te adourons
en ceste vie ou nous sommes.
Dont pour les songes quil auoit
racõptes a ses freres ilz le cõmencerent
a hayr a mort. Et le pere mettoit
tout en son cueur et pensoit que
ce pourroit estre ne aduenir.

Cõment ioseph fut enuoye par
deuers ses freres lesq̃lz le gettereñt en
vne cisterne et puis le vendirent

a Ses tost apres aduint que
les dix freres de ioseph pasturoient
leurs bestes en la tre de sichẽ.
Jacob enuoya son filz ioseph p deuers
ses freres la ou ilz estoient en
pasture: τ luy dit. Beau filz va veoir
que font tes freres τ comment il
leur est: τ me raporte nouuelles de
leur estat. Et ioseph se mist au chemin
τ tant sen alla quil vint en la
terre de sichen/ et queroit ses freres
ca et la: τ ne les pouoit trouuer. et
vng hõme le vit ainsi querant τ luy
demanda quil queroit. Et il luy respondit.
Je qiers mes freres dy moy
se tu sces ou ilz sõt en pasture. Adõc
luy dist celuy hõme Ilz se sont maintenant
dici departis: τ leur ay ouy
dire quilz sen yroient en dothain τ
ioseph sen alla/ droit en dothain τ la
trouua ses freres.

q Dant ses freres le virent venir:
τ estoit ẽcores asses loĩg

deulx ilz se penserẽt q̃lz locciroiẽt et
dirent lung a lautre. Voicy le son
geur q̃ vient a nous allons le met
tre a mort si verra se ses songes luy
prouffiterõt et pourrons dire a nr̃e
pere q̃ la mauuaise beste la estrãgle
a deuore. Adonc ruben se mist auãt
a dist a ses freres Pour dieu seigñrs
laisses este ceste folle entreprinse a ne
honnisses mie vos mains au sang
de cest enfãt. Car il est nostre frere
nostre chair, et nostre sang. Mais
gettes le en vne vieille cisterne q̃ est
la en ce desert laq̃lle est seiche et sãs
eaue. Et rubẽ auoit ceste chose pour
pẽsee de le getter en la cisterne pour
tant que quãt ses freres seroient de
partis quil le peust prendre a rendre
a son frere sain et haitie.
a   Donc quant ioseph vint a
     ses freres tãtost en lheure le
voulurent prendre: a luy vont oster
sa belle robbe que son pere luy auoit
faicte pour tresgrant especialite da
mour. Et par le conseil de ruben le
mirent en la citerne et ses freres sas
sirent dessus pour menger a pour eulx
desiuner. Et ainsi cõme ilz estoient
assis au menger ilz virẽt passer p la
marchãs de madian qui emenoient
foison de chameaulx charges despi
ces a dautres choses tres precieuses a
sen alloiẽt en egipte. Et qnt Judas
les vit il dist a ses freres. que aurõs
no⁹ gaigne se nous occisons nostre

frere: mieulx vault q̃ nous le ven
dions a ces marchãs et luy sauuer
la vie que nous le tuissons: car il est
nostre frere. A ce saccordẽrent tous
les autres freres a le vendirent aux
marchãs trente deniers de leur mõ
noie. Et a tant se departirent les
marchãs et emmenerent ioseph q̃lz
auoient achete.
q   Quant ruben fut reuenu que
     riens ne scauoit q̃ ioseph fust
vẽdu: si vint a la citerne ou ioseph
auoit este mis et le cuida trouue: et
le commenca a hucher mais nul ne
luy repondist et cuida quil fut mort
et se prit a deschirer ses robbes a dit
a ses freres. Que auez vous fait de
lenfant: ie ne le treuue mie en la ci
sterne las q̃ deuiẽdray ie sil est mort
et nostre pere le scet il mourra de du
eil. las que ferons nous q̃ luy pour
rons nous dire. Adonc luy dirẽt ses
freres quil nestoit mie mort mais le
auoient vendu. Puis aps prindrent
conseil ensemble cõment ilz pourroiẽt
leur pere appaiser et ce annuncer. Et
prindrent la bonne robbe q̃lz auoiẽt
tollue a ioseph et la mirent et sou
lerent dedens le sang dung cheurel
quilz auoient tue et la robbe toute
sanglãtee la vont enuoier a leur pe
re en disãt nous auõs trouue ceste
robbe toute ensanglantee a appoin
tee cõme tu vois. Regarde se cest la
robbe de ton filz ioseph ou non

Quant Jacob vit la robbe de ioseph ainsi deschiree et ensan glantee il la recogneut bien et gmēca a plourer et a gemir en disāt Las la mauuaise beste a deuore et occiz mō filz ioseph et gmēca a faire tel dueil q̄ nul ne le pouoit appaiser. Adonc vindrent tous ses enfans et tour luy pour le conforter et appaiser: mais riens ny valut: ains croissoit tous iours son mal et son meschief en di sāt. Las moy dolēt iay pdu ma ioye et mon gfort q̄ estoit la doulceur de ma vieillesse. Mon cher filz ioseph de mal heure ie tēuoiay a tes freres quāt ainsi la mauuaise beste ta de uore et estrāgle. Or men vois ie en efer au pres de toy et mouray dolēt et esploure: et ainsi fineray ma vie en pleurs et en douleurs Ainsi se cō plaignoit et douloit le poure hōme ne pour chose q̄ ses ēfās luy peussēt dire gforter ne appaiser ne se peult nullemēt et moult long tēps mena tel dueil.

Cōment ioseph fut mene en egi pte ples marchās de madian leq̄lz le vendirēt au prīce de la cheualerie du roy pharaō q̄ fut apelle phatifer

Cōmēt ioseph fut mene en egipte par ceulx qui lauoiēt achete: et en egipte le vendirent au prīce de la cheualerie et des feaulx du roy pharaon qui auoit nō phati fer. Et quant il eut achete il le mist

feuillet. xxii.

en son hostel et ioseph le seruoit tres diligēmēt et estoit saige et bien ad uise. Et nostre seigneur estoit auec luy tellemēt que tout ce quil faisoit plaisoit a nostre seigr̄. et tout ce q̄ son seigneur luy commādoit si bien le faisoit q̄ rien ny failloit: dōt pha tifer layma tant quil le fist maistre gouuerneur de son hostel et fit tant ioseph que ceulx de lostel laymoiēt et honouroiēt de bon cueur Et no stre seigneur le cōfortoit et les biens de phatifer pour lamour de ioseph multiplioiēt et accroissoient.

a Pres long temps aduint q̄ phatifer alloit a la court du roy pour besongner: si recommāda a Joseph et luy mist en sa garde sa maison et pareillemēt tous ses biēs et sen alla. Dont asses tost apres aduint que la femme de phatifer q̄ estoit dame de lostel ficha ses yeulx sur Joseph et vit quil estoit moult bel homme si le conuoita et queroit voie et maniere comment elle pour roit prier de gesir auecques elle dōt vng iour entre les aultres le trouua seul: et luy dist viens gesir auecq̄ moy. Joseph la regarda par moult grant pitie et par despit luy va dire Dame tu sces que mon sire a telle fiance a moy quil ma tous ses biēs et aussi sa maison mis en ma garde et en ma gouuernance: excepte toy qui es sa femme. commēt luy ferois ie telle faulte luy oseroie ie faire tel oultraige et telle mauuaistie/ ⁊ pecher si griefuemēt contre mō dieu ne parlons plus: car iamais cecy ne feroie. Chascū iour la dame le requeroit: car son cueur apres luy ardoit. ⁊ ioseph tousiours le refusoit. Or aduint q̄ vng iour il entra en lostel de sa dame pour faire aucune chose ⁊ la dame le vit ⁊ se pensa q̄l estoit bien a point pour le prier: si le print par le bout de son māteau et luy dist. Si ens gesir auec moy Adōc ioseph laissa aler bien tost le māteau ⁊ sen fouit hors de lostel et le māteau demoura en la main de sa dame. Et quāt elle se vit tellemēt refusee ⁊ despitee elle en eut si grāt dueil q̄ a peu quelle ne enraigioit toute viue. Et adōc trouua vng tresmauuais tour ⁊ retourna le faict a son hōneur et a honte ⁊ deshōneur de ioseph.

Donc q̄t ioseph sen fut foui et eut laisse son māteau en la main de celle mauuaise fēme elle va appeller ses gēs de son hostel disāt Dōt ne scaues/ dist elle/ q̄ ce mauluais garson ebrieu en q̄ monseignr a si grāt fiance ma voulu faire. Il ma prie de gesir auec moy a sa voulēte ⁊ q̄ ie voulsisse faire son plaisir et quāt il vit que ie ne vouloie riens faire pour luy: il me voult efforcer. ⁊ ie qmēcay a braire et a crier. et q̄t il me ouyt crier si sen fouit ⁊ a laisse

son manteau p grant haste quil eut de sen fouir et regardes biē son manteau q̄ vees cy. Et quant phatiser fut reuenu si luy conta sa fēme commēt ioseph lauoit voulu efforcer. et mōstra le māteau dont le seigneur fut moult durement esmeu contre ioseph ⁊ moult fort courouce ⁊ le mist en la prison du roy ou son tenoit les autres prisonniers Et nostre seignr fist grace a ioseph deuāt le prince des prisoniers/ ⁊ du tout sen fia en luy ledict prince tellemēt que de riēs ne sentremettoit: car tout le gouuernement auoit comis a ioseph.

Commēt ioseph exposa les songes des deux seruiteurs du roy pharaon estās en prison auec luy.

Pres ces choses aduit q̄ deux officiers et seruiteurs du roy pharaō dont lung estoit panetier et lautre bouteller firēt aucū deffault et grāt meffait dōt le roy fut moult trouble ⁊ courouce contre eulx ⁊ les fist mettre auec ioseph en prison. et le maistre de la prison les mist en la garde de ioseph: et demourerent en prison asses long tēps. Or aduit q̄ les deux officiers du roy dessusditz virēt deux songes asses merueilleux et a leur aduis chascun le sien selon son office: dont ilz furēt moult esbahis et leurs faces et leurs cheres en estoiēt tristes ⁊ mates. et vng mat ioseph les visita et vit q̄lz faisoient moult male chere & leur dist. Vous faictes aultre chere q̃ ne soubliez q̃ auez vous & quoy estes vo⁹ tristes Et ilz luy respõdirẽt q̃ cestoit pour les songes q̃lz auoiẽt songes. Adõc leur dist ioseph q̃ a dieu en appartenoit linterp̃ter. Or me racotes vo⁹ songes q̃ vous auez veuz: ce dist ioseph. Adonc cõpta le bouteiller son songe et dist Il mestoit aduis que ie veoie trois gettõs de vigne croistre petit a petit: et puis ap̃s les raisins florir et en ap̃s les grappes meures et q̃ ie tenoie le hanap du roy & luy donnoie a boire Quant ioseph eut ouy le sõge q̃ le bouteiller lui eut raconte: il exposa son songe & dist. Voi cy lexpositiõ et lentendement de tõ songe. Les trois gettõs de la vigne q̃ tu veis ai̇si croistre signifiẽt trois iours ap̃s lequelz tu seras mis et restitue en son office: car ap̃s ces trois iours le roy te deliurera de ceste p̃ison ou tu es: et te reprendra pour le seruir: et te restitura ton office: et le seruiras de vin & donneras a boire ainsi cõme tu souloi̇s faire: & adonc ie te p̃ie q̃l te souuiẽne de moy. Et quãt le panetier eut ouy cõment. Ioseph eut expose le songe du bouteiller: si luy conta le sien qui estoit tel. Il me sẽbloit, ce dist le panetier, q̃ ie portois sus ma teste trois corbeilles de farine et en la souueraine estoiẽt toutes manieres de pain q̃ sont pa-

feuillet. xxiii.

ticiers et me sembloit q̃ tous les oyseaulx du ciel venoiẽt et en mengeoient. Et ioseph luy dist & exposa son songe & dist. Les trois corbeilles q̃tu auois dessus ta teste trois iours signifiẽt ap̃es lequelz le roy si te fera coupper la teste: et fera pendre ton corps au gibet et viendront les oyseaulx du ciel et mẽgront ta chair Or pense de ordẽner tes besõgnes car il sera ainsi.

Il aduint q̃ trois iours ap̃es passes: le roy pharaon si fist vne grande feste & solẽnite du iour quãt il fut ne: et luy souuit des officiers q̃l auoit faict mettre en prison Si commanda q̃ le bouteillier fust deliure & mis en son office cõme deuant pour le seruir de vin, et que le panetier fust pẽdu & decapite ainsi cõme ioseph auoit dit et diuise. Et ainsi fut le songe acompli: et nõ obstant q̃ ioseph eut p̃ie au bouteiller q̃l luy souuenist de luy quãt il reuiẽdroit en son p̃mier estat: touteffois il leut asses tost oublie, et point ne luy souuint de luy dont ioseph fut moult esbahi. Et ainsi demoura en p̃isõ deux ãs ap̃s sans estre deliure

Dont q̃t ces deux ans furẽt passes aduint que le roy pharaon songea vng sõge merueilleux: car il luy sembloit quil fust sur vne riuiere de laquelle il veist yssir sept beufz, si beaulx & si gras q̃ oncques

ne vit si beaulx et vit aussi que aul
tres sept yssoient de la riuiere si hi-
deux (z maigres et tous deschairnez
q pasturoiēt es riues d celle riuiere
et q ce sept beufs maigres (z deschar
nes deuoroiēt les aultres sept beufz
et destruisoient ceulx q estoient si be
aulx (z si gras. Et quant le roy eut
ce songie:si seueilla (z fut moult es
merueille (z esbahi d ce ql auoit son
gie. car il luy estoit aduis ql veoit
sept espis d bled q salloiēt dūg espi
et venoient dentour ung seul grain
et estoiēt ces sept espis de bled si be
aulx (z si plains q plaisās estoient a
regarder. Mais sept aultres naqui
rent tantost maigres et arses (z aisi
ome toutes vuides q deuoroiēt la
bondāce de ces autres et la beaulte
R eseueilla le roy (z fut espou
(z moult espouēte des sōges
ql auoit veuz. Si se va leuer et fit
tantost māder tous les plus saiges
clercz d tout son royaulme et tous
les deuis Et quāt ilz furēt venus
deuāt luy il leur racōta le songe ql
auoit songie:mais il ny eut ōcques
hōme qui luy sceust dire ne exposer
son songe ne la signifiāce. Quāt le
bouteiller ouyt dire commēt le roy
auoit songie (z que nul tant fut bon
clerc et saige homme ne luy scauoit
dire que sō songie signifioit si se va
remēbrer de ioseph et de sō songe (z
comment ioseph luy en auoit dit la

verite et dist en luy mesmes. Jay
grādement peche contre ce bon preu
dōme que iay aisi oublie sans faire
au roy aulcune memoire de lui

Comment le Roy pharaon fist
mettre ioseph hors de prison
   Donc sen vint le bouteiller
par deuers le roy et lui dist
Sire ne soies de rien esbahi:car iay
trouue ung homme qui moult bien
vous scaura a dire de vostre songe
la signifiāce:et eut en vostre prison
long temps a car il me souuiēt bien
que vne fois fustes contre moy cour
rouce (z contre le maistre panetier:(z
nous fistes mettre en prison en la
quelle nous songeasmes aucūs son
ges chascun semblāt a son office. et
auecq̄s nous auoit ung prisonnier
qui nous dist la signifiance de nos
songes tout ainsi cōme il no⁹ a dit
et tout en la maniere quil les nous
deuisa no⁹ est il aduenu Et quant
le roy eut ouy le bouteiller si fist tan
tost cōmāder quon amenast ioseph
deuāt luy. Adonc ioseph fut tātost
mis dehors de prison et le fist on tō
dre (z vestir tout de neuf et lamene
rent deuant le roy Et quāt il fut la
venu si le regardoiēt a merueilles
le roy et tous les haulx hommes (z
se merueilloiēt moult de luy quāt
ilz le virent :et cōment (z pourquoy
il auoit este mis en prisō si lōg tēps

Coment ioseph exposa le songe du roy pharaon lequel il fist gouuerneur de toute la terre degipte.

Dōt le roy pharaō dit ioseph si luy demanda sil scauroit dire la significāce de son sōge qͥl auoit veu. Et ioseph luy respōdit qͥl luy racontast la vision et il luy diroit la signifiāce sicōme dieu lē seigneroit Adonc luy dist le roy la vision tout ainsi cōme elle estoit: la pͥmiere ꞇ la seconde Et luy raconta le roy ainsy cōme il lauoit racōte aux plͥs saiges clercz et deuineurs de toute sa terre. et nul ne luy sceut exposer. et adonc luy dist ioseph Sire vos deux songes ne sont qͥ vng. car nostre seigͥͬ qͥ est le plus grāt dieu du ciel ꞇ sire de tout le monde Voͥ veult mōstrer ꞇ reueler aulcūes choses poͬ le tēps aduenir. Dont les sept beufz gras et les sept espis de bled q͂ estoiēt plains: signifiēt q͂ sept ans viēdront si plains et si abūdās de tous biens q͂ chascun en sera remply. Mais les sept beufz maigres et descharnes: ꞇ les sept espis brules et ars signifiēt sept aultres annees de chier tēps ꞇ si tresgrant deffault de tous biēs quilz ne sera memoire ne souuenance des bonnes ānees passees ꞇ si tresgrant famine sera p toute egipte qͥ ōcques si grāt ne fut Et sachez q͂ la seconde vision nest que ōfirmatiō de la premiere vision ꞇ songe: car nostre seigneur a complira ceste chose dedens brief temps dont sire ie vous cōseilleray bien se vous croies mon ōseil vous feres q͂ saige. Queres en vre terre vng preudhōme q͂ soit saige et bien aduise ꞇ le faictes gouuerneur p toute egipte ꞇ par tout le pais de vostre royaulme ordōnes aucūs receueurs q͂ facēt greniers plāteureux ꞇ par les sept bōnes ānees prenes la cinqͥesme partie de tous les blez q͂ viēdront ꞇ les heberges es greniers dessusditz. Et tout soit au roy et en sa puissance affinque quant le tēps viendra des dessusdictes sept mauuaises ānees que le poure peuple de tō royaulme ayt de quoy viure

Quant pharaō le roy degipte eut ouy tout ce que ioseph lui auoit dit ꞇ le conseil qͥl luy auoit dōne: il le ouyt moult voulentiers ꞇ moult luy pleut ꞇ dit au gre du roy aussi fist il a tous les haulx hōmes de sa court. Et quāt il se fut ōseille si trouua p son ōseil qͥl ne se pouoit mieulx faire que de faire ioseph executeur de ceste chose. Si lappella ꞇ luy dist. Joseph iay moult bien entēdu ce que tu mas dit et la verite de mes songes et voy bien q͂ ie ne pourroie trouuer plus saige homme de toy ne en qui lesperit de dieu fust mieulx que en toy. Dont puis q͂ dieu ta voulu ses secretz reueler de toute ceste chose des maintenāt ie te faitz sire de la terre degipte et veuil q̃ tu soies le plus grant apres moy ⁊ principal sur tous et aussi q̃ tous ceulx du royaulme obeissent a toy cõme a moy. Et adonc print laneau de sõ doy ⁊ lui dõna: et le fist reuestir de ses robbes et mõter en son chariot et mener p les bõnes villes. Et cõmanda q̃ chascun sagenoillast cõtre luy et ladourast et luy fist tel hõneur et reurẽce cõme a luy mesmes Et que chascũ sceut q̃ le roy lauoit fait son lieutenãt et gouuerneur p toute egipte. Et lui mua son nõ et le fist appeller le sauuer de tout le monde

Ors quant ioseph eut receu celle seignourie de p le roy: si sen alla par toute la terre degipte et fist p toutes bonnes villes et chateaulx faire grans greniers asses et a grãt foison. et q̃nt les bonnes ãnees vindrẽt il print la cincquiesme ptie de to⁹ les bledz et biens de la p̃miere ãnee ⁊ lest mist es greniers du roy ⁊ aussi fist il de toutes les aultres annees ẽsuiuãt. Et briefuemẽt il assẽbla tant de froment et si grãt abondãce cõme il y a de sablon en la mer: q̃ est grãt chose a nõbrer et q̃ surmõtoit toutes mesures. Et le roy luy fist prẽdre fẽme et quãt il fut marie il eut deux beaulx filz dont lung eut nõ monasses et lautre effraim. Et adõc dist il: dieu nostre seigneur ma fait oublier les peines, labeurs, et pouretes q̃ iay endurees: et ma fait croistre et grant deuenir en la terre de ma pourete.

Or passerẽt les sept bõnes annees et vindrẽt les sept aultres du cher tẽps et eut p tout le mõde grãt famine ⁊ en especial p toute egipte et en la terre de canaã ou iacob habitoit. Et adõc quant tout le peuple degipte vit quilz failloiẽt a pain ilz sen viendrẽt tous p deuers le roy pharaaon ⁊ luy dirẽt quil fist tant q̃lz eussent a mẽger ou aultrement il leur conuenoit mourir se remede ny mettoit et le roy les ẽuoya a ioseph en disant tout ce q̃ vo⁹ dira ioseph si le faictes Et adonc fist ioseph le grenier ouurir: et vendoit le bled au peuple. et chascune psonne luy appoztoit son oz et son argẽt: et il le receuoit et mettoit en tresoz Et assembla si grãde finãce de loz et de largẽt q̃ le peuple luy appoztoit po acheter du bled q̃ ce fut sans nõbre.

En petit de tẽps furẽt les gẽs si ãgoisseux et a si grãt douleur q̃ nul ne le pourroit penser. Et quãt ilz eurẽt tout leur argẽt despẽdu ilz vendirẽt leurs terres et leurs habitations. Et quãt ilz neurẽt pl⁹ q̃ vendre si deuindrẽt serfz au roy de egipte. encozes dure ceste seruitude Et ioseph achetoit tout et leur deliuroit du bled ce q̃ mestier leur estoit Et ioseph estoit la et to⁹ les autres du pays entour venoiẽt en egipte pour acheter du bled, pour escheuer la famine qui par tout estoit horrible et grãde et tant q̃ le bruit et les nouuelles en vindrent a iacob quõ vendoit du bled en la terre degipte.

¶ Cõmẽt iacob ẽuoia ses ẽfans en la tre degipte pour acheter du bled

Dant iacob ouyt dire quon vendoit du bled en egipte il appella les ẽfans et leur dist Que faictes vous ne q̃ attẽdes vous: or sus prenes de lor et de largẽt asses et vous en alles en egipte et la acheteres du bled pour no⁹ et pour nos enfans: car iay ouy dire quõ y en vent asses. Quãt les ẽfans de iacob ouyrent leur pere ainsi parler: si sappareillerẽt les dix enfans et prindrent tout quãt q̃ mestier leur estoit et sen allerẽt en egipte et beniamin demoura auec son pere pource q̃ iacob laymoit moult tendremẽt en lieu de ioseph q̃l auoit perdu. et lẽfant estoit encores ieusne et tendre et doubtoit le pere q̃l ne peust faire le chemin ou q̃ aucune greuãce ne luy aduenist au chemin si le retint p deuers luy. Or vindrent les dix ẽfans de iacob en egipte et demãderẽt le seignr q̃ vendoit le bled et quãt on leur eut enseigne si sen allerẽt tout droit a luy et sagenoillerẽt deuant luy et le võt saluer moult hũblemẽt. Il les print a regarder moult diligẽment: et tãtost

feuillet. xx8

les cogneut mais ilz ne le cogneurẽt mie. Et tantost ioseph les examina et leur va demander dont ilz estoiẽt et dont ilz venoiẽt et q̃lz alloiẽt querant. Et ploit a eulx asses plus durement q̃l ne faisoit aux estrãges. et il luy souuenoit des songes q̃ autrefois leur auoit racõptes Adonc luy respondirent q̃lz venoient de la terre de canaã et estoient filz dung preudõme quon appelloit iacob et auoit eu douze filz dont lung estoit perdu ne on ne scauoit ou il estoit. Et lautre q̃ estoit le pl⁹ ieune estoit demore auec leur pe car il ne voulut mie q̃l se deptit de lui pour venir auec no⁹

Dant ioseph eut ouy ce q̃ ses freres luy auoiẽt dist: il leur dist Il nest mie ainsi q̃ vous dictes car ie voy bien pour certain q̃ vous estes espieurs: et q̃ vous ne venes q̃ pour espier et trahir le pais. Et se võt excuser et dire cher sire vostre reuerẽce sauue: nous nauons talẽt de nul mal faire en ce pais ne ailles nous sõmes tous ẽfans dung pere sicõme nous le vous auõs dit et raconte: et sommes gens de paix et ne querons que paix et amour a tous. Et quãt ilz eurẽt leur parolle finee adonc ioseph leur dist. Or ay ie ce que ie queroie: car ie voy clerement par vostre maintien de parler que vous estes espieurs et ne venes en ce pais que pour le poure pais espier.

d. i.

Et ilz se vont moult excuser en disant q̃ non faisoiẽt et que pour nulz maulx faire ilz ny estoient venus. Adonc dit ioseph. Par la foy q̃ doy au roy pharaon vous ne ptires dicy q̃ ne vous ayes esprouues se vo' dictes vray au nõ. enuoyes lũg de vo' par deuers voſtre pere ⁊ faites que vr̃e petit frere vienne parler a moy ⁊ que ie le puiſſe veoir a mes deux yeulx et se vous ne le faites ie tiens fermemẽt que vous estes espieurs. Et tãtost en lheure les fist prendre et mettre dedẽs la prison: et au bout de trois iours ioseph les fist desprisonner ⁊ amener deuãt luy ⁊ leur dit Seignr̃s vous feres ce que ie vous requerray. Jayme dieu ⁊ doubte ⁊ si vous estes telz cõme vous dictes mettes lung de vous en prison en ma main pour vous tous: et vous emporteres a voſtre pere le bled que vous aures achete affin q̃ vous et voſtre pere puiſſes viure : ⁊ me ramenes auec vous voſtre petit frere pour scauoir et enquirir se vous me dictes verite ou non.

a Donc se tirerẽt dune part ⁊ parlerẽt ensemble lũg a lautre ⁊ dirent Seigneurs que nauõs nous fait q̃ vendismes noſtre frere. or en sõmes nous bien punis et ceſt raison: car nous lauõs bien deserui. et quãt nous disimes noſtre frere a si grief et grãt meschief deuãt nous

quãt nous le voulsimes meurtrir ne oncq̃s pitie de luy nous ne voulsimes auoir pour mercy q̃l no' criast or le cõparons maintenãt. et noſtre seignr̃ en prent vengeãce Et ioseph les oyoit moult biẽ ⁊ ẽtendoit mais rien nẽ sauoiẽt car il ne ploit a eulx mais q̃ moiẽnemẽt. Adonc quant il les ouyt ainsi parler si ne se peuſt contenir: ⁊ se tourna dune part ⁊ se prit a plourer. Or saccorderẽt tous les aultres freres q̃ symeon demouraſt en prison pour tous les aultres freres: et fut mesme de son gre. Et ioseph le fist lier en la psence de ses freres ⁊ mettre en la prison Et puis cõmãda ioseph a sa maisnie quilz emplissent leurs sacz de fromẽt/ ⁊ que largent q̃lz auoiẽt baille pour chascun sac de bles fut mis en la gueule de leurs sacz. Et ainsi fut il fait cõe il leur auoit commãde. Et ainsi ilz se departirent ⁊ riens ne sçauoiẽt de largent q̃l leur auoit rendu: ne point ne sen appceurẽt iusques a tant q̃lz vouloiẽt donner a menger a leurs bestes. ⁊ adonc lung ouurit son sac et va trouuer sõ argent au bout du sac dõt moult esbahi en fut et leur dist. voicy quattre francz quõ ma rendu. iay trouue mon argẽt dedẽs mon sac. Et les aultres vont tantoſt ouurir leurs sacz: et ainsi vont trouuer largent en leurs sacz ainsi cõme le premier lauoit trouue dont

ilz furēt moult esbahis ⁊ dirēt lūg
a lautre. Las que sce q̄ dieu nous a
fait. Touteffoiz tant allerent quilz
vindrēt en leur pere en ebron q̄ estoit
en grant malaise d'eulx. Et quant
ilz eurēt tout deschargie: ilz racon-
terent a leur pere toute aduēture q̄
leur estoit aduenue. Et commēt le
gouuerneur d'egipte les auoit exa-
mines, ⁊ que moult durement auoit
parle a eulx en disāt quilz estoient
espieurs et mauuaises gens: ⁊ com-
ment ilz auoient respondu que pour
nulz maulx faire ilz nestoiēt venus
mais que pour acheter du bled pour
leur necessite ne aultre chose ne que-
roient. ⁊ commēt ilz estoiēt tous filz
d'ung pere q̄ auoit. xii. filz dont lūg
estoit perdu. et le plus petit estoit de-
moure auecq̄s leur pere et commēt
le sire du pais leur auoit dit q̄ lūg
d'eulx demourroit en prisō iusques
a tant quil eut esprouue la verite de
ce quilz disoient et quilz ne fussent
si hardis de retourner vers luy silz
ne amenoiēt leur petit frere auecq̄s
eulx: car aultremēt ne le verroient
ne point du bled nemporteroient ne
leur frere ne ramaineroiēt ⁊ gment
aussi il leur auoit empli leurs sacz ⁊
remis leur argent dedens

q̄ Dant iacob eut tout ce ouy
⁊ escoute et bie entēdu il fut
a grant meschief du cueur: et tout
en plourāt leur va dire. Or maues

feuillet. xxvi
sous mis en grāt meschief iay per-
du ioseph simeō est demoure en pri-
son: et vous est voules emener ben-
iamin et ainsi ie pderay mes enfans.
Adonc luy respondit ruben ⁊ dist.
Pere iay deux beaulx filz: ie les te
metz en ta main en oustaige p tel si
q̄ se ie ne ramaine ton filz beniamin
si metz a mort mes deux enfās Mais
iacob leur respōdit vous dires ꝗt
que vous vouldres: mais beniamin
point nenmeres. Jay asses dueil
dist il, dauoir pdu ioseph ⁊ cestuy
enfant mest demoure tout seul de sa
mere se mal en venoit en chemin ie
mourroye de dueil

E Ntre tant quilz demouroiēt
la famine croissoit tousiours
Et quāt ilz eurēt mēgie leur pour-
ueance quilz auoiēt amenee: si asse-
blerent tous les freres ⁊ vindrent a
iacob leur pere et luy dirent quil cō-
uenoit quilz retournassēt en egipte
pour auoir du bled: car leur pourue-
ance estoit faillee ⁊ le tēps ne ame-
doit point mais empiroit tousiours.
Et iacob leur dist q̄ se bon estoit a
faire q̄lz y allassent Lors luy respon-
dirent q̄ voulētiers le feroient mais
quil laissat aller auec eulx beniamin
et q̄ aultrement ilz noseroient aller
sans luy. Et iacob nullement ne le
voult accorder. Et iudas luy dist.
Pere baille moy lēfant et ie le prēs
en mō peril se ie ne le ramaine donc

g. ii

seray ie faulx mauuais et desloyal contre toy. Si tu nous tiens ainsi nous naurōs q̄ menger si mourrōs nous et nos enfans se tu nous eusses ia lautre fois deliure cest enfant q̄ nous ten priasmes nous fussiōs ia vne aultre fois reuenues Or nous deliure cest ēfant si nous en irons: ou aultremēt mourir nous cōuient de faim nous nos ēfans et toute nostre famille.

¶ Dant iacob vit q̄ nullemēt ne pourroit durer sil ne leur bailloit lēfant: il leur deliura et leur dist Puis quil cōuient quil soit ainsi prēes des meilleures fruictz q̄ nous ayons et en portes aueccq̄s vous: et en prēsentes au seignr̄ du lieu. et prenes de largent au double de lautre fois: et reportes largent q̄ vous aues trouue en vos sacz si le rendes a celuy q̄ vous a deliure le bled. Et ie prie a mō dieu ql face que le seignr̄ vous soit propice et debonaire en telle maniere q̄ vous puissies rauoir vostre frere ql tient en prison et cest enfant que vous emmenes vous le puissies ramener sain et haitie

R sen allerent les dix freres en egipte et emmenerēt beniamin auec eulx et quant ilz vindrent en egipte si sen allerent tout droit a ioseph. Et quant il les vit si les salua moult amoureusement et commanda a maistre de son hostel tout incontinent q̄ les menast a lostel et appareillast grādement a menger: car il vouloit quilz repeussent auec luy. Et quant ilz se virent mener a lostel si eurent grant paour et cuidoient pource q̄ aultresfois quāt ilz eporterent du bled et ne le payerent mie mais auiēt rapporte largēt en leurs sacz quō leur endust faire aucune greuāce ou vilanie. Adoncq̄s sen vindrent secretemēt au maistre dostel et lui dirent. Sire il ny a mie long temps q̄ nous fusmes icy pour acheter du bled et auiōs apporte de largent pour le payer et le cuidions bien auoir paye mais quāt nous fusmes partis et nous eusmes ouuert nos sacz nous trouuasmes largent es gueules de nos sacz et pour certain nous ne scauōs qui est celuy q̄ luy a mis. touteffois nous le raportons tout entiremēt bien conte sans riens faillir: et si en apportōs de lautre asses bien conte sans rien faillir pour acheter du bled. Et quant le maistre dostel les ouyt ainsi parler et les vit moult descōfortes et esbahis si les va reconforter moult doulcement et leur dist. ne doubtes riēs et vous mettes en paix: car ie me tiēs biē paye du bled q̄ vous eportastes lautre fois dieu vous a cest argent enuoie soies en bonne paix car ie ne vous demāde riēs. Adonc les print le maistre dostel et les mena a lostel

de son seigñr: et leur fist leurs piedz
lauer: adonna a leurs bestes a men
ger: et alla leur disner bien apprester
et appareiller.

¶Comment ioseph donna a disner
a ses freres.

Dant les enfans de iacob ouy
rent qlz deuoient disner auec
le seigñr: si volurent appareiller les
presens q̃ faire luy vouloient et les te
noient en leurs mains iusq̃s a tant
q̃ le seigneur venist pour luy presen
ter. Et quãt vint lheure de menger
ioseph sen vint en son hostel: et les
freres luy vont au deuãt et se mirēt
a genoulx et luy vont presenter les p̃
sens quilz auoient apportes de leur
pais et il les print et les remercia de
bon cueur. Et quãt il eut a eulx par
le: si leur demãda que leur pere fai
soit et sil viuoit. Et ilz luy respon
dirent q̃ vraymēt il viuoit et estoit
sain et haitie. Et ioseph tourne ses
yeulx et vit beniamin son frere q̃ ne
se peult tenir de plourer quãt il leut
veu: si entra en sa chãbre et ploura
moult tendremēt. Et quant il eut
ploure si torcha ses yeulx a laua son
visaige et vint a la table et prist ses
freres a les fist asseoir tout a vne ta
ble decoste luy q̃ fist amener auecq̃s
eulx symeon. Et quãt ilz furēt tous
assis a vne table par eulx si sassit a
vne aultre table. Car les egiptiens
ne daignoient menger a vne table

feuillet. xxvii.

auec les ebrieux et reputoient q̃ ce fut
trop mal fait a grant honte a eulx.
Et quant ilz furent assis a ordõnes
chascun selon son degre beniamin q̃
estoit le pl⁹ieusne fut tout le dernier
mais quãt ce vint au seruir il fut le
mieulx serui de to⁹: dont les aultres
en furēt bien esbahis car son esculee
valoit cinq fois plus q̃ nulles des
aultres et burent et mengerent assez
et puis allerent reposer. Lendemain
au matin fist ioseph son maistre dos
tel venir: et luy commãda quil fist
leurs sacz emplir si plains cõme il po⁹
roit en la gueule dũg chascũ sac fist
bien lier a remettre largēt qlz auoi
ent paye dedãs le sac dũg chascun a
au suc du pl⁹ieusne mist son hanap
dargent auql il buuoit et liast bien
le sac et puis les en laissast aller: et
ainsi fist il cõme ioseph lauoit com
mãde. Dont au matin q̃nt ilz eurēt
charge ilz se mirēt au chemin et sen
allerēt sans rien scauoir de ce q̃on
leur auoit fait ne mis en leurs sacz
Et ilz nestoient ēcores gueres loing
de la cite quant ioseph mãda querir
le maistre dostel a luy q̃mãda a dit
Va ten bien tost apres ces gēs a leurs
diras ainsi. Que ce seigneurs que
vous aues faict: vous aues emble
le hanap de monseigneur en quoy il
buuoit: moult aues mal fait. Adõc
courut apres le maistre dostel a les
ataignit aux chãps a mist la main

d.iii

a eulx et leur dist. Arrestes seigneurs
arrestes: certes vous nen pouez ainsi
aller. Pourquoy aues vous emble
le hanap de monseigneur en quoy il
buuoit chascun iour vous estes mal
courtois quant vous luy rendes le
mal pour le bien qil vous a fait cer-
tes mal aues vous faict. Quant ilz
ouyrent ceste nouuelle si furent si esba-
his et luy dirent. Sire quesce q vous
dictes: se dieu plaist nous ne somes
pas telz gens p nostre foy/ dirent ilz/
nous auons raporte de nostre pais
largent tout entierement que nous
eportasmes en nos sacz z coment en
aurios nous fait tel larrecin. Ja dieu
ne plaise q nous soions telz: queres
diligemment entour nous z se vous le
trouues sus nul de nous qil soit mis
a mort et nous serons tous serfz en
la mercy de monseigneur. Adonc le
maistre dostel de ioseph respondit qil
vouloit bien que celuy qui auoit le
hanap demourast en la mercy de son
seigneur et les aultres sen allassent
hardiment en leur pais z emportas-
sent ce quil auoient chargie.

Donc furent les sacz destrous-
ces des somiers: et les deslia
lun aps lautre z comenca au plus an-
cien et rien ne trouua: et au dernier
vint au sac de beniamin et le deslia z
va trouuer ce qil queroit. Quant ben-
iamin z ses freres virent ce: ilz furent
si esbahis qil ne sceurent q dire ne que

respondre. z furent si descomfortes q pl9
nen peurent et rechargerent arriere et
sen reuindrent courant p deuers ioseph
z le trouuerent encores ou ilz lauoient
laisse: si se vont getter a ses piedz et
luy vont crier mercy moult humble-
ment et il les fist leuer et puis leur
dist pourquoy aues ainsi fait de
moi embler mon hanap ou ie suis auec
vous disiune. ne scaues vous pas bien
q en tout ce pais na home q se puisse
prendre a moy ne disiuner come moy
Adonc iudas print la parolle pour
tous les aultres: et luy va dire. Sire
nous ne scauons comment nous nos
puissos bonement excuser p deuers
vous ne q respondre faictes de nous
a vostre voulete et nous noz mettos
en vostre mercy: car nos corps z noz
biens vous mettons en vostre main.
Adonc ioseph leur respondit quil ne
vouloit mie qil fust ainsi mais vou-
loit que celuy sus q le hanap auoit
este oste demourast: et les aultres
sen allassent quittes.

Quant iudas ouyt q Joseph
vouloit retenir beniamin: si
sapprocha de luy et luy dist. Sire
plaise vous de moy vng petit escou-
ter et ne vous desplaise se moy q suis
vng poure garson ple a vous. aultres
fois nous venismes icy pour acheter
du bled: adonc tu nous demandas que
qrions et dont nous venios et se nous
auions point de pere viuant et nous

te respōdismes mōseignr que nous
nestiōs venus maisqͥ pour acheter
du bled: et qͥ nous estiōs du pais de
canaā ⁊ qͥ nostre pere y estoit demou
rant: et qͥ nous auōs este .xii. freres
dont lung estoit p̄ou⁊ lautre estoit
demoure auec nostre pere. Lequel il
ayme tant qͥ nullemēt ne le vouloit
laisser partir de luy. Et tu no⁹ dis
et iuras qͥ se nous ne lameniōsauec
nous iamais ne te verriōs: ne bled
de toy nēporteriōs. Adonc quāt no⁹
eusmes tout ce dit et racōte a nostre
pere si fut moult triste et moult do
lent: et pour riens ne voulut laisser
venir auecques nous iusques a tāt
qͥ ie luy promis ⁊ iuray que ie luy ra
maineroie son enfant sain et sauf.
Se doncie men retourne a mō pere
sās lēfant mō pere mourra de dueil
et ie seroie cause de sa mort Je te prie
hūblement cher seignr que tu ayes
pitie de nostre poure pere qͥ est anciē
⁊ debilitee: ⁊ luy rēuoye son filz ou il
prent sō ᵍfort et ie demourray pour
luy et seray ton serf et ton garson a
tousiours mais pour toy seruir.

¶ Comment ioseph se fist cognoi
stre a ses freres.
a   Donc ne se peust plus con
        tenir ioseph de plorer deuant
ceulx qͥ la estoiēt quāt il ouyt iudas
ainsi parler. Et fist aller tous les
aultres arriere exceptes ses freres.
et quāt tous les aultres furēt alles

feuillet. xxviii.

arriere et du lieu departis adonc cō
menca a crier ⁊ a braire tellement qͥ
ceulx de la court du roy pharaon le
pouoiēt bien ouy⁊ ⁊ leur dist ie suis
vostre frere ioseph: dit ēcores mon
pere. Quant ses freres luy ouyrent
dire qͥl estoit ioseph leur frere ilz fu
rent si abatus qͥlz ne sceurent qͥ dire
si esperdus estoiēt: ⁊ cheurēt a terre
cōme mors. Et quāt il les vit ainsi
espouētes et esperdus: si les print a
conforter et a parler a eulx moult
doulcemēt ⁊ amiablemēt et leur dit
Je suis vostre frere ioseph que vous
vendistes aux marchās de ce pais.
Ne doubtez riēs ne naiez nulle dou
bte pour durte ne pour vilanie que
vous maies faite: car ce na mie este
par vostre conseil: mais du conseil
de nostre seignr et sa pouruēace. car
pour vous garātir et sauuer dieu
ma icy enuoye. Il ya ia deux ans qͥ
ce chier tēps est encōmence: ⁊ doibt
durer ēcores cinq ans quōn ne pour
ra arrer ne semer. Or ma dieu cy en
uoye pour vo⁹ nourrir par le temps
de cest griefue famine ⁊ ma fait sire
et gouuerneur de tout le pais degyp
te sicomme vous le poues veoir a
vos yeulx. Alles vous en par de
uers mon pere ⁊ luy dictes qͥ ie suis
en vie ⁊ qͥl sen vienne p̄ deuers moy
et ameine auecques luy tout ce que
a luy appartient: et ie le nourriray
luy et ses enfans / et les enfans de s
                                    g.iiii

siens iusques a tãt que tout le tẽps
de ceste famine sera passe. Allez vo[us]
en bien tost et luy nõces en q̃l gloire
et hõneur dieu si mas mis en toute
egipte. Et quãt il eut ainsi parler a
eulx et monstre quil estoit leur frere
si prindr̃et cueur et rendrent a eulx
et il courut au coul de son frere ben
iamin si lẽbrassa et baisa moult ten
drement et commẽca fort a plourer
et puis sen alla baiser tous ses aul
tres freres en plourant

Comment on fist assauoir au
roy pharaon la venue des freres de
Joseph

o R vindrẽt les nouuelles en
la court du roy pharaon que
les freres de ioseph estoiẽt venus: si
en fut le roy moult ioyeux: et aussi
furẽt tous ceulx de sa court. et leur
fist le Roy et tous ceulx de sa court
grãt chere et dist a ioseph. Tu prẽ
dras de mes chars asses: et diras a
tes freres quilz mamainẽt ton pere
et tout quadques a luy appartient et
vienne icy auec nous demourer: et
vous seres sire degipte, et aures de
nos biẽs asses, et gardes q̃ vous ne
laisses riẽs de tout ce qui appartiẽt
a vous que ne ramaines tout auec
vo[us]. Or sen allerẽt tous les freres
de ioseph en la terre de canaã pour
amener leur pere. Et ioseph leur
chargea des blés asses et des chars
pour amener leur pere. et donna a

chascun de ses freres deux paires de
robbes: et a Bẽiamin cinq paires et
trois cens deniers et autãt en enuoia
a son pere iacob.

o R sen vindrẽt les .xi. freres
de ioseph en la terre de canaã
a leur pere chargez de tous biens: et
auec eulx charrois ainsi cõme le roy
degipte auoit commande a ioseph
dont quant iacob vit ses ẽfans et
grãs charrois q̃ estoiẽt auec eulx: si
en fut tout esbahi et esmerueille A
donc lui dirẽt ses ẽfans. Joseph ton
filz vit encores et est sire et gouuerne[ur]
de toute egipte. Quant iacob ouyt
dire q̃ ioseph estoit vif et sire de tou
te egipte a peine ne le pouoit croire
mais quãt il vit le grant charroy et
les biens q̃ ioseph luy enuoyoit il fut
ainsi cõme celuy qui se reueille q̃ de
uant est endormi et luy reuint le cueur
et dist Il me souffist puis q̃ mon filz
ioseph vit: ie le vueil aller veoir a
uant q̃ ie meure. Adonc le prindrẽt
ses ẽfans et le mirent sur vng char
bien attelle, et prindrẽt aussi leurs
femes et tous leurs enfans et tout
quant quilz auoiẽt vaillant: et sen
vindrent en egipte. En la voie no
stre seigneur sapparut a iacob et lui
dist quil y allast hardiment: car il
le conduiroit et moult de biens luy
feroit et seroit auec luy

c E sont les noms des ẽfans
disrael qui entrerẽt en egipte

eulx ⁊ leurs enfans ⁊ leurs maisnies Ruben, Symeon, Leuy Judas, Zabulon, yzachar, Gaad, Azer, Dan Neptalim et Beniamin. Et ioseph estoit en egipte ⁊ furent. xl. ⁊ xiii. qui trestous furent yssus de iacob ⁊ ses enfans qui entrerent en la terre degipte Et ioseph alla a grant compaignie au deuant. Et quant lung vit lautre Joseph alla embrasser et baiser son pere ⁊ aussi fist iacob son filz ioseph. Et adonc dist iacob. Or vueil ie mourir dorefenauant puis que iay veu ta psence: ⁊ benoist soit nostre seignr qui ma laisse tant viure que ie tay veu auant que ie mourusse. Quant ioseph eut salue son pere si print conge de luy ⁊ dist quil iroit noncer au roy sa venue. et dist a ses freres Quant vous viendres deuant le roy et il vous demande de quoy vous scaues seruir vous luy dires q̃ vous estes bergiers ⁊ daultre mestier vous ne scaues seruir: car les egiptiens ne les veoient mie vouletiers: et ie scay vne tre moult bõne, dist ioseph, ou vous pourres seurement demourer ⁊ vos bestes nourrir et gouuerner.

Commēt ioseph psenta son pe iacob et ses freres au roy pharaon.

Donc sen alla ioseph au roy et luy dist que son pere et ses freres estoient venus et auoient amene auecques eulx tout leur baillance ⁊ tout quant q̃ a eulx appartenoit Dont le roy en fut moult ioyeulx et les fist venir deuant luy Et ioseph amena son pere et ses freres deuãt le roy et moult vouletiers le vit le roy et demanda a iacob quans ans il auoit. Et iacob luy respondit quil auoit six vingtz et vnze ans vescu a grant peine ⁊ a grant trauail. Apres ces choses demanda le roy aux freres de Joseph de quelle chose ilz viuoient et quil scauoient faire Et ilz respondirēt quilz estoient bergiers ⁊ scauoient bien brebis et aultres bestes gouuerner ⁊ nourrir. Et le roy dist a ioseph quil regardast par toute la tre degipte les quelz lieux ilz verroient le mieulx apoint pour les heberger: et qui les y menast Et quant ioseph eut loctroy du roy si les fist demourer ⁊ habiter eulx et aussi leurs enfans en la terre ⁊ aux pais de gesse ou il auoit bonne terre ⁊ bon pasturaige.

En celle tre de gesse demourerent iacob et ses enfans. ⁊ y prindrent leur demourance bien par lespace de quattre cens ans. ⁊ creurent et se espandirent par celle tre. Et dieu leur multiplia leurs biens ⁊ leurs enfans. Et ioseph leur administra ce que mestier leur estoit: quant aux viures tant que ce mauuais temps dura. Et apres ce mauuais temps commēcerēt les egiptiēs a labourer et a cultiuer les terres et ioseph leur deliura du bled pour semer et leur dist. Seigneurs võ auez veu q̄ le roy vous a nourris et cheuis: et q̄ vous auez vēdus vos heritages tellemēt q̄ tous sont asseruis et acquis au roy mais q̄ tãt seullemēt les tres des p̄stres et des ministres de vos temples q̄ a dieu seruēt. Or võ veulx ie faire ceste grace que vous raures vos terres et vos heritaiges et les semeres. et ie vous dōneray asses semēce p̄ telle g̃dition q̄ le roy en aura la cinquiesme partie de tõ vos bledz. Et des lors en auãt fut cōme loy establie a tousiours mais q̄ le roy eut la cinquiesme partie de tous les bledz qui croissent par toute egipte. Et iacob enueillit tant q̄ ses yeulx furēt obscurs tellemēt quil ne veoit goutte Et qn̄t le tēps de sa mort aprochoit et vit q̄ dedēs pou de temps le couenoit morir: il appella son filz ioseph et luy fist promettre et iurer q̄ quāt il seroit mort il lenseueliroit aueca son pere ou ses ācestres estoiēt enseuelis et q̄ nullemēt ne fust enseuely en egipte. Et ioseph luy promist et iura q̄ ainsi le feroit il et aps̄ sō pere len mercia et puis se tourna sa teste p̄ deuers le cheuet de son lit.

Cōmēt iacob dōna sa bn̄dictiō aux deux enfans du ioseph.

asses tost apres aduint q̄ ioseph ouyt dire q̄ son pere estoit grief mēt malade: si prīt ses deux ēfans manasses et effraī et les mena auec luy deuers son pere Et quant iacob sceut q̄ ioseph estoit venu et ses deux enfās auec luy si en fut moult ioyeulx et reprīt son espit et fut tout reconforte et pla a luy et luy dist Dieu le tout puissant sapparut a moy et luissit en la tre de canaaz et me dist. Ceste terre et tout le pais dentour ie dōneray a tes ēfās apr̄s toy et si les multipliray tellemēt qlz serōt q̄me sās nōbre Et pour tāt ie te demāde q̄ tes deux filz manasses et effraī q̄ estoiēt ia nez auãt que ie vēsisse icy soiēt nōbres auec noz autres enfās et q̄me mies: et les aultes ēfans que tu auras doresenauāt seront tiens Adonc ioseph luy octroia et mist ses deux ēfans au giron de son pere. et il les prīt et mist entre ses bras: et les ēbrassa et baisa moult tendremēt et si dist qlz leur voulut dōner sa benediction. Et ioseph prīt son p̄mier ne Manasses: et le mist a la dextre de son pere et effraim q̄ estoit le pl̄ ieusne a la senestre Et iacob va ses mains cbāger: car il mist sa mai de xtre sus la teste de effraim q̄ estoit le pl̄ ieusne. et sa main senestre sus la teste manasses q̄ estoit le p̄mier ne. Et ioseph fut courrouce et luy dist pere võ failles. car celuy sur q̄ auez mis vostre main destre est le plus ieune : et l'autre est le plus ancien. Et Iacob luy respondit. Mon enfant ie le scay bien mais il conuient quil soit ainsi car effrat ira deuāt manasses et de luy istront plus de gens.

Comēt iacob auāt son trespas prophetiza exposa tout ce ql deuoit aduenir a vngchascū de ses enfans a Pres ce fist iacob deuāt luy venir toꝰ ses ēfans et le dist Escoutes mes enfans ie suis iacob vostre pere: ie vous diray ce ql voꝰ doibt aduenir. Rubē tu es le pmier ne et le gmencemēt de mes doleurs tu es respādu côme eaue et as hōny la couche et le lict de ton pere. tu ne croistras mie moult. tu seras le plꝰ grant en seignourie et le premier en douleur. Symeon et Leuy vous estes freres et vassel de mauuaistie et de bastailles. En vos mains ne en vostre conseil ne vienne mame ne ma vie ne ma gloire en leur compaignie : car ilz ont occis vng hōme en leur courroux et leurs chaleurs percerent son coste de leurs voulēte et sans raison. mauldit soit leur cour roux et leur indignation: car elle est trop dure et sans pitie Iudas tous tes freres te beniront et loueront ta main sera sus les testes de tes ennemis : car tu les foulleras soubz toy les enfans de ton pere senclinerōt de uāt toy pour toy adorer Iudas sera

Fueillet. xxx.

gme le plus ieusne hourcel car mon cher filz tu chasseras ta proye cōme lion et liōnesse : tu te dormiras et reposeras et ne sera celuy q te ostera reueiller. Iamais ne fauldra de la lignie de iudas royne gouuerneur iusques a tant q venu soit celuy q doit venir au mōde q sera le desir et esperāce du mōde et de toutes gēs. et qt sera venu il liera son asnō pou kat a la vigne : et a la vitz son anesse. et baignera sa robbe en vin ou en sāg de la grume lauera son mantel Il aura ses yeulx plus beaulx et plus clers q nulz vins et ses dens seront plus blanches q nul laict. zabulon habitera en la riue de la mer iusqᵉ en spdōne. ysachar sera comme vng asne fort et dur q aps son labeur volētiers se reposera il a gsidere q bōne chose est repos : et la tre est bōne ou on peult viure en paix : si a mis ses espaulles poꝛ ēdurer la peine. et sest mis a seruir pour acquerir. Dam iugera le peuple ainsi cōe les aultᵉs freres il sera gme couleuure ēmi la voie et serpēt ēmi le chemī q mordra lōgle du cheual pour faire checoite et trebucher celuy q est dessus Gaad bien arme se cōbatra deuant luy et sera bien arme par derriere. Asor aura du pain abondance : et au roy dōnera delices. Neptali sera serf et nꝰ q parolles delicieuses aura et delectables et belles Ioseph est vng

enfāt de croiſſāce et tresbel au regar
der. Les filles q̄ alloiēt ſus les murs
ſont courrouce. ⁊ de regardz enuieux
ſont regarde. Il a aſſis ſon arc ſus
le fort et deſliez ſont ſes bras et les
liens de ſes bras ſont fort derōpus
par la main du puiſſant iacob. Le
dieu de ton pere ſera en ton aide: et
le tres puiſſant te benira. Beniamī
loup garoux et rauiſſāt. au matin
mēgera ſa proye et au Veſpre ptira
ſa deſpoille. Ainſi benift iacob tous
ſes enfans et puis leur commanda
q̄lz lenſeueliſſēt auec ſon pere yſaac
en la double foſſe q̄ eſtoit au champ
effron q̄ eſt en la terre de canaā que
abraā acheta deffron q̄t il voulut
eſeuelir ſarra ſa femme. Et giſent
illecq̄s meſmes yſaac / rebeca / ⁊ lya
Et quāt il eut fine ſa parolle il ren
dit lame a dieu et mourut

Dant ioſeph vit ainſi ſon pe
re mourir il commēca moult
fort a plourer et a braire la mort de
ſon pere ⁊ ōmanda a ſes phiſiciēs ⁊
a ſes gens q̄ le corps de ſon pere fuſt
bien eſpice et bien appeille Et ainſi
le firent ilz: car ceſtoit la couſtume
des ācièns de ai ſi appoiter les corps
des nobles. Et gardèrēt le corps de
Jacob .xl. ioute ſelon la couſtume
āciēne. Et les egiptiēs le ploureret
lxx. iours. Et puis aps ioſeph fiſt
charger ſō pere ſur vng char: ⁊ prīt
ōge du roy de le mener la ou il auoit

diuiſe. ⁊ auec luy ſen allerēt toſes
freres et les plus grans de loſtel du
roy et de toute egipte pour laccōpai
gner. Et quant ilz vindrēt en la tre
de canaā ilz eſeuelirēt iacob a grāt
hōneur au ſepulchre de ſon pere ou
il ſeſtoit commāde faire mettre. ⁊ fi
rent moult grāt plaite et ploureret
ſept iours. Et ceulx de la terre ⁊ du
pais ſaſſemblerēt et virent le dueil
q̄ les egipciēs faiſoient. Si appelle
rent le lieu la complainte degipte ⁊
lappellēt iuſques ou iourduy. Et
de la ſen retournerent les egipciens
ioſeph ⁊ ſes freres en egipte: ⁊ ſen al
la chaſcun en ſon lieu.

Pres q̄t iacob fut eſeuely et
q̄ tous les freres de ioſeph fu
rent retournes du ſepulchre de leur
pere ſi eurent q̄ ſeil eſemble cōment
ilz pourroient appaiſer ioſeph: car
moult ſe doubtoiēt que puiſ q̄ iacob
eſtoit mort ioſeph ne ſe vengeaſt de
la vilanie q̄lz luy auoient faicte q̄t
ilz lauoient voulu tuer et le vendi
rent en egipte. Si ſen vindrēt a Jo
ſeph et ladorerent ⁊ ſe humilierent
moult doulcemēt et moult reuerē
ment contre luy: et luy dirent. Ton
pere ⁊ le noſtre vng pou deuāt ſa
mort nous appella deuāt luy ⁊ nº
diſt. Vous dires a mon filz ioſeph
que ie luy prie tant comme ie puis
quil pdonne a tous ſes freres le mal
quil luy ont faict. Si t'en prions

tant hūblement cōme nous pouōs plus pour lamour de nostre pere q̄ tu nous vueilles p̄donner. Quant ioseph ouyt ses freres ainsi parler si print a plourer moult tendremēt: ꝛ dist Mes chers freres ne vous vou tes de rien ꝛ soies en bōne paix. ꝛ nul ne peult aller contre la voulēte et le conseil de dieu. Vous pēsies et auies propose de me faire vng grāt mal: ꝛ nostre seignr la to'ne a vng tresgrāt bien pour moy ꝛ pour vo⁹. Vous me cuidies fouler et abaisser du tout et nostre seignr ma leue et exaulce du tout cōme vous voyes deuant vos yeulx. Et ainsi les con forta ioseph ꝛ les no'rit moult doul cemēt p̄ tout le mal tēps et vesquit cent ꝛ dix ans. ꝛ vit les enfans des enfans de son filz effraī. ꝛ q̄t il deust mourir il appella ses enfans ꝛ leur dist. Apres ma mort nostre seignr vous visitera et vo⁹ ramainrra en la terre q̄l a promisa abrahā / ysaac et iacob. Et ie vous p̄rie q̄ quant ce sera que vous ēportes mes os auec vous. Et quāt il eut ce dit il clouit les yeulx ꝛ rendit lame a dieu.

Comment apres la mort de Jo seph le roy degipte cōmenca a perse cuter les enfans disrael. Et g̱ment il mourut apres.

q̄   Quant ioseph fut mort et ses freres et leurs enfans apres les enfans disrael crurēt moult fort

feuillet. xxxi.

et multiplierēt ꝛ remplierēt le pais moult grandemēt: ꝛ tant q̄ les egip tiens en eurēt grant ēuie ꝛ paourt et disoiēt entre eulx les vngz aux aul tres Les enfans disrael seront p̄ tout plus fors et plus puissās et en plus grāt nōbre q̄ nous: si nous pourrōt bien bouter hors de nostre terre. Or aduint q̄ grant temps apres il veut vng roy en egipte q̄ ignora ioseph et ne lui souuit des biens q̄l auoit fait au royaulme degipte si appella son peuple ꝛ luy va dire Vous voyes clerement commēt se peuple croist ꝛ multiplie grādemēt et est asses pl⁹ fort q̄ nous. et se guerre no⁹ venoit ilz se pourroient bien coupler a nos ēnemis contre nous ꝛ puis q̄t il no⁹ auriōt vaincus et desrobes ilz sen iroient leur voie. Il est bon q̄ nous soyds saiges et aduises et que nous les tenions tellement q̄lz ne puissent riens faire contre no⁹. Adonc sacroz derent tous a luy et ordōna gēs qui seroient sus eulx. Et les fist ouurer et faire tuilles pour fermer villes ꝛ chasteaulx pour augmēter sa terre Mais riens ny valut car tant plus les foulloit tant plus de biens leur faisoit dieu et multiplioit.

Quant le roy vit ce et les egip ciēs moult bien sen apperceu rent que peine ne trauail quilz souf frissent: de riens on les amendris soit. Si se pensa le roy quel conseil

il pourroit trouuer pour eulx met/
tre au neāt ⁊ destruire: car les egip
ciens les hayoiēt tant q̄ cestoit mer/
ueilles. Adonc fist le roy vng cruel
mandemēt car il māda querir tou/
tes les bailles degipte ⁊ leur com̄an
da sus quāques elles pouroiēt mes
faire q̄ quāt les femmes du peuple
disrael acoucheroiēt ⁊ auroient en
fans masles quelles les tuassent et
les femelles bien gardassēt. Et les
bailles doubterēt asses plus dieu ⁊
son commandemēt quelles ne firēt
le com̄andemēt du roy: si nen firēt
riens ⁊ gardèrēt les masles. Et q̄t
le roy le sceut si les manda querir ⁊
les en reprit moult durement ⁊ elles
se excuserēt en disant q̄ les femmes
du peuple des ebrieux nestoient mie
ignorātes de leuer les enfās non pl9
q̄ les femmes des egipties: car elles
auoient la science delles deliurer et
leurs enfans sans aultre aide et ne
leur failloit nulles bailles ⁊ q̄ auāt
quelles venissent a elles celles auoi
ent enfante. Et dieu leur en sceut
tresbon gre de ce q̄lles le doubtoient
plus q̄ le roy.
q̄   Dant le roy vit ceste chose si
    va com̄āder a tout son peu/
ple q̄ tout les enfās masles du peu/
ple des ebrieux qui doresenauāt nai
steroient qlz les gettassent en la ri/
uiere mais biē gardassent les femel
les. Et asses tost apres q̄l eut ce com̄

māde vng hōme de la lignee de leui
prinst vne feme de son lignage ainsi
cōme la coustume de lors estoit et eut
vng beau filz. Et q̄t il fut ne il le
cacha et le nourrit la mere bien par
trois mois. Et quāt elle ne le peult
plus celer si fist vne petite sistelle ⁊
lenglua si bien q̄ leaue ny pouoit en
trer et puis mist lenfant dedēs et
le mist en la riuiere ⁊ la soeur de len
fant se tint sur la riue de leaue pour
regarder lenfant q̄l deuiendroit.
a   Donc aduint q̄ dauēture la
      fille du roy pharaon venoit
a la riuiere pour elle lauer si vit len
fant en la cistelle qui estoit arreste ⁊
quasi pres du riuage Adonc le fist
prēdre ⁊ traire hors de leaue et quāt
elle le vit si bel enfant si luy en prit
grāt pitie. Et la soeur de lēfant luy
dit. dame vo9 irayie hucher la mere
de lenfant q̄ le nourrira. Et la fille
du roy luy dist q̄ moult bien le vou
loit. Et q̄t la mere fut venue: si lui
fist nourrit lēfant en disāt: tu le me
nourriras tresbiē ⁊ ie le prēdray po9
mon ēfant. Et adonc elle lappella
moise pource q̄ de leaue auoit trait
Moult ayma la pucelle lenfant, et
alloit souuēt la ou elle le faisoit no
rir. Et q̄t il fut grāt et eut laisse la
laicte: si le fist porter en sa chābre ⁊
lauoua pour sien et pour son enfāt
et lenfant deuenoit moult bel; et la
dame menoit p tout ou elle alloit

feuillet.xxxii.

et tresuolētiers le ueoiēt tous ceulx de la court du roy pharaō pour lamour de la dame Ung iour adust a une feste q̄ le roy fit sa court (et son) palais et y alla la fille du roy (et) mena moyse auec elle. Et quāt il vint au palais chascun regarda a merueilles (et) le prindrēt tous a louer en disant quil estoit ung tresbel enfāt et estoit auec le roy qui se seoit en sa chere, et auoit sa courōne dor en son chef. Et quāt moise vit la courōne qui flamberoit et reluisoit pour lor (et) les pierres p̄cieuses q̄ y estoient si la print a ses deux mains et l'osta du chief du roy et la getta sur le pauement q̄ les pierres p̄cieuses en cheurent: et puis mōta sus a deux piedz (et) la deffroissa toute a son pouoir. Et quāt il eut ce fait il sen fouit a sa dame la fille du roy.

Dant le roy vit q̄ lenfant lui auoit ainsi debrisee sa courōne (et) foullee aux piedz il en fut moult courouce (et) demāda a ses hōmes q̄l en feroit Et lūg d'eulx q̄ len tenoit a bien saige dist et respondit au roy Ce que lēfant a fait de la courōne quil a ainsi debrisee (et) foullee au pied signifie q̄l destruira le royaulme de eḡipte si vit long tēps (et) il me semble quil est bon q̄l soit occis Et ung aultre qui moult saige estoit si dist L'enfant na mie fait ce par malice: et bien le poues prouuer q̄l la fait par

droicte enfance faictes prēdre ung vaissel de charbōs ardās et luy faictez apporter deuāt luy et vous verres quil les prendra a ses mains Et le roy fist ce que le saige hōme auoit cōseille, (et) fist apporter des charbōs deuāt lenfant. Et quāt lenfant les vit si en print ung tout ardant et le mist en sa bouche tellemēt quil eut sa lāgue eschauldee, (et) bruslee du feu Et quāt il se sentit blece il cōmenca merueilleusemēt fort aplourer cōme ung enfant. Adonc le print la dame et lemena (et) le saige hōme dist au roy. Sire or poues vo⁹ veoir et bien cognoistre q̄ ce que cest ēfant a fait il a fait p̄ enfance (et) nō mie par malice: (et) le roy si accorda

Oult bien fut nourry moyse de la fille du roy (et) deuīt grāt Et quāt il fut en aage dhōme parfaict il cogneut q̄ il estoit (et) dont il venoit si alloit aulcuneffois veoir ses amis et veoit q̄lz estoient moult foulles (et) a grant meschief si luy en faisoit le cueur biē souuēt mal (et) en auoit moult grāt pitie mais ne sca uoit trouuer voie ne maniere comment il les peust q̄forter car il veoit et bien apperceuoit que le roy et tous les egiptiēs haioient tant les enfans disrael quil leurs faisoient endurer et souffrir, tāt de maulx et aussi de meschief que a peine les pouoiēt ilz endurer ne souffrir. Dont une

fois il passoit p̄ ung lieu asses des
couuert: si vit q̄ ung egiptien vou
loit faire vilanie a ung des enfans
disrael a le vouloit tuer. Moyse re
garda dentour luy se nul le veoit: si
courut sus a legiptie et mist a mort
Et quāt il leut occis il lenseuelit de
dens le sablon.

⁂ Duint que ung aultre iour
moyse trouua deux hōmes
du peuple disrael q̄ riotoiēt ensēble
Et quāt moyse les vit ainsi noiser
moult il les en reprint et vit q̄ lung
commēcoit moult fort aferir lautre
a tort a luy va dire pourquoy fiers
tu ton prochain q̄ est ton amy. Et
lautre respōdit moult bien despiteu
sement: tu nes mie iuge de nr̄e cause
qui te fait mesler de nostre debat: ie
croy q̄ tu me veulx tuer cōme tu fis
hier legipcien q̄ tu ēseuelis z cachas
au sablon. Et q̄t moyse ouyt ceste
nouuelle il eut grāt paour a se mer
ueilloit cōment onpouoit scauoir ce
faict et tant allerēt les nouuelles q̄
le roy les sceut: et queroit voie a ma
niere de le tenir et le mettre a mort.
Quāt moyse vit que le roy queroit
voie et maniere de le tuer il senfouit
degipte et ny nosa plus demourer.
Quant moyse sen fut fouy degipte
il sen alla en ung pais quō appelle
madiā. et la trouua vne fontaine et
sassist dessus et la se reposa et le pre
stre de celuy lieu auoit vii. belles fil

les q̄ venoient a la fontaine puiser
de leaue et emplirēt les chanaulx q̄
la estoiēt pour abruuer les brebis de
leur pere et ses autres bestes Et les
bergiers suruindrent a les bouterent
arrire et ne vouldrent mie souffrir
q̄lles les abruuassent Et q̄t moyse
vit ce il les vit secourir et aida aux
filles tāt quelles eurēt fait ce q̄lles
auoiēt entrepris. Et quāt elles vin
drent a lostel si fut le pere moult es
bahi et leur demāda pourquoy a cō
ment elles estoient pl̄ tost reuenues
que les autres fois. Et elles respō
dirent comment ung hōme degipte
auoit aide a les deliurer de la main
des bergiers et auoit abreuue leurs
brebis Et leur pere qui estoit nōme
raguel leur dist. pourquoy ne lauez
vous amene auec vo? : alles le moy
querir bien tost et le faictes venir. a
ainsi firent les filles. Adonc sen vit
moyse en la maisō de raguel le p̄stre
de madiā et demoura auecq̄s luy a
eut lune de ses filles a fēme: dōt il
eut deux beaulx filz dont lung eut
nō gersen et lautre elizer. et sa fēme
fut appellee sephora.

Comment nostre seigneur sap
parut a moyse au buisson.

S Ng iour aduint q̄ moise me
noit en pasture les brebis de
son sire le p̄estre de madian et tout
au pfont du desert les chassa tant
quil vit pres de la montaigne doreb

qui est le mont de sinay: et la sappa
rut nostre seigneur a luy en forme de
feu ardant dedens ung buisson, et
toutesfois point nardoit: ne sa ver
dure point ne perdoit. et fut moult
merueilleux et curieux de scauoir q̃
ce pouoit estre que le buisson ardoit
et poit ne sechoit. Dõt quant nostre
seigñr dit quil sapprochoit du lieu
si lappella d'emy le buisson ardant
et luy dist Moise garde q̃ tu ne vie
nes icy. Deschausse toy: car tu es en
tre saincte. Quãt moise se vit ainsi
appelle et ne veoit mie celuy q̃ lap
pelloit si s'es merueilloit et dit. Sire
qui estu q̃ mappelles Et nostre sei
gneur luy dist Je suis le dieu de tes
peres abrahaz, ysaac, et iacob. Jay
bien veu commẽt mon peuple q̃ est
en egipte est tormẽte de ces egiptiẽs
si en ay pitie et les veulx deliurer de
la seruitude ou ilz sont et mener au
pais et en la terre q̃ est si bõne qui est
plaine de tous biens qui est grande
et plãteureuse: et ie veulx que tu les
y maines et q̃ tu soyes leur gouuer
neur. Tu iras au roy pharaõ et de
par moy luy diras quil laisse aller
mõ peuple hors de sa trẽ car ie vueil
quil me vienne seruir au desert.

q Dant moise eut ouy ce q̃ no
stre seigñr luy eut dit et com
mande: si couurit son visaige et ne
losa regarder si se print a excuser en
disant. Sire q̃ suis ie: ne q̃ vaulx ie

feuillet. xxxiii.

pour aller pler au roy pharaon: ne
poꝰ mener ton peuple hors degipte.
Et nostre seigñr luy dist. ne doubte
ries car ie seray tousiours auec toy
et te aideray et cõduiray par tout. et
voicy lenseigne pour estre plus cer
tain de ce q̃ ie te dis Quãt tu auras
mene mon peuple hors degipte: tu
me feras sacrifice sur ceste mõtagne
Sire, dist moise, tu menuoies a ton
peuple silz me demandẽt qui ma en
uoie a eulx et quel est ton nõ: que re
sponderay ie. Tu leur diras ainsi
Celuy q̃ menuoie a vous pler est le
dieu de vos peres abrahã, ysaac, et
iacob, cest le nõ que ie veulx auoir a
tousiours iay bien veu tous les mes
chiefz et tous les maulx q̃ les egip
tiens vous ont fait et font encores si
ne les puis plus souffrir ne endurer
Je vous vueil dicy deliurer et get
ter hors de la dure seruitude ou voꝰ
estes et voꝰ veulx mener en la terre
de canaã q̃ est la bõne terre q̃ iappro
mise a vos peres, abrahã, ysaac, et
iacob qui degoutte toute de miel et
aussi de laict. Mais ie scay bien q̃ le
roy pharaõ ne pourra souffrir ne ne
vous laissera aller si ce nest force et
malgre luy et ie le bateray de telles
verges q̃ luy et son peuple serõt cõ
traintz de voꝰ laisser aller. et vous
departires deulx et chascun de vous
epruntera asses voisins degipte coup
pes hanaps dor et dargẽt robbes et

e.i.

aultes biens. Et ie feray tant enuers eulx q̃ Boulẽtiers les vo͡s pſteront: (z vous les ẽporteres auec vous

¶ Dant moiſe eut ouy ce q̃ noſtre ſeignr̃ luy eut dit (z commã de: ſi luy rñdit. Sire tu veulx q̃ ie voiſe pler au roy (z auſſi pareille mẽt a tout tõ peuple (z q̃ ie leur diſe ce q̃ tu mas dit (z commãde (z ilz ne le vueillẽt croire q̃ feray ie. Et nr̃e ſeignr̃ luy dist. Queſce q̃ tu tiẽs en ta main. Et moiſe luy rñdit. Sire ceſt vne verge. Or la gette a terre dist noſtre ſeignr̃. (z ſi fiſt il Et tantoſt la verge fuſt muee (z devint vne couleuure dõt moiſe eut telle paour q̃l ſe priſt a fouyr. Et noſtre ſeignr̃ luy dist Prens la par la queue. (z ſi fiſt il. et tantoſt elle devint verge. Adonc luy dist noſtre ſeignr̃ par ce ſigne pourrõt ilz croire q̃ ie me ſuis a toy apparu et q̃ tu es de par moy a eulx envoie. Encores de rechief luy dist noſtre ſeignr̃: metz ta main en ton ſain et puis len tais hors: ſi la trouua toute meſelle (z noſtre ſeignr̃ luy fiſt arriere remettre en ſon ſai: (z ſi fiſt il: et puis la trouua toute garie. Et ſe croire ne te veullent p̃ le pmier ſigne / diſt noſtre ſeignr̃ par le ſecõd ilz te croirõt et ſe encores p ces deux ſignes (z miracles ilz ne te veulẽt croire prens de leau de la riuiere et la reſpãs ſus la t̃re (z tã q̃s tu en puiſeras et verſeras ſus terre

deviẽdra ſang Et moiſe ſe prit fort a excuſer et dist a noſtre ſeignr̃ ie te prie mõ dieu (z mõ ſeignr̃ que tu en voies vng aultre por ceſte choſe dire et faire: car ie ſuis begue et ne puis bien pler: encores le ſuis ie plus puis q̃ as parle a moy. et noſtre ſeigneur luy dist. Qui est celuy q̃ a forgie (z forme bouche (z lãgue (z fait les ſo͡s et les muetz et les aueugles (z ceulx q̃ voiẽt cler. ne ſuis ie mie celuy q̃ a tout faict. va hardiment et naire nulle doubtãce car ie ſeray touſio͡s auec toy et plerap pour toy et tenſeigneray ce q̃ tu dois dire et faire Et moiſe luy dist Sire ie te prie tãt cõe ie puis q̃ tu y vueilles vng aultre envoier q̃ moy. Adonc noſtre ſeignr̃ luy dist q̃l ſen allaſt et q̃l enuoyroit auec luy ſon frere aaron q̃ porteroit la parolle deuãt le roy et deuãt tout le peuple et moiſe luy enſeigneroit et reueleroit ce q̃ noſtre ſeignr̃ lui vouldroit dire et luy gmãda q̃l eportaſt en ſa main la verge pour faire les miracles deuãt le roy et deuãt le peuple: et en ſa voie trouueroit. Aaron ſon frere q̃ luy viẽdroit a lẽcontre et moult voulẽtiers le verroit.

¶ Dant moiſe dit q̃ noſtre ſeigneur vouloit tout oultre mẽt quil allaſt en egipte pour faire ce quon luy auoit commãde: ſi vint a ietro ſon couſin et luy dist q̃ aller luy couuenoit en egipte pour veoir et

visiter son peuple. Il print congié de
luy et se mist en la voie. Et nostre
seignr sapparut a luy et luy dist q̃
seurement sen allast en egipte Car
ceulx estoiẽt mors q̃ aultresfois la
uoiẽt guerroie et contẽdu le mettre
a mort. Et il neust gueres alle quil
rencõtra son frere aaron qui luy ve
noit au deuãt si se virẽt moult vou
lentiers. Adonc moise luy racõta cõ
ment nostre seignr sestoit apparu a
luy: et luy diuisa tout ce q̃ dieu luy
auoit commãdé si sen vindrẽt tous
deux ensemble en egipte (et appelle
rent les plus anciẽs du peuple dis/
rael et leur dirent cõment nostre sei
gneur auoit veu le meschief et lan
goisse ou ilz estoiẽt, et la durtã q̃ les
egiptiens leur faisoiẽt souffrir: si ne
les vouloit plus souffrir: mais les
vouloit deliurer de celle seruitude.
Dont ilz en furent moult ioyeulx: et
en remercierẽt moult fort nostre sei
gneur. Et affin q̃lz en fussent plus
certains moyse fist les signes et les
miracles deuãt eulx q̃ nostre seignr
luy auoit cõmãdé a faire. Et qñt ilz
les eurent veuz si creurẽt fermemẽt
q̃ nostre seigneur les vouloit visiter

Cõment moise et aarõ son frere sen vindrent plaindre au roy degipte.

Asses tost apres sen vindrent
moise et aaron a pharaon le
roy degipte et luy dirent Roy le dieu
des enfãs disrael te mande p̃ nous

feuillet. xxxiiii.

q̃ tu laisses aller son peuple car il le
veult mener au desert po̧ sacrifier
a luy. Et le roy pharaon leur rñdit
Qui est le dieu q̃ vous enuoie a moy
ie ne le cognois en riẽ ne feroie nulle
chose pour luy allez vous en a luy
et lui dictes q̃ le peuple disrael ia
mais ie ne laisseray aller. Et moise
et aaron luy dirent Le dieu des ebri
eux nous a commãdé daller au de
sert dedẽs trois iours pour sacrifier
a luy ou autremẽt mal nõ² en pour
roit bien venir Adõc le roy leur dist
moult durement Moise et vo² aaron
vous destourbes le peuple de leur
labeur, allez a voz labeurs et faictes
vos ouuraiges. et les en fist aller: et
cõmanda a son peuple et a to² ceulx
q̃ les auoiẽt a gouerner q̃ nul repos
ne leur dõnassent et leur doublassẽt
leurs peines et leurs ouuraiges tel
lement q̃ là ou on leur souloit apor
ter les escuelles po̧ mesler et mettre
auec q̃ la terre pour cuire les tuilles
deffẽdit q̃ nul ne les aportast: mais
leur laissassent recueillir aual les
chãps et q̃lz rẽdissent au double pl²
de tuilles q̃lz ne souloiẽt. Dont ilz
furent tellemẽt foules q̃lz ne le pou
oient en durer. et pl² se plaignoient
tant moins auoient pitie. Et le roy
se moquoit deulx en disant, pourtãt
q̃lz sont oyseux et ne scauent q̃ faire
dient ilz quilz veullent aller au de
sert pour sacrifier a leur dieu. et cõ

e. ii.

mãda a ſes gẽs q̃ nul repos ne leur
laiſſaſſẽt auoir ne pour priere quilz
ſceuſſent faire au roy oncques ſa ri
gueur ne voult laiſſer: mais les fai
ſoit touſiours plus greuer. Dont ilz
furẽt cõme tous deſeſperes. Et da
uẽture vindrẽt a moiſe et a aaron ⁊
leur courrurẽt ſus en diſant. mieulx
nous vaulſiſt q̃ oncques ne te euſ-
ſions veu: car no9 auõs pis q̃ nous
nauions deuãt que vo9 fuſſies ve-
nus pler au roy Dõt moiſe et aarõ
furent a tel meſchef quilz ne ſceurẽt
que dire ne que faire.

a Donc appella moiſe noſtre
ſeigneur q̃t il dit lãgoiſſe ⁊
le meſchef ou le peuple diſrael eſtoit
et tout eſploure luy dist Sire pour
quoy mas tu fait cy venir ⁊ pler au
roy il a pis fait a ton peuple ql na-
uoit fait deuãt ⁊ le griefue aſſes pl9
ql ne ſouloit et tu ne le deliurre mie
ainſi comme tu le mauois promis.
Adonc parla noſtre ſeigñr a moiſe
et luy dist Ne ſoies point eſbahi de
choſe que le roy pharaon vous face
car ie le batray de telles verges que
vueille ou nõ il laiſſera mõ peuple
aller en paix hors de ſa tre. Je ſuis
vrẽ dieu ⁊ ce q̃ iay promis a abra-
ham a yſaac ⁊ a iacob ie le tiẽdray
en verite. ⁊ ſchaches certainemẽt q̃
ie monſtray tellemẽt ma puiſſance
contre pharaon quil9 vous laiſſera
aller maulgre quil en ayt. Adonc

diſt noſtre ſeigñr a moiſe. Tu ten
iras au roy pharaon ⁊ luy diras de
par moy q̃ ie luy mande quil vous
laiſſe iſſir de ſa terre ou aultrement
ie le courrouceray. Et ſil te demãde
en qlles enſeignes tu as ple a moy:
⁊ que ie tay a luy enuoie tu prendras
ta verge et feras tout ainſi comme
aultreſfois ie tay mõſtre Et moiſe
dist a noſtre ſeigñr Sire tes eſans
ne me vueillent croire ⁊ cõment me
croira le roy pharaon Adonc luy dit
noſtre ſeigneur Je ſcay bien q̃ pha-
raon ne te croira mie car ie luy cõut
ciray ſi ſon cueur q̃ riens ne croira q̃
tu luy diez. Nõ obſtant vueil ie que
tu voiſes a luy et que tu luy diez ce
q̃ ie tay mãde. ⁊ tu feras tout ainſi
cõme ie tay commãde. Or ſen alle-
rent moiſe ⁊ aaron deuãt le roy pha
raon ⁊ luy dirent ce q̃ dieu luy man
doit et aux quelles enſeignes il les
enuoyoit a luy Et moiſe cõmanda
a aaron quil getta ſa verge a terre:
⁊ ſi fiſt il. ⁊ tantoſt fut conuertie et
muee en vne couleuure. Adonc le
roy manda querir to9 les meilleurs
enchanteurs de toute egipte. Et
quant les ẽchanteurs furent venus
deuãt le roy et ilz ſceurẽt que moiſe
auoit fait dune verge vng ſerpent
ilz firẽt auſſi par leur mauuais art
et enchantemẽt deuenir ſerpẽt vne
verge: mais riens ne leur valut.
Car la verge de aaron deſconfiſt

toutes les verges des enchanteurs Et quāt le roy pharaon eut ce veu si ne fist force ⁊ fut plus endurcy q̄ devāt et ne vouloit riens faire de ce q̄ moise le requeroit. Or dit nostre seigñr a moise et luy dit Je voy bien q̄ le roy ne veult riēs faire de ce que ie luy mande p toy: car il est trop endurci et obstine encontre moy. Demain au matin iras parler a luy et le trouveras sus la riviere ⁊ luy diras. Le Dieu des enfans disrael menvoie a toy et te mande Je tay mandé q̄ tu les laissasses venir sacrifier au desert: et tu ne veulx riens faire. ⁊ voicy q̄ ie feray affin que tu saches que ie suis dieu. ie muray toutes les eaues degipte en sang: et mourront tous les poissons des rivieres ⁊ des autres eaues et en seront les eaues si corrūpues q̄ nul ne pourra boire. Adonc prīt aaron la verge que aul tresfois avoit este muee en serpent: ⁊ en ferit la riviere. et tātost fut convertie en sang ⁊ fut ceste plaie si grevable p toute egipte: excepte la tre ou demouroiēt les ebrieux q̄ ny eut puis ne riviere ne fontaine estāg ne eaue q̄ fut en qlque vaissel de pierre ou de bois q̄ ne fut totallemēt convertie et muee en sang et to⁹ les poissons moururēt et furēt les eaues si corrūpues que nul nen pouoit boire et les enchāteurs p leurs enchantemēs firent les eaues muer en sang.

feuillet. xxv.

Cōment dieu nostre seigñr aps ce q̄l eut muees les eaues de la terre degipte en sang psecuta les egipciēs de diverses psecutions avāt q̄ le roy pharaon voulsist laisser aller ne partir les efans disrael que dieu envoia querir par moise en egipte.

a Donc quant le roy vit ceste chose si nen fist cōpte ⁊ despita le miracle que dieu avoit faict ⁊ fut plus divers que devāt. Et les egipciēs firent des puis tous nouveaulx car leurs eaues estoiēt si corrūpues quilz nen pouoient boire Et nostre seigñr dit a moise Allez vous en toy et aaron dire au roy pharaō Tu ne veulx point mon peuple delivrer. Voicy q̄ ie feray venir trestāt de raines en la terre que tout le pais en sera plain et en sera si plain ⁊ rempli quil ny aura lit/ ne chambre/ ne maisō/ ne four/ ne celier/ ne grenier ne lieu tant soit secret ne bien ferme que tout ne doibt estre rempli de raines. Adonc cōmanda moise a aarō q̄l levat sa verge sus les ruisseaulx des rivieres et aultes eaues. ⁊ si fist il. et raines vont saillir par si grant abondāce que toute egipte en fut rempli excepte le pais ou demouroient les efans disrael. Et les enchāteurs du roy firent aussi venir des raines p leurs enchantemēs. Quant le roy pharaon vit labondance des raines que dieu avoit fait venir par toute

e.iii.

egipte : et que ses gens en estoient a grant meschief si fist appeller et venir deuāt luy moyse et aaron et leur dist. Allez prier po' moy vostre dieu quil vueille oster ces raines de mō pais et ie vo' laisseray aller au desert. Et moise dit q̄ si feroit il. mais diz moy quāt ce sera. Et il respōdit demain au matin. Et moise et aaron sen allerent et prierēt nr̄e seignr̄ quil voulsist oster ces raines de toute egipte et nostre seignr̄ les fist toutes mourir. Et les egipciēs les assemblerent et en firent de grans monceaulx aual le pais : et elles se prindrent si fort a puir que toute la terre en fut corrūpue. Et quāt pharaon vit que cest plaie estoit cessee il mua propos et faillit de conuenāce et ne voulut laisse aller le peuple disrael. Dont quant nostre seignr̄ vit cecy : si appella moise et luy dist. Tu diras a aaron q̄ de la verge quil tient il en fiere la pouciere de la tr̄e et elle se conuertira en petites mouchettes qui ont vng aiguillon si poingnant qui tourmētent et griefuent fort ou elles mordent. Et en furent les egipties moult griefuemēt tourmētees eulx et leurs bestes tellemēt que ce fut merueilles car tant en y eut sus hōmes et sus bestes q̄ les poignoiēt si tresfort que a peine quilz nenraigoient tous vifz. car toute la pouciere de toute la tr̄e fut muee ē telles mouchettes quon appelle en latin ciniphes. Et sont mouches q̄ mordent les hōmes par les iambes tout parmi leur chausses. et aussi faisoient elles es chiens et es bestes. Or voulurēt faire venir les enchāteurs telles mouchetes p̄ leurs ars mais ilz nen peurēt finer. Si dirēt adōques q̄ cestoit vne verge de dieu. Et nō obstant celle plaie oncques le roy ne se voulut amollir.

a Donc dist nostre seignr̄ a moise et a aaron. Lieue toy de main bien matin et iras a pharaon car tu le trouueras sus la riuiere la ou il se va solacier et luy diras d̄p̄ moy q̄ ie luy mād̄ quil deliure mon peuple et q̄ sil ne le faict ie feray vne merueilleuse chose car ie feray venir par toute egipte telle abondāce de mosches euenimees et de toutes manieres daultres mouches q̄ les egiptiens le grateront tresdouloureusement. et par toute la terre de gessen en q̄lque lieu que les enfans disrael seront ne sera veue vne toute seule mouche ne trouuee : et demain bien matin sera veue ceste chose. Et ainsi le fist nostre seignr̄ et vindrent tant de mouches q̄ toute la terre degipte en fut rēplie et corrūpue. Adonc appella le roy pharaon moise et aaron et leur dist. Allez sacrifier a vr̄e dieu mais ny ssez point degipte. Et moise luy respōdit. Il ne peult mie estre

ainsi: car ilz nous couient entrer au
desert p lespace de trois iours entiers
pour sacrifier a nostre dieu. Et pha
raon leur dist. Je vous donne conge
daller sacrifier a vostre dieu au de
sert mais ie ne veulx pas que vous
ailles plus auant alles vous en et
pries pour moy et pour mon peuple
Et moise luy dist quant ie seray dici
departi ie men iray prier pour toy tel
lement que toutes ses mouches sen
iront et plus ne reuiendront mais gar
de bien q̃ tu me tiennes conuent et ne
faulx point de conuenance si côme tu
as fait les aultres fois. Et quant il
fut departi de la il sen alla prier nr̃e
seignr̃ et par sa priere fist q̃ les mou
ches sen allerent et se departirent telle
ment de toute egipte q̃ pas une seule
ny demoura. Mais le roy fut si tres
parfaictement endurci q̃ riens ne vou
lut tenir de ce quil auoit promis

Pres ce dist nostre seignr̃ a
moise. Tu ten iras a phara
on et luy diras quil laisse aller mon
peuple: et sil ne le fait ie extendray
ma main sur tout quant quil a aux
champs/ en cheuaulx/ en asnes/ en
chameaulx/ en beufz/ en vaches/ en
brebis/ que riens ny laisseray. mais
par toute la terre de mon peuple du
lur riens ne perira et demain ferras
ce que ie dis. Et lendemain toutes
les bestes degipte furent mortes: et
de toutes les bestes des enfans disrael

Feuillet. xxxvi.
ne mourut pas une seule. Et le roy
enuoia par deuers eulx pour scauoir
se cestoit vray, et il trouua ql estoit
ainsi dont il fut plus enraige et ob
stine que deuant: ne point ne voulut
laisser aller le peuple. Adonc nostre
seignr̃ dist a moise et a aaron. Prenes
vos mains toutes plaines de cen
dres de la cheminee et les gettes en
lair contre le ciel tout deuant le roy.
et si firent ilz et tantost vindrent sus
les hommes et sus les bestes de toute
egipte boces/ esleures/ cloux si tres
laides et horribles q̃ les enchanteurs
du roy ne se ousoient monstrer deuant
le roy pour les cloux et esleures qlz
auoient par tout le corps. Or furent
les egipciens a grant meschief quant
ilz se virent ainsi atournez: et nul cô
fort ne sceurent pource q̃ le roy estoit
ainsi obstine et enduci contre dieu
et son peuple ne pour mal que dieu
leur fist point ne le vouloient croire:
ne a ce encliner ne flechier quil vou
sist laisser aller le peuple disrael ne
dep a ti r de sa terre.

Donc se courroucea nostre sei
gneur moult fort contre luy
et luy manda p moise et aaron. Tu
me retiens mon peuple a force et si ne
le veulx laisser aller: ne pour chose
q̃ ie tay faict ie ne te puis briser ne a
mollir: or est dresueil ma main sus
toy et te feray scauoir q̃ ie suis dieu
le tout puissant ne il nest aultre dieu
e.iiii

q̄ moy car pource tay ie miscy pour
esprouuer ma puissāce sus toy. Sa
chez doncqs pour certain que ie te fe
ray telle pestilence q̄ toy et ton peu-
ple en seres destruictz. Et demain
dedens ceste heure ie feray plouuoir
du ciel grosse gresle telle z̄ si horrible
que oncques telle du ciel ne cheut.
Or enuoie des maintenāt tout ce q̄
tu as aux champs car tout ce q̄ sera
trouue aux champs et que la gresle
pourra attaindre sera mis a mort.
Aulcuns doubterēt nostre seigr̄ z̄
tirerēt en la ville en leurs hostelz ce
quilz auoiēt aux chāps. Adonc fist
nostre seigr̄ a moise: extēs ta main
contre le ciel: et si fist il. Et tantost
nostre seigneur enuoia tonnoirre et
gresle si grosse z̄ horrible que oncqs
telle ne fut trouuee en la tr̄e depuis
quelle fut formee. Si cheut fouldre
du ciel auec gresle z̄ destruist tout ce
quelle attaignit hōmes et bestes et
arbres. Et p̄ toute la tr̄e de gessen
fist tēps aussi souef cōme on pouoit
deuiser. Si māda tantost le roy q̄r̄ir
aaron et leur dist Jay trop mal fait
iusques icy dieu a droit ma pugni z̄
iay grant tort pries luy, que ce tēps
vueille appaiser: et vous en alles
la ou vous vouldres. Et adonc
moise pria nostre seigneur: tantost
le tēps se repaisa et cesserent la ton
noirre z̄ gresle. Mais non pourtant
le roy pharaon ne se voulut relaxer

ne briser sa rigueur ains fut plus en
durci que deuāt ne point ne voulut
laisser aller le peuple.

E   t nostre seignr̄ dit a moise
     Tu ten iras p̄ deuers le roy
pharaō: ie scay bien q̄l ne fera chose
q̄ tu luy dies, car ie lui ay si fort son
cueur endurci et de sa gent aussi que
point ne vo9 en laissera aller iusqz
atant q̄ ie lui aie mōstre mes signes
z̄ mes merueilles que ie pēse a faire
sur luy et tu racōteras au tēps ad-
uenir q̄ tesfois iay les egiptiēs vat-
cus pour lamour de vo9 et le diras
a tes enfās affin quilz en aient me-
moire z̄ souuenāce a tousiours mais
Adonc moise z̄ aaron sen allerent a
pharaō z̄ luy nōcerent ce que nostre
seigneur luy mādoit et dirent ainsi
Nostre seignr̄ te mande pourquoy
retiens tu mon peuple z̄ ne le veulx
laisser aller se tu le retiēs contre ma
voulēte telle pestilence ie tenuoiray
de loaustes et de locustes et de saute
relles q̄ toy ne tous tes ancestres ne
virēt telles, z̄ mēgeront tout ce qui
est eschape de la gresle. Adonc moise
et aaron se departirent du roy z̄ sen
vindrēt. Et quāt ilz furēt departis
dirēt au roy ceulx qui estoiēt entour
luy. Sire cōment peulx tu souffrir
q̄ nous soions a tel mechief: tu vois
toute egipte destruite laisse aller ces
gens sacrifier a leur dieu: car nous
auōs trop a souffrir po9 eulx. Adonc

PAGINATION DECALEE

feuillet. xxxix.

les fist le roy appeller ⁊ leur dist les quelz de nous sont q̃ veillent aller sanctifier a leur dieu. Et moise rñdit l' nous y couient aller et enuoier noz fēmes et noz enfans ⁊ tout ce q̃l' nous appartiēt. Et le roy respondit ce ne sera en ma vie q̃ ie vous laisse aller ainsi ce nest mie doubte q̃ pour grãt mauuaistie vous auez ceste chose este prinse: Ie veulx bien q̃ les hōmes y voisēt tant seulemēt ⁊ le demourãt me demeure: car aultre chose ne ma ues vous demãde. Et tantost le chasserent hors de la court: ⁊ nr̃e seigñr dist a moise lieue ta main a tout la verge sus la terre degipte et si fist il Et tātost vindrēt laoustes et sauterelles a grãt abondance tellemēt q̃ toute egipte en fut replie ⁊ tant y en eut q̃ ce fut sans nōbre: ne oncq̃s ne vit nulz ne deuãt ne apres tant. Et tout ce quelles trouuoiēt de verdure sus arbre ne sus ére mengeoiēt ⁊ rongeoient tellemēt que par toute egipte ne demoura riēs de verdure ⁊ ce q̃ la gresle auoit laisse fut p elles deuore tellemēt q̃ riēs ny demoura
q   Dant pharaō vit ce: si manda hastiuemēt moise ⁊ aarõ et leur pria q̃ encores ceste fois luy voulsissent pdonner son meffaict: et prier nostre seigneur de leur oster ceste pestilence ⁊ si fist il. Et nostre seigneur enuoia ung fort vent qui acueillit toutes ces sauterelles / et les emporta en la mer rouge: et les assembla tellement que vne toute seule nen demoura en toute egipte Et pharaon fut si endurcy q̃ le peuple ne voulut laisser aler. Et moise du gmandemēt de dieu leua sa main a tout sa verge par deuers le ciel: ⁊ tantost vindrēt tenebres par toute egipte si grandes et si espesses quon les pouoit toucher. et de trois iours entiers nul ne vit ne ne cogneut son pꝛoesme ne mouuoir ne se ousoit du lieu ou il estoit. Et par tout ou les enfãs disrael estoiēt ilz auoiēt grãt clarte et lumiere. Adonc pharaon enuoia querir moise ⁊ aaron et leur dist. Allez sacrifier a vostre dieu emmenes tout auecq̃s vous: mais que vos bestes q̃ tãt seulement vous me laisses Et moise luy dist se noz bestes demourent que offrirōs nous a dieu ne de quoy ferons nous nos sacrifices elles ne pauent demourer soies en certain que nous les emmenerons auecq̃s nous. Et pharaon se courrouca ⁊ dist. Quoy dōc ne sen iront ilz mie: et dist a moise. vaten et ne soies plus si hardi de venir deuant moy car se tu y viens plus tu y laisseras la vie Et moise luy dist. Ie ne quiers plus te veoir ne parler a toy.
a   Donc nostre seigneur parla a moise ⁊ luy dist. Encores vueil ie batre pharaon et aussi

tout son peuple d'une griefue plaie
et puis vous laissera aller. mais a-
uant que soit tu diras aux enfans dis-
rael d'une part et aux femmes d'autre
part q'lz aillet a leurs voisins et voi-
sines des egipciens et leur empruntent
hanapz et couppes et aultres vais-
selemens d'or et d'argent: et il les trou-
ueront si doulx et si amiables a eulx
q bouletiers leur presterot ce q empru-
ter vouldrot: car ie vueil les egipti-
ens despouiller pour enrichir les ebri-
eux. Et ainsi firet ilz comme moise
leur auoit dit et p dieu comande
Et fut moise repute et redouble de-
uant le roy et toute sa court: et deuat
tout le peuple et aussi fut aaron. Et
nostre seignur leur dist q entour mi-
nuit il passeroit parmi egipte et feroit
morir tous les premiers nez de la tre.
fust des homes fust des bestes. Des
le premier ne du roy pharaon iusques
a la plus poure feme de toute la tre
d'egipte. et aura tel bruit et tel cry p
toute la terre d'egipte que oncques si
grant ne fust ne iamais ne sera. Et
adonc vous en feront aller et vous
contraindrot de partir.

¶ Comment les enfans d'israel men-
gerent l'aignel et firent la pasque p
le commandement de dieu nostre sei-
gneur auant quilz partissent d'egipte
pour aller au desert

Donc parla nostre seigneur
a moise et a aaron et leur dist

Je veulx q cestui mois soit le premier
de l'an. Et encores entre les iuifz le
mois de mars est le premier mois de
l'an. Et dires/ ce dist nostre seignr
a tout le peuple que le dizieime iour
de ce mois chascun prenne vng bel
aignel de laict q n'ait en lui ne tache
ne laidure. Et prendres aussi vng
ieusne cheureau sans tache q soit de
laict et les gardres iusques au quator-
zieme iour de ce mois et les sacrifira
et offrira a dieu toute la multitude
des enfans d'israel aux vespres. et pre-
dront le sang de l'aignel et metterot
sur chascu de leur huis et au dess'
de luis et au dessoubz et roistirot cest
aignel et mengeront costes et piedz:
et non mie cru ne cuit: mais roti au
feu et auec pain blanc sans leuain:
et auec letues sauuaiges des champs
et mengeront testes/piedz/ et entrail-
les ne riens ne doibt demourer ius-
ques au landemain et se riens en de-
mouroit on le deueroit ardoir. Et
voicy la maniere comment vous le
mengeres. Vous saindres vos rains
et seres chaussez et tiendres baston-
netz en vos mains : et le mengeres
hastiuement: car c'est le trespas de no-
stre seignr. Et ie trespasseray celle
nuit parmi egipte et mettray a mort
les egiptiens. Et la ou ie verray le
sang de l'aignel sur vos huis ie iray
sans vous rien faire de mal. et vueil
que vous ayes en memoire a tous-

iours:mais celle iournee Et la feres et garderes tellemēt q̃ nulz ouuraiges vo⁹ ny faces a ceste feste laq̃lle feste cōmēcera le quatorziesme iour a vespres et durera iusques au .xxi. a vespres de ce mois, et par tous ces sept iours leurs deffēdit a menger pain leue. Et quicōques feroit le cōtraire ie vueil q̃l soit mis a mort. et voulut q̃ le p̃mier iour de ceste feste et le septiesme fussent plus solēnes que les aultres. Et moult dautres choses dist q̃ ordōna qui appartiēnent a la pasque et a la faze des iuifz que encores tiēnent au iourduy. Et adonc firent moult diligēment ce q̃ nostre seigñr leur commanda q̃ mengerent laignel de pasques en la maniere que moyse q̃ aaron leur auoiēt commandé. Et quant ce vint a minupt nostre seigñr trespassa parmi egipte et mist a mort to⁹ les p̃miers nez de toute egipte. Et commanda au p̃mier ne du roy q̃ a tous les aultres iusq̃s au p̃mier ne dune poure femme qui gisoit en prison

a Donc fut le roy et tous les egiptiēs si esbahis que nul ne le pourroit penser ne dire q̃ commēcerent a braire q̃ a crier tresāgoisseusemēt car par tout nauoit hostel ne maison ou il ny eust vng mort. et par ainsi ne se pouoiēt lung laultre cōforter. Si māda le roy querir moyse q̃ luy dist. Alles vo⁹ en dores

feuillet .xl.

cauant ainsi cōme vous maues requis, car ie ne vous vueil plus retenir et priez pour moy. Et les contraignoiēt les egiptiēs dissir hors de leurs terres pource quilz cuidoiēt tous mourir se plus eussēt auecq̃s eulx demoure. Adonc empruntcrēt les enfans disrael aux egiptiēs ce q̃ dieu auoit dit et emprunterēt vaisselles dor et dargēt et plusieurs vestemens diuers et voulentiers leur prestoient les egiptiens tout ce que ilz leur demandoient.

¶Commēt les enfans disrael partirent degipte pour aller au desert

O R partirēt les ēfans disrael degipte dont les egiptiēs furent moult ioyeulx q̃t ilz les virent partir. Et moyse les mena vers la mer rouge: et eurēt les ēfās disrael demeure en egipte quattre cens .xxx. ans. Et cōbien q̃ a petit de nombre y furent entres: toutesfois apres ilz furēt si multiplies q̃ quāt ilz issirent degipte ilz estoiēt six cens mile fors et puissans sans les fēmes et enfās et aultres gens sans nombre qui si estoiēt adioictz auec eulx en si grant quātite q̃ cestoit sans nōbre. Et nostre seigñr ne les vouloit mie emmener parmi la terre des philistiēs pource quilz ne feussēt temptez de retourner quant ilz les chasseroient: mais les ēmena par la voie du desert qui est pres de la mer rouge. Et moyse print les os de Joseph et les eporta auec luy ainsi comme ioseph lauoit reqs et prie. Ainsi sen allerēt les enfans disrael et nostre seignr les conduisoit de iour p vne coulōne de clere nuee : et de nuyt par vne coulōne dug cler feu luisant Or eurēt bon conduiseur de iour et de nuyt.

a Insi cōme ilz sen alloiēt nrē seignr appella Moise et luy dist Tu maineras ceste gent droit a la mer rouge: et quant pharaon le scaura il appellera tout son peuple et leur dira. Les ebrieux sont loges sur la mer rouge et ne peuēt oultre passer allons leur courre sus: car ilz sont cōquis et mis tous en nos mains et ie luy donneray cueur et voulente de ainsi faire. Et si endurciray si son cueur encontre vous qil si en ira a tout son ost. Et scauront les egipties qil nest nul dieu q moy tant seullemēt Adonc vindrēt aucūs ānoncier au roy pharaō commēt les ēfans disrael sen alloient fuyant et eportoient les biēs de son peuple: si fut le cueur du roy mue et se cōmenca a repentir de ce que ainsi les auoit laisse aller. Adonc fist le roy toute sa gēt armer et eut six cens chars de gēs treseleuz et alliches. Et prit auec luy q̄ques il peust auoir de bonnes armes: et chassa aps les ēfans disrael a grāt puissance et les chassa tant quil les trouua ou ilz estoient loges sur la mer rouge: se logea asses pdeulx et les cuida bien auoir tous a son gre sans nul contredict.

Commēt le roy pharaō et tout son ost furēt noyes en la mer rouge quāt ilz chassoiēt les ēfans disrael que moise emenoit au desert.

q Dant les enfans disrael virent les egipciens venir aps eulx: si eurent grant paour et murmurerēt contre moise q la les auoit menes: car ilz cuidoiēt bien mourir Et moise les print a q̄forter moult doulcemēt: et leur dist qlz ne doubtassēt rien: car dieu feroit telle chose sur le roy et sur toute sa gent que le mōde a tousiours mais en parleroit Et nostre seignr fist vne grace celuy iour et celle nuyt car lāge de dieu q les cōduisoit mist vne grosse nue et espece entre eulx et les egiptiens q̄ les vngz ne pouoiēt aller aux aultres ne aprocher. Et lendemain au bien matin du qmandemēt de nrē seigneur moise print la verge et ferit lalmer et la mer se diuisa et fist voie aux ēfans disrael et passerēt oultre a pied sec et se tenoit leau de la mer ainsi comme se fussēt bons murs a dextre et a senestre. Et quāt ilz furent oultre passes le roy pharaon a tout son ost se mirēt au chemī pour aller apres et entra en la mer et cuidoient moult bien et seuremēt aller apres eulx et passer cōme les aultꝭ

auoiēt fait. Et nostre seignr les va/
regarder et tourna les roes de leurs
chars ce qui estoit dessus dessoubz.
Et la mer se reclouyt et furēt tous
noyes: car vng tout seul ne demou
ra. Et quant les aultres egipciens
virent ce si dirēt. fuyons les enfans
disrael: car dieu se cōbat pour eulx
cōtre nous Ainsi deliura nostre sei/
gnr son peuple celuy iour de la mai
ns egipciēs. et virent la punition q̃
dieu en auoit faicte ꝛ doubta le peu
ple nostre seignr. et remercierēt des
biēs quil leur auoit fait: ꝛ se prindrēt
a chanter ēsemble moise et aaron et
la soeur de aaron nōmee marie en
disant chantons a nostre seigneur.
Car il est glorieusemēt magnifie ꝛ
hōnore: car il a cheuaulx et cheuau
cheurs noyes en la mer. Et firent
celle belle cātique quon dit le ieudi
aux laudes quant on faict du tēps
es matines.
    ¶ Commēt moise entra au desert
auecques les enfans disrael.

Pres ce quilz furēt oultre la
mer rouge: moise les enuoia
p le desert trois iours entiers. ꝛ tant
allerēt quilz vindrēt en marach ou
les eaues estoiēt si ameres ꝛ si mau
uaises quilz nen pouoiēt boire: ꝛ en
murmuroiēt contre dieu ꝛ moise.
Et nostre seigneur mōstra a moise
vne piece de bois et la fist mettre de
dens leaue: ꝛ tantost par la vertu

feuillet. xxxix.
du bois elles estoiēt bonnes ꝛ doul
ces. De la sen allerēt loger en helin
ou il y auoit douze fōtaines moult
belles. et soixante ꝛ dix palmies/ ꝛ
si logerēt vne iournee De la se par
tirent et sen vindrēt au desert de sin
q̃ est entre helim et se mont de sinay
et la murmurerēt contre moise ꝛ aa
ron pource quilz nauoiēt q̃ menger
et leur souruint de la grande abon/
dance de chair et de pain et aultres
biens quilz souloiēt auoir en egipte
dont ilz auoiēt au desert grant souf
frette. Et nostre seignr leur enuoya
de la mānne du ciel qui leur fut si tres
delectable a menger que chascun y
trouuoit tel saueur cōme il desiroit.
Et les en nourrit quarante ans au
desert ꝛ leur dōna pain ꝛ chair tāt
quilz en furent saoulz.
    ¶ Commēt moise par la voulēte
ꝛ commādemēt de nostre seignr fist
saillir eaue a grant abondāce de la
pierre qui est appelle oreb

A Pres ce q̃lz eurēt ainsi mur
mure ꝛ dieu leur eut enuoye
le pain du ciel et des chairs assez ilz
sen allerent de la et sen vindrēt en
taphidi en vng desert ou il ny auoit
goutte deaue Et murmuroiēt con
tre moise ꝛ luy dirent moult dure
ment quil leur donnast de leaue a
boire. Et moyse les reprint moult
fort de ce quilz murmuroiēt ainsi et
vouloiēt dieu tēter car ilz pecherēt
f.i.

trop griefuemēt Et puis sen alla a
nostre seigneur et luy dist. Sire tu
sçois le mechief de ton peuple: ayes
pitié de luy et leur envoie a boire, car
a peu quilz ne mont lapidé pour la
grant soif quilz ont. Adonc dist nře
seigneur a moise. Prens la verge
dõt tu as la mer diuisee ⁊ emaine
auec toy aaron et des plus anciens
du peuple disrael: ⁊ venes tous en
semble a la pierre q est appelle oreb
et ie seray sus la pierre: et tu fierras
de la verge sus la pierre et la pierre
rēdra asses eau pour tout le peuple
Et moise fist tout ainsi q nostre sei
gneur luy auoit diuise. ⁊ eut le peu
ple de la en auāt asses a boire tant
comme ilz furent au pais

a   Donc aduint q apres ce bel
          miracle q la pierre dure eut
rendu eau pour telle multitude de
peuple abruuer en vng tel desert: le
roy du pais q eut nõ amalech vint
auec son ost pour cõbatre le peuple
disrael Et adonc moise print iosue
qui le seruoit ⁊ estoit vng puissant
et vng hardi hõme darmes: et luy
dist quil print des meilleurs et des
plus hardis du peuple auecq̄s luy
et sen allast combatre amalech et si
fist il. Et moise alla en la montai-
gne et porta en sa main la verge dõt
il auoit faict tant de merueilles. et
leua sa main vers le ciel en priant
dieu po' ceulx qui se combatoiēt ⁊ tant

que moise peult soustenir ses mai̅s
haultes p deuers le ciel: adonc sur
mõtoit iosue amalech et tant cõme
il estoit las tant cõme les bras luy
aualloiēt en bas pour son āciēneté
amalech vaīquoit iosue. Dont ф
Josue ⁊ hur son fillatre virent ce: si
prindrēt vne grāde pierre ⁊ la mirēt
dessoubz ses bras pour soustenir ses
dictes bras et ses mains q estoiēt foi
bles et pesās pour cause de sa vieil-
lesse, si les soustenoient les vngz a d
xtre et les aultres a senestre quelles
ne chācellassent et ainsi luy tindrēt
ses mains droictes ⁊ esleuees iusq̄s
au soleil couchāt. Et ainsi vainq̄t
iosue amalech ⁊ mist tout a lespee.
Et cōmāda nostre seigňr a moise
que cestevictoire fust mise en escript
affin quō en eust souuenāce a tous-
iours mais ⁊ promist ql destruiroit
du tout amalech. Et moise edifia
la vng aultel en lhonneur de nostre
seigneur et lappella: voicy ou dieu
ma exaulce.

e   Et quāt ietro le sire de moise
        q estoit le pere a sa fēme ouit
dire q moise auoit gette si grās gēs
hors degipte ⁊ mene au desert si les
vint veoir et visiter. ⁊ amena auec
luy sophorā sa fēme et ses deux filz:
et ētra ou tabernacle et le salua Et
moise le vit moult voulētiers et lui
va racōter toutes les nouelles mer
ueileuses q dieu auoit fait en egipte

et comment il les auoit deliures des egipciēs et la peine et le mechief quil auoit souffert et ēdure Adonc ietro le creut et en fut moult ioyeulx et cōmenca a dieu louer et dist. Benoist soit dieu q̄ vous a ainsi deliures de la dure seruitude degipte. Or voie bien maintenāt q̄ vostre dieu est le plus grant maistre de tous. Et moyse luy fist moult grant feste: et burēt et mēgerent auec luy les plus grās du peuple disrael por lamour de moise. Et ietro dit comment le peuple venoit a moise chascun iour pour sa besongne. et Moise seoit en iugemēt des le matin iusques a vespres: et determinoit les causes et les querelles dung chascun come iuge de tout le peuple. Si dist adoncq̄s Jetro a moise. Tu te gastes et destruictz pour neāt: et ne peulx lōguement souffrir ne endurer telle peine comme tu as entreprinse Mais se tu fais dorēsenauāt en maniere q̄ ie te cōseilleray tu feras q̄ saige et nostre seignr̄ te aidera et sera auecq̄s toy. soies hardimēt gouuerneur et iuge de ce peuple quāt a ce quil apptient a dieu. Et quāt aux causes perpetuelles et ōmunes de tout le peuple iuger et determiner eslis en tout le peuple aulcūs des plus preudhōmes q̄ ne soient mie orgueilleux ne cōuoiteux ne enuieux et qui ayment verite et iustice et qui doubtēt dieu Et les

feuillet. xl.

ordōneras en cest office les vngz cētenaires les aultres dixainiers. les vngs sur vne lignee: et les autres sur vne aultre q̄ iugeront et determinerōt les causes et querelles du peuple et celles q̄ seront plus grandes et doubteuses ilz les te apporterōt por determiner et iuger. A ce cōseil saccorda moise et fist cōme il luy auoit conseille. et Jetro sen alla en sa maison en son pais.

Cōment les enfās disrael apres ce quilz surēt loges pres du mont de sinay prierent a moyse que dieu ne voulsist point parler a eulx.

a   Ou tiers moys apres ce q̄ le peuple disrael fut departi de egypte vindrēt tous au desert de sinay et se arriuerēt et logerēt la tous au plᵒ pres de la mōtaigne de sinay Et lēdemain au bien matin moyse monta en la montaigne et alla parler a nostre seignr̄. Et nr̄e seigneur lappella et luy dist. Tu diras aux enfās disrael. Vous auez veu ce que iay fait en egypte: preudōs si vous me croiez et obeisses a moy vous seres mes familiers et mon peuple et plus especial que peuple qui soit au mōde: et ie parleray priueemēt a vo⁹ cōme a mes amis. Et quāt moyse eut ce racōpte au peuple: ilz respōdirēt quilz feroiēt voulentiers ce q̄ nostre seignr̄ leur vouldroit cōmander Et moyse sen retourna a nostre sei-

f ii

gneur. et nostre seignr parla a lui et luy dist. Je viendray parler a toy en une nuit: et vueil que tout le peuple me voye parler a toy, et leur diras que ilz se nettoient et lauent eulx et leurs robbes et ne gisent point auec leurs femmes huy ne demain. et quilz soient appareillez au tiers iour. car a donc ie vueil venir sur le mont de sinay: et me verront descendre et parler a toy: et les ordoneras enuiron la montaigne: et leur diras que nul ne soit si hardi de passer oultre le terme que tu leur auras donne: ne soy approcher de la montaigne ne toucher. Et qui feroit le contraire soit homme ou beste: ie vueil quil soit lapide ou de saiettes tresperce et mis a mort.

Dont ce vint au tiers iour au matin deuant le soleil leuant que le iour apparoit ia cler: vez cy quon ouyt sur la montaigne grant tonnoirre et horrible: et escleroit fort et cler et descendit une nue grosse et espesse qui couurit toute la montaigne. Car dieu estoit descendu en feu sur la montaigne: et fumoit ainsi comme ce fust une fournaise ardant. Et quant ilz oyrent le tonnoirre et la voix: et virent lesclere et la montaigne fumer: si eurent moult grant paour et cuiderent bien mourir. Adonc vint moyse et les conforta au mieulx quil peult et leur dist toutes les choses que nre seignr dieu leur mandoit. Et la ordona il la loy

quil leur vouloit donner: et les statuts et ordonnances selon lesquelles il vouloit quilz se ordonnassent. Et bien ouyt le peuple parler dieu a moyse, et veoit bien le peuple la montaigne ardoir et fumer et oyrent la voix si eurent moult grant paour et dirent a moyse: Nous te prions cher sire que dieu ne vueille mie parler a nous: car nous pourrions bien mourir de paour: parle a nous tant seulement. Et adonc le peuple se retrayt arriere pour la paour quil auoit

Et apres parla nre seigneur a moyse et luy dist: Tu feras ung tabernacle et feras des courtines: et seront ioinctes que lune tiendra a lautre: et feras ung autel en cellui tabernacle sus lequel seront fais les sacrifices: et feras une table de propositions et mettras sur ceste table pains chaulx et nouueaulx: et ces pains mengeront les enfans de leuy chascun iour et ny mettra lon point de froit. Et aura tout temps feu ardant deuant mon hostel. et en tous les sacrifices que vous feres vous y mettres du sel: et establires les filz de leuy ministres que a tousiours seruiront en mon tabernacle. Et quant eulx et les enfans disrael se departiront de la ou ilz auront este les filz de leuy conduiront le tabernacle et extendront la ou la roe que le conduit sarrestra car les anges en une nue les conduiront et luy monstre ront la ou ilz debueront loger et arrester et nul nosera toucher au tabernacle sil nest de la lignie de leuy Et leurs tetes et paueillons seront de iour et de nuyt tout enuiron le tabernacle ⁊ le garderont les filz de leuy des enuiron ql auront laage de .xxv. ans ⁊ de cest aage iusqz a cinquante seront mistres ⁊ seruiront au tabernacle. ⁊ Des .l. ans iusques en auant ilz garderont les vaisseaulx de mon sanctuarie. Et leur ordonneray et mosteray oment ilz mettront leurs tetes et leurs paueillons enuiron le tabernacle par quarante pties. Et lung se logera vers orient et lautre vers occident. le tiers vers septentrio galerne. ⁊ lautre par deuers midy. Et ainsi garderont de nuyt le tabernacle. Et y mettras la lumiere toute la nuyt. et deuant lostel etre le peuple et lautel mettras vng voille ainsi come vne courtine si q quat le prestre fera son sacrifice le peuple ne le puisse veoir. Et feras derriere celuy autel vng petit autel qui sera appelle en latin propiciatores. En celuy autel entrera leuesq vne fois lan et fera sacrifice a dieu premier pour les pechez du peuple et dehors celuy autel mettras vne courtine dor. ⁊ tout ce feras en la maniere ⁊ selon lexeple q ie tay monstre en la motaigne. Et moult des choses qui apptiennet au tabernacle/ aux sa

feuillet. xli.

crifices/ aux ministres/ aux cerimonies/⁊ aux obseruaces de dieu seruir selon le viel testament ordonna nostre seignr ⁊ commanda quil fist tout ce sans ries laisser

Apres ce parla nostre seignr a moise ⁊ luy dist. fay prendre a chascu des princes disrael vne verge: ⁊ aussi a Aaron to frere vne autre verge: et les mettras sus lautel ou tabernacle. Et lendemain laquelle verge sera flourie et feuillee ⁊ portera fruict: celuy sera pstre souueraÿ ⁊ sire du tabernacle. Et moise fist tout ainsi come nostre seignr luy auoit commade. et luy apporterent les douze princes chascu sa verge ⁊ aaron la sienne. Et moise les print et les mist sus le tabernacle et qnt vint lendemain au matin moise appella les aines du peuple disrael et les mena au tabernacle ⁊ leur dit Nous verros tantost lequel nostre seignr a esleu estre son ministre ou tabernacle. Et vindret a lostel ou les verges estoient: et trouuerent q la verge de aaron estoit feullie et florie: et portoit fruict quon appelloit amandres. Et moise la print et la mist en la main de celuy aaron et le establit souuerain prestre ainsi comme nostre seignr auoit establi et ordonne Et nre seignr diuisa les ornemes q les souuerais pstres ⁊ ministres qui debuoient seruir au taber

f. iii

nacle porteroient. Et moyse les fist faire tout ainsi q̃ dieu lauoit diuise a Pres ces choses cy dessus deuisees parla nostre seignr̃ a moyse ⁊ luy dist. Tu feras deux tables de pierre ⁊ bien a moy en la mõtaigne de sinay et la vueil ie donner la loy ⁊ les status que ie vueil q̃ les enfãs dsrael tiẽnẽt ⁊ gardẽt. Adõc appella moyse les aisnes du peuple et leur dist cõment nostre seignr̃ luy auoit dit ⁊ cõmande quil alast parler a luy en la mõtaigne de sinay ⁊ qͥl portast auec luy deux tables de pierre en lesquelles il souloit escrire la loy qͥlz deuoiẽt tenir. Et aaron et hur demoureront auec vous lesq̃lz ie laisse a vous en lieu de moy affin que sil aduenoit aucune chose douteuse auãt q̃ ie reuenisse q̃ vo⁹ puissees a eulx recouurir. Adõc sen alla moyse en la mõtaigne ⁊ eporta les deux tables de pierre auecq̃s luy et entra en la nue auec nostre seigneur et la fut quarante iours ⁊ quarante nuytz sans boire ⁊ sans menger. et la receut les dix cõmandemẽs de la loy que nostre seignr̃ escript de son doy en tables de pierre.

Comment les enfans disrael pendant le temps que moyse fut deuers nostre seigneur deuindrent ydolatres et adorerent les veaulx dor dont dieu en fut moult courrouce contre eulx.

q o Dant le peuple vit que moyse demouroit tãt que point ne retournoit: si furẽt esbahis ⁊ sen vindrent tous effraies a hur et a aaron et leur dirẽt. Faictes no⁹ des dieux qui nous conduirõt: car nous ne scauons q̃ moyse est deuenu. Et quãt hur et aaron ouyrent ce: si en furent si troubles et si courrouces quilz ne scauoiẽt que faire: car ilz scauoient bien q̃ dieu en auroit grãt desdaing. Si leur dirẽt que ce seroit trop mal faict⁊ q̃ silz faisoiẽt ceste chose q̃ trop griefuemẽt pecheroiẽt cõtre dieu et le courrouceroiẽt moult fort: mais riẽs ny valut: car ilz voulurẽt auoir des dieux cõmẽt qͥl fust: car ilz tenoient certainemẽt q̃ moyse estoit mort Donc quãt hur ⁊ aaron virent que nullemẽt ne les pouoiẽt retraire ne appaiser de cest erreur ⁊ qͥlz se mouuoient contre eulx pour eulx tuer. Si leur dist aaron. Apportez moy voz anneaulx ⁊ voz affiches dor et dargent: ⁊ aussi de voz femmes si vo⁹ en feray des dieux. Et pour ce leur demanda il leurs anneaulx ⁊ ioyaulx dor et dargent. car il scauoit bien quilz estoiẽt auaricieux: si les cuidoit pour ce retirer de leur erreur. Quant ce vint lendemain ilz vont tous apporter ce q̃ aaron leur auoit demãde. Et aaron les print et fist faire vng grant feu et va tout getter dedens. Et quãt tout fut fondu ẽsemble si en firent ũg veau d'or z d'argent pource q̃ les egipciẽs adou roient ũg beuf. Et aulcuns sont d'opiniõ et veullẽt dire q̃ quãt l'or et l'argent fut fondu si courut le metail parmi le feu: z en coullãt fist la semblãce d'ung veau. Et le dyable fist ce pour les traire a ydolatrie affin q̃ Dieu se courrouça a eulx. Or prindrẽt le veau quilz auoient fait et le mirent sus chars z le menerẽt par tout leur ost en criant a haulte voix. Israel voicy les Dieux q̃ t'ont deliure d'egipte, z menoiẽt si grant noise entour leur veau quõ les pouoit ouyr de moult loing. Et quant ilz eurẽt faicte ceste chose si s'assem blerent toutes les gens pour faire feste z ioye deuant leur veau quilz auoient faict.

8 E ceste feste fut nostre seigneur moult courrouce contre le peuple d'Israel: z dit a moise. Descẽdz car le peuple q̃ tu as amene d'egipte a trop grandement peche cõtre moy. Ilz se sont tous destournes de la voie z du chemin ou tu les auois mis. Quãt moise fut descendu: si eut moult grant bruit dedens le tẽple z se print a esmerueiller q̃ ce pouoit estre. Et quãt il vint contre eulx: si vit la feste quilz faisoiẽt entour leurs veaulx et commẽt ilz es adouroiẽt en disant voicy le Dieu q̃ t'a deliure d'egipte. Adonc moise fut

feuillet. xlii

si courrouce quil print les tables de pierre esq̃llesnostre seignr auoit escript de son doy la loy. si les ietta a tre par courroux si fort q̃lles furent toutes debrisees. Et quãt le peuple vit moise si fut si esbahi q̃l ne sceut q̃ dire: z s'en fouyt chascũ en sa tẽte et laisserẽt la leur ydole. Et moise appella hur et Aaron lequelz il auoit ses lieutenãs laisses pour gouuerner son peuple. Si leur demãda pourquoy z commẽt ilz auoiẽt souffert au peuple a faire tel oultrage Et ilz se vont excuser en disãt que silz neussent ceste chose souffert au peuple a faire tel oultrage le peuple les vouloit tuer et occirre. Car ilz cuidoiẽt et tenoiẽt q̃ moise fut mort et q̃ iamais ne deust retourner pour ce q̃l demouroit tant. Si no⁹ quint a force faire accorda eulx et ilz prin drẽt leurs ãneaulx z leurs affiches d'eulx z de leurs fẽmes. et leur or et leur argẽt si les fondirẽt en vne fournaise z vint tout a la semblãce d'ũg veau. si l'adourerẽt cõme leur Dieu Dont qñt moise eut tout escoute il fut courrouce et tout forcene z se pẽ sa q̃ment il pourroit ce mesfait amẽ der z corriger et Dieu appaiser.

Commẽt ceulx qui auoiẽt este cause de faire adorer les veaulx d'or aux ẽfans d'Israel eurẽt les barbes dorees: lesquelz moise fist mettre a mort par ceulx de la lignie de leuy.

f. iiii

Moult fut courroucé moïse de ce que le peuple auoit fait: si pria nostre seigneur quil luy voulsist donner cognoissance de ceulx q auoient esté cause de faire ceste chose. Si fist prendre le veau et tout diminuiser et mettre en pouldre, et puis le fist mettre en leau et leur en fist boire, et apperceut clerement que ceulx qui auoient esté cause de ce meffaict qui auoient beu de celle eau auoient les barbes dorées. Adonc moïse commanda a tous ceulx de la lignie de leuy quilz prensissent leurs armures, et q aymeroit dieu quilz le suyuissent et quilz fissent ce q leur commanderoit a faire: Adonc leur gmanda q tous ceulx q auoient les barbes dorées fussent mis a mort et les missent tous a lespee: et nespargnassent ne freres ne parens. Et ainsi le firent ilz et en mirent a mort celle iournée .xxiiii. mille pour le peché de ydolatrie q eust grant peché.

a Donc se mist moïse en oraison et pria nostre seigneur moult deuotement pour son peuple q nostre seigneur luy voulsist pardonner ce grant meffaict: Et nostre seigneur luy dist Laisse moy: car ie ne demande riens a toy pource q tu ne mas mie courroucé mais ce a fait ce peuple qui a si dure ceruelle et est de si petite obedience que ie ne le puis adoulcir. Je te feray bien grant homme ailleurs laisse moy venger de ceste mauuaise gent qui mont ainsi despité. Adonc se getta moïse deuant nostre seigneur et luy dist Sire or me descripz hors du liure de vie ou mas escript ou tu pardonnes a ce poure peuple le meffait quilz ont fait contre toy. Souuiene toy de tes amis abrahā ysaac et iacob que tu as tant aymés: et de ce que tu leur as promis, et ne vueilles mie ton peuple destruire ne tuer en ce desert que les mescrans et egiptiens nayent cause de dire mauuaisement q le dieu des ebrieux a deceu son peuple q ainsi les a gettés hors degipte, et au desert les a occis et tuez. Et dieu eut aggreable la priere de moïse: et pardonna au peuple son peché. Dont le poure peuple et moïse en furent moult ioyeulx et liés.

a Pres ce que nostre seigneur eut passé son maltalent si dist nostre seignr a moïse Tu meneras mon peuple en la terre que ie leur ay promis mais ie niray mie auec toy, car ie voy bien q ce peuple est de dure obedience et est enclin a desobeir. Et si ie me courrouce contre luy mal pour luy: mais ie vous envoiray mon ange en lieu de moy qui vous g᷉duira. Or dient aucuns que ce fust sainct michel qui leur donna pour eulx conduire. Et chascun peuple a vng propre ange pour luy garder aussi a vng chascun de nous.

c Es choses faictes nostre sei

gneur parla a moise et luy dist Fay deux tables toutes telles cõe celles que tu as brisees et ten viens en la mõtaignie parler a moy et la ie donneray la loy et escripuray comme a lautre fois Adonc moise fist tout ce que nostre seignr luy auoit cõmãde et sen alla deuers luy en la montaigne et commẽça a dieu prier pour le peuple quil luy vouslsist ses pechez pardõner et aller auec eulx sicõme il auoit fait aux aultres fois. Adõc nostre seignr parla a luy dedens la nue tellement que bien loyoit mais point ne le veoit mais moult le desiroit a veoir. Car il parloit a luy aussi priuemẽt comme amy parle a son amy. Si senhardit vne fois et luy demanda quil le peust veoir en la face. Et dieu luy dist. moy veoir ne peut home mortel en face ne oncques homme vif ne me peult veoir. Mais ie te monsteray bien le dos de moy et il te deuera bien souffire, tu ẽtreras au pertuis de celle roche. et quant ie passeray par deuãt tu me pourras bien regarder nõ mie en la face car tu ne pourrois viure mais par derriere me regarderas. et ainsi le fist il. Dont quãt dieu trespassa par deuãt luy il vit sa gloire et fut si rempli que son visaige reluisoit comme vng soleil.

A Pres ce que moise eut veue la gloire de nostre seigneur

feuillet. xliii.

lui eut nostre seigneur escript les cõmandemens en ces tables et deuisa tout ce quil vouloit mander a son peuple moise descedit de la montaigne et porta les tables de la loy en sa main. Et quãt les ẽfans disrael le virent ilz furẽt tous esbahis quant ilz le regardoiẽt pource quil sẽbloit quil eust deux cornes en son visage pour la grant clarte que de son visaige yssoit pour la gloire de dieu qil auoit veue en la montaigne. Et quãt il le sceut il couurit son visage car nul ne lousoit regarder pour la tresgrande clarte qui yssoit de son visaige comme dist est. Adonc moise leur dit et deuisa tout ce que nostre seigneur luy auoit commãde a dire et leur deuisa les dix cõmandemẽs de la loy qui estoient escriptz es tables de pierre que dieu auoit escript de son propre doy et voulut quilz les tenissent comme leur propre loy Dont le premier commandement est tel.

T U nauras autre dieu q moy ne adoureras nulles ydoles ne feras ne croiras ne nauras mais laisseras tous dieux estrãges ne aymeras q vng seul dieu. Tu ne iureras mie le nom de dieu en vain et si ne iureras pas pour neãt ne si ne p iureras mie le nõ de dieu. Tu garderas mes festes et les iours q sont a moy sacres et q iay gmãde a garder

Et les garderas tellement que nulz ouuraiges tu ny feras mais te reposeras toy et ta beste et ta maisnie. Tu porteras honneur et reuerence a ton pere et a ta mere. Tu ne occirras mie ne ne mettras nulz hommes a mort: ne de cueur ne de fait ou par maliuolence. Tu ne feras mie ribauld ne de boulente ne de faict ne auras compaignie a aultre femme que a la tienne. Et par cestuy commandement est deffendue luxure en quelque maniere q ce soit. Tu ne seras mie laron ne ne feras larrecin. Et par cestuy commandement est deffendu que on ne prenne riens de lautruy p larrecin ne par roberie ne p force ne p bolente: ne par vsure: ne p rapine ne p simonie ne par mauuaises oeuures ne par mauuaise et faulse marchandise: ne p quelconq aultre maniere iniuste: et non mie tant seullement le prendre est deffendu mais aussi le retenir a tous ceulx a qui on doibt. Tu ne porteras mie faulx tesmoignaige ōtre ton proesme ne sespres ne ses chāps ne ses heritaiges. Et p ce commādement appert clerement q non mie tant seulemēt de prendre ne aussi de retenir riens de lautruy est larrecin et peche mortel: mais les souhaiter les conuoiter aultremēt q a point. Le dixiesme commandement est tel q tu ne guoites mie la femme de ton prochain ne son garson: ne sa

dameiselle ne son serf ne sa seruie ne son beuf ne son asne ne chose q apptiēne a luy. Et ce sont les dix cōmandemens q nostre seignr escripuit dedens les deux tables de pierre: et bolut q le peuple disrael gardast ceste loy. Et plusieurs aultres commā demēs status et ordonnāces leur fit mais a tous et aussi a toutes appartiēnent ces dix commandemēs

a Pres parla nostre seignr a moise et luy dist Appelle beleseel et luy dy qil face vne arche de sethin q est bois iputrible et q pourrir ne peult. Et ie luy donneray le sens et la science de faire tout ce q tu luy cōmāderas. si la fera telle quō mettra dedes aulcune chose que ie te deuiseray: et la couuriras du plus fin or que tu pourras trouuer dedens et dehors. Et quant elle sera faicte tu mettras dedes icelle vng pot de fin or et lempliras de la manne dont le peuple mēgea au desert et mettras aussi la berge qui flourit et les tables ou la loy est escripte. Et moise appella beleseel et luy dist et deuisa ce q dieu luy mādoit tout en la propre maniere que deuise luy auoit.

Dant beleseel eut ouy ce que Dieu luy mandoit par moise il se prīt a faire celle arche. Et tant fist et ouura quelle fut parfaicte et acheue et tout au point et en la maniere que dieu nostre seignr lauoit mande et ordonne. Et quant elle fut pfaicte: moise mist dedens ung pot de fin or qui tenoit ainsi côme pinte et lemplit plain de manne: et y mist les tables et la verge ainsi comme nostre seigneur lauoit commande. et mist celle arche ou tabernacle dessus le petit autel ou leuesq nentroit sinon q une fois lan. Et ce fait la nue se leua q auoit este grât temps dess' le tabernacle. Adôc dist dieu a moise ql menast son peuple en ung aultre lieu. Et moise leur cômâda quilz sappareillassêt et dist aux enfans de leuy qui gardoient le tabernacle quilz chargeassent les choses du tabernacle a les conduissent auât que le menu peuple peust riês veoir des choses qui appartiênent aux offices a aux ministres du tabernacle silz nestoiêt premierement conuertis Et quant ilz eurent tout appareille a charge a mis en larche sus le char qui estoit pour lamener si se mirent au chemin et commêcerent a suyuir la nue qui les conduisoit tant quilz vindrent en ung lieu ou la nue sarresta. Et quant ilz furent loges si vindrent les aisnes du peuple a moise a aaron deuant le tabernacle a leur dirent. Donnes nous a mêger aultre viande q ceste mâne dont no' sommes ia ênuyes et no' vient contre le cueur.

q Dant moise eut ouy le mur

feuillet. xliiii.

mure: a cômment ilz auoient encontre le cueur la mâne dont nostre seignr les paissoit: si furent a grât meschef Moyse a aaron. Car ilz ouyrent a leurs oreilles comment ilz murmuroient et ne prenoient en gre chose q dieu leur fist. Et quât moyse vit ce si sen vint a nostre seignr au tabernacle et luy pria quil voulsist prendre lame de luy: car il luy ennuyoit de tant viure pour le peuple quil veoit estre a mal aise a gouuerner/ et estre de si dure obedience: et qu'ilz ne prenoient en gre chose que dieu leur fist. Adonc nostre seignr conforta moyse a punit le peuple pour le peschie de murmure et de leur mauuaise couuoitise tellement quil leur enuoya serpens qui les mordoient a en uenimoiêt si griefuemêt quilz mouroient tantost en leure sans nul remede. Dont ilz furêt abbatus a tellement foulles quilz ne scauoient q faire ne que dire. Si sen vindrent a moyse et a aaron a leur crierêt mercy: et leur prierent moult humblemêt quilz voulsissent prier pour eulx nostre seigneur. Et nostre seigneur receut la priere a leur donna remede souffisant po' eulx garder du mors des serpens et luy dist. Tu feras ung serpent darain a le mettras sur une haulte coulonne si q le peuple le puisse veoir: et ceulx qui seront mors du serpent ou ceulx qui mortz en serõt des quilz le pourront veoir et regarder ilz serõt guaris du mors du serpent venimeux. De ceste pestilence en mourut enuiron .xx et trois mille du peuple et tout pour le peche de murmure.

a Pres ce sen allerẽt p deuers la terre de seon qui estoit roy des amorries. Et qñt ilz approcherent de la terre: si luy demãda moise qlz leslessast passer pmi sa terre par tel si qlz luy promettoiẽt q̃ nul dommaige ne luy feroiẽt en son pais car les eaues de ses cisternes ne buroiẽt ne ne mẽgeroient ne ne tourneroient ne ca ne la: mais iroiẽt par le chemĩ royal. Dont quãt seon oyt ces nouuelles si en eut conseil sur ce: et puis quant il se fut conseille il rñdit aux messaigers quil ne luy plaisoit mie qlz passassent p son pais. Et quant moise lentẽdit et eut ouye sa respõse il fist armer la plus part du peuple et vont entrer a force en son pais: et mirẽt tout a lespee et prindrẽt plusieurs fortes villes / cites / et chasteaulx qlz auoit. Et quant ilz eurent seon le roy des amorries ainsi descõfit et mis a mort ilz prindrẽt la despoille et se departirẽt.

q Dant moise et les efans dis rael eurẽt conquis la t̃re des amorries si sen allerẽt loger pres de la terre de og roy de basaã. et lui mãda moise ainsi cõme il auoit fait au roy des amorries. Et og respondit q̃ par sa terre ne passeroiẽt ilz mie si fist armer ses gens / et y aller a grãt force. Et moise commãda a ses gẽs et a iosue quilz sarmassent: et si firẽt ilz et le cõbatirent puissammẽt contre le roy basaã et sa gent / et le conquirẽt en champ de bataille et le mirent a mort et mirent a lespee toute sa gent. Et apres ilz prindrẽt tout son pais et le despoillerẽt et puis sen allerẽt. et couroit la renõmee des enfans disrael par tout enuiron eulx dont roys et princes tremhloiẽt tõ de paour.

Comment la terre souurit et engloutit chorodathã et abiron et tõ ceulx qui a eulx appartenoiẽt pour la sedicion quilz auoient mis entre les efans disrael.

a Pres ces choses aduint vne grãt sedicõ au peuple pour lẽuie q̃ aucuns eurẽt ẽcontre aaron et ses efans et encontre moise. Et la cause de ceste enuie fut pource q̃ moise auoit fait aaron et ses efans ministres principaulx du tabernacle car plusieurs estoiẽt de la lignie de leuy qui se reputoiẽt aussi dignes destre en ceste office comme Aaron estoit. Entre lesquelles choses chorodathan et abiron se tirerent plus pres que nulz des aultres / et aussi plus auant et firent vne grant sedicõ au peuple dõt ilz firẽt faire des

encenciers. et vindrent a moyse et à
aaron et leur dirēt quilz vouloiēt of
frir encēs ou tabernacle et adminis
trer les sacrifices tout ainsi comme
faisoit aaron: car aussi biē estoiēt ilz
de la lignee de leuy cōme ilz estoient
et aussi bien auoit parle nostre seignr̄
a eulx cōme il auoit parle a aaron.
Et quāt moyse eut ouy ce q̄ choro-
dathan et abiron disoient: il en eut si
grāt dueil et en fut si courrouce q̄ il
ne scauoit q̄l en pourroit dire ne fai-
re. Et chorodathā et les autres prin-
drent leurs encēciers q̄lz auoiēt ap-
pareilles et mirēt du feu dedēs qui
nestoit pas benoist et de lencēs: et en
vouloiēt encencer ou tabernacle de-
uant dieu, et firent si grāt sedition
au peuple que grant partie du peu-
ple se mist et accorda auec eulx. Et
quāt moyse vit la sedicion: si pria a
nr̄e seignr̄ q̄l prīst vengēce de ceulx
qui ceste sedicion auoiēt faicte et pro
curee. Or aduit q̄ quāt chorodathā
et ses cōpaignōs eurēt fait cest oul-
trage ilz se retirerent en leurs tentes
et moyse cōmanda a ceulx q̄ nauoi-
ent point este de leur accord q̄lz se ti
rassent bien arriere de leurs tentes. si
firent ilz. Et nr̄e seigneur fist venir
fouldre du ciel: et la terre se ouurit et
engloutit chorodathā et abiron auec
to⁹ ceulx q̄ a eulx appartenoiēt, et ne de
moura ne femes ne enfās ne riens q̄
a eulx appartenist q̄ tous ne fussēt

feuillet. xls.
perdus et que la terre nengloutist.
Adōc moyse et aaron louerēt nr̄e sei
gneur de ce quil auoit ainsi pūny to⁹
ceulx q̄ auoiēt fait ceste sedició. Et
aaron print leurs sains encenciers et
mist du feu dedēs et de lencens et se
mist entre les mors et les vitz et pria
nostre seignr̄ quil eust pitie de son
peuple. Et fut le courroux de dieu
appaise, et parla nostre seignr̄ a moi
se et luy dist. Tu prendras des os-
semens de ceulx qui sont mors et qui
ont fait la sedicion et les pendras au
tabernacle ou par dessus pour ce q̄
quant ilz verront les encenciers de
ceulx qui auoiēt este mors: quilz no
sassent encencer si non q̄lz fussent de
la semience de aaron. Et moyse les
pendit ou tabernacle ainsi cōme no-
stre seigneur luy auoit commande.
    Pres ce parla nostre seignr̄
a moyse et luy dist. Tu diras
aux enfās disrael. Cellui q̄ pechera
et grief peche fera il mourra: le filz
ne portera point le peche du pere ne
la mauuaistie: ne le pere du filz.
mais vng chascū portera son peche.
Au. viii. moys feres feste et habite-
res au tabernacle en remembran ce
que dieu vo⁹ fist habiter au taber-
nacle quant il vous eut gettez hors
de la seruitude degipte. Et vecy les
iours que vous gardere⁹ et dont
vous feres feste en leur temps. Au
quatorziesme du premier mois vo⁹

feres la pasque de dieu nostre seignr / & prẽdres vng aignel masle sans tache: et le sacrifira tout le peuple disrael a vespres. Et au .xiiii. iour feres tresgrãt feste au treshault dieu. Vous mengeres pain sans leuain par sept iours & riens nullement ne feres en celle feste tant cõme elle durera. Car cellui quon trouuera au iour de ceste feste qui labourera on le mettra a mort. Et ainsi ie le vo9 commãde. et cõme des enfans disrael qui sera au chemin & hors de sõ pays et ne pourra faire la feste: il la fera au retourner quãt il sera en son lieu tout au point et en la maniere ql eust fait au propre iour se present eust este. Et quãt dieu vo9 aura menez & mis en la terre quil vous a promis tu offriras a dieu les premiers fruitz de to9 les biẽs q̃ tu auras. tãt des hõmes cõme des bestes: car to9 les premiers nez de toutes creatures soiẽt hõmes ou bestes doiuent estre mises: & les ay deputez a moy de ce q̃ iay mis a mort to9 les premiers nez de toute la terre degipte. Tu garderas les cõmandemẽs de la loy & les festes et tout ce q̃ ie tay cõmande a garder. Et ie seray tousiours auec toy et te garantiray & te garderay de tous maulx & te feray vaincre & surmonter tous tes ennemis. Dix hommes des tiens en ferõt fouyr deuant eulx cent de leurs aduersaires. & cẽt en feront fouyr dix mille. Tu ne doubteras nulluy: mais chascun te doubtera. Et si tu fais tant q̃ tu despites ma loy et mes cõmandemens et ne me vueilles seruir ne a moy obeir: tout le contraire te aduiẽdra: et te bateray tellement q̃ tu seras hay par toutes terres: et te enuoieray pestilence/ glaiue/ et famine/ & autres maulx assez.

a ssez tost apres a vng iour de feste aucuns du peuple disrael trouuerẽt vn poure hõme q̃ alloit aual les chãps & qui recueilloit vng peu de menu boys pour faire sa necessite. & ilz le prindrẽt et emenerent a moyse pour demander quilz en deueroiẽt faire. car il leur sembloit qᷤl auoit brise et fait irreuerence a leur sabbat. Et moyse ouyt ceste q̃relle & ne voulut mie iuger ne determiner de ceste cause qui apparoit de premiere apparence estre asses piteuse iusques adonc quil eust parle a nostre seigneur pour scauoir quil en deueroit faire. Adõc cõmanda moyse qᷤl fust mis dune part & bien garde iusques a tant quil en eust parle a nostre seigneur: et luy demanda quil vouloit faire de celluy hõme quon luy auoit amene: et sil le deueroit mettre a mort. Et nostre seigneur luy respõdit. Tu feras mener cest hõme deuãt le tabernacle: et la feras tout le peuple assembler. Et

quāt ilz seront assembles tu diras
celuy hōme a brisee la loy: car il a
le cōmandemēt de dieu trespasse en
tant q̄ la ouure en sabbat: et na pas
garde la feste q̄ dieu auoit cōmādē
Et luy mettras la main sus la teste
ⁿ diras. Ton sāg soit sus ton chief
et sus toy. Et adonc tout le peuple
le lapiderōt. et tout ainsi fist moise
cōme nostre seigñr lauoit cōmande

Commēt les enfās disrael ētre=
rent en la t̄re de madiā et la cōq̄rēt
p la voulēte de nostre seigñr

a   Pres ce nostre seigñr parla
         a moise et luy dist. Deptes
vo⁹ de ceste t̄re ou vous auez long
tēps demoure: et allez en la terre de
madiā. car ie lay donnee a mō peu
ple. Et quāt moise eut ouy ce q̄ no=
stre seigñr luy eut dit et commādē.
si appella aaron et les princes q̄ leur
dist. Nostre seigñr ma cōmādē q̄
nous aillons en la terre de madian:
car il a nous la donnee. Or no⁹ ap
pareillons et faisons ce quil nous a
commande. Adonc le peuple appa
reilla ses choses et se mirent au che
min vers la terre de madiā. Et q̄t
Balaac le filz de sephor qui estoit
roy q̄ sire du pais de celle terre ouyt
et sceust q̄ le peuple disrael vouloit
venir et entrer en sa terre. Si en eut
grāt paour q̄ grāt dueil car il auoit
ouy raconter a plusieurs comment
ilz auoiēt fait a amalech et aux aul

feuillet. xlvi.

tres deux rois. Seon et Og. Et
commēt se hault dieu du ciel leur
aidoit et cōduisoit et gardoit d̄ tous
perilz. Adonc il se aduisa et manda
querir tout son cōseil et les plus sai
ges de son pais et de sa t̄re pour de=
māder quil feroit de ces gēs q̄ ainsi
vouloient en son pais et en sa terre
ētrer. mais il ne trouua conseil qui
valoir luy peust contre telle gent et
si grant peuple resister. Si se pensa
q̄ a force darmes contre eulx niroit
il mie: car il ne luy vauldroit riens:
ains queroit aultre voie: car a la ba
taille ne pourroit il riens cōquester.
si les laissa en sa t̄re entrer sans nul
cōtredict. Et quant ilz furēt entres
ilz se logerēt et tendirēt leurs tentes
et leurs paueillons et la se heberge
rēt et trouuerēt des biens assez pour
eulx en terre. Et adoncques quant
le roy Balaac vit quilz pnoiēt her=
bergemēt et logis en sa t̄re si en eut
grāt paour et grāt āgoisse au cueur
Car il ne veoit mie que force quil
peult auoir luy peust tant valoir
quil peust surmonter par ses gēs
les enfans disrael

e   Et q̄t le roy balaac ētendit
         et vit quil ne pourroit auoir
cōseil contre les ēfans disrael q̄ riēs
luy vaulsist: si en fut moult a mal
aise. Et demāda a ses amis et a ses
hōmes q̄l cōseil ilz luy dōneroiēt car
force de gēs ne luy valoit riēs cōtre

le peuple disrael q̃ auoit assez prins
de son pais q̃ ia luy sembloit q̃l eust
tout perdu. Et quãt chascũ deulx
a q̃ il demãdoit cõseil eut dit ce quil
luy sembloit il en y eut ung q̃ lon te
noit a saige q̃ dist Je scay bien ung
hõme (a) ay ouy parle de luy q̃ ses pa
rolles ont tel pouoir que toutes les
choses q̃l mauldit sont mauldictes
(z) toutes les choses q̃l benist sont be
nistes. Et si tu faisois tant quil be
nist pler a toy et te dõnast cõseil: il
te pourra si bien cõseiller (z) tellemẽt
que tu auras maniere de chasser ces
gens hors de ton pais. Et quant
balaac eut étendu ceste parolle si en
fut moult ioyeulx / et cuida moult
bien q̃ ce fust verite de toutce quon
lui auoit dit de celui q̃ auoit pouoir
de dõner malediction ou beneisson.
Si demãda a celuy q̃ lui racõta ou
il pourroit estre trouue ne quel don
on luy pourroit dõner (z) ẽuoyer pour
faire tel seruice (z) si grãt cõe mestier
luy estoit. Et il luy respõdit, tu luy
enuoiras deux de tes saiges hõmes
q̃ sachent biẽ conter ta raison et, ce q̃
tu auras a faire de luy (z) luy enuoi
ras de ton tresor or (z) argent et pier
res pcieuses et luy mãderas quil vi
enne pler a toy pour toy aider et con
seiller de ce q̃ tu lui requerras (z) si ce
quil te fera teuault tu luy abando
neras ton tresor (z) mettras en son cõ
mandement.

a. ¶ Cest cõseil se tint balaac le
roy de madian (z) pria celuy q̃
luy auoit dit ces nouelles quil luy
ẽseignast sil pourroit scauoir ou ce
luy hõme pourroit estre trouue q̃ ce
sceust (z) peust faire. Et celuy hõme
rẽdit quon lappelloit balaam le filz
de beor q̃ estoit des pties doriẽt. Et
balaac luy demãda sil luy plaisoit
dy aller (z) dy porter son messaige (z)
les dons q̃l luy ẽuoiroit. et en prist
a sa voulẽte tant quil vouldroit et
q̃l verroit q̃ mestier luy seroit. Et
quãt celuy q̃ eut dit ceste parolle eut
étendu ce q̃ balaac luyeut dit: si sap
pareilla daller faire le messaige du
roy son seignr̃: et print du tresor du
roy et des cõpaignons a sa voulẽte
Mais balaac luy dit ains q̃l partit
ce quil diroit (z) cõmẽt il parleroit a
balaã. Que le grant dieu du ciel a
amene de la tre degipte ung moult
grant peuple q̃ a ainsi pourprins ma
tre cõme beufz rongent lherbe (z) les
appellon les filz de iacob (z) disrael
Or viens vers moy et mauldis ia
cob et surmauldis israel: (z) ie mette
ray mon tresor en ta main: et seray
tien a tousiours mais du tout.

q ¶ Dant les messagiers q̃ alle
rent querir balaã ouyrẽt les cõ
mãdemẽs (z) la voulẽte de balaac
si prindrẽt de lauoir (z) des richesses
de leur seignr̃ tant q̃lz en voulurẽt
prẽdre (z) se mirent au chemin: et seu

allerẽt bie haſtiuemẽt ſans ſe iour/
ner parmi la voie z tant allerẽt qlz
vindrẽt a balaã au lieu et au pais
ou il demouroit. Quant balaã les
vit ſi fut tout eſbahi et ſeſmerueil/
loit dont ilz venoiẽt et quilz eſtoiẽt
venᵈ querir par deuers luy. ſi leur
demãda de qlle terre ilz eſtoiẽt ve-
nus et qui eſtoit celuy qui les auoit
enuoies a luy et auſſi pour quoy. Et
les meſſaigiers luy reſpõdirẽt quilz
venoiẽt de la tře de madiã. Et le
roy balaac q̃ eſtoit roy z ſire de celle
tře les enuoyoit a luy pour luy prier
q̃l luy pleuſt de venir parler a luy:
car il auoit tres grãt beſoing de luy
Et il leur demanda ſilz ſcauoiẽt la
cauſe pour quoy le roy le mandoit:
z q̃l beſoing de luy il auoit. Adonc
dirẽt les meſſagiers:ceſt pour ce que
vne gent a tout grant force eſtoient
iſſus degipte: et auoiẽt tout le pais
ou ilz paſſoiẽt ſuppedite et deſtruit
et mis a mort tous ceulx qui vou/
loiẽt reſiſter cõtre eulx et ilz eſtoiẽt
ia en ſa tře ẽtres z auoiẽt pourpris
tout ſon pais et on luy auoit ãnon/
ce z dit q̃ tu auois tel pouoir q̃ celuy
que tu veulx mauldire eſt mauldit
et celuy q̃ tu veulx benire eſt beniſt.
pour ce nous a il enuoies a toy pour
toy prier q̃l te pleuſt de venir parler
a luy pour luy conſeiller q̃l fera de
ceſte gent qui ainſi luy degaſtẽt ſon
pais. Et quãt ilz eurent toute leur

feuillet. xlvii.

raiſon contee: ſi luy pſentẽrẽt ce que
balaac luy enuoyoit ce qui luy fai-
ſoit pſenter. Et moult voulentiers
receut les dons z les preſens: car il
eſtoit aſſes cõuoiteux et ſe penſa q̃l
pourroit faire de ce que le roy de ma
diã luy requeroit. Et leur rñdit q̃
moult voulentiers iroit parler au
roy: mais quant il viendroit la il ne
pourroit dire ne faire fors ce q̃ dieu
luy diroit et dõneroit au cueur Et
quãt ceulx qui leſtoiẽt venu querir
luy ouyrẽt dire quil ſen iroit auec q̃
eulx pour parler au roy balaac: ſi
en eurẽt moult grant ioye et moult
grant lieſſe au cueur.

¶ Commẽt laſne par la voulente
de noſtre ſeigñr parla a balaã

a Donc ſe miſt balaã en la
voie poʳ aller au roy balaac
qui lauoit mãde querir Et ſen alla
auec q̃ les meſſagiers přcipaulx z
auec ſa cõpaignie: z monta ſus ſon
aſne ſus lequel il auoit acouſtume
daller, car aultre mõture nauoit il
Et q̃nt il ſe fut mis au chemin tant
chemina quil vit au deſtroit dune
voie z ſe deſtourna par vng champ
et puis la cõtraignit en vng eſtroit
Et la ſarreſta laſne: et ne vouloit
paſſer oultre pour batre ne pour fe-
rir quil ſceut faire. Car il veoit de
uant ſes yeulx vng ange qui tenoit
vne eſpee toute nue qui faiſoit ſem
blant de le tuer et ſon maiſtre auſſi
g.i.

Si lauoit lasne si grant paour quil nosoit aller auant: ne reculler ne se pouoit: car balaã le contraignoit si fort de ses esperons ⁊ de son baston dont il le feroit si fort q̄ cestoit pitie Et cõbien q̄ lasne dist lange: toutesfois balaã ne lapercevoit point. Or estoit le poure asne a grãt meschief: car balaã le batoit tant quil lesrõpoit tout et nosoit aller: car lange ne le laissoit oultre aller. Et en tel destroit p̄ la voulente de dieu cõmenca lasne a parler. et lors dist a son maistre. Pourquoy me fiers tu et bas si tresdurement sans auoir pitie de moy. Et balaã luy rndit. pource q̄ tu me tiens icy arreste ⁊ ne veulx auãt aller. oncques mais tu ne me feis ainsi. Et lasne luy rndit Je ne le puis amender: car ie voy maintenãt vng ange deuãt moy q̄ tient vne espee toute nue qui veult tuer ⁊ toy ⁊ moy. Adonc nostre seigneur ouurit les yeulx de balaan et vit lange deuãt luy a tout lespee en sa main. Et lors quant il le vit si se getta deuãt luy et le vint adourer. Et adonc lange pla a luy ⁊ lui dist Tu fais vne voie qui moult desplaist a dieu. et se ne fut ton asne ie teusse ia occis. Et encores dist lange Tu vas au roy balaac pour mauldire le peuple disrael dõt il desplaist a dieu. Et quãt balaã eut ouï lãge p̄ler si eut si grant paour et lui dist

Sire iay mal fait ⁊ tres griefuemēt peché, se vous voules ie me retournerai puis q̄ ma voie vo⁹ desplaist Et lange luy respondit. Tu iras mais garde q̄ tu ne diez ne si ne fais aultre chose que ce q̄ ie te commãderai a dire ⁊ a faire.
a   Donc se deptit lãge du lieu ou il auoit parle a balaã. et balaã se mist en la voie et tant alla quil arriua pres du lieu ou estoit le roy balaac. Et le roy balaac luy vint au deuãt et lui fist moult grãt hõneur et reuerēce ⁊ moult voulentiers le vit et luy p̄senta grãs dons en luy priãt quil voulsist mauldire ⁊ donner mauldictiõ au peuple disrael qui estoit entre en sa tre a force et maulgre luy. Et balaã luy dist Tu mas cy fait venir a grãt peine et a grant trauail et me requiers de vne chose q̄ ie ne pourroie ne nouseroie faire que ie mauldisse le peuple qui est au treshault dieu. Je veulx bien q̄ tu saches que ie ne pourroie dire mais ce que dieu me fera dire Et balaac print balaã et le mena sur vne haulte montaigne de laq̄lle il pouoit veoir le peuple disrael gisant auxl les chãps. Quant balaã le vit si dist au roy balaac Tu me feras icy sept autelz ⁊ p̄ndras sept ieusnes veaulx et sept moutons et les mettras sur les autelz pour scauoir q̄ ie diray. Et quãt il eut bien

entēdu nostre seignr et eut ouy ce ꝗl luy eut commādé a dire: si sen reuīt p deuers le roy et sa gent: et se prīnt a parler deuāt tous: et dist a haulte voix. Cōment oseray ie mauldire le peuple qui est a dieu ordonne ꝶ de pute ꝶ quil a esleu et benist sur tou tes aultres gens. Je vouldroie bien mourir auec eulx et que ma fin fust telle cōme la leur. ꝶ Vueille dieu ꝗ mon ame meure de la mort des iu stes. Quāt balaac louyt ainsi pler si fut tout esbahi et courrouce cōtre balaā et luy vont dire. Quesce di rent ilz/ que tu dis. Je ne tay mie en uoye querir pour eulx benire/ priser ne louer. mais pour eulx mauldire et destruire.

a Donc balaac print balaā ꝶ lemena sur vne haulte mon taigne ꝶ luy monstra le peuple dis rael ꝶ luy pria ꝗl le voulsist maul dire. Et balaā luy fist faire sept be aulx autelz en la maniere ꝗ deuant auoit fait sus la pmiere mōtaigne. Quāt il eut parle a dieu: si reuint au roy ꝶ luy va dire. En iacob na nulles ydoles/ ne nulles faulses cre āces. Car le vray dieu est tāt seul lement son dieu ꝶ en luy a mis tou te sa fiāce. Pourtāt voicy le peuple qui cōme lionnesse se leuera et cōme le lion sera exaulce. ꝶ ne sera couche iusques a ce quil ayt deuore sa proie et des occis ait beu le sang. Adonc

feuillet. xlviii.

luy dist balaac. Ne les veulx ne bē nire ne mauldire. et puis si le print et le mena sus vne aultre montai gne pour veoir se aulcun lieu plus conuenable ꝶ plus propice po mau dire pourroit trouuer. Car cestoit adonc lerreur des paiens quilz cui doient ꝗ les vngz des lieux fussent plus fortunes que les autres. Ainsi font ilz des heures et des ios: mais rien ny valut. Car balaā ꝯmenca a benire les enfans disrael ꝶ dist oy ant le roy ꝶ toute sa gent. O israel cōme beaulx sont tes tabernacles ꝶ belles sont tes mansions peuple de dieu. Qui te benira il soit de dieu beneist. et qui te mauldira il soit de dieu mauldit   De iacob naistra vne estoille merueileuse et viendra vne verge disrael ꝗ occira les prī ces de moab ꝶ destruira tous les en fans de seth.

q Dant le roy balaac eut ouy ce que balaā disoit: il eut si grāt courroux au cueur que nul ne le pourroit dire pource quil veoit ꝗ balaā ne faisoit mie ce pour quoy il auoit mādé pour mauldire le peu ple disrael ꝶ il le benissoit le mieulx quil pouoit. Et adonc dist le roy a balaā. Je tay mādé pour mauldire cest peuple qui ainsi me degaste ma terre et mon pais: et tay donne ꝶ pre sente de mon or ꝶ de mon argēt as sez ꝶ tu ne le mauldis mie tant seulē

g.ii

lement: mais le beneis au mieulx q̃ tu peulx. Je te reqers et te prie puis q̃ tu ne le veulx mauldire que tu ne le beneisses point: ne bien ne mal ne dies. Et quãt Balaã lentēdit si dist a Balaac le roy. Si tu me donnois ta maison plaine dor et dargēt si ne pourroie ie dire aultres polles fors que celles que tu mas ouy dire. Et vne chose te dy bien q̃ tu nas force ne pouoir de resister par armes ne par force de gens contre cest peuple car le dieu du ciel qui est leur seignr̃ les deffend et garde et se cõbat pour eulx en tous lieux ou ilz viēnent. et tout pource quilz tiēnent la loy qui leur a donnee et obeissent a ses commandemēs mais ie te donneray bon conseil pour quoy ilz courrouceront leur dieu se tu veulx faire ce que ie te conseilleray et diray.

¶ Dãt Balaac louyt ainsi parler sien fut tout reconforte et dist a Balaã quil vouloit faire et accomplir tout ce quil vouldroit conseiller. Adonc dist Balaã Prens les plus belles puceles vierges de tout ton pais et les fais adorner le plus cointement et mignõnement q̃ tu porras et par toutes manieres de femmes peult attraire a pecher et a gesir auecq̃s elles. et leur feras porter diuerses dētrees et mercieries en lost du peuple disrael. Et leur diras q̃ elles labeurent de tout leur pouoir

deulx attraire a ce quilz les requierent davoir compaignie charnelle a elles et les facent boire et menger auecq̃s elles et exhortent de adourer leurs ydoles. Et ilz ne se pourront retenir de faire ceste chose et ainsi tres passerõt la loy et les commãdemēs de Dieu. Si sen courroucera moult fort contre eulx et les lessera a aider et les mettra en la main de toꝰ leurs ēnemis et y ainsi les pourras vaincre et surmonter.

¶ Dant le roy Balaac eut ouy le conseil que Balaã luy donnoit. Si manda querir ses femmes et leur dist le conseil que Balaã luy auoit donne. Et bien leur pleust le conseil que Balaã leur auoit oseille car ilz esleurēt toutes les plꝰ belles femes et ieusnes pucelles a marier de tout le pais gayes et amoreuses. et adornerēt au plus cointement et mignõnemēt quilz peurēt: et leurs chargerēt dentrees asses a vendre et de diuerses manieres et les enuoyerent en lost disrael. Et quãt les enfans disrael les virent si belles ieunes, attraians, et amoureuses: si se tirerēt vers elles et se voulurēt de elles acointer et elles les prindrēt a acointer et les eflammer par leurs soubtilz attraitz malicieux tant qlz furēt prins et attrappes en leurs amours charnelles et mauuaises. et se couplerēt a elles charnellement.

Et mēgerēt des sacrifices d'leurs
ydoles, et seruirent a Belphegor q̄
estoit le dieu de madian Dont no-
stre seignr̄ en fut moult courrouce
contre eulx. Adonc appella nostre
seignr̄ moyse et luy dist. Prens les
douze princes des douze lignies dis-
rael et les pendz a douze gibetz. et si
commanda aux autres que chascun
tue son Voisin qui trouuera qui aura
eu compaignie charnelle aux femes
de madian. Et ainsi le firent ilz:
car Moise pendit les douze princes
au douze gibetz, et les aultres cou-
rurent sus aux aultres. Et mou-
rurent bien du peuple disrael Vingt
et trois mille hommes celuy iour

Pendant celuy faict quant q̄
tous fussent mis a mort: ad-
uint q̄ vng homme du peuple dis-
rael vit vne feme de madian qui se
seoit abandonnee a tous venans: et
va si peu priser dieu et sa bonte que
veāt moise et les plus grās du peu-
ple sen alla gesir auec elle charnel-
lemēt. Dont quant moise Vit ce et
les aultres qui la estoiēt: si en eurēt
despit et grant dueil. Et quāt phi-
nees le filz de eleazar Vit ceste chose
si prīt son espee et courut sus a celuy
mauuais hōme et le trouua en faict
psent: si les cousit ēsēble, et trespassa
tout oultre de son espee et les mist a
mort. Quāt moise et les aultres Vi-
rent ce q̄ phinees auoit fait: ilz luy

feuillet. xlix.

en sceurēt moult grant gre: et aussi
fist nostre seigneur. Car il en fut
tout appaise du courroux q̄l auoit
contre son peuple.

a Pres ce parla nostre seignr̄
a moise et luy dist. Phinees
le filz de eleazar ma appaise du cou-
roux et mal talant q̄ iauoie contre
le peuple: pource q̄ ainsi estoiēt cou-
ples aux femes de madian. car il a
venge le despit et la vilanie quon
me faisoit. Et ie veulx q̄ mon peu-
ple prenne vengeance des madians
leurs enemis et puis demourrōt en
paix. Tu prendras des douze li-
gnies de chascune mille hōmes des
plus esleus et les enuoiras contre ba-
laac le roy de madiā et toute sa gēt
et ie les mettray en vos mais si les
mettres to[us] a mort sans nulle merci
Et quāt moise eut ouy les commā-
demēs de nostre seigneur si eut. xii.
mille des meilleurs de tout le peu-
ple de chascune lignie mille hōmes.
Et les enuoia bien armes contre ba-
laac le roy de madiā et tout son peu-
ple. Et fist phines le filz de eleazar
capitaine de ceste bataille Et quāt
Balaac et ses gens sceurent q̄ les en-
fans disrael venoient a telle route
contre eulx: si en furent moult ioy-
eulx. car ilz les cuidoiēt bien vaincre
Car ilz tenoient q̄ dieu estoit cour-
rouce contre eulx pource q̄lz auoiēt
sa loy et ses gmandemēs trespasses

g. iii

et ne cuidoient mie que dieu fust a son peuple apaise. Si fist le roy ses gens armer et appeiller: et leur alla a lencontre a moult grant force de gens darmes. Et quant les enfans disrael les virent venir si hardiment contre eulx si ordonnerent leur bataille au mieulx quil peurent. Et quant ilz eurent leur bataille ordonnee si coururent sus a lencontre de leurs ennemis moult couraigeusement et aussi en grant hardiesse: car ilz estoient tous seurs de laide que dieu leur avoit promis. Si les abatoient a dextre et a senestre sans en avoir nulle mercy: et les mirent tous a lespee. La y eut grant occision du peuple de madian. Et quant ilz virent que les enfans disrael les mettoient ainsi a mort sans nul remede: si commencerent a fouyr. Et ilz chassoient apres et si mettoient a mort par tout ou ilz les povoient attaindre. En ceste bataille fut occis Balaac et balaa lenchanteur le filz de Beor qui avoit donne le conseil de faire pecher les enfans disrael contre dieu. Et tous les hommes de madian furent mis a mort: et entrerent les enfans disrael es cites et es villes et prindrent femmes et enfans et tout la proye du pais et de la cite et de la terre de madian. et emmenerent tous avec eulx. Et quant ilz eurent toute la cite les tres et villes despouillie et prins lor et largent et tous les au-

tres biens quilz peurent trouver: ilz sen vindrent a moise sains et saufz que oncques ne perdirent ung seul homme de leur compaignie. Et quant moise les sceut venans il leur alla au devant avecques eleazar et les enfans du peuple et les receurent a moult grant ioye. Mais quant moise vit les femmes quilz amenoient il fut moult courrouce contre eulx et leur dist. Pourquoy avez vous prins ces femmes a mercy ne scavez vous mie bien quelles vous ont deceus et mis vos freres en peril de mort: et les ont fait pecher contre dieu: dont le peuple a este si durement puni. Adonc leur commanda que toutes celles que nestoient mie pucelles fussent mises a mort: et que tous les enfans masles et toutes les pucelles fussent mises a part et gardees. Et ainsi le firent ilz: et trouverent. xxxii. mille vierges qui furent espargnies quilz avoient trouvees en la terre de madian. Et ainsi les enfans disrael conquirent celle terre.

Comment eleazar fut establi souverain prestre et evesque par moise apres la mort de aaron frere dudict moise.

a Pres parla nostre seigneur a moise et luy dist Tu prendras aaron et eleasar son filz: et les maineras dessus la montaigne qui est appelle or et la feras aaron des-

ueſtir de ſes veſtimēs ⁊ en reueſti/
ras eleazar ſon filz ⁊ ſera ſouuerai̇
preſtre ⁊ eueſque en lieu de ſon pere
aaron. Et lenſeueliras en la mon
taigne deuāt tous les ēfans diſrael
⁊ ainſi le fiſt moiſe comme noſtre ſei
gneur lauoit commande. Et print
aaron ⁊ eleazar ſon filz ⁊ les emme
na en la mōtaigne q̃ dieu luy auoit
dit Et quāt ilz furent la ſi deſpoi
la aaron ſes veſtimens deueſque et
en reueſtit eleaſar ſon filz ⁊ fut ſou
uerain preſtre ⁊ eueſque apres ſon
pere Quant moiſe eut ainſi fait: ſi
ſenclina vers la t̃re ⁊ mourut aaron
Et moiſe ⁊ eleazar lenſeuelirēt en
la montaigne ſicōme noſtre ſeigr̃
lauoit commande. Quant ilz leu/
rent enſeueli ſi deſcēdirēt de la mō
taigne ⁊ vindrent aux herbeges ou
ilz auoiēt laiſſe le peuple Adonc q̃t
les ēfans diſrael virent q̃ aaron ne
venoit point ⁊ quil eſtoit demoure
Si entēdirent bien quil eſtoit mort
et en menerēt grant dueil ⁊ le plou
rerent long temps

Commēt moiſe enuoya douze
hōmes pour eſpier la t̃re de canaā.
a   Pres parla noſtre ſeigñr a
moiſe ⁊ lui diſt Tu prēdras
douze hōmes vng chaſcū de douze
lignies et les enuoiras eſpier et eſ/
prouuer la terre ⁊ le pais q̃ iay pro/
mis a donner aux ēfans diſrael et
leur diras quilz apportēt du fruict

feuillet.l.
de celle terre auecq̃s eulx pour mon
ſtrer au peuple. Et ainſi fiſt moiſe
qm̃e noſtre ſeignr̃ lauoit qmande
Si print douze hōmes de chaſcune
lignie vn homme et leur diſt. Vo9
en ires en la terre de canaan et la re
cercheres et regarderes par tout: et
quelz gens et quel peuple y habitent
et q̃lles cites ⁊ quel fruit il y a, et en
apporteres auecq̃s vous. Et quāt
ilz eurēt ouy le commandemēt que
dieu par moiſe leur auoit fait et cō
mande ſi ſen allerēt et ſe mirent au
chemī: et tant cheminerēt quilz vin
drēt en la terre de canaā. Et quant
ilz y furēt entres: ſi la regarderent
moult bien et allerēt par tout. Et
y demourerēt quarante iours ⁊ qua
rante nuytz, ainçois quilz leuſſent
bien regardee: et dirēt quilz y auoit
de moult belles forte reſſes et des ci
tes bien fermes a grant merueilles
et moult de peuple y auoit puiſſant
et fort. Et moult de gens puiſſant
et fors pour reſiſter a tous hommes
Et dirent auſſi comment le pais
eſtoit gras et rempli de tous biens
Et quant ilz eurēt diligemment cō
ſidere ⁊ pourpriſe. ſi ſe mirēt au re
tour et prindrent des fruitz de celle
terre/ raiſins/ figues/ amandes et
pluſieurs aultres biens aſſes: et ſen
vindrent a moiſe et a tout le peuple
et leur vont raconter comment ilz
auoient fait et dirent. No9 auons
g. iiii.

fait toute la terre de long par beau
loisir et bien regardee : et pour certai
le pais est si bel et si bon et si plain de
tous biens quo ne peult au monde
mieulx : et est si gras quil degoute
de miel et de laict. Mais vne chose
y a: car le pais est si fort de luy mes
mes et rempli de si grans cites fer
mees et si haulx murs et si bien gar
dees: et la tre est si peuplee de si grãs
et puissans gens que nullemēt nous
ne pourrions a lencontre deulx. Et
encores de superabondāce nous y a
uions trouve les enfans de Emach
le geant qui sont si grans que nous
nestions que allouettes au regard de
eulx, et soies certais que nous ne pour
rions contre eulx : car ilz sont plus
asses en nōbre et plus fors que nous
Quāt caleph ouyt ses cōpaignons
ainsi parler et vit que le peuple com
mēcoit a murmure contre luy si eut
moult grant dueil et dist. Seignrs
ne doubtes riens car nous ferōs no
stre voulente de toute celle terre se
nous voulons ilz trembleront tous
de paour encontre no9 a laide de dieu
ilz ne pourront durer deuant nous
et tant plus les confortoit caleph et
iosue que auoiēt este ou pais auec les
aultres dix qui informoiēt du con
traire et plus murmuroiēt.
Commēt les enfans disrael mur
murerēt contre moise et les aultres
gouuerneurs du peuple en disant

que mieulx leur eut valu mourir en
egipte que estre occis et destruitz en la
terre de canaā que nostre seigneur
leur auoit donne et promise.
q Dãt le peuple ouyt ces nou
uelles si furent tous descō
fortees et desesperees, et commēceret
moult fort a murmurer cōtre moise
et disoiēt Mieulx no9 vaulsist estre
mors en egipte que en ceste terre maul
uaise et deserte. Mieulx nous vault
au pis mourir et estre destruictz en
ce desertque nous aller faire tuer par
la main de nos enemis. Et disoiēt
lung a lautre faisons vng gouuer
neur sur no9 et nous en retournons
en egipte Quant moise ouyt le mur
mure et commēt ilz vouloiēt retour
ner en egipte il se getta a tre deuant
eulx tous et estoit moult desconforte
de ce quil leur ouyt dire Et caleph et
iosue prindrēt leurs robbes et les des
chirerēt du grãt dueil quilz auoiēt
et dirēt a tout le peuple Seigneurs
pourquoy vo9 esbahisses vous aissi
ne pourquoy murmures vous aissi:
car la terre que nous auons visitee est
si belle et si bonne quon ne pourroit
mieulx au monde. Mais que dieu soit
auec no9 et nous vueille aider: ceste
gens ne pourrōt durer contre nous
mais que a dieu ne soies rebelles et des
obeissans: et nayes nulle paour de
ceste gēt. car no9 le pourrōs deuorer
ainsi cōme vng peu de pain. Et si

que chose q̃ caleph ne iosue peuyssent
fire point ne se vouloient appaiser
mais les vouloiēt en leure destruire
et lapider se nostre seignr̄ ne les eut
en lheure secourus. Car tantost le
glaiue de nostre seignr̄ saparut sur
le tabernacle si q̃ tous ceulx du peu
ple le pouoiēt veoir. Adonc parla
nostre seignr̄ a moise et luy dist Ces-
sera iamais ce peuple de pler et mur
mure cōtre moy. q̃ pour merueilles
ne pour miraclesq̃ ie leur aye mon-
stre ne fait pour eulx: en rien ne me
croit ne a moy ne veult obeir. Je le
euoiray telle pestilēce q̃ ung seul nē
demourra que ie ne doye destruire et
mettre a fin. Et seras sire et gouuer
neur de plusgrant peuple asses que
cestuy nest. Adonc moise se pena de
appaiser nostre seigneur et luy dist
Sire ne vueilles faire ceste chose:
car plusie'rs du pais degipte diroiēt
q̃ tu auroi s deceu ton peuple disrael
q̃ tu auois icy amene. Et quant tu
las traict hors degipte tu las faict
nourrir au desert pource q̃ tu ne le
pouois mener en la tr̄e q̃ luy auois
promis. Sire tu es si pacient et si de
bōnaire quō ne peult plus vueilles
pdōner a ton peuple ce peche de mur
mure et aies pitie deulx selō ta grāt
misericorde: et ie tē prie tāt q̃ ie puis

¶ Comment nostre seigneur lessa
mourir et destruire ceulx q̃ auoient
murmure contre luy.

feuillet. li.

¶Quant moise eut ainsi parle
a nostre seignr̄ pour tout le
peuple: adonc luy dist nostre seignr̄
Jay receu ta priere et pour lonneur
de toy ie cestesleur p̄donneray ie ceste
fois mais sachez certainemēt q̃ to'
ceulx q̃ ont veu les merueilles et mi
racles q̃ iay faitz en egipte et au de-
sert deuant eulx et pour eulx: et me
ont ia tente p̄ plus de dix fois: ne a
moy nont voulu obeir. Ilz nentreront
ia en la terre que ie leur ay promis a
dōner: mais q̃ a caleph mon sergēt
qui sest bien porte et tout son fait et
iosue aussi. Adonc omanda nostre
seignr̄ a moise quol fist retorner sō
peuple au desert: et quilz nallassent
plus auant. car plusieurs de leurs
aduersaires estoient es vallees des-
soubz eulx appareilles pour eulx
courre sus, et ne vous attendes plus
a moy: car ie ne seray plus auec vo'
en ce fait pourtāt q̃ auez murmure
contre moy, et auez dit que ie vous
voulois mettre a pdicion et vos en
fans mettre en la main de vous ene
mis. Voicy q̃ ie vous feray. nul ne
trera en la terre q̃ ie vo' ay promis
mais mourres tous en ce desert et y
seres tous ēsemble: car autremēt de
iours cōme ceulx auoient demoure
qui auoient la terre de canaā espiee
et visitee q̃ quarante iours auoiēt de
moure: autant les tint si au desert
iusq̄s a tant quilz furent tous mors

excepte caleph et iosue, les dix aultres q̄ estoient venus de visiter la tre de promissiō et leurs enfans: et ceulx qui nauoiēt murmure cōtre dieu ou este cause de icelle. Et q̄t ilz eurent ouy tout ce q̄ nostre seignr auoit cōmande p moise: si dirēt quilz estoiēt prestz et appareilles daller en la tre de canaā. et mōterēt es mōtaigues de canaā. Et moise leur. dist quilz faisoiēt mal pource q̄ nostre seignr ne le vouloit mie: ne venir auecq̄s eulx pour eulx garder et aider. car leurs enemis estoiēt aux chāps qui leur courroiēt sus et les deconfiroiēt mais ilz furēt si obstines a desobeir et si enclins q̄ oncques ne voulurent croire moise si sen allerent contre la voulēte et deffēce de nostre seignr et monterēt es montaignes pour descendre aual la terre. Et quāt ceulx de canaā les virent ainsi descendre ilz leur coururēt sus et les desconfirent tellement quilz furent tous mors ou prins.

Commēt nostre seignr mōstra a moise de la mōtaigne de nebo ou il parla a luy la terre quil auoit promis aux enfans disrael.

a ssés tost apres aduint q̄ nostre seignr pla a moise et luy dist viens pler a moy en la montaigne quō appelle nebo q̄st en la tre de moab encōtre hierico et ie te mōstreray la terre en laq̄lle ie meneray

mō peuple et luy dōneray en heritaige a tousiours mais. Mais tu ny entreras mie ne ny meneras les enfans pource q̄ toy et aaron ne me creustes mie. ne ne sacrifiastes deuāt le peuple quant il demāda a boire. et ie feis saillir de leau assez de la pierre dure mais iosue mō sergēt les y menera et si sera leȝ gouuerneur tātost apres ta mort. Et quant nostre seignr eut mōstre la terre de canaā a moise dessus la mōtaigne il luy g̃māda q̄l sen allast aux enfans disrael et leur renouuellast la loy q̄l leur auoit cōmādee et ordōnnee et leur remēbrast les dix cōmandemēs tant de festes garder cōme des cerimonies q̄l leur auoit fait et g̃māde et leur escripuit tout en vng liure pour en auoir memoire et soutenāce a tousiours mais et q̄l institua iosue auāt q̄l mourut en la p̃sēce de tout le peuple en lieu de luy. et q̄t il auroit tout ce fait quil sen retournast en la montaigne et la se fist enseuelir ainsi q̄me aarō estoit enseueli sus la montaigne de or

Comment moise mourut

q̄ Dant moise eut veue la terre de canaan que nostre seigneur luy eut monstre et eut commande et dit il sen vint aux enfans disrael et leur dit tout ce que nostre seigneur eut dit et commāde et leur renouuella la loy que aultresfois luy auoit donne et les confirma au mieulx quil peult: et comment ilz se debuoient gouuerner et maintenir quant ilz viendroient en la terre et au pais q̄ dieu nostre seign̄r leurs auoit promis. et q̄ grāt bien leur viendroit de dieu seruir: et que grāt mal leur viendroit silz faisoient le contraire. Et fist escripre toutes ces choses en ung liure: et le mist en ung tabernacle et puis print Josue et le institua iuge et gouuerneur sus tout le peuple: ainsi comme nostre seigneur lauoit dit et commande. Et quant moise eut fait tout ce q̄ nostre seign̄r luy auoit deuise et commande: si print a dieu louer. Et fist celle belle cantiq̄ quod chāte le sa me di aux laudes p̄ toute saincte eglise quant le seruice est du tēps. Audite celi que loquor Et puis prophetiza a une chascune lignie de ce quil luy aduiēdroit au tēps aduenir. et leur donna sa propre benediction Et puis prit conge deulx et sen vint a la mōtaigne de nebo q̄ estoit en la terre de moab et la mourut Et nostre seign̄r lenseuelit en la vallee de moab encontre phegor. ne oncques ne vit homme sa sepulture ne ne verra Et vesquit vi.xx. ās en telle sante du corps q̄ oncq̄s dent ne luy cheut: ne sa veue ne fut blecee: ne aussi ses yeulx obscures ne empires. Et le ploureret tous les ēfans disrael par.xxx.iours. Et iosue cō menca le peuple a gouuerner. et di

feuillet. lii.

eu le replit de lespit de sapience: car moise lauoit institue iuge et gouuerneur pour le peuple (z obeissoit a luy cōme il auoit fait a moyse le sergēt de nostre seign̄r.

¶ Cōmēt nostre seign̄r cōmanda a iosue de mener sō peuple en la tr̄e q̄ l'eur promist (z garder ses cōmādemēs

Pres la mort de moyse parla n̄re seign̄r a iosue et luy dit Moyse mon loyal sergēt est mort: ie tay institue duc (z gouuerneur de mō peuple en lieu de luy Or te lieue Duc (z passe toy (z tout le peuple auec toy oultre le fleuue de iordain et entreras ē la terre que ie tay promis adōner: car toute la terre ou vous et vos freres sera vostre des la montaigne du liban iusques au grant fleuue de eufrathen: qui est ung des quattre fleuues q̄ vient de paradis terrestre par deuers occidēt iusques a la grant mer Et ie y seray: ne point ne vous laisseray iusques a tant q̄ ie vous aye acompli tout ce que ie vous ay promis. ¶ Conforte toy et ayes bon cueur et hardi car tu dep̄ tiras celle tr̄e selon les cites/villes/pais/ (z regions aux ēfans disrael. Et garde q̄ la loy et les cōmāde mens q̄ moise vous a donnes soiēt bien gardes de point en point sans riē laisser ne decliner ca ne la: mais acōplisses mes cōmandemens: (z ie seray auec toy (z te garderay de tous perilz. Quāt iosue eut racōte au peuple ce que nostreseignr lui auoit dist. Si luy respōdit le peuple tout ce que tu nous commanderas nous ferons et irons quelque part que tu vouldras tout ainsi q̄ nous auons obey a moise voulons nous obeir a toy. ⁊ q̄ ne vouldra obeir a toy no⁹ voulons quil soit mis a mort

Comment Raab garda la vie aux deux messagiers q̄ iosue auoit enuoies en hierico.

a Donc print Iosue deux hō-mes ⁊ les enuoia cōme deux espieurs biē secretement ⁊ leur dist Alles vous en ēcontre hierico ⁊ espies diligēment de la fermete de la ville ⁊ du pais dētour ⁊ me sachez a dire gmēt est la cōmune Or sen allerēt les deux espieurs en hierico la cite et considererēt moult bien les ētrees ⁊ issues ⁊ la fermete du pais ⁊ la cite et se appceurent bien que le pais doubtoit moult fort le⁹ venue Et quāt ilz eurēt bien le pais et la cite de hierico consideree: si sen allerent loger en lostel d une picharesse qui auoit sa maisō sus les murs de la cite decoste la porte. Adonc vindrent aulcuns de la ville deuers le roy ou il estoit assis au soupper Et luy dirēt. Sire deux espieurs sont entres en ceste ville qui sont du peuple d israel qui sont venus pour no⁹ et nostre cite espier. et les trouueres en la maison de raab la folle femme ou ilz sont herberges. Et tantost le roy enuoia par deuers la maison de raab pour les prendre. Et quant raab le sceut si les alla hastiuemēt cacher en son solier en hault en ung grant monceau de escouelle de lin q̄ la estoit. Et quant ceulx que le roy auoit enuoies vindrēt a la maison de raab ilz demanderēt ou estoient ces deux hommes qui estoient leans herberges. si les voulons auoir: car ilz sont espieures. Et raab leur respondit Il est verite quil y a eu deux hommes ceans: mais quant ilz virent quon vouloit clorre les portes de la cite ilz y sserēt hors de la porte ⁊ sen allerent courant. Allez vous en bien tost apres eulx: encores les pourres vous bien attaindre se vo⁹ voules auant quilz aient passes le fleuue de iordain Et quant ilz furēt partis on clouyt toutes les portes. Adonc sen alla raab aux deux messagiers quelle auoit cachés: ⁊ leur dist. Ie scay biē que dieu vous don nera ceste cite ⁊ tout le pais dētour et en seres seigneures. Car nous auons ouy raconte les grandes mer ueilles que dieu a fait pour vo⁹ en la mer rouge et au desert gme vous auez fait aux deux roys seon et og. et comment vous les auez descon fitz et destruitz. si en sōmes si tous abbatus et si desconfitz q̄l nest con

Feuillet .liii.

fort ne conseil q̃ nous en puissons trou-
uer. Or vous requiers tant comme
ie puis q̃ vous me promettes et iures
p vostre dieu q̃ ainsi que ie vous ay
gardes et voz vies sauuees : ainsi
q̃ vous aures prinse ceste cite vous
vueilles la vie de moy ⁊ la maison
de mon pere garantir et sauuer. Et
ilz luy promirent q̃ si feroient ilz vou
lentiers mais q̃ elle mist aulcũe chose
sur la maison p quoy ilz le peussent
rauiser et distinguer des aultres ⁊
si tu as assemble tous tes biẽs en la
maison de ton pere ⁊ toy et ton pere
ne perdes riens sinon q̃ par vous ne
soions trahis et nous nen voulons
estre tenus en riẽs par vertu du ser-
ment q̃ nous auons fait a toy se tu
ne faisois ce q̃ nous te disons. Adõc
print ung gros cordel de soie ⁊ les
aualla p les murs de la cite: et leur
dist quilz sen fouyssent par deuers la
motaigne et ainsi le firẽt ilz. Et au
chief de trois iours vindrẽt au lieu
ou iosue ⁊ les aultres les attẽdoiẽt
Et quant ilz eurẽt raconte ce quilz
eurent trouue du pais dont ilz ve-
noient ⁊ les perilz ou ilz auoiẽt este
en la cite de hierico, et commẽt raab
les auoit sauues ⁊ deliures ⁊ la pro-
messe quilz auoient faicte a elle Si
approuuerẽt iosue ⁊ eleazar leur pro
messe ⁊ sermẽt quilz auoient fait a
elle sauuer et tous ses biens. Adonc
dirẽt les deux messagiers, allons

hardimẽt encontre ces gens: car ilz
sont tous nostres. Ilz sont ia ainsi
comme desconfitz.

¶ Comment par la voulente de
dieu les enfans disrael passerent a
pied sec le fleuue de iordain.

Pres trois iours passes iosue
õmãda a tous ceulx du peu
ple et leur dist. Sanctifies vous ⁊
vous gardes ceste nuyt: car vous ver
res demain les merueilles q̃ nostre
seigñr fera. Et quant ce vint len-
demain au matin iosue appella les p̃
stres et leur dist. Prenes larche de
nostre seigñr. ⁊ quant vous aures
ung peu este auant dedẽs le fleuue
il sechera deuãt vous et y passeres
a pied sec. Et ainsi le firẽt tous les
p̃stres cõme iosue lauoit commãde
et emporterent larche deuant tout le
peuple ⁊ le peuple aloit apres eulx
et mirẽt leurs fẽmes et leurs ẽfans
emi eulx et toute la lignie de ruben
⁊ de gaad ⁊ la moitie de manasses
alloiẽt tous armes deuãt les aultres
⁊ estoiẽt bien dix mille hõmes. Et
ainsi le promirẽt ilz a moise quãt il
viuoit pour vne terre quilz luy de-
manderẽt quant ilz eurent victoire
des amorries. Et quãt ilz vindrẽt
au fleuue de iordain ilz le trouuerẽt
si grant q̃l issoit hors des riues ⁊ ne
le pouoit on passer: car il estoit grã
demẽt creu po' la neige q̃ estoit fon-
due es mõtaignes ⁊ il auoit formẽt

pleu de nouueau: cestoit ou mois de
messons. Et quant les prestres qui
portoiẽt larche sus les espaulles fu
rent arriues ou fleuue de iordai les
eaues se tindrẽt toutes coyes telle/
ment qcelles q descendoiẽt aual sar
restoiet et laisserẽt leurs cours et se
mirent ensemble. et celles q estoient
au dessoubz sabordrẽt et coulerent
en la mer morte si quele lieu fut vui
de q ny demoura nulles eaues mais
que au dessus. Et les prestres qui
portoiẽt larche demorerẽt la a tout
larche ou millieu du fleuue iusques
a tant q tous furẽt passes grans et
petis. Et leau de la riuiere senfloit
grãdement cõme se fussent montai/
gnes. et mõtoit si hault quõ la pou
oit veoir de bien loing. Et iosue es/
leut douze lignies et leur fist predre
Douze grãs pierres ou fons de la ri
uiere au lieu ou les prestres sestoiẽt
arrestes emi leaue: z les fist rappor
ter z mettre au lieu ou ilz auoient
prins les aultres et mettre en mõcel
en memoire pperpetuelle du trespas q
ilz auoient fait adonc. Et quant ilz
furẽt oultre passes a pied sec parmi
le fleuue de iordain les prestres sen al
lerent a tout larche apres eulx. Et
les eaues se remirent en leurs lieux
et prindrẽt a courre ainsi cõme elles
faisoiẽt par auant.
q ¶ Dant iosue z tout le peuple
disrael furẽt oultre le fleuue

de iordain ilz prindrẽt les Douze pi
erres quilz auoiet prins en la riuie
re z les eporterent auec eulx: z sen
allerẽt loger auec eulx et leurs biẽs
en galgalis a vne lieue pres de hie/
rico et six lieues oultre le fleuue de
iordain Et la edifia vng autel des
Douze pierres dessusdictes sus lequl
il sacrifia a dieu nostre seigneur
q ¶ Dant iosue z tout le peuple
fut loge en la plaine de hie/
rico: si vint nostre seignr a Iosue et
luy dist fay des cousteaulx de pier
re plus taillãs que tu pourras z cir
cõciras le peuple qui est venu du de
sert et ainsi le fist iosue cõme nostre
seignr lauoit commande. Et voicy
la seconde circõcision que nostre sei
gneur commanda La premiere com
manda a abrahã La seconde a iosue
Et est assauoir q ceulx qui auoient
ia este circoncis quilz le fussent a la
seconde fois. Mais voicy la cause
pour quoy dieu fist faire ceste circõ
cision: car tout le peuple qui estoit
yssu degipte auoit murmure plusi/
eurs fois au desert qtre dieu z trop
griefuemẽt auoiẽt murmure z cour
rouce nostre seigneur especiallemẽt
quant ilz dirẽt quilz vouloient re/
tourner en egipte qt les messagiers
que moise auoit enuoies pour regar
der z considerer la terre de promis/
sion furent retournes qui les mirẽt
a moult grãt esmoy por la force des

gens du païs quilz auoient trouues
Car adonc leur dist nostre seignr̄:
q̄ nulz de ceulx nēteroient en la tr̄e
de promissiō,mais ilz mourroiēt to9
dēs le desert exceptes Iosue et ca-
leph. Et ainsi le fist il:car en lespace
de xl. ans q̄lz demourerēt ou desert
ilz furēt mors ceulx q̄ estoiēt partis
degipte reserues ceulx q̄ Dieu auoit
exceptes comme caleph q̄ vng tout
seul nen fut mie circoncis de ceulx q̄
auoiēt este au desert si les fist nostre
seignr̄ circōcirre p̄ Iosue et ce fut la se-
conde circoncision.

Commēt nostre seignr̄ cōmāda
aux ēfans disrael de faire la pasq̄.

Dant les ēfans disrael furēt
ainsi circoncis: si demourerent
la iusques a tant quilz furent bien
garis. Et apres ce leur commanda
nostre seignr̄ quilz fissent la pasque
Car ilz ne lauoient encores faicte q̄
deux fois. Lune fut en egipte quant
ilz se deurent departir. et lautre fut
au pied de la mōtaigne de sinay la
seconde ānee quilz furent partis de
egipte. Or firent les enfans leur
faze: cest a dire leur pasque le qua-
torziesme iour du mois au vespres
es champs de hierico ou ilz estoiēt
loges. Et mēgerent du pain blanc
sans leuain, et tantost quilz en eu-
rent mengé: la māne leur faillit de
laquelle ilz auoiēt este nourris qua-
rante ans ou desert.

feuillet. liiii.

Comment Iosue destruit la cité
de hierico et tout le païs dentour

Elle nuitee estoit Iosue au
chāp de hierico et pensoit cō-
mēt il pourroit prēdre celle cite. Et
ainsi come il musoit la: il vit venir
vng hōme contre luy q̄ tenoit vne
espee nue en sa main. et Iosue se leua
et luy alla au deuāt et luy demanda
sil estoit des leurs ou nō. es tu dist il
des nostres ou de nos aduersaires.
Et celui luy respōdit. ie ne suis mie
vr̄e aduersaire: mais ie suis venu
pour vous aider. Je suis le prince de
la cheualerie de dieu. Quant Io-
sue luy ouyt ce dire il se getta a ses
piedz et ladoura. Et adonc lāge
luy ēseigna et mōstra la maniere cō-
ment il la prendroit et q̄ riens q̄ fust
en la cité ne fust espargné q̄ tout ne
fust destruit ou a dieu reserue mais
que tout fust anathematize et excō-
munie. Et encores luy dist lange
quil se deschaussast: car le lieu ou il
estoit: estoit benist. et ainsi le fist il.
Et hierico estoit vne tresforte cité.
et la tenoient ceulx qui dedēs estoi-
ent si close que nul nē laissoient yssir
ne entrer. Et nostre seigneur ap-
pella Iosue: et luy dist quil prensist
sept prestres qui prenissent les sept
busines ou les sept trōpes lesq̄lles
estoient faictes pour lan de iubile et
allassent deuāt larche: et to9 les gēs
darmes allassent deuant larche et

tous les menus gens darmes allas-
sent apres larche: et par sept tours
allassēt tout ētour ⁊ enuiron la cite
sans dire mot ne sans faire semblāt
dassaillir. Et q̄nt ilz auroiēt ce fait
quilz raportassent larche et les bu-
sines en leurs propres lieux ⁊ chas-
cun sen allast en son repaire. Et au
septiesme iour dit nostre seigneur a
iosue. Douxires sept fois enuiron la
cite les gens darmes deuant/et les
tropes apres et larche deuant et ne
dires mot. Et la septiesme fois cri-
res tous ensemble a haulte voix: et
les murs de la cite cherrōt et chascū
entrera en la cite ⁊ metteres tout a
mort sans nulle mercy hōmes ⁊ fē-
mes et ēfans et toutes les bestes de
la cite sans riē espgner car iay mau-
dicte la cite ⁊ tout ce quil y a dedēs
exceptee Raab et tout ce q̄ a elle ap-
partiēt. Et lor et largēt fer ⁊ ault
metail q̄ vous y trouueres vo⁹ prē-
dres et le mettres ou tabernacle: et
deffendres a tout le peuple que nul
ne soit si hardi den receuoir chose q̄
soit de nulz biens de la cite: car mal
pour celuy q̄ en prendra ne retiēdra.

Quāt iosue eut ouy les choses
q̄ nostre seigr̄ luy auoit com-
mādē si appella les ēfans disrael ⁊
leur dist et commāda dont le p̄mier
iour du sabbat le peuple sappeilla
tout en la maniere q̄ iosue le' auoit
diuise ⁊ sen allerent tout entour la
cite les gens darmes et les sept pre-
stres apres a tout les sept tropes de-
uāt larche ⁊ apres tout au dernier
le cōmun peuple tout desarme ⁊ nul
ne disoit mot mais q̄ les sept p̄stres
q̄ portoiēt les sept busines q̄ cornoiēt
bien fort Et le roy de hierico ⁊ tout
le peuple se mirent aux creneaux et
sus les murs ⁊ regardoient a mer-
ueilles ce q̄ le peuple disrael faisoit a

Insi allerēt chascū iour les
ēfans disrael entour hierico
la cite iusq̄s au septiesme iour dont
q̄nt ilz firēt le septiesme circuit ceulx
qui portoiēt les sept bucines commē-
cerēt moult fort a corner. Et quant
les gens darmes ⁊ lautre cōmun peu-
ple les ouyrēt ainsi fort corner ⁊ bu-
ciner si se prindrēt tous a crier a haul-
te voix ⁊ a ce cry cheurent les murs
de la cite p̄ terre ⁊ toutes les tours
et fermetes. Adonc entrerēt les gēs
darmes sans cōtredict et sans deffē-
ce: car tous ceulx d̄ la cite estoiēt si
esbahis de ce qlz veoiēt tellemēt q̄
ilz ne scauoiēt q̄ dire ne q̄ faire. Et
les gens darmes leur coururēt sus
et les mirent tous a mort et a lespee
grās et petis fēmes barōs ⁊ bestes
Et prindrēt lor et largent ⁊ aultre
metail qlz prindrēt en la cite ⁊ lem-
porterēt ou tabernacle Et bouterēt
le feu p̄ tout: et mirent toute la cite
en feu et en flābe. Et iosue enuoia
en la maisō d̄ raab les messaigiers

q aultresfois y auoiẽt este saulues z
la garantirẽt elle z sõ peuple z tout
quãques a elle z a son pere apar-
tenoit pour acõplir le sermẽt z la pro
messe q̃ les messagiers luy auoient
aultresfois fait. et encores luy fist il
de grans dons dõner z la receurẽt a
tousiours en leur cõpaignie. Et fut
apres moult grandemẽt mariee au
peuple disrael en la lignie de Juda
de q̃ descendit. Dauid et Jesucrist
Quant la cite de hierico fut ainsi de
struite Josue la mauldit z tous ceulx
q̃ la redifiroiẽt iamais. Or fut dieu
nostre seignr̃ auec iosue: z le magni
fia et le fist estre redoubte z renõme
par toute sa terre.

Dãt la cite de hierico fut ainsi
destruicte z prise cõme dist est
il y eut vng hõme de la lignie de iu-
da quõ appelloit Achor q̃ vit vng
beau manteau vermeil tout ouure
de soie z p dessus de fin or q̃ valloit
grãt chose: et vne rigle dor. si le prit
secretement q̃ nul ne le sceut et lem
porta en son tabernacle. Asses tost
apres enuoia iosue aulcũs du peuple
pour espier vne petite cite quon ap-
pelloit hay et le pais z les habitans
Et quant ilz leurẽt toute considere
ilz sen vindrent a iosue et luy dirẽt
il ne conuient ia le peuple mouuoir
et trauailler pour prendre hay ne le
pais dẽtour. Il souffist biẽ de deux
ou trois mille hõmes qui y voisent

feuillet. l.

Et Jiosue print trois mille hõmes
bien armes et les enuoia. Et quant
ceulx de hay les virent: si se armerẽt
pour eulx deffendre. et les enfãs dis
rael les assaillierent moult vigoreu
sement. et les aultres se deffendirẽt
moult grandement. Et tant dura
la bataille q̃ ceulx de hay disconfi-
rẽt les ẽfãs disrael z les en firẽt fo-
uyr deuãt eulx z blecerẽt asses z en
mirẽt amort bien trẽte six. z sen re-
tindrent par deuers leur freres tous
desconfitz

q̃   Dant iosue vit ce q̃ les ẽfãs
        disrael estoiẽt ainsi desconfitz
et sen retournoiẽt tous fouyans de-
uant leur ẽnemis: si en eut si grant
dueil que nul ne le pouroit croire. et
print a deschierer sa robbe et se getta
deuant larche de nostre seignr̃ et la
ieut du matin iusques au vespres
et le plus ãciens du peuple estoiẽt
vestus desacz. et tous les cueurs du
peuple prindrẽt a trẽbler de paour
et furẽt tous abbatus. Aonc iosue
dist a nostre seignr̃. Sire commẽt
seuffre tu q̃ ce peuple sen fouye ai̅si
deuãt ses enemis. tu las traict degi
pte p ta forte z puissãte main z las
nourrir au desert z amene iusq̃s icy
et maintenant tu les veulx laisser et
mettre en la main de ses ennemis.
Quant les roys de canaã aurõt ces
nouuelles: ilz se prendront et hardi
ment se mettront ensẽble z no[us] vien
B.4.

drõt courre sus et nous mettre a mort et a pdition. Sire remẽbre toy de la grãdeur de ta magnificẽce et des promesses q̃ tu as fait a noz peres abraham: ysaac: et iacob. et ne nous vueilles mie faillir en ceste necessite.

Commẽt achor fut lapidé pour le larrecĩ quil auoit fait en la cite de hierico quãt elle fut prinse et destruicte par iosue.

a Donc parla nostre seigñr a iosue et luy dist: pour quoy me prie tu tant pour le peuple disrael q̃ a si durement peche contre moy: car il a prins et ẽble les biens de hierico cõtre mõ cõmandemẽt. ne iamais ne seray pour eulx iusques a tant q̃ ce mesfaict soit pugni et amendé. Lieue toy dematĩ et feras venir tout le peuple deuãt toy. Et quãt ilz seront tous assẽblés deuãt toy: tu prẽdras des lotz et les getteras p tout les douze lignies. et celle qui aura le sort et le loth sera celle q̃ aura fait le mesfaict. Et puis apres getteras loth p tous les chiefz de ceste lignie et hostelz et les aides tousiours iusques a tant q̃ tu ayes trouue celuy q̃ a fait ceste chose. Et quant vous laures trouue: vous lardres en vng feu tout ce que a luy appartiẽt. Quãt iosue eut ouy nostre seigneur de ce q̃ cõmãdé luy auoit il se leua le demaĩ au bien matĩ et manda tout le peuple deuant luy: et getta les lotz sus les douze lignies. et le loth cheut sus la lignie de iuda. Et tant alla de chief en chief que achor eut le loth: et q̃ cestoit celuy q̃ auoit prins ce que nostre seigñr auoit defendu. Adõc iosue luy dist. Beau filz rendz gloire a Dieu et cognois verité: dy nous que tu as fait. Et achor dit bien quil ne pouoit eschapper si cogneut son fait et dist. Sire vraimẽt iay fait ce mesfaict. Ie vis vng beau mãteau et moult riche: si le cõuoitay et le prins et cinq sicles q̃ sont cinq pois dargent: et vne reigle dor et prins tout et lemportay en ma tente. enuoyes y vous trouueres tout ce que ie dis. Et tantost que iosue ouyt ce: il ẽuoya certaines psonnes q̃ allerent au lieu et trouuerent ce q̃ achor auoit prins et lemporterent a iosue. Et quãt iosue les eut il cõmanda que achor fust lapidé et ars auec tous ses biens et tout quãques a luy apptenoit femmes/ maisnies enfans/ bestes/ et son mesnaige. car ainsi lauoit nostre seigñr cõmãdé et ainsi le firent les enfans disrael Et quant ilz leurent lapidé et ars tout quãques a luy appartenoit: ilz getterent grãt foison de pierres sus luy en vne valee ou ilz lattoient lapidé. et appellerent le lieu: la valee achor. Cestoit la coustume des anciens de faire remẽbrance des faictz notables affĩ que ceulx qui vien-

droient aps eulx en eussent memoi-
re a tousiours mais.

¶Coment iosue apres la mort de
achor conquist la cité de hay

a ¶Pres ce parla nostre seignr
a iosue z luy dist. Ayes bon
cueur et ne doubte riens prens auec
toy les gens darmes et ten va con-
tre hay car ie les mettray en ta mai
et feray de hay z de son roy ainsi cō
me de hierico excepte ce que la proye
des bestes vous deuiseres z depar-
tires entre vous. Adonc prink io-
sue. xxx. mille bons combatās z les
euopa deuāt luy z leur dist. Alles
vo' en ecores ennuyt: z faictes bon
guet entre bethel et hay par deuers
occident z vous tiendres les armes
toutes prestes pour cōbatre. z aussi
vous tiēdres par deuers la cite z ie
feray semblant de assaillir la cite et
de moy cōbatre contre eulx. Et qnt
le roy de la cite z sa gent me voul-
dront courre sus et ilz seront hors ie
feray semblāt de moy fouyr et cuide
ront q ie ne les ose attēdre si courrōt
apres moy z vous leur viendres au
derriere z ie me retourneray par de-
uers eulx: si mauront adonc au de-
uant et vous au derriere z par ain
si ilz ne pourrōt fouyr ne eschapper
nullement. Et ainsi le firent ilz
comme iosue lauoit commāde z de-
uise. z se mirēt en grant secret toute
la nuyt et lēdemain au bien matin

feuillet. lvi.

Iosue print le demourant des gens
darmes et sen alla deuant hay z se
mist de lautre coste de la cite vers
le desert Et quāt le roy les vit ar-
renges il print toute sa gent z yssit
hors de la cite z sen alla tout droit a
eulx. z point ne se donna en garde
du grāt guet q luy estoit au derriere
Et iosue fist semblāt de fouyr et sen
alla vers le desert. Et quāt le roy
hay z sa gent les virent ainsi fouir
ilz cuidoiēt quilz fussent ia descōfis
et prindrēt a huer et a courre apres
eulx: z les cuidoiēt bien desconfire
comme ilz auoient fait lautre fois.
Mais quant iosue les eut trais bien
arriere de la cite il se retourna vers
eulx et leua son escu en hault telle-
mēt q les aultres q'estoiēt en leurs
guetz le virent. Adonc saillirēt sus
z trouuerēt les portes de hay ouuer
tes si vont entrer dedēs z boutterēt
le feu par tout z sen vindrent com-
batre aux aultres. Quāt le roy de
hay vit q iosue resistoit fort a luy il
sen voulut retourner p deuers hay
po' luy retraire z il vit que hay estoit
en feu z en flambe. Si fut ainsi cōe
tout desespere. z vit q deuāt z der-
riere il auroit bataille. z vit que de
nulz coustes ne pouoit eschapper, si
fut prins et toute sa gent et mis a
mort bien douze mille cōbatās que
vng tout seul nen eschappa Ainsi
fut destruite hay z tout le pais den-
h. ii.

tour et prindrēt les enfans disrael lor et largent bestes et aultres meubles quilz trouuerēt en hay et en bethel ꝛ en tout le païs: et departirent tout entre eulx ensemble. Et iosue pendit le Roy de hay ꝛ apres soleil couchāt le fist despendre ꝛ enseuelir deuāt la porte de hay et mettre vng grant monceau de pierres sus luy. Et puis sen retourna en leur païs.

¶ Qant ceulx de gabeon ouyrent raconter commēt le peuple disrael auoit pris hiericho ꝛ hay ꝛ les auoient arses ꝛ destruictes ꝛ tous les habitans mis a mort sans nulle mercy. Si se penserent deulx garantir et comment ilz pourroient sauuer leurs vies. Adonc saduiserent dune grande malice. Ilz prindrent aulcuns de leurs gens et les firēt vestir de robbes vieilles q̄ semblōiēt auoir este portee es voyages et leur firent chausser vieulx souliers tous derompus ꝛ retaconnes en diuers lieux. et prindrēt vieulx sacz et leur mirēt a leurs coulx ꝛ mirent dedens pains durs et tresballes et vielles bouteilles et furēt ainsi appareilles cōme silz venissent de bien loing païs. Et ainsi sen vindrēt en lost du peuple disrael ꝛ vindrent a iosue ꝛ aux ancies du peuple en disant. Nous venons par deuers vo⁹ et sommes de bien loingtain païs et bien lasses sicōme vo⁹ poues veoir. et ne sōmes mie de la tre ꝛ du païs q̄ dieu vous a promis a dōner. Si venons a vous de par tous ceulx de nostre païs pour faire paix ꝛ alliance a vous. Adonc iosue ꝛ les ancies du peuple se allierēt a eulx sās le conseil de nostre seign̄r: ꝛ leur iurerent foy et loyaulte. Et en apres au chief de trois iours se trouuerent les ēfans disrael barates ꝛ deceus dont ilz furēt moult courrouces. ꝛ se mirent au chemin pour aller destruire gabeon qui estoit vne moult grant cite ꝛ noble ꝛ pour destruire le païs dentour. Et quant ceulx de gabeon le sceurent si les requirēt de leur sermēt ꝛ de leur foy. Et iosue leur dist. Pourquoy no⁹ aues vous ainsi deceuz et barates Et ilz respōdirent quilz lauoiēt fait pour sauluer leurs vies. Voicy q̄ cest nous no⁹ mettons a vostre mercy ꝛ vous poues faire de nous a vostre voulente. Et quāt le cōmun peuple vit ceste fraude: il ne vouloit mie quon leur tenist ce quō leur auoit promis ꝛ iure. Mais iosue ꝛ les anciens iugerēt quō leur debuoit tenir Adonc les commāda iosue de laccord ꝛ du consentemēt des anciēs en vne seruitude. Car ie veulx dist il q̄ vous soyes serfz ꝛ q̄ vous tailles tout le bois q̄ le peuple disrael ardra especiallemēt pour le seruice de dieu Et toute leau ou les ēfans disrael aurōt leur demourāce ſoꝰ leur potteres eſpeciallemēt celle q̄ ſera de beſoing au ſeruice du tabernacle.

¶Commēt ioſue deſconfit adou-zedech le roy de hieruſalem ⁊ tous ſes aidans.

EN celuy tēps auoit vng roy en hieruſalē quon appelloit adouzedech qui ouyt raconter q̄ les enfans diſrael auoiēt fait a hierico ⁊ a hay. ⁊ commēt ilz auoiēt deſtruitz ces deux cites ⁊ tout le peuple grās ⁊ petis. ⁊ cōment ceulx de gabeon ſeſtoiēt rendus ⁊ alliés a eulx ilz en eut moult grant paour. Et ainſi fiſt aſſembler tout ſon conſeil ⁊ eut moult grās gēs auec luy: car il eut quattre roys ⁊ leurs gēs auec eulx. Et ſen vindrent les cinq roys des amorries deuant gabeō ⁊ laſſiege-rent pource quilz ſeſtoiēt rendus et alliés au peuple ſi en auoient grāt deſpit. Quant ceulx de gabeon ſe virent aſſiegez des amorries ſi māderēt par deuers ioſue ⁊ luy prierent quil les veniſt ſecourir et deffendre le plꝰ toſt q̄l pourroit: car ilz eſtoient aſſiegez des amorries. Adonc aſſembla ioſue ſes gēs ⁊ ſe miſt en la voie pour aller vers gabeon pour eulx ſecourir contre leurs ennemis. Et celle nuytee parla noſtre ſeigneur a ioſue ⁊ luy diſt. Ne doubte riēs ceſte gent: ⁊ forte toy ⁊ te dōne bon cueur car tu les deſconfiras tous: ne nul-lement ne pourront durer ne reſiſter encontre toy.

LEndemain au matin Ioſue ⁊ toute ſa gent coururēt ſus aux amorries et les deſcōfirent tel-lemēt q̄ chaſcū ſen fouyt au mieulx quil peult. Et ainſi cōe ilz ſen fouy-oient: dieu fiſt cheoir greſle ſi grāde ⁊ ſi dure q̄ quāques elle attaignoit elle tuoit. Et plꝰ aſſes en miſt celle greſle a mort des amorries qui ſen fouyoiēt ⁊ plus q̄ neuſſent fait les enfans diſrael en bataille. Si que le ſoleil ſapprochoit ia de coucher. Et quant ioſue vit q̄ le ſoleil decli-noit ia fort: il ſe doubta q̄ quant la nuyt ſeroit venue quilz ne poiſſent leurs enemis. Si pria a dieu quil doulſiſt pourueoir de remede cōtre cecy. Et quant il eut faicte ſa priere il ſe tourna contre le ſoleil ⁊ luy cō-māda deuāt tous q̄l ſe miſt ⁊ affer-maſt la ou il eſtoit ēcontre gabeon iuſques a tant q̄ les ēfans diſrael ſe fuſſent vengés de leurs ennemis. Et ainſi le cōmanda il a la lune cō-me il auoit fait au ſoleil. Et la lune ⁊ le ſoleil obeirēt a ioſue q̄ point ne ſe meurēt mais ſe tindrēt ſans mou-uoir en tel eſtat bien leſpace dung iour entier tellemēt q̄ celuy iour fut ainſi agrandi q̄l en valut deux des aultres: ne oncques puis neut iour ſi grant ne deuāt ne apres cōme fut celuy iour. Et ſen fouyrēt les cinq

h.iii

roys dedens une fosse en une roche et la se cacherent, et on vint dire a Josue q̃ les cinq roys estoient muces en celle roche. Et il comanda q̃ la bouche et le puits de celle roche fust ouuert et estouppe de bonnes grosses pierres et mist la bonnes gardes affin q̃lz ne sen peussent fouyr, et comanda a ses gens q̃lz sen allassent courant apres les aultres q̃ sen fouyoient et q̃ tout quanques ilz trouueroient quilz les missent a mort. Et quant ilz eurent tout chasse a lespee ilz sen vindrent en leurs lieux, et Josue fist amener les cinq roys qui estoient cachés a la fosse. Et quant ilz furent deuant luy il commãda aux princes des douze lignies du peuple disrael q̃lz missent leurs piedz sus la gorge des cinq roys, et ainsi le firet ilz. Et Josue leur dist. Ainsi feres vous de tous vos ennemis. Adonc Josue commãda quõ les pendit a cinq gibbetz et quãt ce viedroit la nuyt quon les despendit et mist en la fosse ou ilz se estoient cachés, et fist assembler ung grant monceau de pierres sus la bouche de la fosse.

Celuy jour print Josue la cite de Maceda et son roy et mist tout a lespee et tout ainsi comme il auoit fait de hierico et de son roy, et ny lessa riens qui eut vie. Et de la sen alla en une aultre cite quon appelloit Lebra et la print et mist a lespee tous les habitãs ainsi cõme il auoit fait de ceulx de hierico, et puis sen alla Josue côtre le roy dachis assailleret puissamet achis de toutes pars et la prindrent et mirent a mort tout quãques ilz trouueret en achis et le roy tout ainsi q̃lz auoiet fait a Lebra. Et ynen le roy dazer estoit venu celeemet pour aider au roy achis si luy courut sus Josue a force darmes et le desconfit en plain champs, et mist a mort ynen le roy de dazer et toute sa gent ne ung tout seul ne demoura ne eschappa. De achis sen alleret les enfans disrael ce tour mesmes deuãt la cite de glõ et laissailleret de toutes pars et fut prinse et entreret dedens et mirent a lespee hõmes et femmes enfans et bestes sans nulle mercy, et tout ainsi q̃ne ilz auoiet fait de achis firet ilz de glon. De glõ sen alleret en ebro et la prindret et tueret le roy debron et tout le peuple q̃ estoit en la cite et tout le païs dentour et firet debron tout ainsi cõme de glon. De ebron sen allerent contre dabir la cite et la prindrent et destruirent et mirent a mort le roy de dabir et tout le peuple qui a luy appartenoit et gasteret tout le païs, villes, forteresses et riens ny laisseret qui ne fut mis a destruictiõ et firet de son roy ee de tout le païs ainsi cõme ilz auoiet fait de glon et des aultres cites q̃lz auoiet mis a lespee tant q̃ ung tout seul ni auoiẽt laisse pour viure. Ainsi prĩt et destruit iosue dabir et tous ceulx q estoiẽt en haulx lieux et es mõtaignes. Et puis apres tout le plain pais il cõqstift a force et mist a mort sans riẽs espgnier de toutes choses q auoiẽt en eulx esperit de vie. Des cades barnes iusques a gazon et de toute la terre de gessen iusq̃s a gabeon. Et nostre seignr̃ les conduisoit tousiours et estoit auec eulx

Cõmẽt iosue et les ẽfans disrael destruirẽt en bataille xxviii. roys.

Dant iabin le roy dazor vit que les enfans disrael approchoiẽt de son pais il mãda par tout querir aide et secours. et vindrẽt plusieurs roys a luy tãt quilz furẽt xx. et huit roys. et eurent en leur cõpaignie quattre cens mille hõmes darmes et deux mille chars. car anciẽnemẽt les nobles hõmes se combatoient sus les chars armes. et briefuement ilz auoient tant de gens et dung et daultre q̃ nul ne le pouoit nõbzer. Et sen vindrent to9 ces xx. et huit roys a tout ceste grãde multitude de gens ẽcontre iosue et les enfans disrael. et assemblerent aux eaues de maray Et nostre seigneur dist a iosue. Nayes nulle paour ne soyes mie esbahi de ce q̃ tu vois venir tant de gens contre toy car demain a ceste heure ie les mettray

ffeuillet. lviii.

to9 en ta main ne iamais nẽ eschaperont et quant tu les auras descõfitz tu agerceras to9 leurs cheuaux et ardras tousleurs chars. Quant iosue eut ouy nostre seignr̃ ai si plesi en fut tant reconforte et prins ses gens darmes et sen alla encõtre ces vingt et huit roys et cõtre ceste grande multitude de gens et cõmencerẽt a courre lũg sus lautre et y eut grãt effusiõ de sang et les mirent les enfans disrael tous a lespee mais que ceulx q senformoient es fors chasteaulx et forteresses. Car ceulx de la terre de canaã auoiẽt fait aulcuns lieux pour eulx retraire quant besoing leur seroit qui estoient si tresfort que nul ne le pourroit penser et en eurent les ẽfans disrael moult grant greuãce et des ennuis asses auant q̃lz les peussent prendre ne cõquester. Et quant ilz eurent mis a mort celle multitude de gensilz engercerent tous leurs cheuaulx qui estoient demoures et ardirent tous leurs chars tout ainsi cõme dieu la uoit cõmãde a iosue. Et puis iosue assaillit Achoz q estoit la plus prĩcipale et la plus noble cite de to9 aultres royaulmes. et la print a force et occist le roy et tous ceulx de la cite ne oncq̃s ne laissa hõme ne femme ne enfans ne bestes viues. Et mist le feu p̃ tout et ardit celle cite. aussi ardit il toutes les cites qui estoient

h.iiii

en celuy païs: et mist tout a lespee et roys et peuples, car ainsi lauoit nře seigňr commādé. Et ainsi conquist iosue la tře de promissiō et mist tous les habitans a mort. Et prindrēt la proie et les despoilles et en furēt grādement enrichis, car moult trouuerent dor et dargent et tresors et daultres biens asses.

Commēt iosue sacrifia a nostre seigneur en sichen.

Q̄uant iosue eut demoure en galgalis biē cinq ans et que les ēfans disrael eurēt aulcūes třes conqses, et quilz auoiēt eu victoire: ilz sen retournerent en galgalis ou ilz auoiēt leurs demourāces. Dont quāt ilz eurēt conquise la terre de canaā si se departirent de galgalis et sen allerēt en ung lieu qūō appelle sillo, et en ce lieu demourerēt pour adourer nostre seigňr et prier iusqz au tēps de samuel qui fut le dernier gouuerneur en israel. Et de la se departit iosue et sen vint iusques en sichen auecqz tout le peuple. Et sus ung mont qūō appelle hebal edifia ung autel de pierres a nostre seigňr lesqlles pierres nestoiēt taillees: ne marteau nauoit pierre touche: et si nestoient ne taillees ne pollies, car ainsi lauoit moise dit et ordonne du cōmandemēt de nostre seigneur. Et sus celuy offrit Iosue sacrifice plaisant et offrande et escripuit le liure q̄

on appelle deutronomie q̄ est le liure de la seconde loy, nō mie quilz eussēt deux lois: dont lune fut premiere et lautre seconde maisce fut la .ii. fois q̄ la loy fut renouuellee aux ēfans disrael. Et leur remembra iosue et mist deuāt tout ce que moise leur auoit commande, ne riens ne laissa a dire de tout ce q̄ Moise le sergent de nostre seigneur luy auoit dit et commādé au mont de sinay. Et diuisa iosue le peuple en deux parties dont lune des parties il mist sus le mont de hebal auec la moitie des prestres de ceulx de la lignie de leui, et lautre pti il mist sus le mont de garin. Et puis ce fait il benist le peuple de israel et fist lire les beneissons et les maulēdissons q̄ moise auoit ordōnes et faitz escripre en ses liures, et puis sen retournerēt tous en sillo.

Or saillerēt les guerres car il nestoit si hardi qui se ousast mouuoir pour prendre guerre cōtre les enfans disrael pour les merueilleuses victoires quilz auoient eues. Et les gens q̄ vouloiēt venir cōtre eulx ilz auoiēt desconfitz et mis a mort: et leur terre destruite et degastee, et pource se rendirēt plusieurs a eulx et mirent leurs corps et leurs pais en leurs mains. Et ainsi ilz furent seigneurs du pais et selon lescripture ilz destruirent .xxxi. royaulmes grās et puissans. dont ilz eurēt toutes leurs terres et heritaiges et ses diuiserent entre eulx par le com mandement de iosue.

a Pres ce trouua Josue le roy Bezor q̃ auoit este roy dune tre de grãt haultesse et de grant pou uoir q̃ estoit appellee adonzeber et a uoit este en la bataille et quãt iosue le vit: si luy demãda qui il estoit, et luy dist q̃l auoit este roy dune tre mais en la bataille q̃ auoit este de uãt gabed il auoit este blece. Et re cogneut bien q̃l auoit deserui la mort car il auoit suppedite et desconfit soi xante et dix roys: et les auoit ame nes et prins en son hostel: et leur a uoit coupe les dois des piedz et des mains. et les auoit fait seoir a ses pi edz dessoubz sa table au menger: et recueillir les relifz de sa table et les leur faire menger. et tout ainsi cõme il auoit fait aux aultres dieu luy a uoit rendu. Et quant moise leut bien entendu: si le fist mettre a mort: car dieu luy auoit commande quil nen prenist nulz a mercy: mais fussent tous occis roys et aultres

a Pres ce trouuerẽt les enfans disrael vng aultre roy q̃ pti estoit de la bataille deuãt q̃ sen estoit fouy: lequel auoit nõ agas et estoit gras a merueilles. et le menerẽt de uãt iosue. Et quãt il le vit il le fist detrecher en pieces et dist ainsi. Face dieu ainsi de tous ses enemis Et qñt

fueillet. lix

il eut occis ces deux roys: il fist q̃rir par tout le pais pour scoir se on en pourroit plus nulz trouuer et tous ceulx quon trouueroit quõ les mist a mort et a lespee. Car ainsi lauoit dit dieu et commande a iosue

Commẽt iosue donna a caleth la terre qui fust a emath le geant et la cite debron

o R sen vint caleth a Josue et luy dist deuãt tout le peuple. Tu sces q̃ nostre seignr a ordonne de toy et de moy commẽt il iura et pro mist deuãt moise q̃l me donnoit tou te la tre qui est a emath le geãt et a ses enfans en laq̃lle iauoie este quãt nous y fusmes enuoyes il y a ia enui ron quarante cinq ans q̃ ce fut et cõ bien q̃ iaye quattre vingtz et cinq ãs ie suis aussi preux et aussi fort cõme iestoie adonc. Adonc luy dõna iosue celle terre et la cite debron. et caleth mist a mort emath et ses enfans: et eurẽt celle terre en paix

t Andisq̃ ces batailles failli rent iosue fist assembler tout le peuple en sillo si leur dist. Vous voies bien q̃ ie suis desormais viel et ancien. Il me sẽbleroit bon faire q̃ la tre que vous aues cõqueste q̃ dieu vous auoit promis fust a vne chas cune lignie diuisee et departie auãt que ie meure. Adonc leur dist quilz eussẽt de chascũe lignie trois hõmes saiges et discretz, iustes et verita bles qui peussent et sceussēt la terre diuiser partir ⁊ mesuret loyaulmēt au mieulx q̄lz pourroiēt. Et quant ilz les eurēt esleus et amenes deuāt iosue il les ēuoia pour mesurer ⁊ cōsiderer la t̄re de promission ⁊ leur cōmāda quilz ne p̄tissent mie ne mesurassent selon la grādeur: car aulcunesfois ūng pied de terre en Sault cent. ⁊ ūng petit pais Sault moult mieulx q̄ ūng grāt pais ⁊ royaulme Si sen allerēt la terre mesurer ⁊ firent tout ce q̄ Iosue leur auoit commādé. Et la mesurerēt ⁊ departirēt au plus iustement quilz peurent: et les parties apporterēt a iosue. Et il donna a chascune lignie sa partie ainsi comme le sort ⁊ le soth dit. Et quant ūint a la lignie de leuy: il ne leur dōna mie certaine t̄re mais les fist p̄sonniers de toutes les aultres t̄res de to9 leurs freres car ilz estoiēt deputes ⁊ ordōnes pour Dieu seruir especiallemēt pour p̄rir po9 tout le peuple. Si les debuoiēt gouuerner mais biē le2 dōna ēmi les t̄res de les freres cites ⁊ ūilles pour demourer

Comment iosue auant son trespas diuisa entre les enfans disrael la terre de promission.

O R diuisa iosue la terre de promission aux enfans disrael mais q̄ bethel qui nestoit mie ēcores cōq̄se: mais iuda la cōquist et leut en sa part auecq̄ ses aultres terres.

Et cōmanda aux enfans disrael q̄ tous les beufz / ūins / fruictz / bestes / et aultres biēs quilz auroiēt dores enauāt q̄lz en payassēt leurs dismes a ceulx de la lignie de leui et de ce ilz ūiueroiēt ne aultre t̄re ne heritaige en la terre de promission ilz nauroiēt Et de la en auāt eurēt to9 les iours les enfans de Leui la possession des dismes des enfās disrael pour leur part et distributiō de la terre de promission. Si parla a ceulx q̄ estoient de la lignie de ruben ⁊ de gaad et a la moitie de manasses ⁊ leur dist. Uous auez ūos heritaiges et ūostre part oultre le fleuue de iordain: et sera le fleuue de iordaī entre ūo9 et eulx ⁊ ūindres souuēt par deuers eulx. Or aduises ⁊ ūous donnes garde q̄ ūous ne oublies mie la loy et les cōmandemēs que Dieu ūous a donnes par son sergēt moise tellement q̄ ūous nadoures q̄ ūng seul Dieu: et ne serues mie aux ydolles: mais a ūng seul dieu q̄ tant de biēs ūous a faict. Et ayes ētre ūo9 bōne foy: car ūous estes tous freres ⁊ departes la terre de dela le fleuue de iordain q̄ ūous nayes nulz discordz ēsemble entre ūous. Adōc promirēt et iurerēt ceulx de la lignie de rube de gaad ⁊ la moitie de manasses q̄lz feroiēt ce q̄ iosue leur auoit commādé. Or prindrent conge de leurs freres pour ūenir oultre le fleuue de iordain ⁊ vindrent au mõceau des douze pierres q̃lz auoiẽt fait autrefois quãt ilz passerẽt le fleuue de iordain a pied sec pour aller destruire hierico et estrer en la tre de promissiõ. Et la edifieret̃ vng grant et hault autel et mõceau de pierre ⁊ lappellerent le tesmoignage entre nous et dieu. Ne aultre ne voulons mais q̃ luy tant seullement. Et quãt ilz se furent departis de la ⁊ estres en leur terre aulcũs vindrẽt nõcer a Josue ⁊ aux aultres q̃lz auoient fait vng autel dont iosue ⁊ es aultres furẽt courroucés ⁊ troubles. Car ilz cuidoiẽt quilz eussent la trespasse le cõmãdement de dieu et sacrifie aux ydoles ⁊ se vouluret̃ armer po' courre sus aux deux lignies et demie. Mais ilz eurẽt conseil ẽsemble ⁊ se aduiserẽt quilz scauroiet̃ auant la verite de ce faict plus plainemẽt ⁊ eurẽt cõseil ⁊ deliberation entre eulx de enuoyer p deuers eulx pour scauoir la verite de ceste chose. Si prindrent phinees ⁊ dix hõmes des p̃ honourables de tout le peuple ⁊ de tout le pais et les enuoierẽt p deuers eulx ⁊ leur dirent. Josue ⁊ les aultres freres nous enuoiẽt a vous et demãdent pourquoy vo' auez fait ce grãt autel: ⁊ auez trespasse la loy de dieu ⁊ sõ cõmandement q̃ ainsi auez fait vng aultre autel q̃ celui q̃ est ordonne ⁊ sacre.

feuillet .lx.

q Dant ceulx de la lignie de ruben de gaad ⁊ la moitie de celle de manasses ouyrẽt phinees et ceulx q̃ estoient auec luy ainsi pler: si en furẽt moult esbahis et se prindrent moult hũblement a humilier ⁊ excuser ⁊ leur dirẽt. Nous nauõs mie ce fait pour cause q̃ nous voulsissons nostre dieu laisser ne iamais ne nous aduienne mais lauõs fait en signe et en tesmoignage q̃ nous sommes vos freres et vous les nostres et q̃ nous seruons dieu ⁊ voulons seruir et honourer ainsi cõme vous. Et quant vos enfans viendrõt aux nostres ⁊ diront ainsi. Que appartiet̃ il a vo' de nous: ne pourquoy nous reclamez vous ⁊ nostre dieu que nos enfans puissent dire voicy le tesmoignage ⁊ lenseigne q̃ vous estes nos freres ⁊ nous sõmes les vostres ⁊ adourõs le dieu q̃ est ou ciel ⁊ vous ⁊ no'. Quãt phinees ⁊ ses cõpaignõs les ouyrẽt ainsi pler ilz en furẽt tous appaises ⁊ grandement edifies. Si sen retournerẽt deuers leurs aultres freres ⁊ leur conterent les nouuelles ⁊ la respõce q̃lz leur auoiẽt faite ⁊ dõnee si en furẽt moult ioyeulx ⁊ en louerent nostre seignr̃ ⁊ aisi furẽt deptis les ẽfans disrael les vngz dune pt du fleuue de iordai ⁊ les aultres daultre part. Et larche de nostre seignr̃ estoit en sillo ⁊ les tabernacles ⁊ vaisseaulx

sainctz et y demourerent moult long-
teps iusques au temps du roy dauid
Grant temps apres aduint que
Josue manda querir tout le
peuple et les fist venir et assembler
en sichen ou il demouroit Et quant
ilz furent tous assembles et especial-
lement les principaulx du peuple dis-
rael, Si leur proposa et dist voicy
q ie meurs et vous estes asses enclins
a desobeir a dieu et a faire oultre sa loy
Et maintesfois aues murmure con-
tre luy et fait plusieurs choses pour
luy courroucer, et touteffois il vous
a tousiours aimez. Vous aues veu
les merueilles qu'il a faict pour vous
en egipte et comment il a batu les egi-
ptiens et vous a deliures de leurs
mains, et comment il vous a nourris
ou desert et menes en la terre et au
pais qu'il vous a promis et mis a per-
dition vos enemis tout deuant vous
Or eslises le quel qui mieulx vous
plaist de seruir et obeir a dieu au qu'il
seruirent vos peres en mesopotamie
qui tant de biens vous a fait, ou au dieu
des amorries. Et adonc ilz respon-
dirent trestous ensemble d'une vou-
lente et dung accord, Nous voulons
seruir et obeir a dieu qui tant de biens
nous a faict; ne aultre ne voulons
q luy. Et iosue leur dist vous mes-
mes estes tous tesmoignage que vous
aues esleu dieu nostre seigneur pour
dieu et ne voules seruir a ault dieu

que a luy. Et ilz respondirent q bien
le tesmoigneroient.
Donc se departirent de la et
s'en allerent en sillo ou l'arche
et le tabernacle estoient, et la firent al-
liances a nostre seigneur et renouuel-
lerent la loy et les commandemens que
dieu nostre seigneur leur auoit donnes
et promirent qu'ilz obeiroient a dieu et a
ses comandemens et ne seruiroient a
aultre mais q'a luy. Et iosue espan-
dit de l'eau deuant nostre seigneur en
tesmoignage de ceste alliance. Ce
estoit adonc la coustume des anciens
quant on faisoit aulcunes alliances
on espandoit le sang de une beste en
signifiance que espandroit le sang de
celuy qui premier briseroit ceste allian-
ce. Et si espandit iosue de l'eau pour
ce que c'est le cours de toutes choses
ou mois demeure au vaissel ou elle
est quant on la gette hors du vaissel
En donnant a entendre que celuy qui
ceste alliance briseroit seroit tellement
destruict q riens de chose que a luy
appertenist riens ny demouroit dont
on peult auoir de luy soustenance.
Et escripuit iosue ceste conuenance
qu'ilz eurent a dieu en ce liure quon ap-
pelle en la saicte escripture le liure
de iosue. Et print iosue ung grant
pierre q'il mist dessoubz une chane q
estoit deuant le tabernacle et sainctu-
aire de dieu en tesmoignage des cho-
ses dessusdictes. Et puis iosue les

fist retourner en leurs pais chascũ en son lieu

a Ses tost apres mourut Josue: et lenseuelirẽt au lieu de sa possession et le ploureret tous les ẽfans disrael. et vesquit cent et dix ans. Et eleazar mourut asses tost aps. Et seruirẽt les enfans disrael nostre seigneur tant q̃ iosue lesgouuerna .xxvi. ans apres ce q̃ moise mourut. Et tant cõme les anciens vesquirẽt apres p̃ moult long tẽps iusques a tant q̃ ceulx furent mors qui auoiẽt passe oultre le fleuue de iordain et cõquis laitre de promissiõ et leurs ẽfans qui estoiẽt nez adonc Et tant cõme ilz seruirẽt nostre seigneur et gardereut sa loy et ses cõmandemẽs. tant furent ilz en paix q̃ nul ne les osoit regarder ne guerroier.

o Il aduint q̃lz se puersirent et se mirent a seruir les ydoles et mirent la loy de dieu en obly et ne firent force de obeir aux commandemens de dieu. Adonc fut nostre seigneur moult courrouce. et les mist en la main de leurs ẽnemis qui les traicterẽt moult durement et moult de mal et de greuãce leur firent. Et quãt ilz se virent a tel mechief: ilz se retournerẽt a nostre seigneur et luy crierent merci. Et eut nostre seigñr pitie deulx: et leur bailla aulcuns aidans qui les deliura.

feuillet. lxi.

Commẽt Barath qui fut de la lignie de neptaliz deliura les ẽfans disrael de la main du roy de canaã

S Ne fois entre les aultres eurent peche les enfans disrael contre dieu et leurẽt courrouce trop durement: dõt nostre seigñr les mist en la main de Jabin q̃ estoit roy de canaã. et leur fist tant de mal et de greuãce q̃ plus ne le pouoiẽt endurer Adõc crierẽt a dieu mercy. et nostre seigñr les print a mercy. En celup tẽps eut vne femme quõ appelloit delbora q̃ auoit en elle esperit de prophecie: et venoient a elle les enfans disrael pour eulx adresser et oseiller Celle dame appella vne fois vng hõme de la lignie de neptalin q̃ eut nom Barath et luy commãda quil print douze mille hõmes biẽ armes de la lignie de Neptalim et de zabulon: et les menast encontre Cisara le prince de la cheualerie du roy Jabin. Et nostre seigñr te donnera en ta main. Cisara et tout son ost qui est decoste le ruisseau de cizon. Et ainsi fist barath cõme delbora lauoit cõmande. Et quãt cisara ouyt dire q̃ barath estoit sus la montaigne de Tabor pour cõbatre contre luy: il fist son mãdemẽt et assembla bien deux cens mille hõmes de pied fort cõbatãs. et dix mille cheuaulx et .ix. cens chars armes de faulx et deux mille et cent aultres couuers

i.i.

Et Barath sen vint encontre cisara a tout douze mille hommes tant seullement et se prindrent a combatre moult vigoreusement: mais Cisara neust point de force contre Barath: car nostre seigneur les espoueta tellement luy et ses gens quilz furent tous desconfitz et se mirent tous a fouyr. Et nostre seignr leur envoya grosse gresle et telle tempeste: les mist a mort tant par Barath q̃ par ses gens Et cisara se mist a fouyr et trouua vne tente en sa voie qui estoit a vne femme quon appelloit Jael et leans se bouta et pria a celle femme q̃ nullement ne dist qlfust leans Et elle luy promist que non feroit elle. Adonc luy demanda cisara a boire: et elle luy apporta du laict en lieu deau pour le mieulx endormir. et quant il eut beu il se mist a terre, se print a dormir moult fort car il estoit las et trauaille. Dont ainsi come il dormoit Jael print vne broche de fer et vng maillet: et luy mist la pointe de la broche de fer sur la temple et ferit dessus du maillet si fort q̃ le fer trespassa tout oultre iusques au ceruel Et Barat couroit apres luy pour le tuer, et Jael lappella et luy monstra comment cisara gisoit mort sus la t̃re a tout le clou de fer quelle luy auoit fiche parmy les temples. Quant Barath le vit mort il en fut moult ioyeulx et en remercia iael. Et puis sen retourna p devers le roy Jabin et le print et le tua sus le ruissel de cizã: et destruict sa cite et prindrent la despoille et sen alla chascun en son lieu.

Comment Gedeon deliura les enfans Disrael de la main de ceulx de madian

a Donc quãt delbora sceut q̃ Barath et ses gens estoient venue de la bataille et sceut q̃ cisara et iabĩ estoient mors: si appella Barath et rendirent graces a nostre seignr et louerent dieu moult deuotement quil leꝛ auoit donne celle victoire de leurs enemis Et furent en paix de la bien lespace de quarante ans, et puis aps les enfans Disrael se remirent a mal faire et courroucerent moult griefuement nostre seigneur. Dont nostre seignr pour eulx pugnir les mist en la main de ceulx de madiã q̃ moult les greuerent et tindrent en grant seruitude bien sept ans, et venoient chascun an en la terre Disrael au temps de messõs: et leur ostoient leurs bledz et prenoient leurs bestes et les emmenoient. Dont chascun an ilz estoient tellement foullees qlz furent cõtrains de retourner a dieu et luy crier mercy et eut nostre seigneur pitie deulx et leur envoia vng prophete qui leur monstra leurs deffaulx et leur multitude de pechez et ingratitude: et leur remist au deuant Et remõstra ses biens q̃ nostre seignr auoit faict a eulx ⁊ a leurs parens. Mais rien ny salut ne point ne le creurēt. A donc enuoia nostre seignr vng āge a Gedeon le filz de Joas q estoit le plus honorable homme de tout son parage: et le trouua qˀl batoit vng pou de bled pour faire du pai pour porter auec luy car il sen souloit aller ⁊ fouyr pour la doubte de sesenemis qui estoient venus au pais. Et lange le salua et luy dist. Dieu soit auec toy le plus fort de tous les hōmes. ⁊ Gedeon luy respondit. Se nostre seignr est auec nous, cōment seuffre il q nos ayōs tant de maulx Adonc luy dist lange. Va ten hardiment: car tu descōfiras tous ceulx de madian ⁊ ie les mettray a fin p toy. Adonc dist Gedeon a lange. Sire ie te prie, q tu me vueille faire ceste grace de moy attendre icy iusques a tant q ie soie reto'ne de lostel Et gedeon courut bien tost a lostel ⁊ mist cuire vng gras cheureau. et quāt il fut cuit il apporta le brouet la chair ⁊ le pain et mist toust deuāt lange ⁊ luy pria quil souffist mengier. Et lange luy dist quil pnist la chair et le pain et les mist sus vne pierre sus laqlle lange estoit, ⁊ quil gettast le brouet de la chair sus la pierre, ⁊ ainsi le fist il. Et lange tenoit vne verge de bois en sa main et en ferit la pierre ⁊ toucha de la verge tout ce quil auoit mis dessus

feuillet. lxii

et tātost saillit de la pierre vng feu qui ardit tout et degasta. Et lāge seuanoit, dont gedeon eut grāt paour ⁊ dist Hay helas moy meschāt que feray ie de ce q iay veu lange de dieu: car par ce il cuidoit mourir. nostre seignr le recōforta ⁊ luy dist Nayes nulle paour car tu ne mourras mie. Celle mesme nuytee parla nostre seignr a luy ⁊ luy dist qˀl destruisist lautel q son pere auoit fait faire a baal ⁊ couplast le bois ētour et si tuast le torel q son pere engraissoit po' sacrifier aux ydoles. ⁊ ainsi le fist il ⁊ luy commanda quil print vng autre torel de sept ans que les gens de la ville auoiēt dedie a leurs ydoles. et luy dist, tu le me offriras en sacrifice sur vng autel que tu me feras sus la pierre ou mon ange plaça toy. Et gedeon fist tout ainsi ⁊ en la maniere cōme dieu lauoit commande. Et adonc aduint que ceulx de madian sassemblerēt ⁊ passerent oultre le fleuue de iordain a grant force de gens. ⁊ se logerēt en la valee disrael. Et lesperit de dieu ētra en gedeon et commanda a ceulx de sa lignie ⁊ a ceulx de manasses et a ceulx de zabulon azer et neptalim quilz luy venissent aider contre ses ennemis. Et ilz sassemblerent bien trente mille hōmes ⁊ vindrent a luy Quāt gedeō les vit il en fut moult ioyeulx: et pria a nostre seignr quil

i.ii.

luy voulsist demonstrer aucun signe par quoy il pourroit estre certain dauoir victoire oultre ses enemis, si prist ung toison de biaurre de laine de brebis et le mist celle nuyt sus la terre nue et pria dieu q̃ sil debuoit auoir victoire q̃ le toison de laine fust arrousé de la rousée du ciel et riens nen apparut sus la terre nue, et ainsi le fist nostre seignr̄. Puis aps requist a nostre seignr̄ quil fist le contraire. Cest que le biaurre ne fust point arrousé et la terre le fust tout a lentour et ainsi le fist nostre seignr̄.

Comment Gedeon alla contre ceulx de madian.

a Donc quāt gedeon fut ainsi a certaine de la victoire aduenir: si se partit a tout sa gent et sen vint sus vne fontaine quā appelle arad. et parla nostre seignr̄ a luy et luy dist. Tu as trop de gens auec toy. fay crier par tout ton ost q̃ qui sen vouldra aler et retourner q̃lz sen aille. Et ainsi le fist il car ceulx qui se doubtoiēt et nestoiēt mie bien hardis retournerent: mais q̃ dix mille q̃ demourerēt auec gedeō. Et nostre seignr̄ dist a gedeon Encores as tu trop de gens auec toy maine les sur le ruisseau de ceste fontaine au droit de midy, et ceulx q̃ tu verras q̃ beuront de leaue a la main et la lecheront cōme chiens tu les mettras dune part. Et ainsi le fist il, et ne troutra q̃ trois cens qui auoiēt beu et leché de leaue cōme chiens. Adonc dit nostre seignr̄ a gedeon, tu prendras ces trois cens hōmes auec toy et donneras congié aux aultres tar ilz porroiēt dire q̃ par leur force ilz auroiēt vaincus leurs enemis et non p moy et ie veulx q̃ par ces trois cens hommes seulemēt tu ayes victoire. et ie les metteray en dos mais et les desconfirez. Quāt vint la nuyt endroit minuyt dieu dist a gedeon. va ten en lost de madian et près ton escuier auec toy et escoute bien diligemment tout ce q̃ tu orras dire: et tu en seras tout reconforté. Ainsi le fist gedeon et vint en lost de ses enemis le plus secretemēt q̃l peut et escoutoit moult diligēmēt ce quō disoit. Et voicy que lung contoit a son compaignon ung songe et dist quil luy sembloit quil veoit ung pain fait dorge et cuit en cendre virer et mouuoir et sen venoit en lost de madian. Et quant il fut entre au tabernacle il se destruisit et mist tout a neant. Et quāt il eut son songe raconte: lautre luy exposa tellemēt. Cest le glaiue de gedeon qui destruira lost de madian.

Comment Gedeon desconfit ceulx de madiā.

q Qant gedeon eut ouy celuy songe et exposition dicelluy: si sen reuint a ses cōpaignōs moult ioyeulx et leur dist. Or sus seignrs feuillet.lxiii

allons cōtre noz ēnemis ilz sont to⸗
nostre: Dieu les nous a mis en nos
mains. Adonc diuisa ses gens en
trois parties et leur dist q̄ chascū de
eulx preniste vne busine en sa main
dextre: et en la senestre tenist pos de
terre tous vuides: et dedēs eussent
des brandons de feu pour eulx alu
mer quant besoing seroit. et leur cō⸗
māda quilz fissent ainsi q̄me ilz luy
verroiēt faire. Or sen vindrēt q̄me
gedeon les eut ordōnes: et enuironne
rent la terre de madiā et laissaillierēt
de trois pars tellemēt que quant ilz
furēt bien arrenges gedeon q̄māda
quilz hurtassent leurs pos de terre
ēsemble. et cornassēt bien fort et crias
sent a haulte voix. Les glaiues de
dieu et de gedeon soiēt sus vous. et
ainsi le firēt ilz. Et quant ceulx de
lost les ouyrent ainsi crier et braire:
ilz furēt si esbahis quilz tuoiēt lung
lautre et se mirēt a fouyr. Et quāt
ceulx de neptalim azer et manasses
qui estoiēt de lost retournes ouyrēt
les nouuelles: si saillirēt sus de tou
tes pars et coururēt sus a ceulx qui
sen fouyoiēt et occuperēt toutes les
voies et passaiges du fleuue de ior
dain. et mirēt a mort tous ceulx q̄lz
trouuerēt qui estoiēt de leurs enne
mis: et les deux roys de madiā ozeb
et zeb et apporterēt ceulx de effraim
les testes des deux roys de madian
a gedeon. Et gedeon passa oultre

le fleuue de iordain: et chassa apres
zebee et samaria luy et ces trois cens
hōmes q̄ estoient auec soy: estoiēt si
lasses q̄lz ne pouoiēt plus auant al
ler. Et gedeon requist a ceulx de se
cot q̄lz leur baillassent a mēger: car
ilz deffailloient tous de faim et non
mie tant seulemēt le refuserēt mais
auec tout ce se mocquerent de luy
et de sa cōpaignie et aussi firent ceulx
de la tour de samuel. Et gedeō le
promist q̄ au retourner ilz le cōpare
roient. Et tant allerent gedeon et
ses cōpaignōs q̄lz trouuerent zebee
et samaria en vng lieu ou ilz cuidoi
ent bien estre a seur et que nul ne les
peust greuer. Et auoient auecques
eulx quinze mille cōbatans qui estoi
ent escappes de sa main de gedeon
et des enfans disrael: et estoient les
aultres occis bien six mille. et gedeō
leur courut sus soudainemēt et les
desconfit tellement q̄l print zebee et
samaria et les amena auec luy. Et
quāt il vint a secot il leur monstra
zebee et samaria q̄l ramenoit prison
niers: car ilz sestoient mocqs̄ de luy
en disant quil ne les auroit mie ainsi
quil cuidoit. Et adonc print la cite
de secot et.lxvii. mille hōmes des
plus vaillās de la cite et les fist trai
ner par espines et chardons. et les
fist mourir de pute mort. Et print
la tour de samuel et tous les hōmes
et ardit celle tour et sen reuit a tout

i.iii.

les siens sains et saufz, adōc sassem-
blerent les enfans disrael a gedeon
et vindrent a luy et luy dirent quil
fust leur seigñr et gouuerneur: et il
ne volut: et leur dist quilz ne deb-
uoient auoir autre seigneur ne gou
uerneur q̃ nostre seigneur. Or furent
en paix les enfans disrael bien par
lespace de quarante ans tant cōme
Gedeon vesquit. Et quant il eut
asses vescu q̃ quil estoit de grāt aa-
ge il mourut q̃ fut ēseueli au sepul
chre de son pere effrain.

Comment les enfans disrael
osterēt les ydoles q̃ dieux estrāges
quilz auoiēt entre eulx

Apres la mort de gedeō firēt
les ēfans disrael moult de
maulx contre nostre seigñr et serui-
rent aux ydoles dont nostre seigñr
en fut moult courrouce contre eulx
q̃ les mist en la main de leurs enne
mis les enfans amon q̃ les foulloi-
ent et tenoiēt en grant seruitude: et
leur foulloient et degastoient leurs
terres et leurs pais. Et furent bien
dixq̃buit ans a tel mechief si sad-
uiserent au mechief ou ilz estoiēt de
retourner a nostre seigñr q̃ se humi-
lierent vers luy q̃ luy crierēt merci
mais nostre seigneur leur respōdit
q̃lz demādassēt secours a leurs ydo
les q̃lz auoiēt adoures q̃ seruis: car
moult de biens leur auoit fait et se-
cour' p̃ plusie's fois en leur mechief

q̃ mal lauoient recogneu. Adonc ilz
prindrēt toutes les ydoles de tout le
pais q̃ dieux estrāges: q̃ les osterēt
dentre eulx q̃ se mirēt a seruir nostre
seigñr au mieulx q̃lz peurent dont
q̃t nostre seigñr vit les vielz q̃ leu-
nes ainsi amēder q̃ huilier deuāt luy
il en eut pitie q̃ les receut a mercy.

Comēt Jepte deliura les ēfans
disrael de la main de leurs ēnemis

En celuy temps estoiēt sen'
ceulx de la terre amō a grāt
ost: q̃ sestoiēt loges en la tre disrael
en galaad. Et quāt les enfans dis
rael le sceurent si sarmerent q̃ sasse
blerēt en maphat pour aler ēcontre
eulx mais de ce estoient ilz a grant
mechief car ilz nauoient point de chef
et saduiserent daller querir Jepte q̃
estoit vng homme fort et hardi q̃ es
prouue en armes q̃ estoit ne de ga-
laad q̃ estoit batard: et lauoiēt les
ēfans de son pere boute hors de leri
taige de leur pere pource q̃l nestoit
mie de loyal mariage. Et sassem-
blerent tous les fugitifz et les mal
pourueuz de tout le pais rebelles q̃
larrons q̃ en firent leur capitaine.
Or sen vindrēt les plus ainsnes du
peuple de galaad et sen vindrent a
Jepte q̃ luy prierēt q̃l voulsist estre
leur capitaine q̃ leur gouuerneur en
contre les enfans amon qui ainsi de
struisoiēt leur terre. Et iepte leur
respondit vous maues desherite q̃

boute hors de mon païs et me haies a mort et vous voules que ie men voise combatre pour vous. Et ilz luy respondirent. Nous ne te haions mie: ne nulle grevance ne te voulons faire, nous te venons prier que tu faces ce q̃ nous te auõs requis. Et Jepte les fist iurer sil estoit ainsi: et ilz luy iurerẽt. Adonc sen alla iepte et se humilia deuãt Dieu: a le firent tous ceulx du peuple leur prince a gouuerner. Or print iepte des messagiers a les enuoia au roy damon a luy fist dire. yssiez hors de mõ païs a de ma tre: pour poy la me destruis tu a degastes ainsi. Et le roy damõ luy respondit q̃ point nẽ ystroit: car il vouloit recouurer sa terre que les enfans disrael luy auoient tollue a force qnt ilz partirẽt degipte Adonc luy respondit iepte q̃ la terre q̃ Dieu nostre seigneur luy auoit promise a donnee auoiẽt ilz iustemẽt a a force conqueste: a en auoient eu la possession bien trois cens ans q̃ oncques ses ãcestres nen firẽt mẽtion: ne ny demanderẽt droit. dont ny debuoit il riẽs reclamer ne demander ne ne pouoit de droit dire q̃lle fust comme sienne. Mais riens ny valut pour chose quil luy demõstrast ne dist ne voulut. Adonc dist iepte. Or soit Dieu nostre seigñr iuge de ceste besoigne a vueille Dieu monstrer qui droit a ou tort ou toy ou moy.

feuillet. lxiiii

Commẽt Jepte voua a nostre seigneur que sil luy dõnoit victoire cõtre le roy amon q̃ la p̃miere chose de sa maisõ q̃l luy viẽdroit au deuant il la sacrifiroit a Dieu. dont il aduint q̃ apres q̃l eut descõfit le roy amon et sa gent il sacrifia a Dieu sa fille laquelle luy estoit venue premiere au deuant.

a   Donc entra lesperit de Dieu au corps de iepte a en son cueur: et sen alla pour le combatre. et voua a nostre seigñr que sil luy dõnoit victoire q̃ au retourner la premiere chose de sa maison q̃ luy viẽdroit au deuant il la sacrifieroit a Dieu. Et lors sen alla iepte encõtre amon et les descõfit tellemẽt q̃ oncques puis neurẽt pouoir de courre sus aux enfans disrael Et iepte sen reuit en maphat et la p̃miere chose q̃ luy vint au deuant en sa maison ce fust vne seulle fille quil auoit et trestendrement laymoit dont il fut a tel meschief que nul ne le pourroit croire Et dist a sa fille le veu quil auoit fait a Dieu. et le voulut mettre a execution a elle luy demanda deux mois de respit pour plourer sa virginite auecques ses campaignes Et les deux mois passes Jepte la sacrifia ainsi comme il auoit voue Dont fut fol et mal aduise de ainsi vouer Et fut fol aussi daccomplir vng tel veu.

i.iiii

a Pres ceste victoire vindrent ceulx de la lignie Effraim a Iepte et luy dirent pour quoy il ne les auoit appelle pour aller en la bataille auec les aultres. Et iepte leur respondit qlles auoit bien appelles: mais ilz ny estoiet mie voulu venir Adonc ilz le menasseret de tuer et de ardoir en sa maison Quāt iepte oyt leurs menasses ilz sarma cōtre eulx et print ceulx de galaad auec luy et se cōbatit cōtre effraim. et en occist bie̅.xlii.mille. et subiuga iepte tout israel bien six ans : et puis mourut et fut enseueli en la cite de galaad.

Commēt lange de nostre seigr̄ sapparut a la femme de Manne le pere de sampson: et luy annonca la natiuite dudict sampson.

a Pres long temps les ēfans disrael se puertirēt et courou cerēt nostre seigr̄. Si print la vengeāce et les mist en la main des philistiēs qui les tindrēt en leur subiection bie̅ par lespace de quarāte ans et ilz crierēt a dieu mercy et dieu les deliura p telle maniere Ung hōme fut des ēfans disrael quō appelloit Mane et eut celuy hōme vne moult belle femme espousee mais brehaigne estoit. Dōt vne fois estoit toute seulle aux chāps et prioit Dieu nr̄e seigr̄ quil luy voulsist donner des enfans et lignie et qlle peust conceuoir et ēfanter. Adonc luy enuoia

dieu vng ange et luy dist qlle conceueroit vng filz. et qlle se gardast bien de boire vin ne cidre ne seruoise et qlle ne toucha chose dōt elle peut estre honnie ne non pure. car le filz qlle auroit seroit a dieu sacre et dedie des le ventre de sa mere. Et qn̄t il sera grant il deliurera les enfans disrael des philisties. Et elle vint a son mari et luy conta tout ce q̄ lange luy auoit dit Et māne pria dieu quil peust veoir celuy q̄ ces bonnes nouuelles auoit dit a sa fēme aux champs ou elle estoit Adonc reuint lange et sapput a la fēme de Māne aux champs ou elle estoit. et tantost quelle le vit: elle courut hucher son mary. Et quant il vit lange il luy demāda sil estoit celuy q̄ auoit dit a sa femme qlle conceueroit vng enfant. Et lange luy respōdit q̄ vray ment il estoit celuy qui luy auoit annonce. Et māne luy dist. et quant lenfant sera ne cōment le gouuernerons nous. Et lange luy respōdit ql ne beust ne vin ne cidre ne chose q̄ de signe venist. et quil se gardast de tout ce ql auoit dit. car il estoit nazareus cest a dire sanctifie et a dieu sacre. Et manne apporta vng gras cheureau tout appareille: et le mist deuāt lange pour māger: car il cuidoit q̄ ce fust vng hōme nō mie vng ange. Et lange luy dist ql ne mēgeroit mie: mais offrit a dieu ce quil a

uoit apporte ⁊ si fist il. Et puis de-
māda a lange son nō. Et lange lui
rn̄dit. pour quoy veulx tu mon nō
scauoir q̄ est merueilleux. ⁊ manne
offrit son sacrifice a dieu dont quāt
le sacrifice fut allume lāge ētra en
la flambe du sacrifice ⁊ sesuanouit
ne oncq̄s puis napparut. Dont q̄ māne vit q̄ cestoit vng ange a qui
il auoit parle: il eut moult grāt pa-
our ⁊ dist quil luy couenoit mourir
pource qˉl auoit veu lange de dieu.
Et sa fēme respōdit que se dieu les
vouloit faire mourir il neust mie re
ceu sa priere en gre ne son offrande.

¶ Dant lenfant fut ne ilz lap-
pelleret̄ Sāpson ⁊ creut le-
fant tant qˉl deuint grāt. et lesperit
de dieu estoit en luy ⁊ auecques lui
Vne fois descēdit sampson en vng
lieu des philistiēs et vit vne femme
q̄ moult luy pleust. Si demāda a
son pere qˉl leust en mariage ⁊ a fem-
me. Et le pere luy dist pourquoy il
laissoit les femmes de son peuple et
vouloit prēdre des estranges. et ne
scauoit le pere q̄ ce fut p̄ ordōnance
de dieu. toutesfois sāpson la voult
auoir commēt quil fust. ⁊ tant fist
qˉl parla a elle ⁊ la fiāsa. Et en sen
allant il encontra entre les vignes
vng ieusne lion tout enflambe aps
sa proye. Et quant sāpson le vit ve
nir vers luy il le deschira aux mais
⁊ mist en pieces aussi legeremēt qˉl

feuillet. lxB.

eust fait vng ieusne cheureau: puis
sen vint ⁊ ne fist oncques semblant
a son pere ne a sa mere Quāt samp
son eut ce fait il sen vint arriere par
deuers sa femme: ⁊ en venant alla
veoir le lyon quil auoit occis. ⁊ se de
stourna du chemin ⁊ trouua en la
gueulle dudict lyon vng lict de
mouchettes ⁊ grande abondance de
miel: ⁊ en print ⁊ en mengea. et sen
donna a son pere ⁊ a sa mere. Et
quāt ilz faisoiēt les nopces de samp
son ou ilz faisoiēt grant feste ⁊ grāt
menger les habitans de la ville eu-
rent grant paour que sampson ne
leur fist ennuy. Si prindrent trente
compaignons fors ⁊ deliures pour
les acompaigner ⁊ garder. Et sāp
son proposa vne parabole bien ob-
scure en disant. Ie vueil dire ⁊ pro-
pose vng prouerbe q̄ si dedens sept
iours vous me poues dire ⁊ expo-
ser que cest a dire ie vous donneray
trente manteaulx ⁊ au tant de rob
bes. et si vous ne le poues scauoir:
vous men donneres autant. Et
ilz saccorderent ⁊ quil leur dist quel
estoit ce prouerbe. ⁊ il leur dist.
De comedēte exiuit cibus: et de
forti egressa est dulcedo. Cest a dire
du mēgeant est yssue la viande: et
du fort la doulceur. Et furēt trois
iours entiers que oncques ne le peu
rent entendre Adonc sen viēdrēt de-
uers la fēme de sampson ⁊ luy dirēt

fay tant pour devers ton mary quil te die la solution du prouerbe: et quant tu le scauras tu le nous diras et se tu ne fay que nous le sachons nous te ardrons en la maison de ton pere. Quant elle ouyt ceste nouuelle elle eut moult grant paour: et dist a sampson. Tu ne haiset ne maime mie ainsi come tu me donne a entendre que tu ne me descouuers ton cueur et ne me dis ceste chose, et ne cessoit de rioter iour et nuyt tant que sampson luy eut dit, et tantost le fist scauoir aux autres. Et quant vint au septiesme iour au bien matin vindrent ces compaignons a sampson et lui dirent la solution du prouerbe, en disant. Est il riens plus doulx que miel et plus fort que lion. Et adonc dist sampson. Il nest riens plus deceuant que femme. Se vous neussies erre en sachete vous neussies mie cecy sceu. Adonc sen alla sampson en vne ville quon appelloit esqualonne et print .xxx. hommes des philisties et les occist et print leurs robbes et leurs manteaulx et les apporta aux .xxx. hommes ausquelz il sestoit gaige. Et fut moult courouce contre sa femme, et la laissa par courroux chez son pere et sen reuint chez le sien

q   Dant vint au temps quon deuoit messonner les fromens et les seigles sampson print vng gras cheureau et leporta a sa femme. et il trouua quelle auoit ia prins vng autre mari lung des .xxx. copaignons et luy auoit fait prendre son pere Et sampson en fut moult courouce: et le pere se excusoit en disant quil cuidoit quil la haist tant que iamais ne le souffist veoir. Si luy presenta vne de ses aultres filles qui estoit assez plus belle mais sampson la reffusa et leur dist. Or ay ie iuste cause de moy venger doreseauant de vous et mal pour vous. Adonc sen alla sampso et print trois cens regnars et les lia par les queues deux et deux et mist sus les queues brandons de feu tous ardans et enflames, et les fit courre par les froments et ardirent tous les bledz du pais. du feu qui vint des bledz toutes les vignes et les oliuiers furent ars par toute la terre des philisties. Et les philisties demanderent qui auoit ce fait et on leur dist que ce auoit fait sampso pour sa femme quon luy auoit ostee et donne a vng aultre. Et les philisties prindrent le pere et la fille et les ardirent pource quilz auoient este cause de tel mal Adonc leur dist sampson Combien que ayes ce fait touteffois ne me souffist il mie encores vous vueil ferir dune autre verge et puis seray appaise. Adonc les ferit dune si grieue playe et si greuable quilz estoient iambes sus aultres come gens desconfitz. Et sen alla demourer en vne fosse ou il y auoit moult fort lieu

a Donc sen vindrēt les phili-
stiens to⁹ armes en grāt ost
en la terre de iuda et ilz leur dirent.
No⁹ somes voz subiectz pour quoy
venes vo⁹ contre nous. Et adonc
les philistiēs leur dirent. Nous ne
venons pour aultre cause maisque
pour avoir sāpson q̄ tant de maulx
no⁹ a fait nous le vouldōs avoir cō-
ment q̄l soit. Adōc sen vindrēt trois
hōmes de la lignie de iuda p̄ devers
sāpson la ou il estoit et luy dirēt
moult durement pour quoy il trou-
bloit ainsi les philistiens q̄ estoient
leurs seigrs̄. Et sāpson leur rādit
Tout ainsi cōme il mōt fait ie le-
ay fait q̄ me demādes vo⁹. Et les
filz de iuda luy dirēt nous te vou-
lōs lier mettre en leurs mais Et sā-
pson le⁹ dist. Or me promettes (⁊ iu-
res q̄ vous ne me occirres point (⁊ ie
me laisseray lier (⁊ si firēt ilz. Et ilz
le lierēt p̄ les mains de deux cordes
toutes neufues et ainsi lie lemme-
nerent par devers les philistiēs Et
quāt ilz le virent ainsi lie ilz eurent
moult grāt ioye (⁊ le cuiderēt moult
bien tenir. Mais sāpson reprīt incō-
tinent son esperit et rompit les liēs
aussi legeremēt cōe le feu rōt vng
fil destoupes et trouua la ioue d̄ vng
asne atout les dens (⁊ fiert (⁊ frappe
sus les philistiēs et en mist a mort
vng millier et les aultres sen fouy-
rent au mieulx q̄lz peurent. Adonc

Feuillet.lxvi.
chāta sāpson de ioye pour la victoi-
re q̄l auoit fait d̄ la ioue de lasne-
ou q̄l il auoit occis mille hōmes. (⁊
commēca a auoir moult grāt soif (⁊
pria a nostre seigr̄ q̄l luy voulsist
enuoier a boire ou aultremēt il cōue-
noit q̄l mourust (⁊ cheust: en la mā
d̄ ses ēnemis. Et nostre seigr̄ osta
lune des grosses dēs de la ioe dōt il
auoit occis les philistiēs (⁊ d̄ la fist
saillir d̄ leau a grant plante. Si en
beut sāpson tant q̄me il voulut (⁊ en
fut tout recree (⁊ reuint a luy. (⁊ d̄ la
en auāt ne doubta les p̄pilistiēs
a Pres ce faict sāpson alla en
la cite de gasaz et vit la vne
belle femme si entra en sa maison (⁊
coucha auec elle celle nuyt. (⁊ on le
dist au roy (⁊ le sceurent ceulx d̄ la
ville. Adonc les philistiēs com mā-
derent q̄ les portes fussent fermees
(⁊ mirent bonnes gardes aux portes
et sus les murs et par tout la cite a
ce que nulle part il peust eschapper
Quāt sampson eut dormi iusques
a minuit il se leua et sen alla. (⁊ q̄t
il vint a la porte il la trouua moult
bien fermee. Adonc il print portes
verroux et gons et mist tout sus sō
col (⁊ les eporta sus vne montaigne
pres de la cite et les mist la.
Comment la mauuaise femme
Dalida deceut Sāpson le fort
a Pres aduint que sāpson vi-
sita vne fēme quō appelloit

Dalida q̃ demouroit en la vallee de ioseph et sacoincta delle. Et les princes des philistiẽs vindrẽt a elle et luy dirẽt q̃lle enquist diligẽment et sceust ou gisoit la plus grãt force de luy, et ilz luy promirẽt or ⁊ argẽt asses mais quelle le peust scauoir. Adonc sen vint dalida a sampsõ ⁊ luy dist. Je te prie mon cher amy q̃ tu me diez ou gist si grãt force cõme il y a en toy: et son pourroit faire tãt que tu neusses non plus de force ou puissance cõme ung aultre homme Et sãpson luy fist entendre que sil estoit lie de sept cordes de nerfz toutes neufues q̃ encores ne fussẽt mie seiches: ie seroie aussi floble comme ung aultre homme. Et celle le fist scauoir incõtinent aux philistiens. et les philistiens luy apporterent ⁊ se cacherent en sa maison. Et quãt il fut bien endormy elle le lia de ces sept nerfz tout ainsi cõe il auoit dit. et puis cria sampson voicy les philistiẽs sus toy. Et sampsõ sesueilla et rõpit les liens des sept nerfz tout ainsi cõme il eut fait ung fil destoupes. Et ainsi le fist il a la secõde fois de sept cordes toutes neufues car il les rompit aussi legeremẽt comme ung poil de fil. Quant dalida vit quelle auoit este ainsi mocquee par deux fois: si en fut moult courouccee et dit. Tu mas ia deux fois menti et la verite ne me veulx dire ne co-gnoistre. Au moins dy moy a ceste fois la verite. Et sãpson luy dist q̃ prendroit ung moncel de fil et sept de mes cheueulx ⁊ prẽdoit ung clou fichie en terre ⁊ le lieroit entour ie seroie aussi floible comme ung aultre hõme Et elle fist ainsi q̃me aultres fois. ⁊ puis cria. or sus sãpson lieue toy: les philistiens sont sur toy. Et sampson sesueilla et tira cloux et le moncel apres luy. Quant dalida a vit ainsi deceue mocquee ⁊ baratee si en eut moult grant dueil. ⁊ dist a sampson commẽt il ne laymoit mie et tant de telles parolles dont elle riotoit chascun iour. ⁊ especialemẽt de nuyt quant il deuuoit reposer. et gettoit moult grãs souppirs ⁊ sem bloit q̃lle deust rendre lame. ⁊ brief uemẽt par telz malicieux attraitz a tant le mena q̃l luy cogneut la verite ⁊ luy dist q̃l estoit a dieu sacre des son enfance: ⁊ q̃ rasouer ne deuuoit toucher sa teste. ⁊ q̃ sil estoit raiez il perdroit sa force. Et quant celle mauuaise femme ouyt q̃l auoit son cueur descouuert: elle manda aux princes des philistiẽs q̃lz venissent hardimẽt: car elle luy auoit ouy co-gnoistre verite. Et ilz sen vindrent moult lyement ⁊ luy apporterẽt lor ⁊ largent q̃lz luy auoient promis. Et quant il fut endormi en son giron ainsi cõme les aultres fois: elle mãda querir ung barbier et luy fist

raire les cheueulx de sa teste et tan-
tost il perdit sa force et lespit de dieu
se departit de luy. Adonc le prit dali-
da a despiter et le bouta arriere delle
et luy escria. Sampson les philistiēs
sont sus toy. il se sueille et cuida fai-
re come aultres fois: mais il faillit.
Adōc le prindrēt les princes des phi-
listiēs: et tout pmier lui creuerēt les
yeulx et lemenerēt bien lie en la cite
de gasam et le mirēt en prison et luy
faisoiēt mouldre du bled.

O R aduint peu de tēps apres
que les philistiēs firent vne
moult grāt feste et solemnite a leur
dieu dagon pour la victoire qlz di-
soient q leur dieu dagon leur auoit
donee de leur ēnemi sampson quilz
tenoiēt ainsi prins. et firent amener
sāpson deuāt eulx. et se mocquerent
de luy. Dont le cueur luy en print a
faire bien mal. et aussi les cheueulx
de sa teste q dalida luy auoit fait re-
re estoiēt ia reuenꝰ et estoient ia assez
grans. Adonc dist au varlet qui le
menoit. maine moy au pillier de la
salle: et me laissa lavng peu apuier
Et le varlet le mist entre les deux
pilliers prīcipaulx qui soustenoient
la maison. et la estoiēt tous les prin-
cipaulx et les plus suffisās des phi-
listiēs: et estoiēt bien trois mille que
hōmes que femmes sans ceulx qui
mēgeoient qui estoiēt la assembles
pour veoir sāpson q tant de maulx

feuillet. lxvii.

leur auoit fait. et tous faisoiēt ioye
et feste de sa prinse. Adonc retourna
sāpson et esleua son cueur a dieu. et
luy pria quil lui redist sa force quil
auoit perdue affin ql se peust ven-
ger de ses ennemis. Et nostre seignr
la luy rendit. Et il va ēbrasser les
deux pilliers entre lesqlz il estoit et
les hurta tellemēt quil abbatit la
maison sus luy. Et plus en occist
en sa mort quil nauoit fait en sa vie
car toꝰ ceulx furēt mors q la estoiēt
assēbles a celle feste. Adonc vindrēt
ses amis et lemportrēt auec eulx et
le seuelirēt au sepulchre de son pere.
Et fut iuge du peuple disrael. xx.
ans continuelz.

¶ Cy rōmēce listoire des roys.
Et pmieremēt oment āne femme de
helcana eut vng filz q fust appelle
Samuel qlle donna a dieu pour le
seruir au temple et le deliura a helie
se souuerain prestre.

S vng hōme fut de romatha-
sophin quon appelloit hel-
cana qui estoit de la mōtai-
gne deffrai: et auoit deux femes dōt
lūe auoit nō ana et lautre phenāna
et ana estoit brehaigne et ne pouoit
auoir enfans Et phenenāna auoit
asses filz et filles. Et helcana alloit
chascū iour adourer nostre seignr en
sillo ou le tabernacle estoit. et qnt il
auoit fait ses offrādes a dieu et dō-

aux prestres et aux ministres ce qlz̄ deuoient auoir selon la loy si departoit le demourant a ses femmes τ a ses enfans. Et quāt il donoit a anna sa part si estoit triste de ce q̄ peu luy en donoit car moult laymoit τ phenāna se morquoit delle τ luy faisoit moult de despit τ luy reprochoit q̄lle estoit brehaigne. Et āna plouroit τ estoit a tel meschief q̄lle ne pouoit ne boire ne mēger. Si se mist a la porte du tabernacle τ plouroit si amerement quelle fondit toute en larmes. et prioit a nostre seignr̄ ql luy voulsist donner enfant pour quoy elle fust deliure de tel reproche. Et voua a dieu que si elle pouoit estre grosse τ q̄lle peust auoir enfant elle le donneroit a dieu. Et quāt helie le souuerain prestre τ euesque labit ainsi plourer et les leures mouuoir sans parler il cuida quelle fust yure Et elle luy declara q̄ ce nestoit mie par force de vin: mais que par grāt angoisse de cueur dont elle estoit replie pour la reprouche quon luy disoit pource quelle estoit brehaigne. Et quāt helie eut escoutee il la conforta aux mieulx ql peult τ luy dist fille dieu te vueille ton desir accomplir. Adonc sen alla toute reconfortee et ne changea oncques puis la couleur de son visaige: et sen retourna auecques son mary plus legeremēt quelle nestoit venue.

a Ses tost apres cōceut āna τ acoucha dung beau filz q̄ elle appella Samuel. Et quant il fut asses grāt si le mena sa mere au tabernacle pour offrir a dieu τ estre en son seruice ainsi cōme elle auoit promis et voue τ le recommanda a helie et il le receut a sa gouuernāce. Adonc anna se print a dieu louer et fist celle belle cātique quō dit le mercredi p̄ toute saincte eglise aux laudes quant le seruice est du temps. Exultauit cor meū in domino.

o R auoit helie deux filz dont lung auoit nō orphin τ laut̄ phinees. et estoient prestres τ ministres du tabernacle. Et cōmencerēt a mener vne orde vie. et faisoient moult de maulx. τ de deffaulx cōtre dieu τ sa loy. car prioiēt les femmes q̄ venoiēt pour dieu adourer τ les tiroiēt dune part τ les reqroient de gesir auec elles. τ en faisoiēt de maltes leurs voulētes. τ aussi les attraioiēt τ acompaignoiēt a mal faire τ a trespasser la loy q̄ leur deuoient mōstrer et endoctriner a bien faire. Et ilz les enhortoient de mal faire. dont nostre seignr̄ en fut courouce contre eulx τ contre leur pere. Helie qui leur souffrit a faire tel oultraige: τ ne les corrigoit mie ne chastioit ainsi quil debuoit. τ ne se tenoiēt mie a tant mais venoient a ceulx q̄ apportoiēt leurs sacrifices

Feuillet .lxviii.

leur demandoient la chair crue pour leur menger et appeiller a leur guise Quãt on ne la leur vouloit donner ilz leur tolloient des mais et boutoient dedens leurs hanetz & hauetoient dedens leurs chaudieres ou on cuisoit les sacrifices, & en tiroient hors du plus bel & du meilleur a leur voulente Et quant le peuple se cõplaignoit a helie leur pere il les reprenoit asses mollement & nen faisoient force ses enfans & pseueroient tousiours de mal en pis

Õbien q̃ helie chastiast ses ẽfans & remõstrast commẽt ilz pechoient griefuement en disant Se vng homme peche contre vng aultre on le peult bien appaiser par priere: mais ainsi ne peult on mie faire a dieu. Toutesfois riens nen mettoient en leurs cueurs et peu prisoient la parolle de leur pere. Et pource enuoya nostre seignr vng prophete a helye q̃ parla a luy en la psonne de nostre seignr & luy dist. Jauoie promis a tes peres q̃ tes enfans me seruiroient a iamais en ton office: & ie vueil honourer ceulx q̃ honneur me portent: & deshonnorer & despiter ceulx q̃ me deshonoreront & despiteront. Et pource q̃ tes enfans mõt deshonnoure & despite saches q̃ ie te osteray de cest office q̃ iamais toy ne tes enfans ne me seruires en mon tabernacle & substitueray vng pstre bon et loyal

q me seruira et doubtera & non mie ainsi q̃ toy q̃ as plus doubte tes enemis q̃ moy Et pource toy & eulx en seres tellement punis q̃ tous deux ensemble en vng iour serõt occis: & tu mourras aussi nõ mie comme eulx.

Cõment nr̃e seignr pla a samuel.

Lẽfant samuel amẽdoit et croissoit en aage & en meis tant q̃l eut grace deuãt dieu & deuant les hõmes. Et helie deuenoit fort anciẽ: et luy failloit la veue de vieillesse tant q̃l ne pouoit veoir la lumiere du tabernacle qnt elle estoit esprise iusques a tant quelle fut extincte: cest a dire tant quelle ardoit il ny veoit riens. Et lẽfant samuel seruoit au temple et couchoit en la chambre de helie. Or aduint vng iour que helie estoit en son lit & lenfant samuel dormoit en sa chãbre & voicy vne voix qui va hucher samuel/samuel. Et lenfant se lieue & sen vint courant a helie: car il cuidoit que helie lappellast: & luy dist Sire tu mas appelle vees me cy q̃ me veulx tu. Et helie luy dist. Je ne tay pas appelle mon enfant va dormir Adonc samuel sen retourna dormir, & nostre seignr lappella la seconde fois ainsi cõme la pmiere, & il sen retourna helie & il le renuoya dormir Et adonc lappella la tierce fois nostre seigneur, et quãt il vint deuant helie: helie eut la cognois-

sance q̃ nostre seigñr lappelloit. Si
enseignast lenfant q̃ le on lappelloit
plus q̃l respõdist. Sire parle a moy
q̃ suis ton poure seruãt ⁊ ie te ayme
ray de bon cueur. Et ainsi respõdit
il cõme Helie luy eut enseigne. Quãt
nostre seigñr lappela la quarte foiz
adõc nostre seigñr parla a luy ⁊ luy
dit de Helie tout ce q̃ les aultres pro
phetes luy en auoiẽt dist aultresfois
de p̃ nostre seigñr: ⁊ y adiousta nr̃e
seigñr. Je feray telle chose en israel
q̃ quicõques lorroit les oreilles luy
corneroiẽt et bruiroiẽt. Car le iour
viendra q̃ ie acompliray sus Helie ⁊
sus ses enfans ce q̃ ie luy ay mande
cest ce q̃ luy ne ses enfans ne me serui
ront plus: et que ie me vengeray de
leurs mauuaisties. Et est tel: car il
a veu pecher ses enfans ⁊ faillir q̃ntre
moy ⁊ il ne les a mie chasties ne cor
riges de leurs meffaitz, et deffaulx
ainsi cõme il deust: ⁊ les a trops ay
mes et supportes. Et quant vint
bien matin samuel se leua ⁊ ouurit
les huis du tabernacle et nosa reue
lez a Helie ce q̃ nostre seigñr lui auoit
dit. Et q̃nt Helie fut leue il appella
samuel et luy demãda que dieu luy
auoit dit. Et quãt samuel luy eut
tout raconte Helie respondit Dieu
est sire il luy plaise demoy faire ce q̃
bon luy semblera. Et de la en auãt
courut la renõmee p̃ tout le peuple
disrael q̃ samuel estoit vray prophe

te de nostre seigñr ⁊ venoiẽt tous a
luy pour prendre conseil.

Commẽt les philisties conqui
rent larche de nostre seigneur

En celuy tẽps les philistiens
sassemblerent contre les enfans
disrael ⁊ se mirent ensemble ⁊ leur
allerẽt courre sus et hurterẽt ensem
ble: mais les enfans disrael furẽt des
confitz et pdirent biẽ quatre mille
hõmes en celle bataille q̃ les maul
uaises philisties mirent a mort. Et
quãt ilz furent retraitz ⁊ virent que
ainsi auoient perdus tant de gens
ilz dirẽt a nostre seigñr. Sire pour
quoy no9 as tu ainsi batus. Adonc
saduiserẽt quilz iroiẽt querir larche
en silo et lemporteroient auec eulx
en bataille affin q̃ dieu fust auecq̃s
eulx. Et les enfans de Helie orphin
⁊ phines allerẽt apres larche pour
la garder. Et qñt le peuple disrael
virent larche venir contre eulx: ilz
getterent vng tel cry entre eulx que
toute la terre en retentit. Et quant
les philisties les ouyrent ainsi crier
ilz disoient ensemble que ont trouue
les ebrieux que ainsi crient. Et on
leur dist q̃ cestoit pour larche de no
stre seigñr q̃ estoit auec eulx. Adonc
eurẽt grant paour les philistiens ⁊
cuidoiẽt bien estre perdus. Or se mi
rent les deux ostz ensemble ⁊ se cõba
tirent puissamment: mais les phili
stiens eurent la victoire ⁊ furẽt les

enfans disrael desconfitz tellemēt q̄ larche de dieu fut prinse. Et y moururent les enfans de helie orphin ⁊ phinees ⁊ occirēt les philistiēs des ēfans disrael bien .xxx. mille ⁊ tous les aultres sen fouyrēt Et les philistiēs les chassoient ⁊ les occisoient par tout ou ilz les pouoiēt attaīdre Adonc vint ūg hōme a helye ⁊ le trouua q̄l se seoit sus une selle a lentree du tabernacle ⁊ luy va racōter commēt les ēfans disrael estoiēt desconfitz et q̄ plusieurs estoient mors ⁊ les aultres sen estoiēt fouys ⁊ que larche de dieu estoit prise ⁊ ses deux filz mors Quāt helie ouyt q̄ larche estoit prinse il en fut si abbatu quil cheut ius de sa selle ⁊ fut escervelle ⁊ mourut la sans renōcier : et estoit ia vieulx et de grant aage. Et fut iuge du peuple disrael biē quarāte ans. Et la estoit une de ses filles la femme de phinees qui estoit grosse denfant et pres de son heure q̄ ouyt les nouuelles q̄ō disoit. Et quāt elle ouyt dire q̄ larche de dieu estoit prise ⁊ q̄ son mari estoit occis et vit son sire mort elle cheut a terre cōme morte. ⁊ De la douleur q̄lle souffrit elle ēfanta et eut ūg filz quon appella histaboth

¶ Donc prīdrēt les philistiēs larche de dieu et lēporterēt au tēple de leur dieu et la mirēt sus lautel dagon q̄ estoit leur dieu ⁊ le

feuillet .lxix
demain vindrōt au tēple ⁊ trouuerent leur dieu a terre deuāt larche. si le releuerent ⁊ le mirēt en son lieu Et lendemain ēcores le trouuerent a tre gisant ⁊ auoit les piedz et les mains brisees et la teste aussi et gisoit dessus le sueil de lhuis et pour ceste cause noserēt de la en auāt les p̄stres du temple de dagon monter sus le sueil de lhuis du tēple pour dagon quō y auoit trouue gisant. Ne demoura gueres aps que ceulx de la cite ou estoit larche furēt ferus dune greuable et horrible maladie car les fondemēs de leurs corps porissoiēt ⁊ les entrailles toutes pouries leur cheoient par le fondement dessoubz ⁊ ratz ⁊ souris yssoient et mēgeoiēt les bledz des champs.

¶ Comment les philistiens renuoioient larche de nostre seignr aux ēfans disrael.

¶ Dant les satrappes des philistiens virent ceste griefue pestilēce venir ainsi sus eulx ilz dirent q̄ cestoit pour larche de dieu qui estoit entre eulx ⁊ q̄ilz auoiēt prinse Ilz se pēserent q̄l seroit bon quilz la laissent porter p̄ toutes leurs tres et les aultres cites : ⁊ p̄ tous les lieux ou ilz la portoiēt si estoient ferus de ceste maladie dōt ilz furēt a tel meschief quon ne le pourroit croire : car nullemēt reposer ne pouoient pour la grāt doule q̄lz souffroient : ne nul

remede ny pouoient mettre aulcune/
ment. Adonc saduiserent du conseil de
leurs prestres et des deuins q estoient
entre eulx quilz remaineroient larche
en la terre disrael. Et adonc firent fai
re cinq figures de fin or et cinq ratz
ou souris de fin or selon le nombre des
cinq cites ou larche auoit este en si
gne de la grat plaie et pestilence quilz
auoient eue pour la prinse de larche
et la mirent sus ung char tout neuf
et y attellerent deux vaches q auoient
deux veaulx quon leur racondoit en
lostel. Et dirent q ces deux vaches
meneroient larche tout droit sans con
duiseur au chemin de balsames qui
estoit une cite appartenant aux pre
stres q gist en la lignie de beniamin
Et adonc seroit il vray q pour lar
che ilz auroient este batus. et si elles
ny alloient mie donc seroit ce dauen
ture q cecy estoit aduenu. Et ainsi
le firent ilz come ilz auoient propose et
les vaches trairent le char et larche
et sen allerent le droit chemi sans de
cliner ne ca ne la vers balsames. et
quant les philistiens virent ce: si sceurent
bien euidement q ceste plaie et pesti/
lence leur estoit venue pour larche
par la voulente de nostre seignr
a   Ainsi sen allerent les vaches
          le droit chemin vers balsames
et muelloient par la voie comme va
ches sollent faire quant elles ont perdu
leurs veaulx. Tant allerent quelles

vindrent en ung lieu pres de la cite.
Et les gens du pais soyoient leurs
fromens: et le chariot sarriua droit
au champ de iosue q estoit de celle cite
et la sarrasterent les vaches a tout le
chariot q portoit larche q oultre ne
vouloient passer. Adonc vindrent
les filz de leuy qui la demouroient et
prindrent larche et la mirent sur une
grant pierre q la estoit: et prindrent le
chariot et le decoupperent et mirent
en coupons sus la pierre et prindrent
les deux vaches et les mirent sur les
coupons du chariot et y bouterent le
feu et les sacrifierent a dieu. et les gens
de celle cite offrirent grans dons et
grans sacrifices a dieu en celuy iour.
o   R adult /ne scay pour quoy
  ⸱   que nostre seignr fist mourir
lxx. hommes des plus grans du pays
et cinquante mille du comun pource
quilz auoient regarde larche. Pour
laqlle chose ilz furent si esbahis et si
espouentes tellement quilz manderent
a ceulx de charathan que larche de
dieu estoit rendue et ramenee des phi
listiens: et quilz la venissent querir
quilz lemenassent en leurs cites car
ilz ne la pouoient plus garder. Dont
quant ceulx de charatham ouyrent ces
nouuelles: si en furent moult ioyeux
et lallerent querir a moult grant ioye
et lemmenerent auecques eulx et la mi
rent en la maison aminadab qui de
mouroit en gabaa lequel estoit ung

bon preudhôme, et firent son filz ele
azarū prestre car il estoit de la lignie
de luy. Et fut l'arche bien .xx. ans
en la maison aminadab sans en par
tir iusques au temps du roy Saul
Or sen vindrent adonc les enfans
disrael a nostre seignr et le seruirēt
et se mirēt au gouuernemēt de sa
muel qui fut leur iuge. et venoient
tous p deuers luy po' toutes leurs
besoignes qlz auoient a faire.
¶ Dāt samuel sit quilz ser
uoient a nostre seignr et met
toient leur esperāce et fiance a luy si
les appella et leur dist. Allōs en ma
phat adourer nostre seignr: et la ie
p:ieray pour vo'. Et qñt ilz furent
la si espādirent de leaue deuant no
stre seignr en laqlle estoient les ma
ledictiōs cōtenues telles q qui beu
roit de celle eaue il estoit ydolatre,
c'est quil eust adouré les ydoles: les
leures se ardirent et ioignoiēt si fort
ēsemble quō ne les pouoit desassem
bler. Adonc leur dist samuel se vo'
voules dieu seruir et ēsuyuir de bō
cueur ostes tous les dieux estrāgez
et les ydoles q sont entre vo' Balaac
et astaroth et serues a dieu tant seu
lement il vous deliurera et deffen
dra des mains de vos ēnemis. Et
ainsi le firēt to' les filz disrael q me
samuel auoit pschie et enseigne: car
ilz destruirēt les ydoles de toute la
tre disrael et se mirent a dieu seruir

feuillet. lxx.

Les philistiēs estoient enne
mis aux enfans disrael et les
eussent bien voulu auoir destruitz
silz eussent peu. Dont quāt ilz ouy
rent q le peuple disrael estoit tout
ensēble en maphat tous desarmes:
si se mirent ensemble et sarmerēt en
contre le peuple disrael a grāt force
de gens. Et quāt les enfans disrael
les virent venir contre eulx: si eu
rent moult grant paour et dirent a
samuel quil priast nostre seignr qĩl
leur voulsist aider et deliurer de la
main des philistiens. Adonc print
samuel vng aigneau de laict et lof
frit tout entier a nostre seigneur Et
nostre seignr receut sa priere. et ain
si cōme samuel offrit a nostre seignr
laignel les philistiēs furent si esba
his et si espouētes quilz sen fouyrent
tous Si les mettoiāt a mort les en
fans disrael a leur voulente. et en fi
rent celle iournee grant occision Et
les chasserent iusqs a lentree de leur
pais et les desconfirent tellemēt que
oncques puis noserent assaillir le
peuple disrael especiallement tant
cōme samuel vesquit. Et samuel
visitoit chascū an toute la tre disra
el: et rendoit ses iugemēs et les gou
uernoit et enseignoit selon la loy et
les gmādemens de nostre seigneur.
¶ Comment les enfans disrael
requirent a Samuel dauoir vng
roy sus eulx.

R deuent samuel viel et ancien: ⁊ institua deux filz iuges disrael dont lung auoit nō ioel et lautre abzam. Et mist lung en Bethel ⁊ lautre en bersabee pour iuger le peuple en ces deux lieux. mais ilz ne ensuyuirent mie la voie ne la trace de leur pere: mais estoient conuoiteux et auaricieux a dextre et a senestre ⁊ peruertirēt iustice dont le peuple en fut mal contēt ⁊ commencerent plusieurs a moult fort murmurer. Et pource sassemblerēt les princes des lignees ⁊ dirent qlz eussent vng roy sus eulx q̄ les gouuernast aussi cōme auoiēt tous les aultres gens. ⁊ qui les deffendist ⁊ se cōbatist pour eulx. ⁊ le proposerent a tout le peuple: ⁊ il leur fut aduis q̄ moult bien auoient propose. ⁊ ilz si accorderēt tous. Adonc sen vindrēt a samuel ⁊ luy dirent. Sire noꝰ venons a toy comme a celuy q̄ est gouuerneur ⁊ nostre iuge droicturier et iuste. si voyons q̄ tu deuiens anciē formēt et tes enfans ne sont pas telz ne si iustes cōe tu as este enuers noꝰ Et si tu estois mort noꝰ naurions a q̄ retraire q̄ noꝰ peust ⁊ sceust deffendre. si te requerons q̄ tu noꝰ dōnes vng roy cōe ont toutes manieres de gēs q̄ noꝰ deffendē de nos ennemis et q̄ noꝰ puisse secourir a nostre besoig.

Quant samuel ouyt ainsi parler les plus grās du peuple et cōment ilz demādoiēt roy qui les gouuernast: si fut si courrouce q̄ plꝰ ne pouoit. ⁊ leur respōdit quil parleroit a nostre seignr ⁊ luy demanderoit conseil sur cecy. Adonc samuel sen alla plex a nostre seignr et luy demāda conseil q̄l feroit de ce q̄ le peuple luy demandoit car ilz vouloient auoir vng roy sus eulx cōmēt quil fust. Et nostre seignr luy dist. Tu feras ce quilz te demādēt donne leur roy ⁊ leur fay leur voulente car ilz ne te despitēt mie tant seullemēt mais moy et ne veullent mie q̄ ie regne sur eulx. ne autremēt ne scauroiēt ilz faire ne firent oncq̄s des quilz partirent degipte. car ilz mōt maistesfois despite et serui aux ydoles ⁊ aux dieux estranges. Si feras ce quilz te demāderont: mais ie vueil q̄ tu leur deuises les drois du roy qui regnera sur eulx.

Adonc sen vint Samuel a ceulx q̄ auoiēt parle a luy ⁊ leur dist ce q̄ nostre seignr luy auoit dit. Et leur deuisa toꝰ les drois du roy q̄ debuoit regner sur eulx. ⁊ furent telz. Vous voules auoir roy q̄ soit sire sur vous voicy q̄lz voꝰ fera Il prēdra vos enfans et en fera ses garsons: et les vngz fera cheuaucheurs ⁊ les autres fera garder ses bestes. les vngz garder ses champs ses prez ⁊ ses maisōs. les aultes labourer ses vignes. et ainsi toutes

aultres choses qui mestier luy serõt
et fera de voz femes et de voz fil∼
les selon q̃ besoing luy sera. il en pze̅
dra a sa voulẽte voulesoit bel ou nõ
et ne oseres pler ne dire mot. et pzen
dra du plus bel et du meilleur q̃ voꝰ
aues a son gre: et si vous en parles:
mal pour vous. Et qn̄t samuel eut
ce dit et plusieurs autres se̅blables
choses dictes et deuisees: ilz respon
dirent que non obstant toutes choses
ilz vouloiẽt auoir roy. Adonc leur
dist samuel q̃ chascũ sen alast a sa
besoigne iusq̃s a tant q̃l les mande
roit querir et q̃l en pourroit tan
dis vng tel qui fut souffisant pour
estre leur roy

Elle nuyt sen alla samuel
en sõ lit et pria nostre seign̄r
quil ne print mie garde a leur follie
car ilz ne scauoiẽt quilz faisoient. et
voulsist pourueoir de tel roy q̃ fust
souffisant pour eulx gouuerner dõt
qn̄t samuel fut e̅dormi nostre seign̄r
sapparut a luy p̱ vision et luy dist.
Jay pitie de mõ peuple: si vueil fai
re ce q̃lz me requiret: demain et tour
lheure de tierce te e̅uoiray p̱ deuers
toy vng hõme de la lignie de benia
min leq̃l tu feras roy sur mon peu∼
ple qui le sauuera et garãtira de la
main des philisties. Oz auoit vng
hõme de la lignie de beniamin qui a
uoit nom. cis q̃ auoit vng filz qui
auoit nom saul. Et saul estoit

feuillet. lxxi
adonc si preudõme q̃ en tout le peu∼
ple disrael nauoit nul meilleur de
luy Oz aduint q̃ le pere de saul eut
pdu ses asnes et ne scauoit ou il les
pourroit trouuer si comma̅da a son
filz saul q̃l prenist vng varlet auec
luy et sen allast querir ses asnes. et
saul alla qrir p̱ tout le pais et passa
par les montaignes de salim. et de la
vindrent en la terre deffraim et de ben
iamin. et nen pouoiẽt ouyr nouuel∼
les. adonc dist saul a son varlet.
Retournõs nous en: car noꝰ ne trou
uons riens. Car ie tien q̃ mon pere
est plus a malaise de nous q̃ de les
asnes quil a perdus. Et son varlet
luy dist Jl y a ptes dicy vng pzophe
te q̃ scet toutes les choses et voit tout
et tout tant quil dist il aduint sans
faillir. allons pler a luy sil scet nou
uelles des asnes q̃ nous querons. et
saul luy accorda. Et quãt ilz vin∼
drent en la terre de Ramatha ou le
prophete demouroit si e̅contrerẽt des
pucelles de la ville q̃ alloiẽt a leaue
et leꝰ demãderẽt se le prophete estoit
en la ville et ou ilz le pourroient trou
uer. et elles luy respondirent quil y
estoit et quilz se hatassent car il sen
alloit vng bien peu deuãt eulx
Adonc se auãcerẽt tant quilz trou∼
uerẽt samuel: mais ilz ne le cognois
soient mie. Jlz demãderent ou estoit
le prophete. Et samuel regardoit
et consideroit saul: si luy fut de dieu
k. iii

reuele & oyt q̃ dieu luy disoit. Voicy celuy q̃ tu feras roy. Et samuel lui rñdit. Je suis le prophete q̃ tu demãdes, tu viendras disner auec moy & demain au matin ten iras & ie te diray tout quãques tu demãderas, & des asnes q̃ tuqers ne aies pl⁹ souci car ilz sont trouues & a qui serõt to⁹ les biẽs dissrael mais que a toy

Comment samuel sacra saul a roy sur israel.

a   Donc print samuel saul et
lẽmena mẽger auec luy & le fist seoir au dessus biẽ de .xxx. quil auoit semõs auec luy, & luy fist apporter vng bermõ de moutõ & mettre deuãt luy en disant, tu en peulx biẽ menger car ie lay fait garder potoy en certaĩ propos. En celuy tẽps on appelloit le hermon la piece roy alle. Celle nuytee se reposa saul et samuel le gduisoit iusques au desfiner de la cite. Et quãt ilz vindrẽt aux chãps samuel dist a saul qĩl fist aler son varlet deuãt et demouraft vng peu derriere car il vouloit pler a lui de cõseil & secret. Et quãt saul eut fait aller son varlet deuãt: samuel print la saincte huille quil auoit apportee auec luy: & les pãdift sur la teste de saul en disant. Dieu te oingt de sa saincte huille:& te fait dieu prĩce & gouuerneur de son peuple & de son heritaige. & en signe q̃ ce soit verite quãt tu seras parti dicy tu trou

ueras en ta voie dẽp̃tes de sepulchre de rachel deux hõmes q̃ te dirõt q̃ les asnes sont trouues. Et quãt tu viedras p̃s le chesne thabor tu en rõtreras trois hõmes dont lung porte trois cheureaulx, le second trois tourtes de pain, et lautre vng pot plain de vin. Et prendras deux de leurs pains & ap̃s viendras au lieu quõ dit listatutiõ des philistiens: & la te viendront au deuãt vng troppeau des prophetes descẽdãs de la coste de dieu chãtans et louãs. Dieu ẽtrera en toy & ẽtrera en eulx, et les prophetiseras, & loueras dieu auec q̃s eulx. Et qñt tu auras trouue to⁹ ces signes adõc deuras estre certain q̃ dieu est auec toy & q̃l ta esleu, ainsi qme ie tay dit, et en viendras en galgalis faire sacrifice a dieu: & la me attendras sept iours iusq̃s a tant q̃ ie soie venu. Or se deptit saul & sen vint et trouua to⁹ les signes que samuel auoit deuises. Et qñt il vint etre les prophetes il prophetisa auec eulx: dont sen esmerueilloiẽt ceulx q̃ le cognoissoiet et disoiẽt Quest il deuenu de saul q̃ est etre les prophetes. Quãt il eut laisse le prophetiser il sen reut chez son pere & ne fist onques mention de ce que samuel lui auoit dit du royaulme.

a   Ses tost samuel fist assem
bler tout le peuple disrael en maphat deuãt nostre seign̄r et leur

Feuillet. lxxii.

dist. Nostreseignr ma dit q̃ ie vous die de p̃ luy. Jay gette les enfans disrael hors de egipte: ⁊ les ay deliures de la seruitude ⁊ de la main de tous les roys q̃ mal leur vouloiẽt faire. Et auiourdhuy vo⁹ laisses ⁊ despites vostre dieu q̃ de tant de perilz ⁊ tribulatiõs vo⁹ a deliures. car vous voules auoir aultre roy q̃ dieu dõt maintenant vous estes deuant dieu gettes les lotz par les chiefz dostel. Et au dernier cheut sus cis le pere de saul. Et apres cheut sus saul. et saul sen estoit aller mucher: ⁊ ilz lallerent querir et lemmienerẽt ⁊ le mirent ou millieu dentre eulx tous Et quãt ilz le virent si bel hõme cõme il estoit. car des espaules en amont il apparoissoit p̃ dessus les aultres Adonc leur dit samuel. Voicy que dieu a esleu pour estre vostre roy ⁊ est tel que en tout le peuple na poĩt son pareil. Adonc commẽca tout le peuple a crier a haulte voix. Viue le roy saul. Et puis sen retournerent chascũ en son lieu. Et saul sen vint en gabaa et plusieurs du peuple auec luy. Et les anciẽs le despitoient et disoient. Quel bien nous peust faire cest homme. Et saul les ouyt biẽ pler ⁊ m̃murer cõtre luy et dissimuloit ⁊ ptoit tout en paciẽce.

Ng mois passe aduĩt q̃ naas le prince damõ vint assieger la cite de iabes en gabaa. Et quant ceulx de la cite se virent assieges ilz requirẽt a naas quilz fissent paix ⁊ accord ẽsemble ⁊ voulẽtiers le seruiroient et seroient ses subgectz. Et naas leur remanda q̃ silz vouloient voulẽtiers les pꝛendroit a mercy par telle conditiõ q̃l leur creueroit loeil dextre: car sestoit sa coustume q̃ to⁹ ceulx quilz pꝛenoit en bataille il leur creuoit loeil dextre. Quãt ceulx de iabes ouyrẽt ce q̃ naas leur mãdoit ilz luy requirẽt sept iours de treues pour veoir silz pourroiẽt trouuer q̃ les voulsist secourir et aidẽr: ⁊ si aider ne les pouoit ilz se tiendꝛoient a luy. Et naas voulũtairemẽt leur ottroya. Adonc vindꝛẽt les messagiers de iabes a Saul en gabaa: ⁊ racõterent deuãt tout le peuple comment naas les auoit assieges: ⁊ les contenances quilz auoient a luy. si commẽca le peuple a plourer quãt ilz les ouyrent parler. Et saul reuenoit des champs dapres ses beufz: si ouyt ce que ceulx de iabes luy mãdoient: dont il en eut grant pitie et compassion. Et lesperit de dieu entra en luy et par grãt couroux pꝛint ses deux boeufz a deffirer et mettre en pieces ⁊ les enuoya par toute la terre disrael en disant q̃ quicõques ne ensuiueroit samuel et luy il en seroit ainsi comme il auoit fait de ses beufz. Et tous sen vindrẽt ⁊ assemblerẽt au gmãdemẽt du roy saul ⁊

k. iiii

les compta et furent bien trois cens mille hommes de la lignie de iuda auec bien trete mille daultres. Adõc il dist aux messagiers q̃ deuant que le soleil soit demain echauffe vous seres vengés de vos enemis sauues z deliures. Et saul diuisa ses gens en trois pties z au poit du iour courut sus a naas z a sa gent puissamment z les descõfit tellemẽt que vng tout seul ne demoura oncq̃s ensẽble q̃ ne fut mort ou q̃ ne sen fouyt. Et qñt le peuple sceut ceste victoire que saul auoit eue ilz disoiẽt entre eulx lũg a lautre q̃ sont ceulx q̃ ont murmuré z q̃ dit saul ne regneroit mie sur nos: prenõs les et les mettons a mort car ilz sont bien deserui. Mais saul ne le voulut mie souffrir: ains les rapaisa au mieulx q̃l peult z le dist q̃ ce ne seroit mie bien fait puis q̃ nostre seigñr leur auoit dõne victoire que nul ne fust mis a mort

Pres ceste victoire samuel appella le peuple et leur dist Allõs en galgalis z renouuellerõs z ofermerõs nostre royalme. Adõc sen alla tout le peuple en galgalis et la firent Saul roy z sacrifierẽt a dieu z furent moult liez z ioyeulx tous ensemble. Adõc parla samuel a tout le peuple z leur dist Doicy q̃ cest. vo9 aues roy q̃ regne sur vous vo9 maues despite pource q̃ ie suis deuenu viel et ancien. Iay vse ma vie des mõ enfance iusques a maintenãt ne oncq̃s a nul de vo9 ne feis tort. Or vous reqers q̃ vo9 dictes deuãt nostre seigñr z deuãt vostre roy se iay tollu oncques par tout le temps que ie vous ay gouuernes a nulz de vous ne beufz ne asnes: ne se ie prins õcques ne dons ne p̃sens de quelconq̃ persõne que ce fust. Ne se ie feiz oncques tort ne liure a nulz de vous. Et ilz luy respondirẽt que neny. Or pert il biẽ q̃ vous maues despite quãt vous ne scaues q̃ prendre ne q̃ mordre sur moy. touteffois vous naues plus voulu q̃ ie vous gouuernasse que ainsi aues voulu auoir roy sur vous. Or vueil ie mõstrer que vous aues failli z tres griefuemẽt pechie cõtre dieu quant vo9 aues voulu auoir roy sur vous z aultre gouuerneur que nostre seigneur. cest que vous naues mie despite moy tant seullement. ne moy fait rudesse z vilanie: mais aues despite vostre dieu qui tant de biens vous a fait. Et en signe que vous laues courrouce forment en ce faict combien quil soit temps de messons ie luy prieray quil face descendre du ciel. tõnoire / esclaire / tẽpeste / gresle z grosse pluye. Et quant le peuple vit et ouyt le tonnoirre / lesclaire / et la tempeste / z la grosse gresle: si eurent moult grant paour et dirent a samuel. no9 auons trop griefuemẽt

peche encōtre nostre seignr en ce que
nous auōs Voulu auoir roy sur nous
Or luy Vueilles prier qͥl nous Vu-
eille pardōner ceste iniquite. Adonc
leur dist samuel Vous aues trop grief
uemēt peche. or Vous gardes dores-
enauāt de pecher cōtre Dieu ⁊ le ser-
ues de bon cueur ⁊ bien en aduiendra
a Vous ⁊ a Vostre roy. et se Vous fai-
ctes le cōtraire: trop grāt mal Vous
en Virendra ⁊ aussi a Vostre roy.

Or regna saul ⁊ gouuerna le
peuple Disrael en grāt paix
⁊ print trois mille hōmes des plus
esleus de tout le peuple ⁊ en auoit
deux mille auecques luy: ⁊ les autres
mille bailla a Jonathas son filz. et
ionathas print a force darmes Vne
grande forteresse qͥ auoiēt faicte les
philistiens en gabaa en signe quilz
estoient seignrs du pais. dont pour
ceste prinse les philistiens se leuerēt
cōtre eulx et se mirēt ēsemble a tout
leur force pour Venir cōtre le peuple
Disrael. ⁊ ilz Vindrēt a telle multi-
tude de gens quilz eurēt .xxx. mille
chars. ⁊ .vii. mille hōmes a cheual
⁊ tant de gēs de pied qͥ on ne les pou-
oit nōbrer mais qͥ on ne scauroit fai-
re la grauelle de la mer et a tel grāt
force sen Vindrēt pour destruire les
enfans disrael. Dont qͥ t saul ouyt
ceste nouuelle il māda qͥ rir samuel
pour prēdre oseil a nostre seignr po͛
scauoir qͥl feroit de ceste besōgne. Et

Feuillet. lxxiii.

attēdit bien saul sept iours ainsi cō-
me il auoit māde a samuel. dont qͥ t
il dit q̄ samuel ne Venoit point ⁊ que
le peuple estoit ia ēnuye tant q̄ chas-
cun estoit ia a sa besongne. Si fut
moult descōforte: car il Veoit qͥ lz sen
fouyoient ⁊ se cachoiēt les Vngz en
Vne fosse les aultres en lieux descou-
uers au mieulx quilz pouoiēt. ⁊ fist
offrande a Dieu et sacrifice au septi-
esme iour quil ne deuoit mie faire
Or Vint samuel ⁊ trouua saul qui
faisoit son sacrifice dont samuel fut
trouble et courouce formēt ⁊ luy dit
Pour quoy as tu ce fait. Et saul
luy respōdit pource q̄ ie Voie que le
peuple sennuyoit et me laissoit tout
seul. ⁊ ie doubtoie q̄ les philistiēs ne
me courussent sus. Si Vouloie ap-
paiser nostre seignr ⁊ luy prier que
a ceste fois il me Voulsist aider con-
tre mes enemis. Ainsi faillit saul:
car il ne deuoit mie auoir fait celui
sacrifice a dieu sans samuel Et po͛-
ce luy dist samuel. tu as ouure folle-
mēt: car en cecy tu me deusses auoir
attendu. ⁊ pource que tu as fait con-
tre le commādemēt ⁊ lordōnance de
nostre seigneur ton royaulme te se-
ra oste ⁊ le dōnera nostre seigneur
a celuy qui fera selon son cueur. Et
il en est ia pourueu

Quant Samuel eut ce dist:
il sen retourna en son host et
saul sen alla a tout le peuple ēcōtre

les philistiens. Et quant saul eut regarde ceulx q̃ estoient auec luy de moures: il ny auoit hõme de tout le peuple disrael q̃ eut espee ne lance pour luy deffendre car les philistiẽs les auoiẽt tenus lõg temps en telle seruitude quil conuenoit q̃ tous leurs ferremẽs ⁊ tout le viel fer noir ⁊ les couteaulx des charues ilz allassent aguiser pdeuers eulx, excepte saul et ionathas son filz qui tant seulle- ment auoiẽt espee ⁊ lance. Or ad- uint ung iour entre les aultres que Jonathas vouloit aller vers lost des philistiẽs. Si print tant seulle- ment son escuier auec luy et monta une montaigne ou nauoit ne voye ne sentier q̃ estoit de roche bouchee ca et la: ⁊ si estoit si trenchãt ⁊ si a- que comme dens bien agues et bien trenchãs. Et estoit celle mõtaigne entre les philistiẽs ⁊ les enfans dis- rael assise. Et ionathas dist a son escuier. q̃t nous ferõs la sus mõtes ⁊ nous verrons nos enemis silz nous appellẽt en disant, attẽdes nous ⁊ nous irõs a vous nous nos tiendrõs tous quois sans plus aller auãt ⁊ les attẽdrons ⁊ silz nous appellẽt en di- sant, venes a nous allons auãt har- diment: car dieu les mettra en nos mains ⁊ les desconfirõs Adonc mõ ta ionathas celle mõtaigne en gra- uissant des piedz ⁊ des mains ⁊ son escuier aps luy Et quãt ilz furẽt en hault si q̃ les philistiẽs les pouoiẽt veoir si appellerẽt en disant vela les ebrieux q̃ saillẽt de leurs cauer- nes ou ilz estoiẽt mucees. ⁊ disoient venes venes a nous. ⁊ nous vous mõ strerõs une belle chose. Quãt iona- thas les ouyt ainsi pler il dit a son escuier allons hardimẽt et tout seu rement car ilz sont nostres. Et dieu les a mis en nos mains (nous dõne ra victoire. Adonc alla ionathas en cõtre eulx et les assaillit vigoreuse ment et ne se laissoiẽt nulz attendre de luy: mais sen alloit ⁊ sen fouyoit chascũ deuãt luy ⁊ se lessoiẽt cheoir ⁊ lui et son escuier en tuerẽt .xx. a la tournee dug chãp. Et nostre seignr fist ung miracle celuy iour p ionaa thas tel q̃ lost des philistiens p tout ou ilz estoiẽt sen fouyoient aual les loges ⁊ furent tellemẽt troubles et effraes q̃lz senituoiẽt sus les chãps tous espdus. Adonc yssirẽt hors les enfans disrael des lieux ou ilz estoiẽt mucees: ⁊ leur courutent sus de tou tes pars. ⁊ en mettoiẽt a mort sans nõbre. Et quãt ilz ouyrẽt le cry de la bataille il fut regarde entre eulx se nul y deffailloit: et ilz trouuerent q̃ ionathas ⁊ sõ escuier y deffailloiẽt.

q̃ Dant Saul vit que le bruit de la bataille croissoit tous iours et q̃ les philistiens sen fouy- oient et gisoient mors plusieurs. Il fist adonc ung cry par tout lost que

nul ne sarrestast nullemēt po‘ boire
ne mēger sur peine de mort iusques
a tant quil seroit venge de ses enne
mis. Adonc sen alla saul apres les
philistiēs qui sen fouyoient et ceulx
qui sestoiēt consoles pour la paour
auec les philistiens. Et ainsi cōme
ilz passoient parmi vng bois ilz vi/
rent q̃ bien grant foison de miel de/
goutoit en plusieurs lieux & ny eut
oncques si hardi qui en osast prēdre
vne seulle goutte pource que le roy
lauoit deffendu: fors que ionathas
qui riens ne scauoit de la deffēce de
son pere q̃ en print vng peu au chef
dune verge quil tenoit en sa main:
& le mengea dont el fut tout recon/
forte. Et saul en fut si courrouce qĩl
leust mis a mort si se neut este le peu
ple qui point ne le voulut souffrir
pour la victoire quil auoit faict des
philistiens

a Ses tost apres māda dieu
noſtre seigñr par samuel: et
dist. Jay remēbrance cōment ceulx
damalech firent aux efans disrael
grās ēnuis quāt ilz yssirēt degipte
et commēt ilz ne les voulurent mie
laisse passer par leur terre Or te cō
māde q̃ tu voises tellemēt destruire
amalech q̃ tu nespargnes nulluy q̃
tout ne soit mis a mort soiēt femes
enfans/bestes/cheuaulx/et tout q̃
ques appartiēt a amalech tellemēt
que riens quil soit ne puisse repsen/

feuillet. lxxiiii

ter memoire de luy ne souuenance.
& te donne bien garde que tu ne con
uoites chose que a luy appartienne
Adonc saul nōbra son peuple & eut
deux cens mille hommes de pied et
xii. mille de la ligne de Juda:& sen
vint deuāt amalech & mist ses gens
darmes & ses espieurs ētour la cite
Et māda a thiner quil vuidast & se
departist de la cite & du pais dama
lech que luy & ses gens ne fussēt de/
struitz. Et celuy thiner estoit filz
de Jetro le sire de moise q̃ moult ami
ablemēt sestoit porte aux efans dis
rael pource lespargna Saul et luy
māda q̃l allast ailleurs Adonc print
Saul la cite damalech et ne loccist
mie & print des plus belles bestes
de tout le pais & les belles robbes &
aultres choses & les mirent a perdi/
tion & reuindrēt a toute celle proye
& amenerent auec eulx le roy gaad
tout vif Adonc vint nostre seigneur
a samuel et luy dist Je me repēs de
tout mon cueur q̃ iay faict saul roy
sur mon peuple car il na mie faict ce
q̃ ie luy auois commāde. Quant sa
muel ouyt ce q̃ nostre seigñr luy eut
dit & commāde: il se mist en oraison
& pria nostre seigneur pour saul: et
puis se leua & sen vint vers saul.

Dāt saul ouyt dire q̃ samuel
venoit: il se leua saul et vint
au deuāt en disant: bien soies venu
le ben eis de nr̃e seigñr. or ay ie fait

ce q̃ tu mauois cõmande. Et samuel le regarda et luy dist. Quelle voix esce que ay ouye derriere moy. Et saul lui dist. ce sõt les bestes de proie q̃ le peuple a amene Damalech: car le peuple a esleu des plus belles bestes et des meilleurs: et les ont espargnies pour faire offrande a dieu. Adonc samuel dist saul. Or mentes cite te diray ce que nostre seignr ma dit ceste nuyt. Tu estois ung petit homme de petite reputatiõ en tout le peuple disrael et nostre seigneur ta tant honoure q̃l ta fait seignr et roy sur tout le peuple disrael, et il tauoit commãde q̃ tu destruisisses du tout amalech et q̃ tu ne couoitaisses riens du sien et tu as fait le contraire: car tu as couoitee la proye et las amenee auec toy contre la voulente de nostre seignr: pour quoy nas tu fait ce q̃ nostre seigneur ta commãde. Et saul luy respõdit q̃l lui estoit aduis et luy sembloit q̃l auoit bien fait tout ce q̃ nostre seignr luy auoit cõmãde car il auoit de tout destruict amalech et auoit prins le roy et lauoit amene et le peuple auoit prins des bestes pour faire sacrifice a nostre seigneur. Adonc luy dist samuel Il ne ayme mie dieu q̃ ne obeist a lui quelque sacrifice quõ luy puisse faire. Car obedience vault asses mieulx q̃ nulle offrãde quõ luy peust faire. car cest aussi grãt peche de non obeir

a dieu q̃ destre ydolatre et aux ydolles sacrifier. Donc pourtãt q̃ tu as despite la parolle et le commãdement de nostre seignr et mis arriere de toy pource ta nostre seigneur despite et mis hors de ton royaulme.

q Dant saul ouyt ce q̃ samuel luy disoit: si se humilia p de uers nostre seignr et dist. Jay peche griefuemẽt contre dieu car iay plus doubte le peuple q̃ dieu. Or te prie q̃ tu pries a nostre seignr quil aye de moy mercy et q̃l me vueille pardonner ce deffault et ten viens auec moy et irons adourer nostre seigneur tous deux ensẽble. Et samuel luy respõdit. Je niray point auec toy car tu as lasse nostre seigneur et ta boute hors de ton royaulme. Et tout ainsi cõe samuel se vouloit partir saul le print par son mãteau et le tira si fort quil le dessirra. Et samuel luy dist Ainsi cõme tu as mon mãteau dessire: ta nostre seigneur ton royaulme oste. Et saul pria a samuel que a toutle moins le voulsist acompaigner deuant ses gens et luy faire cest honneur. Et samuel sen alla auec luy et fist amener le roy gaag et luy dit samuel. Ainsi cõme tu as fait maintes et plusieurs meres orphes ainsi feray ie de toy au iour duy. Adonc dit gaag q̃ estoit plain et gras telle deceuãce fait la mort amere qui est tant ãgoisseusse. Et saul le despeca en pieces deuāt noſtre ſeignr en gabaa. Adonc ſe depattit ſamuel de ſaul z ſen vint en ramathā. z ſaul ſen alla en gabaa ne oncques puis ne ſe virēt lung lautre iuſques a la mort

Or ploutoit Samuel iour et nuyt la deiection ſaul et prioit a dieu pour luy. Et noſtre ſeignr luy diſt. Juſquesa quāt ceſſeras tu de plouter. Saul q iay getté de ſon royaulme. et ie ne veulx plus quil regne ſur mon peuple Or ſus lieue toy et prens plain toy cornet duille ſaincte z ten iras en betheleem enla maiſon de iſay Car iay pourueu q lung de ſes efans regnera ſur mon peuple ou lieu de ſaul. Et ſamuel diſt a noſtre ſeignr. Sire coȳnēt y oſerayie aller pour ſaul car ſe aucunemēt il le ſcet il me occirra. Et nre ſeigneur diſt a ſamuel. Prens vng beau auec toy z diras q tu veulx ſacrifier a dieu Et tu appelleras iſay a ton ſacrifice z ie te eſeigneray ce que tu feras. Tu oindras duille ſaincte z ſacreras a roy celuy q ie te moſtreray. Et ſamuel fiſt tout aiſi come noſtre ſeignr luy eut dit et cōmāde z ſen vint en betheleem Et qnt ceulx de bethelee le virent ilz ſe merueillerēt moult de ſa venue: z en furent en grāt doubtāce. Et ilz luy demāderēt ſil venoit pour paix ou pour aultre choſe. Et il leur reſpondit quil ne venoit que pour paix et

feuillet. lxx8.

pour ſacrifier a dieu. Adōc appella iſay a ſon ſacrifier et tous ſes efans z les ſainctifia. Et quāt il vit heliaſi le pmier ne des efans. Jay qui eſtoit moult del hōme et bien fourni ſi cuida bien que noſtre ſeignr leuſt eſleu pour ſa beaulte por eſtre ſacre a roy: mais noſtre ſeignr lui diſt ne garde mie a la beaulte de lhomme par dehors: car les hōmes ne regardent fors q leſperāce, au par de hors Dont quāt ſamuel eut entendu que noſtre ſeigneur ne le vouloit mie il fiſt venir les aultres lung aps lautre deuāt luy. z vit bien que noſtre ſeigneur les reffuſa tous

Donc Samuel dmāda a Iſay ſil auoit plus nulz aultres filz que ceulx qil auoit veu. Il reſpondit q le plus petit et le plus ieuſne eſtoit aux champs auec les brebis. Adonc ſamuel lui diſt enuoie le moi bien toſt querir: car nous ne mēgerōs iuſques a tant qil ſoit venu. Quāt il fut venu noſtre ſeignr dit a ſamuel Je vueil que tu ſacres ceſt hōme pour eſtre roi ſur mō peuple. Adonc ſamuel print luille ſaincte z conſacra dauid roi deuant tous ſes freres. Et auoit dauid vng moult beau viſaige et eſtoit vng peu rouſſel. Puis ſamuel ſen reuint en ſa maiſō: et dauid retourna ſes brebis garder. z de la en auant leſperit de dieu entra en dauid: z laiſſa ſaul z
t.t.

le mauuais esperit commeça a tor-
menter saul de par nostre seigneur.
Adonc quāt ceulx qui estoiēt de sa
court le veoiēt ainsi tormēter: si luy
conseilleret quil print aucū q sceust
iouer daulcūs instrumēs de musiq
cōme de harpes et daultres instru-
mēs p quoi il peust plus legeremēt
porter son mal et endurer. ⁊ ainsi le
commanda tantost a faire.
a Donc eut vng homme qui
  estoit de la maisnie du Roi
saul q dist. Jay veu lung des ēfans
Isai en bethelee qui scet biē iouer de
la harpe. saige homme est il ⁊ plain
de grāt force ⁊ est bel homme ⁊ reue
rend en parolle ⁊ biē aduise et dieu
est auec luy. Adonc saul lenuoia tan
tost querir ⁊ fist iouer deuant luy.
Et quāt dauid iouoit deuant luy
du spalterio le mauuais esperit ne
le tormētoit mie si fort: ⁊ lui en estoit
mieulx. Car aucūs mauuais espe-
ris sont q ne peuent ouir les instru-
mens de musiq dont toutes les foiz
q le mauuais esperit pnoit a tormē
ter saul: dauid pnoit sa harpe ⁊ iou
oit deuāt lui et il en estoit allege. et
adonc le laissoit le mauuais esperit
vng grant tēps aucunesfois: ⁊ lai-
moit moult saul ⁊ le fist son escuier
o Raduint asses tost apres q
  les philistiēs sassemblerēt a
moult grāt force ēcontre les ēfans
disrael: ⁊ entrerēt a grāt puissance
en leur terre. Et quāt saul le sceust
si fist son commandemēt par toute
la terre disrael ⁊ sen vint a tout son
ost ēcontre les philistiēs pour se cō
batre a eulx. ⁊ furent les philistiēs
loges sus vne mōtaigne daultre pt
tout au cōtraire ⁊ auoit vne grant
valee ēcontre les deux ostz. Or a-
uoiēt les philistiens entre eulx vng
grāt hōme nōme golias q auoit six
coudes de grādeur ⁊ chascune cou-
de auoit pied ⁊ demi. Et estoit ce-
luy homme de la lignie de geds: et
venoit tous lesiours p deuant lost
disrael pour soy monstrer ⁊ les aul
tres espouenter. car il portoit sus sa
teste vng bassinet darain quon dit
cuiure q estoit espouētable a regar-
der. ⁊ estoit vestu dung haubergō
⁊ dunes plates q pesoient bien six
mille sicles q sont bien mille liures
pesant ou plus. Et auoit harnois
de iambes tout de cuiure ⁊ son escu
aussi. et le fust de sa lance estoit du
gros a gros tornant dung mestier a
tisserans. et pesoit le fer de sa lance
bien entour demi cent pesant ⁊ tout
ainsi arme venoit a tout son escuier
tant seulemēt tous les iours deuāt
lost des enfans disrael ⁊ demādoit
bataille ⁊ leur disoit. Eslises vng
hōme qui sen vienne cōbatre a moy
et sil me peult vaincre nous voulons
estre vos serfz a tousiours mais. et
sil est vaincu de moy vous seres les

nostres, et ceste vie leur menoit go⸗
lias chascū iour. Et puis quant il
venoit ētre les siens si se vantoit de
ce q̄l auoit dit aux ēfans disrael: et
de ce q̄l leur auoit requis. Et le peu
ple le doubtoit tant q̄ nul ne losoit
assaillir ne approcher de luy pour le
cōbatre. Adonc fist crier le roy saul
que quicōques le pourroit mettre a
mort il le feroit riche hōme z̄ luy dō
neroit sa fille a fēme: z̄ affrāchiroit
toute sa lignie.
<small>e</small>   N celuy tēps estoient en lost
auec saul les trois aisnes filz
Isay. z̄ dauid estoit en pasture ou
il gardoit les brebis de sō pere. Ung
iour appella Isay son filz dauid z̄
luy dist. Il te fault aler en lost pour
veoir q̄ tes freres font. z̄ pres de la
bitaille auecq̄s toy: z̄ leur porteras
pain frōmaiges et aultres choses.
Et quāt dauid eut tout ce chargie
si sen vint en lost z̄ vit q̄ vng moult
grāt cry mōta par vng assault qui
fut entre les deux ostz. Et q̄nt dauid
ouyt le cry: si mist en garde toutes
ses besōgnes et courut apres les au
tres en la bataille z̄ demāda qmēt
la bataille se portoit. Et ainsi cōme
il demādoit des nouuelles il vit ve
nir golias tout arme ou il auoit a⸗
coustume z̄ crioit a haulte voix z̄ re
prouchoit a tout le peuple disrael
ainsi cōme il faisoit les aultres fois
z̄ vit dauid q̄ chascun sen fouyoit

feuillet. lxxvi.
deuāt luy z̄ ne losoit nul attēdre et
oyt q̄ plusieurs disoiēt lung a laut
As tu veu cest homme merueilleux
Le roy a fait crier p̄ tout que q̄ le por
ra tuer il le fera riche hōme z̄ lui dō
nera sa fille a fēme: z̄ afrāchira sa li
gnie pour tousiours mais. Quant
dauid ouyt ainsi pler si fut curieux
de scauoir sil estoit vray q̄ le roy eut
ce promis. Et le demādoit ca z̄ la au
plus diligēment q̄l pouoit pour en
scauoir la verite. z̄ chascun tesmoi
gnoit q̄l estoit ainsi. Et cōme il en⸗
q̄roit: son aisne frere hebel louyt de
ceste chose parler z̄ ēq̄rir, si en fut
moult courrouce cōtre luy z̄ lui dist
Pourquoy as tu laisse nos poures
brebis et es icy venu. Je voy bien. et
appercoy lorguel de toy z̄ la mau⸗
uaistie de ton cueur. Tu nes icy ve
nu pour aultre chose mais q̄ pour
veoir la bataille. Et dauid luy re
spōdit. q̄ ay ie fait ne puis ie mie oyr
z̄ demāder q̄ lon dist de ceste beson⸗
gne. Adonc sen alla dauid aux au
tres z̄ demādoit q̄ gaigneroit celuy
qui le philistien occirroit. z̄ chascun
respōdit ainsi comme les aultres
auoient respondu.
¶ Commēt dauid occist le geant
golias z̄ luy couppa la teste de son
espee mesmes z̄ lē porta au roy saul
<small>a</small>   Insi cōme dauid enq̄roit de
ceste besongne les nouuelles
en vindrēt iusques au roy saul et a
<small>k.ii.</small>

ses princes. Et le roi le manda querir et luy dist. pourrois tu vaincre cest homme. Et David respondit tout devant le roy et ses princes. Ne soit nul de vous esbahi et prenes bon cueur car ie me veulx combatre a cest homme comment quil soit. Et saul luy dist adonc. Comment te oseras tu combatre a luy: il est homme grant et gros qui scet tous faitz darmes. tu ne pourras devant lui durer: car tu es teusne et petit et sces peu de faict darmes. Adonc dist David au roy. Sire ie vous diray une chose par quoy iay esperance de mon faict. Il advint na mie long temps que ie gardoie les brebis de mon pere et venoient aucunesfois lyons et hours et prenoient moutons ou brebis a leurs voulentes et ie curoie aps eulx et leur tolloie a force les bestes qilz avoient emportees. Et une fois ie tuay ung lyon et a lautre ung hours. Et ainsi sera cest homme incirconcis comme lung de ceulx icy. Or men iray ie hardiment contre luy et vengeray ou nom de Dieu la honte et le reproche de son peuple. Et nostre seignr qui ma delivre du lyon et des hours q ie tuay me delivrera et gardera de cest philistien. Et saul luy dist. Va donc ou nom de Dieu et nostre seignr en qui tu as fiance le vueille aider. Adonc luy fist prendre ses armes et le fist bien armer. Et quant David sentit le pois de ses armes il dist Bien q ne sen pouoit aider: car il ne scavoit encores mie lusaige. Si print son baston quil portoit tousiours et se desarma. Aussi print il en ung ruisseau cinq pierres belles et cleres que lon apelle cailloux: et les mist en sa bougette a bergier et print sa fronde en sa main. et ainsi desarme sen vint pour combatre contre golias.

Donc qt golias le vit ainsi venir desarme contre lui son baston en son poig: si eut moult grant despit. et le va mauldire ou nom de ses dieux et luy dist. Comment suis ie ung chien qui ainsi viens contre moy a tout ung baston si ie te puis tenir ie donerai ta chair aux oiseaulx du ciel. Et David luy respondit. Tu viens bien arme contre moy de fust de lance et despee: et ie men vies combatre contre toy non mie de telz armes mais ou nom du dieu disrael auquel et a son peuple tu as dit tant de reproches et de honte, lequel te mettra en ma main et si te occirray et coupperay la teste. et ta charogne ie donneray a menger aux bestes de la terre et aux oiseaulx du ciel affin que tu saches et tout le monde aussi qil nest dieu fors q le dieu disrael qui donne victoire a q il veult. non mie p glayve ne par force darmes mais ainsi côme il luiplaist la bataille est sienne si en face a sa voulente. Adonc sen vint golias contre dauid. Et q̃t dauid le vit approcher de luy si print vne de ses pierres et la mist en sa fonde et la getta de telle vertu quil lassist au front de golias. Et la pierre fut plantee en son front: et recouura la secõde (et la tierce foiz aussi.) et au tiers coup labatit a tre. Et quãt dauid leut abatu a tre si sauãca et se mist sur luy affin quil ne se reuelast. Et pource q̃ dauid nauoit ne cousteau nespee il print la propre espee de golias et lui en couppa la teste et print la teste de golias et ses armes et em porta tout auec luy. Quãt les phi listiens virent que leur fort homme estoit mort si se mirent a fouyr. Et saul et ses gens coururent apres et les chasserẽt tant quilz furẽt en leur pais et furent tous desconfitz.

¶ Dãt dauid retournoit et ap portoit la teste de golias en sa main et son espee et ses armes: le roy demãda a abner le prince de sa cheualerie de q̃lle lignie estoit celuy ieune hõme. Et abner luy respõdit q̃l ne scauoit. Adonc saul appella dauid et luy demãda de q̃lle lignie il estoit. Et dauid luy respondit q̃l estoit filz de isay de betheleem. Et ainsi cõme il parloit a dauid: iona thas le regarda a merueilles. et le print si fort a aymer q̃ oncques puis ne peust sõ cueur retraire et laymoit autãt cõe son amy. Et saul ne vou

feuillet.lxxvii

lut plus que dauid retournast en la maison de son pere et le fit capitaine de gens darmes ionathas et dauid ẽsemble. Et en signe de ceste alliãce ionathas despoilla ses robbes et en vestit dauid. Et dauid fut moult ayme de tout le peuple du roy et de ceulx de sa court. Or aduint q̃ quãt dauid entra en la cite de hierusalez et apporta la teste de golias les fem mes de la cite et du pais dentour se vindrẽt au deuãt du roy saul et da uid et chãtoiẽt et dansoiẽt et menoi ent grãt feste et grãt ioye de celle vi ctoire qlz auoiẽt eu des philistiẽs. et en leurs chãcons disoiẽt. Saul a occis et abbatu mille hõmes. et da uid en a occis et abbatu dix mille. Et q̃t saul lescouit si en eut moult grãt enuie et en fut moult courouce et dist. elles me font asses petit dhõ neur quãt elles ne me donnent vi ctoire q̃ de mille hõmes. et disoit en son cueur. Ong de cesiours moste ront le royaulme. Et de la en auãt ne pouoit saul regarder dauid de bon cueur.

Comment le roy saul commẽca a persecuter dauid.

¶ Ases tost apres aduint que le mauuais esperit cõmenca a tormẽter saul tresgriefuemẽt Et dauid print son instrumẽt et se prit a iouer deuant luy. Et saul tenoit vne lãce en sa main et sen vint qtre

l.iii

Dauid et le cuida trespcer de sa lãce. Et Dauid se destourna et cheut le coup et sen fouyt. Et quant luy. Si le cõmeca saul a hair et le mist hors de son hostel et moult le redoubtoit car il scoit bien quil estoit preux et hardi et rempli de grant sens. Si luy bailla dessoubz luy mille hõmes de armes et luy dist. Tu meneras la bataille de nostre seignr pour tout le peuple et soies preux et hardi et ie te donneray a fẽme Michol ma fille. Et p ce il pensoit q̃ les philistiẽs le pourroiet biẽ tuer si seroit sege de luy et ne luy pourroit on mettre sus qui leust tue et ia sa main nen seroit bonnie.

o R aduint q̃ dauid print a aymer michol sa fille et on le dit au roi sõt il fut moult ioyeulx: nõ mie pour tant q̃ ce fust pour son biẽ mais pour son grãt mal que p ce cuidoit q̃l luy deust aduenir. Adonc dist saul a secretaires vo' luy dires q̃ ie veulx q̃l soit mon gẽdre et michol ma fille et voulẽtiers luy donneray a fẽme mais q̃l pense de bien faire. Quant dauid ouyt ce q̃ saul luy mãdoit il respõdit moult hũblement en disant q̃l nestoit mie souffisant cõme pour estre gendre du roy. car son estat ne sa lignie ne le dõnoit mie qome il fut ung petit hõme et de poures gens attraict. et nauoit aussi de quoy il peust faire tel douaire cõme il app'tenoit a fille du roy. Quãt saul eut ouye la respõce q̃ dauid luy eut dõnee et a ses gens: il remãda q̃l estoit asses riche pour luy et pour sa fille: et q̃l ne demãdoit riens du sien fors q̃l eut cent prepusses des philistiens. Prepusse est la rõgneure de la peau du mẽbre de lhõme ou on faict circõcision. Et saul luy demãda cecy pour ce q̃ sil les vouloit auoir que les philistiẽs le missent a mort. Quãt dauid eut ouy la respõce du roy: il luy ottroya a estre son gendre par telle cõdition que saul demãdoit.

a Ses tost apres print dauid les hõmes q̃ estoiẽt soubz lui et sen vint en vne piece des philistiẽs quõ appelloit aquarũ et print deux cens hommes de la cite et les mist a mort: et leur couppa les prepusses/ et les apporta au roy saul po' son mariage. Et quant le roy saul vit que dauid luy apportoit ce q̃ demande lui auoit: si lui dõna a fẽme michol sa fille: ne refuser ne luy osa pource q̃ promis luy auoit. cõbien q̃ moult ennuis lui donnoit. Or vit bien saul q̃ dauid croissoit en renõmee et riens ne entreprenoit dont il ne iouist: et que tout le peuple laymoit et parloit de luy chascun en bien et le louoient et prisoient tous grans et petis priues et estrãges. Et le print a doubter et a hair forment et commanda a son filz ionathas et aux gens de son ho

stel quil fust mis a mort. Et iona-
thas le nonca a Dauid τ le fist de
stourner iusques au lendemain: et
luy promist ql parleroit a son pere
τ luy dist. Pourpuoy veulx tu fai-
re mourir Dauid qui na riens mes-
fait encontre toy. mais sest expose a
mort pour toy encontre golias et en
contre les philistiens tant de fois. et
si te sert si bonement et si loialment
et as tous les iours besoing de luy
tu pecherois trop griefuement se tu
le faisois mourir. Quant saul ouit
ainsi parler Jonathas pour Dauid
il se rapaisa et iura quil ne le feroit
ia mourir ne aultre greuance

Quant ionathas vit son pere
appaise enuers Dauid si le
manda et le fist venir a la court et
estre en son estat come deuant: et ne
tarda gueres q̃ les philistiens vin-
drent en bataille rẽgee contre israel
Et Dauid leur alla a lencõtre τ les
desconfit et leur fist moult grãt dõ-
maige dont ilz furent foules τ gre-
ues. et sen reuint Dauid apres celle
victoire au roy saul. Asses tost aps
le mauuais esperit entra en saul et
le print a tormenter moult fort. Et
quãt dauid le sceut τ le vit ainsi tor
menter si print Dauid sa harpe τ cõ
menca a iouer ainsi cõme les aultres
fois. Et saul de sa lance voulut
perper τ occirre Dauid. τ dauid sen
print en garde τ sen destourna telle

feuillet.lxxviii

ment q̃ le coup vint en la paroit et
ne toucha point Dauid. Adonc Da
uid sen vint en son hostel Et quant
saul le sceust si enuoia ses gens tan
tost apres et leur fist garder lostel de
Dauid τ que lendemai matin le pre
nissent et le missent a mort. Quant
michol sa femme ouyt ces nouuelles
si le fist scauoir a dauid τ lauala p
vne fenestre aual τ Dauid sen fouit
en ramathã vers samuel et luy cõ
ta cõment saul le persecutoit τ vou
loit occirre. Quant vint lendemain
au matin saul enuoia pour p rendre
Dauid. τ michol respondit quon ne
pouoit parler a luy: car il estoit ma
lade: et elle auoit mis en son lit vng
tronc en semblãce dune ymage τ la
uoit couuert dune peau de chieure
par deuers la teste. Et quant on le
cuida trouuer en son lit on ne trou-
ua que le tronc tout ainsi cõme mi-
chol lauoit appareille. Et adonc
le roy dist a michol sa fille. et pour
quoy mas tu ainsi fait. Et michol
se print grandemẽt a excuser et dist
Sire il me menassoit de occirre se ie
ne luy donnois voie τ maniere de
fouir. Adonc fist querir saul p tout
se on pourroit trouuer Dauid. Et
fut aulcũ qui luy dist quõ le trouue
roit en ramathã auec samuel

Quant saul ouit dire q̃ dauid
estoit fouy en ramathã si en
uoia gẽs pour le prẽdre Et samuel

l.iiii

s'en estoit fouy en ung lieu appelle naioth en ramathā. Et q̃nt ceulx q̃ estoiēt ēuoyés pour prēdre dauid vindrent la ou ilz trouuerēt ung troppeau de prophetes q̃ prophetisoiēt. & samuel les gouuernoit & estoit ētre sur eulx. Et entra l'esperit de prophecie en eulx:& prophetisoient les ungz auec les aultres. Et q̃nt saul vit ce si ēuoia des aultres & les secōdz firent ainsi cōme les p̃miers auoient fait. & aussi firent les tiers q̃lz y enuoia. Quant vint a la quarte fois il y voulut aller luy mesmes en personne. & q̃nt il vint la il fist ainsi cōme les aultres et pis encores: car cōme tout forcene il se deuestit. & tout le iour & la nuyt il ne cessa de chanter cōme ung fol. Et samuel & dauid le veoiēt bien: mais il ne sen appercevoit point. Adonc dauid se deptit de la. & sen va p̃ deuers ionathas son cher amy & luy dist. q̃ ay ie meffaict a ton pere qui ainsi me hait a mort. Et ionathas luy rēdit. ie te asseure q̃ tu ne morras mie. car ie ne cuidois pas ne ne cuide q̃ se a fort vient que mō pere face chose ne riēs de toy q̃ ne sache o bien q̃l ma cele ceste chose pour ceste fois. Et dauid luy dist. Ton pere scet bien q̃ tu m'aymes et pource ne vouldra il mie q̃ tu en saches riens. Or ne soies de rien esbahis/ ce dist Jonathas/ car q̃ques tu vouldras que ie face ie feray.

a Dōc dist dauid a ionathas Je te prie tant cheremēt q̃ me ie puis q̃ faces ce que te diray Voici q̃ de main sont les kalendes q̃ sont a coustumees esquelles ton pere fait grant solēnite. & ie men iray chasser aux chāps: & mon lieu demourra tout vuide ou ie me assies. tu luy diras sil me demāde que iay prins cōgie de toy daller en bethelee; faire la feste des kalendes ou pour autre soleinnite. Et se le roy respōd/cest bien fait/ce sera signe q̃ du tout sera appaise & sil se mōstre courouce ce sera signe cōme tu appcēueras cleremēt quil ny a remede. Adonc ie te prie q̃ tu le me vueilles noncer. Et ionathas luy dist. Allons aux chāps: si luy iura ionathas & promist q̃ tout ce q̃l pourroit scauoir de son pere q̃ appteniſt a dauid fust bien fust mal il luy feroit scauoir. Et dauid luy demanda la maniere & Jonathas luy dist. tu ten iras au tiers iour des soubz la piere quō appelle ezer et ie trairay trois saiettes p̃ deuers la pierre ainsi cōme se ie voulsisse apprēdre a tirer. Et se ie dis a mō varlet quiers mes saiettes p̃ de ca la pierre ce sera signe q̃ tu as paix a mon pere. & sil ir dis a mō varlet elles sont oultre va les querir par de la cest signe q̃ tu nas ne paix ne asseurāce a mō pere. adonc ten iras ou tu pourras mieulx. Et quāt dieu te aura

donne ce quil ta promis ie te prie q̃l
te souuiẽne de moy se ie suis vif. ⁊
se ie suis mort que tu soies piteux ⁊
misericors a mes enfans Et de ceste
chose q̃ nous auons entre nous deux
et de toutes les choses q̃ nous auõs
dictes nostre seigñr soit tesmoing ⁊
iuge. Or vint le iour des kalẽdes
Et quãt le roy fut assis et tous les
aultres chascũ en son lieu: le lieu ou
dauid auoit acoustume de seoir de
moura tout vuide. Et le roy ne dit
oncques mot: car il cuidoit q̃l ne fut
mie purifie ou que autre semblable
chose luy fust aduenue par quoy il
ne pouoit venir. Mais quant vint
lendemain et vit quil ne venoit point
il demanda a ionathas pour puoy
nestoit venu filz de Jsay Et Jona
thas respondit ainsi comme dauid
luy auoit fait dire ⁊ le print a excu
ser au mieulx q̃l peult. Dont saul
en fut fort courouce contre luy: ⁊ p̃
grant courroux dist. Ne scay ie mie
que tu laimes a ta confusion ne tãt
cõme il viura tu ne regneras. or fay
que ie laie cõment quil soit: car il luy
conuient mourir. Adonc fust moult
courrouce saul et print une lance et
len cuida ferir mais ionathas se re-
trait arriere ⁊ yssit hors de lostel si
courouce que oncques celuy iour ne
voulut ne boire ne menger. Et sen
alla a tout son arc ⁊ ses saiettes aux
chãps: et trait une saiette par deuers

Feuillet. lxxix.

le lieu ou dauid estoit cache: ⁊ dit a
son varlet. va querir ma saiette Et
quant il y alloit il luy escria quelle
estoit oultre passee. Adonc dauid
entendit bien que nulle paix ne pou
oit auoir par deuers le roy. Et io-
nathas enuoia son arc et ses saiettes
en son hostel et vint parler a dauid
⁊ la renouuellerẽt leurs alliances et
se prindrent a plourer moult fort. ⁊
se despartirẽt lung de lautre nõmie
sans grãt douleur de cueur

O R sen fouyt dauid ⁊ sen alla
de la a nobbe q̃ estoit une pe
tite cite ou demouroiẽt les prestres
Et quant archimelech le vit tout
seul il en fut moult esbahi et demã
da q̃ mẽt il alloit ainsi seul Et dauid
luy dist q̃ le roy luy auoit omis ung
grãt secret ⁊ q̃l auoit laisse ses gens
en aulcũs lieux secretz ⁊ certains ou
il deuoit retourner. Adonc luy pria
q̃ sil auoit ne painne aultre chose q̃l
luy en voulsist donner. Et archime
lech luy dist q̃l ny auoit q̃ des pains
saietz desdlz nul ne deuoit menger
fors q̃ les ministres de dieu ⁊ ceulx
q̃ estoiẽt sainctifies. ⁊ dauid luy en
demãda cinq. ⁊ le prestre luy demã-
da se luy ⁊ ses gens estoient netz et
purifies. ⁊ dauid luy respondit q̃ oy.
Adõc luy dõna archimelech des pa
ins sainctz, car aultre ny auoit et da
uid luy demãda sil auoit nulles ar
mes. ⁊ archimelech luy respõdit q̃

nauoit q lespee de golias. Et dauid la print et lemporta auec luy, et la estoit doech idomeus qui estoit vng trespuissant (et) riche home de la maisnie (et) de la court du roy saul q tout ce veoit et consideroit. Et dauid se departit de nobbe (et) sen alla en geth ou estoit le roy achis: et cuida estre la a grat seurete (et) les gens de achis dirent au roy dachis. Sire scaues vous q est celuy home: cest vng des plus gras enemis q nous aions au peuple disrael du ql on chante saul a tue mille hoes: (et) dauid dix mille. Quat dauid ouyt ces parolles quo disoit/car especiallemet saul auoit ia requis a achis ql le prenist et quil luy enuoiast/il en eut moult grat paour et fut a grat mechief (et) commenca a faindre. ql fut fol et hors du sens. Quant achis le vit en tel estat il le fist chasser hors de sa compaignie (et) ne le voulut plus souffrir pres de luy. Et dauid alla demourer en vne fosse quon appelloit odolla.

q Dant ses freres et ses amis sceurent que dauid estoit en celle fosse venu: ilz sassemblerent (et) vindret pour lacompaigner et aider. Et adonc vindret a luy ceulx que le roy auoit deschasses et greues de tailles (et) dextorcios: car il ne gouuernoit mie come roy: mais comme tirant. Et tous se acouplerent a dauid (et) firent leur prince de luy. (et) furent bie trois cens hommes bonnes ges a eslite. Et dauid sen alla auec ses copaignons en maphat q est ou pais de moab: (et) pria au roy de moab q son pere (et) sa mere peussēt la demourer empres luy en paix a tout ce quilz auoiēt iusques a tant q nostre seigr leust aide autremēt. Et le roy lui ottroia moult voulētiers (et) liemēt: (et) demourerēt la iusques a tant q dauid fust chasse du roy saul Et gat le prophete dit a dauid Ne demeure plus icy mais ten retourne en la terre de iuda: (et) ainsi le fist dauid et habitoit en vng bois que lon appelle areth. Or vindrēt les nouuelles a saul que dauid habitoit en celuy bois. Ung iour entre les aultres saul estoit au bois en gabaa en vng lieu quo dit en rama: et tenoit vne lance en sa main et auoit empres luy toute sa gent: si leur dist Or escoutes et faus dictes moy vous donnera le filz de isay chaps/ terres pres/ vignes/ ne vous fera il tribu centurions: ou quel bien vo9 pourra il faire q ainsi laimes et vous allies a luy cōtre moy: car il nest nul qui me veuille dire ou ie le pourrois trouuer. Et ainsi mon filz. Jonathas sest allie a luy encontre moy. Adonc respondit doech q estoit la le ql estoit vng home bie venu deuers le roy (et) le pl9 grat maistre p dess9 les aultres et dist au roy ql auoit veu

Dauid a nobbe auec Archimelech q̃ luy auoit donne vitaille a lespee de golias et auoit prie nostre seigneur pour luy Quāt saul eut ouy doech il fut moult courrouce et māda tantost querir a nobbe Archimelech et tous ses aultres prestres de sa lignie q̃ demouroiēt a nobbe. Et quāt ilz furent deuāt luy saul dist a Archimelech. Pour quoy auez vous conspire cōtre moy: toy a le filz de Jsay et auez iure a cōiure ma mort: a luy aues donne pain et vitaille a armes po' moy dechasser a debouter hors de mō royalme car il ne p̃tend a aultre chose. Et archimelech luy rēdit Ja se dieu plaist ne sera trouue q̃ ie ne hōme qui soit de ma lignee voulsist faire telle traison encōtre vous q̃ estes nostre roy. a se ie fait aucuns plaisirs a dauid ie vo' cuidois seruir a gre pour cause q̃ scet vostre gēdre et le soulies auoit e tour vo' si bō et si loial q̃me il estoit. ne riens ie ne scauoie de chose q̃ maues dit a propose. Et saul luy dist q̃ mourir le queuoit et toute sa maisnie. a de son pere sans nul remede. Et cōmanda aux satalittes de son hostel quilz le missent a mort et tous les aultres q̃ estoiēt leē's auec luy. et ny eut oncques celuy deulx q̃ les osast toucher ne mettre la main a eulx pource q̃lz estoiēt p̃stres sacres et ministres de dieu. Et qñt le roy vit ce il cōmāda

Feuillet. lxxx.

a doech q̃ les mist a mort. et ainsi le fist il tātost sans q̃tredit. a en occit quatre vingtz et cinq tous p̃stres et vestus de saictes robbes quō appelloit ephoe de blanc lin. Et saul destruist nobbe. a ny laissa hōme ne feme ne beste q̃ eut vie q̃ tout ne fut occis. a mis a mort en despitit de dauid q̃ y auoit passe tant seullement et en eschappa lung des filz Archimelech quō appelloit abiachar qui sen fouyt a dauid a luy cōta cōmēt saul auoit occis son pere a destruict nobbe. Adonc dist dauid. Je pensoie bié que doech leql me vit a nobbe incontinēt le diroit a saul et q̃ mal en viendroit. a ie voy biē que pour ma cause ton pere a tous tes amis sont occis et tu demourras auec moy: a q̃ mal te fera il men fera aussi

Comment dauid destruict les philistiens deuant sillan.

o R vindrēt aulcūs noncer a dauid q̃ les philistiēs auoiēt assiege sillan a destruit tout le pais dentour a les granges qui estoient plaines de bledz. Adonc dauid se cōseilla a nostre seigñr sil iroit deffendre sillan a sil pourroit descōfire les philistiēs qui la estoient. Et nostre seigñr luy dist quil y allast tout seuremēt: car il les mettroit tous en sa main. Adonc sen alla dauid contre les philistiēs: a les desconfit et leur porta grant dommaige a ceste fois et puis entra en sillan et on lalla noncer a Saul dont il en fut moult ioyeulx et dist. Or est il enclos et ne s'en peult aller Si fist son comandemēt au plus tost quil peust. Et quāt dauid sceut ceste nouuelle il en prit conseil a nostre seignr par Abiachar sil seroit demourer en sillan: et se ceulx de la ville auroiēt cueur ne voulēte de le mettre en la main de saul Et nostre seignr luy respōdit que sil demouroit plus qlz le mettroiēt en la main dudict saul. Adonc se deptit dauid de sillan et emmena ses gens auec luy et sen allerēt ca et la: et no serent arrester pour saul qui les queroit. Dont quant saul ouyt dire q dauid estoit parti de sillan il s'en reuest et ramena chascū en son lieu.

O R aduint que dauid s'en alla en vng desert quon appelle zip: et Jonathas sen vint pler a luy en vng lieu en ce desert et le recōforta au mieulx quil peult et luy dist. Tu regneras sus israel: et ie seray comme second apres toy. Et la renouuellerēt leurs alliāces quilz auoiēt aultresfoiz eues eulx deux ēsemble et demouroit dauid en celle forest. et Jonathas s'en retorna en son hostel Or vindrēt ceulx du pais q estoiēt appelles rephiens a saul en gabaa: et luy dirēt q dauid habitoit en leur pais en vne grant forest en la coste

d'achillee q gist en la dextre ptie du desert. or ne fault pl' mais q tu viēnes et no' le mettrōs en tes mains: si aura ton desir acōpli. Et saul le dist. Vous soies biē venus: de dieu soies vo' benis. Or vo' en alles deuāt et ēsidrees diligemment et espies ou il se tiēt: et le iour guettes diligemēt au mieulx q vo' pourres car il scet biē que ie le qers et faiz qrir partout: si est tousiours sus sa garde. Et les rephiēs sen vindrēt et firent ce q saul leur commāda. Saul vint apres eulx a tout ses gens. Dont qt dauid le sceut venāt il sen vint au lieu quō appelle mahō ou il y auoit tresfort lieu: et la mist gēs pour garder ce ql ne pouoit garder: et apres il sen alla aual le desert. Et dauid et ses gens sen alloiēt dung coste de la mōtaigne. et saul et ses gens dung aultre au cōtraire. Et saul euirōa dauid et ses cōpaignons entour de la mōtaigne par maniere dune couronne. et vit bien dauid q eschapper ne'n pouoit bonnemēt.

Comment saul parla a dauid sus la fosse ou dauid luy couppa vne piece de sa robbe.

D Ont quant Saul tenoit dauid en tel destroit: voicy mesagiers qui venoient annoncer a Saul que les philistiens estoient espandus parmi son pais et destrui soient toute la terre d'israel. Adonc

laissa a querir David ⁊ sen alla ha
stiuemēt ēcontre les philisties. Et
David se deptit de la et sen vint de
mourer au lieu de egadi es plꝰ fors
lieux ou croist le balme. Adonc saul
print trois mille hōmes des plꝰ fors
qui peust trouuer et sen alla apres
David: et passa luy et ses gens p di
uers lieux moult penables a passer
pour qrir David sil le pourroit trou
uer. Si vint en ung lieu ou y auoit
plusieurs troppeaulx de brebis: et
pres de la auoit vne grāt fosse ⁊ pla
tureuse ou David ⁊ ses cōpaignons
estoiēt caiches. Et saul sen vint en
celle fosse pour son ventre vuider: ⁊
cuidoit que nul ny fust. Et quant il
faisoit son faict les cōpaignōs de da
uid luy dirent. Tu as au iourduy
hōneur ⁊ gloire se tu veulx: car tu
as ton ēnemi conquis se tu veulx il
ne tient q̄ a toy. Adonc leur respōdit
David. Ja dieu ne plaise q̄ ie occie ce
luy que dieu a esleu ⁊ ꝯsacre sur son
peuple ne quō le me puist reprocher
ne reprouer: ⁊ ne voulut oncq̄s souf
frir q̄ hōme de sa compaignie le tou
chast: car ilz le vouloiēt tuer se Da
uid ne leust deffendu. Adonc vint
David a saul ⁊ luy trēcha vne grāt
piece de sa robbe ou il faisoit sa neces
site q̄ oncques saul ne sen apperceut.
Et q̄t saul se dressa, ⁊ se mist au che
min apres les autres. Adonc david
alla apres lui ⁊ lui escria Roy saul

fueillet. lxxxi.
mon cher seignr parle a moy. Et
saul se va tourner et vit david si en
fut moult esmerueille. Adōc david
parla a luy ⁊ luy dist. Mon cher sei
gneur ple a moy, pourquoy crois tu
les bourdes q̄ tont fait ētendāt que
ie te voulois greuer ne mesfaire au
cune chose contre toy. et se ie voul
sisse ie teusse aussi legerement occis
cōme iay couppe vne piece de ta rob
be. Regarde voicy la piece q̄ ie tiens
en ma main. Tu as doncq̄s moult
grāt tort qui ainsi me persecutes sans
cause. Je prie a dieu qui te doint cō
gnoissance, que te peust profiter de
persecuter ung chien ou vne pusse.
Quant saul louit ainsi parler il se
print a plourer et dist. Tu es meil
leur que ie ne suis. or voy ie biē que
iay tort ēcontre toy: tu meusses biē
occis se tu eusses voulu: et ie voy
bien que tu regneras apres moy il me
soit bel ou non. dont ie te prie que tu
aies pite de ma lignie. A tant se de
partit saul de David ⁊ ramena ses
gēs en son pais. Et david sen alla
en maphat es plus fors lieux quil
peust trouuer.
Cōmēt david se courouca à nabal
        ¶ En celuy tēps mourut le bon
        hōme samuel le saīt prophete
Et tout le peuple en ploura ⁊ en fu
rent moult dolens, ⁊ le seueliret en
ramathā en sa cite le plus hōnora
blement quilz peurent. Adonc sen

alla dauid au desert de pharan Et
pres de la auoit vng riche hôme qui
dur et vilain estoit: mais saige et ma
licieux estoit quon appelloit Nabal
et nauoit si riche homme en tout le
pais: et habitoit en carmelo. Et a-
uoit trois mille brebis et mille che-
ures sans les aultres bestes. Et a-
uoit celuy hôme vne belle femme et
saige amiable et courtoise. Et ouyt
dire dauid q̃ nabal tondoit ses brebis
et auoit fait grandemẽt appareille
pour ceulx q̃ deuoiẽt tondre ses bre
bis, car cestoit adonc la coustume
des efans disrael q̃ quãt ilz faisoiẽt
tondre leurs brebisilz menoiẽt grant
feste et grãt mẽger en remẽbrance q̃
leurs peres auoiẽt este bergiers. Si
print dauid six iouuenceaulx de sa
cõpaignie et les enuoia a Nabal en
luy priant quil luy voulsist enuoier
de ses biens: car tout le temps quil
auoit repaire au desert il ne luy a-
uoit nul dommaige porte ne luy ne
ses gens dune seulle brebis st cõme
les bergiers le scauoient bien: mais
les luy auoiẽt gardees et garanties
et ses biẽs ou ilz les auoiẽt trouues
Et nabal comme vilain quil estoit
respõdit asses vilainement aux mes
sagiers de dauid en disant q̃ riens
ne luy enuoyroit et dist. Que sce du
filz de Isay ne que auds nos a faire
de luy au iour duy de celle maisnie
fouyãt son seignr et veult estre sei-

gneur et maistre. Adonc sen reuin
drent les messagiers a dauid quil
auoit euoies: et luy raporterẽt côme
nabal leur auoit respondu dont da
uid en fust si courrouce q̃l iura que
auãt quil fust nuyt il ne luy laisse-
roit riens q̃l fut iusques a vng chiẽ.
Et sen venoit a luy a tout quatre
ces hõmes pour le destruire et quan
ques il auoit.
o   R auoit celui nabal vne va
            illante dame et fẽme saige et
bien aduisee plaine de grãt beaulte
quõ appelloit abigal q̃ nauoit mie
este presente quãt les messagiere de
dauid auoiẽt parle a luy: si ouyt ra
conter a sa maisnie ce q̃ dauid auoit
mande a nabal et cõment nabal lui
auoit respõdu vilainemẽt: et toutes
fois chere dame aduises que vous
feres: car dauid et ses cõpaignons
sont bõnes gens et nous ont deffen-
dus et gardes p tout le temps q̃ nos
auons conuerse auecques eulx iour
et nuyt q̃ oncques au desert ne nous
firent dommaige en riens quil fust
nous doubtõs que mal ne en adui
enne: car nostre maistre est vng do
loreux homme et vng dyable on ne
peult parler a luy. Quant abigal
eut tout ouy et escoute diligemmẽt
ce q̃ sa maisnie luy rapportoit et a-
uoit dit: elle prit deux cens pains et
deux vaisseaulx plaine de vin et .v.
moutons tous cuitz: et des aultres

Biens asses et fist tout charger ¿ mener deuãt elle sans ce que Nabal en sceust riens aulcunement. Et vint au pied dune mõtaigne ¿ encontra Dauid a tout quattre cens hõmes q̃ venoiẽt contre nabal. ¿ tantost abigal descendit et se getta a ses piedz deuãt lui et luy dist. Sire ie vous prie tant de bon cueur cõme ie puis q̃ vo⁹ ne mettes mie en vostre cueur la vilanie q̃ nabal mon mari vous a dit: car cest ung mauuais vilain ¿ sot q̃ ne scet ne bien ne honneur. ¿ ie nestoie mie au lieu quãt vos messagiers vindrẽt. Or vueilles prẽdre en gre ce q̃ ie vous apporte et nous vueilles pardonner la rudesse quil vous a faicte

q Dant dauid eut ouy abigal ainsi parler il luy dist. Celuy qui ta icy amene me garde de prendre vengeãce telle q̃ iauoie propose. Benoist soit nostre seignr et benoiste soies tu sur toutes fẽmes: ¿ benoist soit ton doulx parler q̃ ma appaise car se tu eusses vng peu plus attendu il neust demoure a nabal auãt quil eust este demain iour riens q̃ ie neusses tout mis a mort. Or te fais ie ceste grace ¿ cest honneur q̃ recois ton p̃sent et pardonne a ton mari ce q̃l ma fait. Adonc sen alla Dauid au desert: ¿ Abigal sen retourna a son hostel ¿ trouua q̃ nabal faisoit vne grãt feste ¿ auoit aussi bien appeille

Feuillet. lxxxii.

gnie ce fust vng roy ¿ auoit biẽ beu ¿ faisoit bonne chiere. Si ne le voulut mie troubler Abigal de dire ces nouuelles iusq̃s a lendemain. Et lui raconta comment elle auoit trouue Dauid a tout quattre cens hõmes q̃ venoiẽt pour le destruire ¿ tuer pour la vilanie q̃l auoit faicte a ses messagiers et a luy. Quant nabal eut tout ce ouy il fust si esp̃du ¿ feru au cueur q̃ oncques puis neust ioye ne sante au corps mais mourut dedẽs dix iours. Et Dauid ouyt dire q̃ nabal estoit mort dõt il fut bien ioyeulx ¿ dist. Benoist soit nostre seignr q̃ ma garde despãdre le sang humain ¿ Nabal a receu son loyer selon sa mauuaistie. Adonc print abigal a fẽme auec les aultres q̃l auoit.

e N celuy tẽps q̃ dauid estoit ou desert a refuge vindrent les rephiẽs a Saul en gabaa ¿ luy dirent: Sire se vo⁹ voules trouuer dauid voicy ou il se tiẽt a refuge ou desert de zip la le trouueres vous. Et quant Saul eut ce ouy: il print trois cens hõmes auec luy des plus esleus quil peult trouuer et sen alla ou desert pour prẽdre dauid. Et quãt ilz furẽt loges ¿ la nuyt vint que ilz furent couches et endormis dauid les alla espier et les trouua la moult fort endormis ne ny auoit vng tout seul qui veillast. Et Dauid sen reuint aux siens et leur dist cōment ilz dormoiēt tous: et leur demanda le quel viēdroit auec luy en lost. Adonc abisay et Jabo se presenterent a luy. Et dauid sen alla en lost et firēt tant qlz sen allerēt en la tête du roy saul ou il dormoit. Adōc dist abisay a dauid Je prendray sa lāce et lē fiereray tout parmi le corps et ainsi seras venge de tes ennemis. Et dauid respondit et dist. Certes tant comme ie vive ie ne mettray la main a lui. J'aime mieulx qil soit tue dautre q̄ de moy: mais prens la lāce q̄ est fichee pres de son chevet et le pot plain deaue qui est decoste et nous en allons et ainsi le fist il. Lors sen alletent a tout la lance et le pot deaue et passerēt parmi lost, et quāt ilz furēt passes et eslōgnes tant qlz estoiēt a seurete en ung hault lieu dōt il povoit clerem̄et veoir lost. Si print dauid a crier a haulte voix habner le prince de la chevalerie du roy saul: habner habner. Adonc respondit habner. Qui es tu q̄ cries si hault: et ne laisses reposer le roy. Et dauid luy dist Je suis celui dauid que vous queres. Je te dy q̄ tu es digne et as deserui la mort: cōment aues vous garde voftre roy. Il a este tel de nous q̄ a este en ceste nuytee vous visiter et na ttroue hōme de vous q̄ ne fust endormi. Vous estes faulses gens q̄ ainsi aues garde voftre roy. regardes ou est la lance du roy et le vaisseau deaue q̄ estoit a son chevet. Et quāt le roy saul louit ainsi parler il luy dist. Nest ce mie ta voix que iay ouye mon cher filz. Et dauid luy respōdit. Mon cher seignr vraiment ie suis dauid ton petit garson. pour quoy me persecutes tu ainsi duremēt q̄ tay ie meffaict: se ieusse grādemēt meffaict contre toy cher seigneur tu aurois bōne cause et iuste de moy ai psecuter. Et si tu faitz cecy de ta teste: dieu soit iuge entre toy et moy qui voit les cueurs et scet lintētion de tous. Et si tu le faitz par voix daultruy: mauldictz soient ceulx p qui il fault q̄ ie soie hais et deboute hors de mon pais mauuaisement et me quint seruir aux ydoles et aux dieux estranges. et vivre entre les ydolatres. Et saul respondit. Jay griefuemēt peche et failly contre toy et ay este mal conseille iamais plus ne te vueil persecuter car ie voy biē q̄ iay tort contre toy. Et dauid luy māda qil retournast querir sa lance. Adonc saul sen retourna en gabaa et laissa desla en auant a persecuter dauid: mais dauid ne si osoit fier et se pensa. se tu retournes en ton pais quant tu ne ten donneras en garde saul te prendra et te mettra a mort. Adōc print sa deliberatiō et sen alla p deuers achis le roy de getha a tout six vingtz compaignons pour estre a refuge: et celuy achis estoit filz de

lautre achis : dont il estoit mention
cy dessus. Et dauid dist a achis
Sire ie ne te veulx mie greuer : re-
garde qlque lieu en ta tre ou ie puis
se demourer ⁊ le me vueilles pster
Et achis luy dona vne ville quon
appelle sichelech qui des la en auāt
fut au roy de iuda ⁊ y demoura da
uid et ses gpaignōs quatre mois ⁊
dix iours. Et viuoient de sa proie
qlz pnoiēt sur le pais des philistiēs
qui nestoiēt mie subgetz a achis ne
de sa terre, et se gardoit bien de pren
dre hōme ne fēme pourtāt quil nen
fust encuse: mais les mettoit tous a
mort et pnoit la despoille ⁊ la proye
⁊ amenoit tout auec luy. Et quant
achis luy demādoit: ou as tu couru
ou iour duy, il luy dōnoit a entendre
quil auoit couru sur la terre disrael
et non aultre part.

Commēt samuel parla au roy
saul apres quil fut trespasse

E̅ n celuy tēps se assemblerēt
les philistiēs a grāt ost: ⁊ se
vindrēt contre le peuple disrael a
grāt force. Adonc dit achis a dauid
Tu viendras auec moy. ⁊ dauid
luy respōdit. Or verras tu main-
tenāt que ie scay faire. Et achis lui
dist. Ie te feray garde de mon chef ⁊
aultre ne veulx q̄ toy. Adonc assem
bla saul tout le peuple disrael: ⁊ se
logea es mōtaignes de gelboe ⁊ qn̄t
il vit les philistiēs a si grāt force: le

feuillet. lxxxiii

cueur luy print a trēbler ⁊ eut grāt
paour. Adonc commēca a appeller
nostre seignr ⁊ lui prier q̄l luy voul
sist q̄ seiller quil pourroit faire mais
ōcques conseil ne respōce il ne peult
auoir ne par prophete ne par vision
dont il fut moult descōforte. Si dit
a ses seruās. Queres p tout se vo9
pourres trouuer vne deuine et me
faictes parler a elle. Or auoit en ce
luy temps saul mis a mort tous de-
uins et deuines enchāteurs ⁊ enchan
teresses et tous telz malfaicteurs: si
nen pouoit mie bien recouurer a sa
voulēte. Toutesfois aulcūs de ses
seruās luy dirēt. Il y a vne femme
qui demeure a endoz q̄ est trop bōne
deuineresse. Adōc saul mua son ha
bit affin quon ne le congneut et sen
vint a celle deuine ⁊ luy pria quelle
luy deuinast en son esperit. Et elle
luy respōdist et dist. Tu sces bien q̄
le roy saul a mis a mort de nouuel
toutes les gēs du mestier dont no9
sōmes et tu me demādes a deuiner.
Et saul luy iura moult fort que ia
mal ne luy en viēdroit pour ce faict
Adōc luy demāda la fēme q̄ cestoit
quil vouloit demander. Et saul lui
va dire. Fais moy samuel venir.
Et quāt la femme vit samuel. Sa
muel luy dist q̄ cestoit le roy saul: et
elle vint au roy saul et luy dist. po9
quoy mastu ainsi deceue: tu es le roy
saul. Adonc le roy saul parla a elle

m.i.

a luy dist. Mais nulle doubte: car
ie ne te feray iamais mal: mais dis
moy que tu as veu. Et elle luy dist
Jay veu ung sainct homme ancien et
glorieux vestu dung blanc veste-
ment tel cõme les prestres et les eues-
ques les portent. Adonc entendit bien
saul que cestoit Samuel et seclina
vers luy et lui demanda quil pourroit
faire: car il estoit a grant mechief et
ne scauoit quil peust faire car les phi-
listiens luy couroient sus et ne pouoit
auoir conseil ne responce de nostre sei-
gneur par songe ne par prophecie ne
par vision. Et samuel luy respondit.
Que conseil te puis ie donner ne que
veulx tu que ie te die quãt dieu ta en
despit et ne veult que tu regnes plus.
et a donne ton roiaulme a son sergent
dauid ainsi comme tay aultresfois dit
pource que tu nas voulu a luy obeir.
Demain au matin toy et tes enfans
vendres auec moy en enfer et auront
les philistiens victoire de toy et du
peuple disrael. Quant saul ouyt
ceste nouuelle il cheut a terre comme
mort: car le cueur lui falloit de grãt
paour et il estoit foible car il nauoit
menge de tout le iour. Si le firent
menger sa femme et ses enfans pour
luy reprendre son cueur et reuint a luy
et puis sen retourna en lost.

o R furent assembles les phili-
stiens en vng lieu quon ap-
pelle asseth. Et les enfans disrael

estoient loges a vne fontaine qui est
en israel. Et quant les satrappes
des philistiens virent dauid auec
achis ilz dirent a achis. Faiz retour-
ner cest ebrieu: que auons nous a
faire de luy. Il nest mie bon quil vie-
gne auec nous en bataille quil ne se
tournast contre nous pour aider a
nos ennemis. et comment pourroit
aultremẽt appaiser son seignr fors
que a nous porter dommaige nest ce
mie celuy de quoy on chante. Saul
a tue mille hommes: et dauid dix
mille. Adonc appella dauid et luy
dist. Dauid cher ami ie tay trouue
loial pour moy ne oncques deffault
ie ne trouuay en toy. et moult bien
me plaisoit ta compaignie mais tu
nes mie en grace des satrappes ne
des seigneurs des philistiens dont il
me desplaist forment. Or ten va
encores ennuit affin que tu soies de
main en sichelech.

a Donc se departit dauid de
achis et sen vint au tiers iour
en sichelech. et la trouua arse et des-
poille par larrons et en auoient em-
menes hommes et femmes et enfans
et les deux femmes de dauid. Et
auoient prins la proie et despoille. et
auoient boute le feu par tout: et sen
alloient. Quãt dauid et ses compai-
gnons virent ce: ilz se prindrent a plo-
rer et a mener grãt dueil. Et vou-
lurent les compaignons de dauid le tuer

et mettre a mort pour le mechief ou ilz estoiēt de ce q́lz auoient perdues leurs fēmes: mais dauid les appaisa et conforta en dieu au mieulx q́l peult. Et print conseil a nostre seignr̄ par abiachar sil iroit apres ces larrōs ou nō. et sil les pourroit attaindre et prendre. Et nostre seignr̄ luy dist quil y allast seuremēt: car il les prēdroit et rameneroit la proye. Adonc dauid fist armer ses cōpaignons et couruērent apres eulx. Et qn̄t ilz vindrent sus le ruisseau de bezor aucūs diceulx furēt si lasses quilz ne pouoient plus aller auāt et la demourerent deux cens: et les aultres quatre cens sen allerēt oultre/ et trouuerent en leur voie vng egiptien q̄ gisoit la mourant de pute famine car il auoit la este trois iours et trois nuitz sans boire et sans mēger. Si luy dōnerent a boire et a menger. et puis reuint a luy. Et puis luy demāda dauid q́ il estoit et dont il venoit. Et il luy dist q́l estoit egiptiē et q́l seruoit a vng nōmé Amalech. et racōta cōmēt son maistre lauoit laisse en chemin pource q́l estoit malade et q́lz venoiēt de dehors le pais sur la terre disrael: et cōment ilz auoiēt prins sichelech. et emmenoient toute la proie et la despoille: et puis auoient boute le feu et ars la ville. Et dauid luy dist Me scaurois tu mener la ou ilz sont. Et legiptien

feuillet.lxxxiiii

luy dist oy sire. mais q̄ me vueilles promettre et iurer q̄ vous ne me tueres mie ne me mettres en la main de mon maistre. Et dauid luy promist. Or sen allerēt dauid et ses cōpaignons apres le varlet q̄ les menoit et tant allerēt quilz les trouuerēt ou ilz buuoient et mēgeoient a grant repos et faisoiēt grāt feste de la proie quilz auoiēt auec eulx. Et dauid leur courut sus et se cōbatit a eulx des le vespre de celuy iour iusques au lendemaī vespre. et lesmist tous a mort que vng nē eschappa ne demoura mais q̄ quattre iouuēceaulx qui mōterent sus chameaulx et sen fouyrent au mieulx quilz peurent. Et recouura dauid toute la proye quilz anoiēt prinse en sichelech que oncques nen faillit riens. Et toute lautre proie quilz auoiēt pillie en la terre de iuda et des philistiēs grās troppeaulx de brebis et dautres bestes q̄ faisoiēt chasser deuāt eulx et disoit chascū qui les veoit. voicy la proie de dauid. Et vindrent iusq̄s a leurs deux cens cōpaignons que dauid auoit fait demourer sus le ruisseau de bezor pource q́lz estoient trop lasses: et les salua moult humainemēt. dont aucūs qui estoiēt auec dauid mauluaises personnes tout oultre si en furent mal contēs. et dirent encores plus auāt quilz ne vouloient mie quilz eussent leur pt

m.ii.

en la proye quilz auoiēt prinse ꝗ re-
rousse mais leur debuoit bien souf-
fire silz auoiēt leurs femes et leurs
enfans et a tant se tenissent. Mais
Dauid dist ꝗ ordonna tout le con-
traire: car ceulx/dist Dauid/ꝗ sont
icy demoures auront tout au tāt cō-
me ceulx qui ont prinse la proye ꝗ a
menee puis ꝗ nostre seignr̄ la nous
a donnee. Et dēsla en auāt fut pour
loy et pour status ordonne: ꝗ autāt
auoiēt ceulx qui estoient foulles et
lasses cōme ceulx qui se combatoiēt
Et Dauid sen vit en sichelech ꝗ en-
uoia de la proie aux vaillās ꝗ aux
anciēs de la lignie de Juda dont ilz
estoient: ꝗ a tous ceulx entre lesꝗlz
il auoit conuerse par tout le temps
ꝗl fut enchasse du roy saul.
o R se combatirēt les philisti-
ens contre les enfans disrael:
et eurent victoire les philisties con-
tre les enfās disrael. Et les mirent
a mort sus les mōtaignes de gelboe
et cheut tout le faict de la bataille
sus saul et ses enfans et furent tous
ses enfans tues. Jonathas/Amina-
dab/et Meschinal, ꝗ le ieusne hisbo-
seph estoit a lostel. Et saul fut na-
ure tresgriefuemēt des archiers dōt
il se vit a tel mechief et destroit que
mourir le conuenoit. Si dist a son
escuier. prens ton espee ꝗ me tue car
se les philistiens me prēnent vif ilz
me serōt trop de honte ꝗ de mechief
et au dernier me tueront. Mais les-
cuier nē voulut rien faire. Et saul
prit son espee ꝗ la porta au droit son
cueur ꝗ se ficha sus le plus fort quil
peult ꝗ mourut. Et quāt son escuier
le vit ainsi mourir il fist ainsi cōme
saul auoit fait de son espee. ꝗ mou-
rut auec son seignr̄ ꝗ de telle mort.
En celle bataille moururent tous
ceulx de la maisnie de saul ꝗ ses en-
fans. Et quant ceulx ꝗ estoiēt en la
vallee de p̄ de ca le fleuue de iordain
virēt ꝗ le peuple disrael sen fouyoit
ꝗ estoit descōfit ꝗ le roy saul mort
ꝗ ses ēfans: si laisserēt leurs villes
ꝗ leurs cites pour la paour des phi-
listiens et sen fouyrēt ailleurs ꝗ les
philistiēs entrerēt dedens et y habi-
terent. Lendemain vindrent les phi-
listiens pour veoir les mors du peu-
ple. Et trouuerēt Saul qui gisoit
mort auec les aultres. Si prindrēt
ses armes et luy couperēt la teste et
aussi firent les testes de ses enfās et
les firent porter p̄ toute leur terre en
signe de grant victoire. Et mirent
ses armes au tēple de leur dieu asta-
roth. et leurs chiefz pendirent aux
portes et aux murs de bethsan qui
estoit vne cite des philisties ꝗ gisoit
en la t̄re disrael pour eulx faire pl9
grant despit. Et qt ceulx de la cite
de Jabes galaad ouyrēt dire cōmēt
les philistiēs auoient fait de saul ꝗ
de ses enfans ilz allerent hors de la

cité les plus fors et les plus hardis
et vindrent de nuit despendre les corps
qui pendoient aux murs de la cité de
bethsan et les eporterent auec eulx
en iabes et les ardirent et prindrent
les os et enseuelirēt moult honnou
rablemēt ou bois de iabes. Et plo
rerent par sept iours cōtinuelz saul
z ses enfans.

Cy commēce le second
liure des roys

¶ Dant Dauid fust retourne
de la bataille z desconfiture
quil auoit fait de ceulx da
malech et eut demoure deux iours
a repos en sichelech. Voicy que au
tiers iour vint a Dauid vng hom
me qui auoit sa robbe dessiree z des
cendres sur son chief: z vint deuāt
Dauid z Dauid luy demāda dont
il venoit. z il luy respondit quil ve
noit de lost. Et Dauid luy demāda
quelles nouuelles y a il en lost:com
ment le font nos gens. Et il luy re
spondit q̄ mal le faisoient: car lesphi
listiēs auoiēt trop duremēt descon/
fitz les enfans disrael z plusieurs
mis a mort. z le roy Saul z son filz
Jonathas estoiēt mors. Et oultre
/dist il/ iestoie venu pour aucunes
aduētures en la montaigne de gel
boe z ie vis que saul gisoit sur vng
glaiue la poincte deuers le cueur z

feuillet. lxxv.
la force de la bataille descendit sus
luy. z il se tourna vers moy et me
hucha. Et quāt ie vins deuant luy
il me demāda dont iestoie. z ie luy
respōdis que iestoie damalech estrā
ge z demourāt en israel. Adonc il
me dist monte sus moy et me tue af
fin que ceulx nō circōcis ne me tuēt
Adonc ie le tuay z prins sa couronne
z le tapporte car ie veoie bien quil ne
pouoit plus viure pour langoisse et
le meschief quil souffroit.

¶ Dant Dauid sceut q̄ saul z
ionathas furēt mors il print
a dessirer sa robbe: z aussi firēt tous
ceulx de sa cōpaignie z plourerent
moult ameremēt celle iournee iusqs
a vespres tant pour la mort du roy
saul q̄ pour ionathas tant aussi pō
ce que le peuple disrael estoit ainsi
desconfit. Et quant ilz eurēt asses
ploure: Dauid appella celuy q̄ luy
auoit anonce ces nouuelles: et luy
dist. cōment osas tu mettre la main
au crist de nostre seigneur qui estoit
esleu z sacre de nostre seignr̄ Adōc
cōmanda Dauid a vng de ses cōpai
gnons q̄ loccist z mist a mort en di
sant. tu as trop parle: ta bouche ta
condāne z ta parolle. En ce q̄ tu as
dist Jay occis le crist z le sacre de no
stre seigneur. Adonc reprint Dauid
ses plours z dist ainsi. O israel re
garde ceulx qui sont mors sus tes
haulx lieux. Toutes les nobles hō
m.iii.

mes ῀ les pl9 fors disrael sont mors sur les mōtaignes de gelboe ῀ Vous soies de Dieu mauldictes tellement que iamais ne vienne sur vous ne pluie ne rousee quant sur vous est abbatue la force disrael, ῀ ont este descōfitz les fors sur vous ῀ foules et Saul mort ainsi cōme se oncques neust este oingt de saincte huille ne sacre. Le saiettes de Jonathas onc ques ne faillirēt ῀ le glaiue de saul ne reuint oncques en vain. Saul ῀ Jo nathas nont point este des eureux Ilz estoiēt legiers comme aigles et fors cōme lions. Filles disrael plou res saul q̄ vous vestoit tant riche ment ῀ vous adornoit si pcieusemēt Comment sont cheuz, ῀ abbat9 telz fors hommes en bataille Jonathas en tes hault lieux es occis. O Jo nathas mō cher frere iay moūlt grāt dueil de ta mort qui estois si bel ῀ si amoureux et asses plus q̄ vne fēme Ainsi comme mere aime tendremēt vng sien filz q̄lle a : ainsi te aymois En celuy temps commāda dauid quon apzenist aux enfans disrael a traire de larc et de larbalestre.

a Presce q̄ la renōmee du roy saul ῀ de ionathas fut espā due ῀ cōment ilz estoiēt mors. Da uid print cōseil a nostre seignr̄ quil feroit Et nostre seigneur le fit aller en ebzon: et luy dist q̄ la demourast certain temps. Oz sen vint dauid

en ebzō auec ses deux fēmes abigail ῀ achinen: ῀ fist ses cōpaignons de mourer es villes dentour ebzon. Asses tost apres vindzent ceulx de la lignie de iuda: ῀ firēt dauid roy et le sacrerēt comme roy en ebzon, et regna en ebzon sept ans ῀ six mois sur la lignie de iuda. Oz vindzent les nouuelles a dauid q̄ment ceulx de iabes auoiēt fait de saul et de io nathas. Si leur remercia moult et leur dist Benoist soies vo9 de dieu qui aues si bien fait vostre debuoir de vostre seigneur saul et de ses en fans. Et se ie puis riens faire pour vous ien suis appareille: ῀ ne soies de rien esbahis si maintenāt vous naues point de roy, car les enfās de iuda mont fait roy sur eulx.

q Dant Abner vit que ceulx de la lignie de iuda auoiēt fait dauid roy sur eulx: il print His boseth le filz saul et le pourmena p toutes les villes ῀ les cites des aul tres lignies du peuple ῀ le firēt leur roy et ne regna que deux ans. En ce tēps aduint vne grāt noise ῀ vne grāt sedicion entre ces deux royaul mes et vindrēt aux chāps tous ar mes lung contre lautre. Et abner le prince de la cheualerie His boseth estoit logie a tout son ost vers gebe on. Et Joas le prince de la cheuale rie de dauid estoit logie sus la pisci ne en gabaa. Et abner ῀ ioas dirēt

faisons esbatre de ces ieunes gens
deuãt nous: et Joas si accorda Or
saillirent sus douze cõpaignons de
vne part et se prindrent par les colz.
Et ficha chascun son espee au coste
de son cõpaignõ. et moururent tous
en la place sans renoncer. Et lors
se prindrẽt a combatre les deux ostz
moult chauldemẽt. Et dura la ba
taille du matin iusques au vespre
tant que abner et les siens sen fouy
rent. et Joas courut aps. Or auoit
Joas vng frere quon appelloit A
zael qui couroit aussi fort et legere
mẽt comme vng lieure ou vng che
uril sauuage: et couroit aps abner.
Or aduint que Abner se retourna
et vit azael derriere luy q le chaſſoit
Si luy dist Abner. Je te prie que tu
declines ca ou la et men laisse aller
que ie ne te soie contraint de te faire
vilanie. Et azael ne le voulut mie
croire ains le chassoit tousiours Et
quant abner vit que cestoit a certes
et qlne vouloit laisser ce quil auoit
entrepris: si luy dist abner. Je veulx
bien q tu saches que se tu ne laisses
ceste entreprinse que tu as de moy p
secuter ie feray telle chose dõt il me
desplaira: et dont ton frere sera grã
dement courrouce encontre moy que
ne me oseray iamais mõstrer deuãt
luy Mais riens ny valut: car oncqs
azael ne se voulut garder ne se tenir
en paix. Adonc abner print sa lance

feuillet. lxxxvi
et en ferit Azael en laine: et le cousit
tout oultre et cheut mort tantost en
la place. Et ioas et ses cõpaignons
chasserẽt Abner iusques a ce q le so
leil commẽca a coucher. Et abner
rassembla aulcũs de ses gens en la
coste quõ dit le cõduit de leaue. Et
tant quilz estoiẽt vng bon troppel.
Adonc dist abner a ioas. Cesseras
tu point de ainsi trauailler ton peu
ple et psecuter tes freres. Nos veulx
tu tous mettre a mort: il te doibt bien
a tant souffire. Adonc luy dist Joas
Se tu men eusses au iour duy au
tant dit au matin nous ne fussions
ia au iourduy combatus. Si corna
Joas son cor et fist arrester toute sa
gent et sen reuindrẽt en leurs tẽtes.
Et prĩt ioas Azael son frere et len
seuelit moult triste et moult dolent
et recueillit ioas sa gent et ne trou
ua de toute sa gent que. xix. hõmes
qlauoit perdus qui estoiẽt mors et
Azael son frere. et de la partie de ab
ner estoient mors trois cens soixãte
hommes. Et celle nuitee sen alla
abner et sa gent pmi la tre de moab:
et chercherẽt tout le pais dentour. et
puis sen reuindrent en leurs lieux.
Et ioas aussi et ses compaignõs ne
cesserẽt de cheminer celle nuyt: et au
point du iour vindrent en ebron

Cõment Hysboseth le filz saul
se courrouca encontre Abner le prĩce
de sa cheualerie.

m.iiii.

o Reutent ces deux royaulmes peu d'accord ensemble, mais le royaulme David croissoit tousiours. Et abner gouuernoit tout le royaulme hysboseth le filz de saul. Ung iour aduint que abner eut compaignie charnelle a vne femme q auoit este aymee du roy saul, et tant q plusieurs nuitz geut auec elle. Si en fut moult courrouce hisboseth contre luy, et dist a abner. Pour quoy m'as tu fait telle honte et telle vilanie que d'auoir geust auec l'amye de mon pere. Quant abner eut ouy ceste parolle si fut moult courrouce et trouble: et dist a hisboseth. Je t'ay fait roy en israel en lieu de ton pere: dont ie suis hay de Dauid et de ses gens: car ie luy ay tollu ce que saul luy auoit donne, et l'ay mis en ta main, et tu me coures sus au iour d'uy pour vne femme. A tant se tint abner et enuoia au roy Dauid certains messagiers secretement: et luy fist dire A q est la terre d'israel sinon a toy. Faisons que nous soions amis ensemble: et ie te rameneray tout le peuple d'israel et mettray tout a ta subiection. Et Dauid luy remanda que voulentiers feroit paix a luy et alliance mais qu'il eust sa femme michol que saul luy auoit ostee.

Comment abner fist rauoier a Dauid Michol sa femme qui fut fille du roy saul.

a Donc s'en alla abner p tous les princes d'israel: et leur demostra comment dieu auoit esleu dauid roy sur son peuple, et fist sacrer p le sainct prophete samuel. Ja y a long temps q vous voulies qu'il regnast sur vous, or l'aures vous se vous voules, il ne tient q a vous. Et quant ilz eurent ouy parler abner ilz se accorderent tous a luy. Adonc abner print Michol la fille saul, et l'emena auec luy, et s'en vint pler a Dauid en ebron. Et le mari michol, a q saul l'auoit donnee, alloit apres luy criant et brayant, et menoit grant dueil, mais riens ny valut: car abner le fist retourner voulsist ou non. Et abner s'en alla tousiours vers Dauid menant Michol auec vingt hommes en sa compaignie. Et dauid les receut moult liement et dit moult voulentiers, Michol que abner luy auoit fait rauoir. Et parlerent Dauid et abner moult amiablement ensemble. Adonc print abner conge de Dauid et dist, Sire ie prendray conge de vous et m'en iray assembler tout le peuple et l'ameneray a vous. Et regneras sur eulx trespaisiblement. Et ainsi q ime il fut parti du roy Dauid et s'en alloit en paix: voicy ioas et sa gent qui reuenoient de faire vne bataille encontre leurs enemis et ramenoient tresgrant proie auec eulx. Dont quant Joas ouyt dire que abner auoit parle au

roy ⁊ auoit bonne paix a luy: et cõ/
mẽt le roy lui auoit fait bonne chere
il sen Vint au roy Dauid ⁊ luy dist.
Commẽt as tu laisse aller abner q̃
nest Venu a toy pour aultre chose
fors q̃ pour toy deceuoir ⁊ pour sca
uoir ta puissãce. ⁊ p telles parolles
cuidoit esmouuoir le cueᵣ de Dauid
ẽcontre abner. mais quãt il Vit quil
ne pouoit cheuir: il se deptit du roy ⁊
sen Vint hastiuement a abner ⁊ luy
mãda quil Voulsist retourner car il
luy Vouloit dire aulcune chose de p
le roy. Dont q̃t abner fut retourne
Joas Vint au deuãt ⁊ le tira dune
part ainsi cõme sil luy Voulsist dire
vng grãt secret. et il tira sa dague
⁊ le ferit en laine: ⁊ cheut mort par
traison. Ainsi occist Joas Abner en
vẽgeance de azael son frere q̃ abner
auoit tue ⁊ pource aussi q̃l doubtoit
bien q̃ abner ne deust estre plᵘ grãt
plus prise ⁊ plᵘ honore du roy q̃ luy
q̃ estoit le plᵘ grant ẽtour le roy.
¶ Dant dauid ouyt dire q̃mẽt
Joas auoit mauluaisement
murtri abner: il en fut moult cour/
rouce ⁊ moult dolent ⁊ dist. Je suis
net ⁊ pur de ceste mauuaistie ⁊ nay
coulpe en la mort de abner. Mais la
mort et le sang de abner Vienne sus
la teste de ioas: ⁊ en prenne dieu la
Vẽgeance. ⁊ iamais nait nul en son
lignaige q̃l ne soit infame ou mesel
et meurẽt ses enfans en bataille: et

Fueillet. lxxxVii.

soiẽt poures et mourãt de faim. Et
puis commãda le roy a ses gẽs quõ
allast ẽseuelir abner moult honou/
rablemẽt. Et menoit le roy moult
grãt dueil et ploroit tresfort ⁊ aussi
faisoit tout le peuple. ⁊ ieunerẽt cel
le iournee depuis le matin iusques
au Vespre. Et Dauid dist a ses gẽs
Ne Vees Vous mie cõment auiour
duy est mort le plus grãt de toute la
tre ⁊ le pais disrael. Je suis encores
asses nouuel en mon royaulme: ⁊ si
eusses eu encores grant besoing de
son aide ⁊ de son conseil: car ie Voy
q̃ les enfãs seruent ioas: et ses faitz
me sont durs a porter.

¶ Comment hisboseth le filz de
saul fut mis a mort.

q̃ ¶ Dont quant hisboseth ouyt
dire q̃ abner estoit mort: si en
fut si tormẽte q̃ plus ne peut ⁊ tout
le peuple disrael en fut esmeu ⁊ tro
ble Or auoit hisboseth deux mau
uais hõmes qui estoiẽt princes des
larrons. et estoiẽt de sa maisnie qui
se courroucerẽt contre luy et p cour
roux se departirẽt de luy ⁊ sen Vin
drent a miphoboseth le filz de iona
thas et luy bouterẽt en la teste quil
Voulsist estre roy: car il le debuoit
estre pour cause quil estoit le filz du
premier ne du roy saul: mais il ne le
Voulut mie croire. Adonc sen Vin
drent ces deux larrons par deuers
leur seignr et entrerẽt en son hostel:

et porterēt des gelines et du nouuel fromēt pour luy psenter, et ilz trouuerēt luis ouuert et la garde de luis edormie: si sen allerēt iusques a la chābre de hysboseth et trouuerēt qͥl dormoit en la chaleur du iour sur sō lit en sa chambre. Si luy coupperēt la teste et la prindrēt et lemporterent a Dauid en ebron et dirēt. Sire voicy la teste devostre enemi hisboseth q̄ nous lauds apporte. Et cuidoient moult bien seruir a gre le roy dauid et q̄ par ce il leur deust faire grans biēs et grans dons. Mais q̄t dauid sceut la maniere commēt ilz auoiēt mauuaisemēt occis leur seigneur il leur dist. Je prometz a Dieu q̄ ie feray de vous cōme ie fis de celuy qui me vint annoncer en sichelech ou ie estoie adonc q̄ saul estoit mort et cōment il lauoit occis. Et me cuidoit moult bōnes nouuelles apporter et seruir moult bien a gre et cuidoit auoir moult grāt loier et ie le fis mettre a mort. Et de vous ie ne feray mie moins qui mauuaisemēt auez meurtri vostre seignr̄ et mis a mort sans cause et sans raison. Adōc leur fist couper les piedz et les mains: et les fit prēdre sus la piscine q̄ estoit en ebron. Et la teste de hisboseth fit enseuelir auec abner en ebron

Pres ces choses faictes vindrent les lignies disrael a dauid en ebron ou il demouroit et luy dirēt. Tu es de nostre sang et de nostre chair et nouͥ sōmes tes freres. et deuāt hier q̄t saul viuoit tu nous menois et ramenois sains et saufz. Et nostre seignr̄ ta mis le gouuernement de nous en ta main. Nous voulons q̄ tu soies nostre seigneur et nostre roy sur tout israel. Et dauid auoit adonc trente ans. Et regna quarāte ans sur israel, sept ās et six mois en ebron sur la lignie de iuda. et xxxiii. ans sur tout le peuple disrael. Et quāt Dauid vit qͥl estoit roy conforme en paix sur tout le peuple et q̄ nostre seignr̄ luy aidoit grādemēt il fist vne assemblee de gens et sen vint deuāt hierusalē ou habitoiēt vne maniere de gens que appelloit les gebusoiens. Et estoit celle cite si forte de murs et de tours et de toutes fermettes q̄ ceulx de la cite ne du pais detour ne doubtoiēt nulz. Et pource q̄ Dauid les vint assieger: ilz prindrēt tous les aueugles et les boiteux et les cōtrefaitz et les mirēt sus les murs de hierusalē et mandērent a Dauid p̄ vng moult grāt effroy et despit q̄ silz nestoient que les aueugles et les boiteux et les cōtrefaitz de dessus les murs quilz nentreroiēt ia en leur cite: cest a dire selon aucuns que nostre ville est si forte que les aueugles et les boiteux et les contrefaitz la pourroient bien garder contre toy. Et quant Dauid dit quil ne la pourroit mie prendre a sa boulente: il fist crier p̄ tout son ost que celuy qui la pourroit: prēdre il le feroit prince de sa cheualerie. Et quāt Joas eut ouy le cry: il sauança et monta tout le premier par dessus les murs: et print hierusalē a force darmes. a mirēt tout a mort et chaserent hors tous les habitans et ilz commēcerent a y demourer de sla en auāt. Et Dauid print lune des parties de la cite et edifia en son nom. et lappellon la cite dauid a fut la montaigne de syon.

¶ Dant les philistiēs ouyrent dire q̄ Dauid regnoit sus israel en lieu de saul: ilz firent leur mandement et sen bindrēt a grant force en la terre dIsrael. Et Dauid print conseil a nostre seigneur a luy demāda sil iroit contre eulx a sil luy donneroit victoire. Et nostre seigneur luy respōdit que seuremēt y pouoit aller: car il auroit victoire deulx. Adonc dauid fist son commādemēt et sen alla contre les philistiēs a les desconfit tellemēt quil nen demoura piece entiere: mais coururent ca a la qui mieulx fouyr sen pouoit. Dont le lieu fut appelle diuision. et laisserēt la leurs ydoles dor a dargent. a Dauid les trouua a les fist toutes fondre. Et nattēdirent que res apres les philistiēs quilz sassemblerent a plus grāt force: a sen allerent arriere contre dauid en la terre dIsrael. Et quāt Dauid le sceut il sen vint a nostre seignr̄ a luy demāda conseil quil feroit. Et nostre seigneur luy respondit quil ne allast mie de droit front contre eulx mais les enuirōnast par derriere Et quāt ilz ouyrēt le signe quil feroit q̄ hardimēt leur courussent sus. Or estoient les philistiens loges ou bal de raphā ou il y auoit grant foison de pierres. Si auoiēt mis dessoubz les pierres leurs ydoles: a cuidoiēt que pour ce leurs dieux les deussēt trop bien aider a conforter. Et voicy que lange de Dieu les ba trop bien aider et conforter Si passa par dessus les pierres au pl9 hault a fist vng grāt bruit Et lors dauid courut sus aux philistiēs: et les desconfit vaillāmēt et les chassa iusques a gazer.

¶ Cōment Dauid mena larche de dieu a grāt solēnite en hierusalem.

a Ses tost aps̄ assembla dauid to9 les meilleurs hōmes dIsrael bien trente mille pour apporter larche saicte de lostel aminadab ou elle auoit este long tēps pour la mettre ou tabernacle q̄l auoit faict en hierusalē de coste son hostel. a mirent larche sur vng char tout neuf. Et les deux filz de aminadab la conduisoient lung deuant qui auoit nō a moncha is et lautre derriere qui auoit nõ aza. Et le roy Dauid et tout le peuple chãtoient a toutes manieres dinstrumẽs de musique ꝛ faisoient grãt feste ꝛ demenoiẽt grant ioye deuãt larche. Et quãt ilz vindrent en vne aire et place quon appelle laire de nachor les beufz q̃ menoient larche commẽcerẽt a regiber si fort que larche cõmenca fort a encliner dune part. Et oza sattaca et mist la main encontre larche pour la soustenir. Dont nostre seignr̃ fut courrouce contre luy: ꝛ le fist en leure mourir: ꝛ il cheut mort soudainement deuant tous. Dont dauid ꝛ tout le peuple en furent moult esbahis: ꝛ eurẽt grant paour. La cause pour quoy nostre seignr̃ le fist mourir: fut selon que dient aucũs ꝛ plusieurs pourtãt quil ne se auoit mie voulu tenir ne garder dauoir compaignie charnelle a sa femme: dont il nestoit digne ne souffisant selon la loy de faire sacrifice dapprocher ne toucher chose saincte.

¶ Dont quant dauid vit ce il nosa mener larche en sa maison: mais la mirent chez vng preudõme quõ appelloit obedin de geth ꝛ demoura trois iours leãs. et nr̃e seignr̃ benist obedin ꝛ multiplia ses gens grandemẽt tant q̃ les nouuelles en vindrẽt a dauid. Si se pensa q̃l meneroit larche de dieu en sa cite affin q̃ nostre seignr̃ le benist. Adõc print larche et lẽmena au tabernacle q̃l auoit fait faire en sa cite pres de sa maison. Et quãt ceulx q̃ portoient larche auoient alle six pas auant. Dauid sacrifioit vng beuf ꝛ vng mouton: et iouoit de ses instrumens de musique: ꝛ sailloient ꝛ dansoient tous deuant larche de nostre seigneur. Et ainsi menerẽt larche en grãt solẽnite ꝛ en grãt ioye en la cite de dauid. et la mirent ou lieu que dauid auoit appareisle ꝛ ordonne. Et quãt michol la fille du roy saul vit dauid ainsi iouer saillir ꝛ tresper deuãt larche: elle print a le despiter en son cueur. Et dauid offrit grãs sacrifices a nostre seignr̃: ꝛ donna grãs dons a tout le peuple ꝛ se donna sa benedicõ. ꝛ puis les renuoia chascun en son lieu.

¶ Dant dauid fut retourne en sa maison michol se print a mocquer de luy: ꝛ p maniere de reprouche luy alla dire. Or a este auiourduy le roy bien glorieux q̃ ainsi cõme vng garson sailloit et tripoit deuãt les dames. bien appartenoit a estat de roy de soy ainsi abaisser ꝛ tenir si vil. Adonc luy respondit dauid. Tout ainsi comme dieu est et scet la verite quil en est: te dis ie que ie me humilieray deuãt mon dieu ꝛ seray asses plus humble que ne fus oncques. ꝛ tãt plus me humilieray et moys me priseray: De tãt seray ie plus prisé et plus glorieux dvãt celles q̃ tu me reprouches car dieu m'a mieulx esleu et fait asses plus d'amours quil ne fist oncques a tõ pere Et pource en fut il si griefuement puny q̃ oncques puis ne peult avoir enfans.

Comment Nathan le prophete parla au roy Dauid.

a Donc quãt le roy dauid fut tellemẽt conforme en son royaulme q̃ nul ne luy osoit courre sus et se vit a grãt paix et au dessus de tous ses ẽnemis: si dist a nathan le prophete. Je voy bien q̃ ie suis grandemẽt et notablemẽt heberge en ma maison faicte de cedre, et larche nostre seigneur est logee et hebergee en vng tabernacle qui est fait d'aultre plus vile matiere, ie luy vueil faire vne belle maison. Et nathan luy respõdit. Fay ce q̃ bon te semblera: car dieu est auec toy. Celle nuyt se apparut nr̃e seignr̃ a nathan le prophete et luy dist. Tu diras a dauid mõ sergẽt, tu as propose de moy faire vne maison: tu as bien fait: mais toutesfois ie ne vueil mie q̃ tu la me ediffies car tu as trop espandu du sang humain. Mais ton filz qui regnera apres toy la me edifiera: car ie te feray telle misericord q̃ ie establiray ton royaulme a tousiours. Je feray tes enfans regner tant q̃lz

Fueillet. lxxxix.

garderont ma loy et mes commandemens. Et quant Dauid ouyt ce que nostre seignr̃ luy mãdoit p nathan il l'en remercia.

a Ses tost apres alla dauid encontre les philistiẽs: et les humilia tellemẽt et suppedita quil leur osta le tribu q̃lz auoient sur le peuple d'israel. Et puis batit tellemẽt moab q̃ tous ceulx q̃l souloit tuer il tuoit: et ceulx quil souloit il garãtissoit, et les mist si bas quil les fist estre ses tributaires et ses serfz. Et puis s'en reuint dauid p sirie et mist a mort adadezer le roy de sabba et de ses gens bien dix mille. et mist garnisõ en sirie et fist a chascũ paier tribu. Et quãt il retournoit de sirie ceulx de ydumee vindrẽt contre luy a force d'armes Et dauid les descõfit et mist a mort bien .xviii. mille et par tout mist garnison. et les mist en sa seruitude si q̃ toute sirie, ydumees, et moab luy paioiẽt chascũ an tribu. Et emporta auec luy grãt or et grãt argent et le sacrifia a dieu. et fist tout mettre d'une part pour faire le tẽple que salomõ fist: et trouua tout ce deuant ces mains.

Cõment les enfãs de amõ firẽt vilanie aux messagiers du roy Dauid q̃l auoit ẽuoies par deuers eulx

c Es choses faictes. Dauid alla se remẽbrer des couenances quil auoit eues auec Jonathas

quãt il viuoit. Si fist querir p̃ ou t̃
sil y auoit nul hõme qui fust demou
re de Jonathas ne de saul. Et on
luy ãnonca que miphoboseth le filz
de ionothas viuoit encores: si le man
da querir et luy dist q̃ pour lamour
de son pere il le receueroit de sa table
tant cõme il viueroit: ꝛ iamais ne
luy fauldroit. et luy rendit to⁹les he
ritaiges champs et pres: et aultres
choses q̃ auoiẽt este a saul son grãt
pere. ꝛ desla en auãt fut Miphobo
seth auec dauid: ꝛ dauid le tẽst de
son hostel. Asses tost apres aduint
q̃ Naas le roy damõ mourut et re
gna Amõ son filz apres luy. Et q̃t
dauid le sceut, il print des plus hon
norables hõmes de son hostel ꝛ les
enuoia p̃ deuers amon pour le con
forter de la mort de son pere. car q̃t
dauid fouyt dedens lostel dachis le
roy de geth il sen vit a naas q̃ mõlt
honnorablemẽt se porta enuers luy
ꝛ tresamiablemẽt. Et en recognois
sance de amitie luy enuoia Dauid
ses gens pour le reconforter: mais
amon ne receut mie ce en bien: ains
creut mauuais conseil. car sesprin
ces luy bouterẽt en la teste q̃ dauid
ne faisoit mie ce pour bien: mais le
faisoit pour espier sa force ꝛ sa puis
sance. Et quãt il la scauroit il luy
viendroit courre sus: ꝛ luy feroit
vilanie: et luy destruyroit toute sa
terre. Adonc prindrent les messa

giers de Dauid et leur coupperent ꝛ
firent raire leurs barbes a moitie,
et leurs trencherẽt leurs robbes ius
ques aux naiges en guise de folz, et
tous ainsi appareilles les enuoie
rent a Dauid. Quãt dauid vit cest
besongne il en fut moult courrouce
car ses messagiers estoient confon
dus ꝛ deshonnores ꝛ leur auoit on
fait grant honte. Si leur manda
quilz se tenissent en Hierico iusques
a tant q̃ leurs barbes fussent crues
et deuenues grandes.

q̃ Dant les enfans de Amon
virent la vilanie q̃lz auoient
faicte a dauid ilz se penserẽt bien q̃l
sen viendroit venger. Si esleuerent
grãt abondãce de cheualerie ꝛ grãs
gens de sirie: et en eurẽt a leur ayde
bien trente mille cõbatans. Quant
Dauid ouit ceste nouuelle il mãda
a Joas q̃l leur allassent a lencontre
Et quãt ioas vit q̃ amon luy estoit
au deuãt tout ses gens ꝛ ceulx de
sirie au derriere: ꝛ quil cõ uenoit q̃l
y eust griefue bataille: il diuisa ses
gens en deux pties ꝛ print les meil
leurs auec luy: ꝛ lautre ptie donna
a Abisa son frere ꝛ luy dist. Je men
iray contre les siriens et tu tẽn iras
contre les filz de amon. Se tu vois
que ie soie foulle ꝛ que ie soie au pis
si me viens aider. ꝛ ainsi te feray ie
en semblable cas: ꝛ ayes tant seul
lement bon cueur et face dieu de re

menāt sa voulente. Adonc sassem/
blerēt Joas et les siriēs: et les descō
firent ioas:z sen fouyrēt les siriens
Et quant les filz amon les virent
fouir:ilz ētrerēt en la cite pour eulx
reculler a seurete. Adonc sen reuint
ioas en hierusalez a grāt ioye pour
la victoire quil auoit eue. Et quāt
les siriens se virent ainsi deshonou/
res et cōfondus ilz cuiderēt retour/
ner et recouurer leur honneur z asse/
blerent asses plus de gens q deuant
et sen vindrent a moult grant force
pour eulx veger du peuple disrael
Et estoit soal le prince de la cheua/
lerie adadezer z duc z gouuerneur
de tout son ost:z sen alla cōtre eulx
Et quāt dauid le sceut il print son
ost et sen alla contre eulx: et hurta
tellemēt a eulx quilz furent descon
fitz z ne peurent durer deuāt eulx.
Et en mist dauid z les siēs a mort
bien six mille chars z quarante mil
hōmes a cheual z sen fouyrent bien
quarante huit mille. Dont quant
tous les rois de sirie le virent telle/
ment descōfitz et vaincus: si eurent
si grāt paour et firent paix a dauid
et a tous ses gens ne oncques puis
ne vindrent en bataille contre ceulx
disrael, ne aider ne voulurent a ada/
dezer ne aux enfans amon

Cōment dauid rauit z effoza
bersabee q fut fēme de lescuier Joas
qui puis fut appelle phatifer.

fueillet. xc.

L'Autre an apres ou temps q
le roy auoit acoustume de ge
sir aux champs quāt il vint de ba
taille dauid enuoia ioas a tout son
ost en la terre damon z destruirent
tous le pais et mist ioas le siege de/
uant rabba qui estoit la principale
cite de toute la terre. En celuy tēps
estoit dauid demoure en hierusalez
Or aduint vng iour q le roy reue/
noit de dormir emi le io' en este tēps
et alloit aual son palais esbatāt, et
ainsi cōme il sen alloit: il va getter
ses yeulx z fist vng regard sur vne
tresbelle fēme quil vit q se baignoit
z lauoit en vng verger et en consi/
derāt sa beaute il fut si prins en son
amour quil la manda tātost querir
et la fist coucher auec luy. Et quāt
il eut faicte sa voulēte il la renuoia
a son hostel. Et elle luy māda aps
quelle estoit enchainte de luy z estoit
appellee bersabee femme a vrie qui
estoit escuier de ioas, et estoit en lost
auec son seigneur. Et dauid le mā
da querir, z quāt il fut venu: si luy
demanda dauid cōment Joas z le
peuple qui estoient auec lui faisoiēt
la besongne. Et vrie luy racōta toi
aumēt cōment les besōgnes allotēt
Adonc dist dauid a vrie. Va ten en
ta maison reposer:z prens vng peu
de recreation z de repos, car tu as
long temps traueille. Et tantost
qui fut parti du roy: le Roy luy fist

apporter a boire et a menger grandement: mais Urie ne voulut mie aller en sa maison: et demoura celle nuit a la porte du palais du roy auecques les aultres sergens. Lendemain fut noncie au roy q̄ Urie nauoit mie geut en sa maison: si luy demāda le roy et dist pour quoy il ny auoit geut. Et Urie luy respōdit Sire: Dieu me vueille bien garder de tel oultraige lar che de Dieu et le peuple disrael et Joas mon seignr̄ et tous les autres gi sent aux champs en tentes et en pauillōs a lair et sur la terre dure: et ie men iray boire et mēger dormir et ai ser auec sa fēme. ia Dieu ne plaise q̄ ie face telle chose. Et celuy iour dauid le fist mēger auec luy: et se pena de len yurer. et la nuit le fist cōduire en son hostel: mais ny voulut oncques aller et geut ailleurs celle nuitee. ne oncques le roy ne le peult a ce mener quil voulsist gesir auecques sa femme pour lui aiser.

q Dant Dauid vit q̄ Urie sen vouloit retourner en lost comment quil fust: il luy pria quil voulsist demourer ēcores celuy iour auec lui et lendemain au matin sen iroit et si fist il. Et dauid escripuit vnes lettres a Joas et lui manda que au pmier assault quil feroit deuāt rabba q̄l mist Urie au plus fort de las sault ou il y auoit le plus de peril. et q̄t il le verroit peril en q̄l le lessast

affin quil mourut. Or print Urie les lettres de sa mort de la main du roy et les eporta a Joas et q̄t il vit a ioas il lui donna la lettre. et Joas la print et louurit. et quant il vit ce que le roy lui mādoit il recelot la lettre et ne fist oncques semblāt. Asses tost apẽs assaillit ioas la cite et mist Urie au lieu q̄l pēsoit quil pourroit estre plus tost occis Adonc de la cite issirēt hors des plus preux: et se com batirent tant quil y en eust de mors dune part et dautre et fut Urie occis auec plusieurs de la partie de ioas Dont quāt ioas sceut q̄ Urie estoit mort il print vng propre messagier et lenuoia au roy dauid pour lui faire assauoir que Urie estoit mort auec plusieurs autres de ses gens. Quant Dauid eut ouy les nouuelles q̄mēt il auoit fait et q̄mēt a celui assault plusieurs auoiēt este blecés et mors entre lesquelz Urie estoit mort. Si remanda le roy a Joas que point ne fust esbahi pour perte q̄l eut faicte: car les auētures des guerres si sōt diuerses maintenāt q̄me fortune se tourne: mais recōfortast ses gēs en contre la cite et point ne se deptissent de la iusques a tant q̄lle fust rēdue et prinse. Or vindrēt les nouuelles a bersabee de la mort de son mari si le ploura et mena grāt dueil selon la coustume de adōc. Et q̄t le tēps de pleurs fut passe le roi lēuoia q̄rir et la print a femme desla en auāt, et de tout ce q̄ Dauid auoit fait de Brie nde sa feme fut nostre seignr moult courroucé contre Dauid.

¶ Coment Dieu enuoia nathā son prophete parler au roy Dauid.

Quant dauid eut faicte celle traison de Brie et quil eut fait mettre a mort: si enuoia nostreseignr nathā son prophete parler a luy. Et quāt nathan vint a luy si luy dist. Roy iay vne cause dune brebisette et vng iugemēt a demener: si vouldroie bien scauoir ton iugemēt et ta sentence. Et de ceste cause voicy le cas. en vne cite pres dicy furēt deux hōmes dont lung estoit riche hōme lautre poure. et auoit le riche hōme beufz, vaches, et brebis, et aultres bestes assez, et le poure hōme nauoit en tout le mōde q̄ vne poure brebis quil nourrissoit de son pain auec ses enfans et laymoit cōme sa fille et bu uoit et megeoit et gisoit auecq̄s luy. Or vint vng pelerin estrāge en lo stel du riche hōme si le vouloit fe stoier le riche hōme et faire bōne chere si print la brebisette du poure hōe et espargna la sienne q̄ ten sēble fut cecy bie fait. Quāt dauid leut ouy il respōdit q̄ quicōques auoit ce fait il estoit digne de mort. Et nathan luy respōdit. Tu as donne sentēce contre toy: car tu es celuy q̄ as fait et pperre celui ouurage. Voicy q̄ dieu

feuillet .xci.

te māde. Je tay fait roy sur tout mō peuple disrael: et tay deliure de la main du roy saul et tay dōne la sei gnourie de ton seignr et tout le gou uernemēt sus israel et sus iuda et si ne te souffit encores ten veulx ie plus faire et si mas si peu prise que tu as trespasse mō commādemēt. Tu as mis a mort Brie par la main des filz amon et as raui sa feme. Pour la q̄lle chose iamais nauras paix, ne ne seras sans persecutiō pour quoy mas tu si peu prise ne doubte que tu as prins sa femme, rauie, cōuoitee, et prinse a femme. Et ie ten puniray tellemēt que de ta propre maisō ten viendra si grant mal q̄ ie donneray toutes tes femes en la main de ton enemi et gerra auec elles deuāt tes yeulx. tu le verras et ne le pourras amēder. Tu as fait ta mauuaistie en secret. tu cuidoies q̄ nul ne le peust scauoir. mais ie feray ceste chose de uāt tous. Adonc dist Dauid. Je voy bien q̄ iay trop grieftuemēt peche cō tre nostre seignr. Et nathā respon dit. Dieu a ton peche tellemēt trās late q̄ tu ne mourras mie ne ne per dras ton royaulme ainsi comme fit saul. Mais pource q̄ tu as fait blas mer le nō de dieu p tes enemis q̄ ont dit ou pourront dire q̄ dieu nest mie iuste ne droicturier q̄ a oste Saul de son royaulme et a institue dauid en lieu de luy. Comme il soit ainsi que

n.i.

dauid a plus grieuement pechie en/
uers dieu que ne fist saul. Pourtāt
lenfant qui est de toy concu ne peult
viure ainsi quient qͥl meure. Adonc
sen reuint nathā en sa maison ⁊ len
fāt q̄ estoit ne nouuellemēt fut feru
de si griefue maladie qͥl traueilloit
a mort. Et dauid se mist a prier pour
lefant q̄ dieu nostre seigr̄ luy voul
sist dōner sante. Et ieunoit ⁊ viel/
loit ⁊ gisoit a terre en criant a dieu
merci. ⁊ les anciēs ⁊ les plus vail/
lans du peuple venoiēt a luy pour
le recōforter mais il ne se pouoit re/
cōforter ⁊ ne les vouloit escouter ne
de nulz de ceulx ne vouloit prendre
confort.

q Dant vint le septiesme iour
aps̄ lēfant mourut ⁊ ne luy
osoient les gens de son hostel noncer
quil fust mort. Et dauid les vit en
semble qͥ seilleꝛ ⁊ estre moult pensifz
Si les appella ⁊ leur dist. est celuy
ēfant mort. Et ilz luy respōdirent
q̄ vraymēt il estoit mort. Adonc se
leua dauid de terre ⁊ laua son visai
ge ⁊ mua ses robbes. ⁊ alla adourer
nostre seigr̄ ⁊ remercier: ⁊ puis sen
reuint en son hostel et commenca a
faire bōne chere ⁊ fist apporter a boi
re ⁊ a mēger. Et qͭ ceulx de son ho
stel virent la contenāce ⁊ la manie/
re du roy si furēt tous esbahis ⁊ luy
demanderēt. Sire q̄ veult ce dire
quant lenfant viuoit tu plourois ⁊

ieunois et ne vouloie receuoir con/
fort quā le peust faire: ⁊ maintenāt
quāt tu deueroie plourer ⁊ gemir
la mort de tō enfant tu fais bonne
chere ⁊ lie. Adonc respondit dauid
quāt lēfant viuoit ie plouroie ⁊ ieu
noie ⁊ prioie nostre seigr̄ pour lēn
fant. et attendoie tousiours la mise
ricorde de nostre seigr̄. et puis quil
est mort que me vault droit mō plou
rer ne dueil mener: car ia pour plou
rer ne dueil mener ne ieunes que ie
sceusse faire ne le pourroie rauoir il
ne reuiendra iamais a moy: ie men
iray vers luy et tout ce faisoit pour
reconforter bersabee: car il laymoit
moult. Asses tost apres eut compai
gnie a elle: ⁊ eut vng beau filz quil
appella salomō. ⁊ nostre seigneur
ayma moult lenfant. et pource lap
pella amyable de dieu pource q̄ no
stre seigneur laimoit. ⁊ le mist en la
main de nathan le prophete pour le
nourrir ⁊ endoctriner.

Commēt Joab māda querir le
roy dauid poͬ prēdre la cite de rabba

O R estoit Joab deuant rabba
et laissailloit puissāment: et
manda a dauid quil venist prendre
la cite: car il estoit mieulx raisō que
la victoire luy fut attribue q̄ a luy.
Adōc print dauid le remenāt de ses
gens darmes ⁊ sen alla deuant rab
ba et la print a force ⁊ destruict du
tout. et prit la diademe ⁊ la couron

du roy qui estoit de fin or plaine de pierres precieuses et lemporta auec luy et en fit faire vne pour luy: et print toute la proie de la cite qestoit grã de et merueilleuse et mist a mort tout le peuple de la cite Et aucũs deulx fist trainer p cheuaulx et detrecher par saiettes de fer bien trechans/ et par coultres de charue et puis sen reuint en Hierusalẽ chascũ en son lieu.

Commẽt Amon le filz de dauid rauit et efforca Thamar la soeur de absalon.

Apres ces choses esmeut nostre seignr vne grãt sedicion entre le filz dauid: car absalõ auoit vne tresbelle soeur de pere et de mere q auoit nõ thamar. laqlle amon le premier ne de dauid aymoit tant ql deffailloit tout et languissoit tout damours. Or auoit amon vng especial amy et moult priue qui estoit saige et malicieux: si vint a amõ en moult petit estat de corps et lui alla demãder quil auoit et pour quoy il deffailloit ainsi. Et amon luy descouurit son cueur et luy dist ql lan guissoit damours apres thamar la soeur de absalon. Adonc luy dist Jonadas le filz semaa qui estoit son secret et priue amy. Voicy q tu feras tu faindras que tu soies malade: et gerras en ton lit. Et quãt le roy le scaura il te viendra visiter. et adonc

feuillet. xcii.

tu luy pourras requerir ql la te face venir pour toy garder et seruir: et ainsi le fist amõ cõe celuy luy auoit conseille. Et quant le roy le vint visiter: si luy demãda Amon quil luy fist venir thamar la soeur absalon pour le seruir et dõner a mẽger Et le roy la mãda querir et la fist venir Vng iour aduint qlle luy auoit appareille a menger et luy portoit. Et amon fist vuider toꝰ ceulx q estoiẽt en la chãbre et ne demoureret mais que eulx deux tant seullement Et Amon dist a sa soeur thamar Ma soeur thamar apporte moy a mẽger Et quant elle vint sus son lit: si la pria de coucher auecqs luy Et elle luy respõdit. Commẽt me oses tu prier de si grãde mauuaistie dont ie seroie hõnie et desbõnouree et aussi serois tu et moult en seroit confondue toute nostre lignie p tout le peuple disrael et serios en grãt reprouche et bien desbõnoures a tousiours mais fay vne aultre chose: demãde au roy quil me fiãce a toy: et ainsi feras la voulente de moy. Mais riens ny valut: il lefforca et depucella vo sist ou nõ. Et quãt il leut hõnie et violee si la prit a hair si tresfort que onques ne lauoit aymee q encores plus ne la hait et la chassa hors Adonc dist elle. Encores fay tu pis de moy chasser dehors. tu me deusses prendre a femme et sauuer mon hon

n.ii

neur mais il nen voulut plus ouyr parler: ¶ la fist chasser hors ¶ clorre luis apres ses talons. Et thamar mist de la cendre sus sa teste ¶ deschira sa robbe ¶ sen alla criant ¶ braiant ¶ batant ses palmes chez son frere absalon. ¶ dist a Absalon coment Amon lauoit violee ¶ honnie. Si en eut si grant dueil que merueilles mais nen fist oncques chere ne semblant deuant sa soeur: mais la print a conforter ¶ luy dist. Belle soeur nen prens mie si grant doleur ne mesaise en ton cueur: il est ton frere demeure en paix ¶ va en ma maison. Les nouuelles en vindrent a Dauid qui en fut moult courroucé: mais point ne reprint amon son filz: car il layrmoit tant quil ne losoit courroucer. Et absalon haioit a mort amon pour la vilanie quil luy auoit faicte et a sa soeur thamar, ¶ toutesfois oncques ne luy en parla.

Coment Absalon mist a mort amon son frere en vengeance de ce quil luy auoit rauie ¶ violee sa soeur thamar

Ses tost apres au chef de deux ans apres aduint que absalon deuoit tondre ses brebis si sen vint a Dauid son pere luy priant quil luy pleust de le tant honnourer quil ¶ ses enfans voulsissent venir en son menger: car il vouloit faire vne grant feste ¶ vng grant menger et auoit moult bien appeille, cestoit la coustume du temps de lors de faire vne grant feste ¶ vng grant menger quant ilz tondoient leurs brebis. Mais le roy ne luy voulut oncques ottroier pourtant quil ne le vouloit mie contraindre ne quil se greuast pour luy. Et quant absalon vit quil ne pouoit auoir le roy: si luy pria que au moins il y laissast venir amon ¶ ses aultres freres, ¶ Dauid luy ottroia. Et quant ilz furent assis a menger: si commanda absalon a sa maisnie que quant ilz veroient et verroient amon estre bien abruue ¶ come yure quilz luy courussent sus ¶ le missent a mort, et ainsi le firent ilz. Et quant les autres filz du roy virent celuy faict: si monterent hastiuement sus leurs mules et sen fouirent. Et les nouuelles vindrent au roy que absalon auoit mis a mort les enfans du roy: ¶ que nul ne estoit eschappe qui ne fust mort. Et quant le Roy eut ouy ceste nouuelle, si fut come tout desespere ¶ dessira sa robbe: ¶ se getta par terre en batant ses palmes et print moult fort a plourer et aussi firent tous ceulx q estoient auec luy. Mais ionadas le filz samaa print a conforter le roy ¶ luy dist. Mon cher seigneur ne croies mie ainsi quon vous a donné a entendre car nul nest mort fors que amon, car absalon le haioit a mort por cause de sa seur thamar quil auoit efforce: ¶ tous les

aultres enfans nauoient mal. Adonc
quāt absalon eut ce fait si nosa re／
tourner p deuers son pere mais sen
fouit hors du pais et senalla demou
rer chez thalomei le roy de gethesur
qui estoit pere de sa mere et la demou
ra trois ans. Et le roy dauid plou／
ra moult loing temps.
¶ Dant dauid laissa se plou／
rer. si luy print le cueur a pē
ser sur absalon et quāt ioas vit que le
cueur du roy se rapaisoit contre ab
salon il print vne saige femme qui
estoit de grāt renō et luy dist quelle
se mist en habit de femme descōfortee
et qlsemblast qlle eust moult long
tēps plourer et luy enseigna quelle
diroit au roy. Adonc sen vint celle
feme au roy dauid et se getta a ses
piedz et luy dist. Sire vueilles moy
faire droit et iustice et ayes pitie de
moy: car on me fait tort. Et dauid
lui promist q si feroit il. mais quelle
luy racōta la cause. Adonc luy dist
Sire mō mari est mort et ma laisse
deux enfans qui auant hier estoient
aux chāps et se prindrēt a courrou／
cer lung contre lautre et se prindrent
ensemble tant q lung occist lautre.
Et voicy que tous ses amis sont ve／
nus a moy et veullent auoir celuy
q mest demoure pour le tuer en ven
geāce de son frere et ainsi me veullēt
laisser sans hoir. Et quant le roy
leut ouye il luy dist. vaten en ta
maison et ie demourray pour toy.
Mais elle ne print mie en gre la re／
spōce du roy si luy dist. Sire se vo9
reputes q ce soit malfait de pardōner
a celui qui a son frere occis: ie veulx
bien prendre celle iniquite sur moy et
vous en soies quitte et innocēt icy et
deuant dieu. Et le roy luy promist
encores la seconde fois quil demour
roit pour luy. Et quāt il vit quelle
ne pnoit mie escores en gre, si lui pro
mist et iura la tierce foiz q ia cheueul
de sa teste nē periroit. Si commēca
a declairer son cueur et dire au roy.
Or faictes doncques cher sire rap
peller vostre poure filz absalon qui
ainsi est dehors de son pais. no9 som
mes tous mortelz et en allons cōme
fait leaue p dessus terre／ainsi q me
selle voulsist dire. On ne peult fai
re les mors reuenir et mieulx vault
asses rappeller celuy qui est en vie q
venger la mort et perdre le vif auec
le mort. Et quant dauid leut ouie
ainsi parler: si sappceut bien q ioas
luy auoit fait dire et fait faire ceste
priere. Adonc luy dist le roy. Ne ta
mie tout ce fait dire ioas. Et elle
lui respondit q ouy Adonc dist le roy
a Joas. voicy q ie suis appaise: et a
ta requeste me veulx ie descēdre. va
tout seuremēt et le faiz venir. quant
Joas eut lottroi du roy de rappeller
absalō. si en fut moult ioieulx po ce
q laimoit: et fut moult ioieulx de

le aller querir en gethsur, & lamena. Mais le roy ne le voulut mie veoir ainsi le fist aller en son hostel. et fut deux ans en icelle ville de hierusalem en son hostel que oncques ne vit le roy ne ne parla a luy

¶ Dont absalon vit que nullement ne pouoit auoir accord a son pere: si manda querir Joab quil venist pler a luy. Et quant il vit que plusieurs fois lauoit mande & quil poit ne venoit si fist bouter le feu & ardit ses bleds q estoient aux champs. Et quant ioas le sceut: si sen vint a absalon et luy demanda pourquoy il auoit ce fait. Et absalon luy respondit. Je ne te pouoie aultrement auoir: & iay plusieurs foiz mande querir & tu ne vouloies venir parler a moy. Je te prie que tu voises pler au roy pour moy & que le puisse veoir & pler a luy: ou autrement iayme aussi cher mourir que viure. Joas sen vint au roy et luy dist ce que absalon luy auoit dit. Adonc le roy le manda querir. & quant il fut venu deuant son pere il se getta a ses piedz & luy cria merci. & le roy le fist leuer de terre & le baisa.

¶ Ses tost apres commenca absalon querir voie & maniere comment il peust regner et son pere bouter hors de son roiaulme. Si fist faire chars roiaulx et prit grant cheualerie auec luy. & sen alloit tous les iours a lentree du palais de son pere

Et ploit a ceulx q la venoient au iugement du roy & leur disoit qlz auoient bonne cause silz auoient bon iuge & sil estoit qlz le voulsissent faire roy quil feroit a chascun tel droit & telle iustice qlz le prendroient bien a gre. Et les embrassoit & se presentoit a eulx tant amiablement qlz estoient rauis en son amour et en sa debonnairete. & estoit si bel a regarder qil nauoit sur lui de la teste iusques aux piedz ne tache ne laidure. Et par especial auoit si belle teste & si beaulx cheueulx que homme ne les peust porter.

¶ Comment le roy dauid sen fouit hors de hierusalem pour la doubte de absalon son filz.

V ng iour sen vint absalon a son pere & luy dist. Sire sil te plaist ie men iray en ebron pour paier & acomplir aucuns veuz q iay promis a dieu qnt iestoie en gethsur. Et le roy lui donna congie & sen alla en ebron Et il enuoia secretement par toutes les lignies disrael & leur fist dire qnt ilz ourroient les trompes corner qlz criassent a haulte voix Absalon regneta en ebron. Adonc qnt absalon faisoit son sacrifice ilz firent assembler grant alliance encontre dauid & tousiours croissoient gens entour absalon & se rouploient auec luy tous ceulx qil auoit la amenez de hierusale q estoient bien .ccc. hommes qui sans malice en leur simplesse estoient venus auec luy a sa requeste ariens ne scauoiēt de ce q̄ absalō proposoit a faire. Or vindrēt aucūs a dauid q̄ luy dirent quil saduisast τ q̄ tout le peuple suy uoit absalon τ lauoient fait roy sus eulx. Quāt dauid eut ouy ces nou uelles si dist fouīds dicy, nous ne sō mesmie biē seuremēt en ceste ville hastons no9 quil ne vienne soudai nement sur nous τ prendre la cite et nous auecq̄s et mettre tous a mort. Et adonc yssit dauid de hierusalē τ sen allerēt auec lui tous ses amis nudz piedz: τ lessa dauid en sa mai son toutes ses fēmes pour la garder Et allerēt deuāt le roy clert aphe seti τ six cens hōmes bons cōbatās qui lauoiēt suyui de geth. Et le roy dauid dist a vng grāt homme de sa cōpaignie quon appelloit ethal de geth qui estoit filz dachis lamy de dauid τ le plus grāt de tous. Mon cher amy pourquoy viēs tu auecq̄s moy: retourne en hierusalē τ emai ne tes freres τ tous tes amis. Tu es icy venu nouuellemēt il semble roit quon teust boute hors par vila nie ou en despit de moy on te fist vi lanie ou greuāce: mais retourne en hierusalem et demoure la en paix. Adonc respondist etha. Je prometz a dieu que a mort ne a vie ne te lais seray. Et le roy luy dist: or tē viēs doncques auec moy τ passons oul tre le ruissel de cedron Or passerent

feuillet. xciiii.

tous oultre le ruissel de cedron en pleurs τ en douleurs. Et les p̄stres qui portoiēt larche de nostre seignr̄ la mirēt en bas tant que tout le peu ple fut passe. Et abiachar le souue rain prestre se despoilla et se mist en estat pour prier nostre seignr̄ τ pour cōseiller dauid. Dont quāt dauid vit ce il dist a sadoch Retourne toy en hierusalem: et en reporte larche de dieu. Et achimaas ton filz τ Jo nathas le filz Abiachar sen iront a uec toy par lesquelz vous me pour res māder et signifier comment les choses se portent. Et ainsi comme le roy dauid mōtoit par le declin de la montaigne doliuet. Il luy vint vng homme au deuāt quon appel loit chussi vng grant saige hōme et vng des grās conseillers du roy dauid qui auoit sa robbe desciree et des cendres dessus la teste: τ sen ve noit pour demourer auecq̄s dauid Et adonc dauid luy dist va ten auecques Absalon τ demeure auec luy: car tu destruiras architopel τ tout son cōseil. Et celuy architopel estoit vng grant saige homme qui estoit auecques chussi le principal τ le plus auāt du roy dauid: τ auoit laisse dauid τ sestoit couppie a Ab salon et estoit du tout allie a luy cō tre dauid: τ estoit tout lestroit cō seil a absalon et ne faisoit rien que p̄ son cōseil. Si pria dauid a nostre seignr et dist. Sire ie te prie que tu bueilles destruire le conseil de archi topel. Et pource dist dauid a chussi Tu destruiras le conseil de archito pel: et me manderas tout ce ql oseille ra contre moy par les prstres de dieu Et qnt tu biendras a absalon tu te presenteras a luy pour le seruir: ainsi come tu faisois a moy: ainsi le fist. come Dauid luy auoit dit.

Insi comme dauid le roy eut passe vng peu oultre: si luy bint au deuāt ciba le valet miphbo boseth a tout deux grās asnes char ges de pain de bin et de plusieurs aultres victualles. Et quāt le roy dauid bit ce: il luy demāda quō fe roit de ce: et ciba luy respōdit. Sire tu es en vng desert ou il ny a cheual ne asne ne a boire ne a menger. si te apporte cecy pour toy et por les tiēs et asnes et tout. Et dauid luy respō dit. ou est ton seignr miphoboseth. ne q dit il de ces choses. Et ciba luy respōdit. Il est demoure en hierusa lem et a grāt ioye de ta meschāce. et disoit q encores rauroit il le royaul me et ql luy seroit rendu. Et dauid luy respōdit Il dist tout a droit. ie te donne toute la terre quil tient et qlle se tienne de toy en heritaige. Or sen alla dauid iusques au baurim Et voicy vng home qui estoit des pa rens et amis de saul quon appelloit semi q estoit vng mauuais home

et haioit dauid a mort. Si bint en contre dauid et pnoit des pierres et de la boue de la charriere et le gettoit apres dauid: et luy crioit a haulte voix. O a ten mauuais homme maintenant te viennent sur ta teste les maulx q tu as fait a Saul et a ses amis. Et moult de telles parol les vilanies et reproches luy disoit: dont ses gens les prenoient mal en gre. entre lesqlz abisay le frere Joas le porta si mal ql le veult aller tuer mais dauid ne le voulut mie souf frir et luy dist. Tu vois bien que lefant q iay engendre quiert et pour chasse commēt il me puisse mettre a mort et si ne le puis amēdr. cōment peult ce faire celuy garson se nostre seignr veult ql me die des vilanies et des reproches a sses et il me plaist puis ql luy vient a gre. et puis quāt il aura veu mon humilite et mō me chief il luy prēdra pitie de moy selon sa grāde misericorde

R sen bint chussi a absalon en hierusalem ou il estoit ve nu de nouuel por luy introniser et ar chitopel auec luy et tout le peuple et chussi le salua et luy dist. Je te salue roy soies pour ton bien. Et absalon luy dist Voicy vne bōne loiaulte q tu fais a ton ami dauid: pourquoy nes tu auec luy maītenāt Et chussi luy rnsdit. Je seray auec luy q dieu a esleu et le peuple disrael. a q doibs

te seruir mais que au filz du roy car
tout ainsi q̃ bonnemẽt ⁊ loiaulmẽt
iay serui ton pere. Veulx ie seruir a
toy. Apresce dem̃āda absalõ par cõ
seil q̃l debuoit faire. Et architopel
luy cõseilla q̃l allast gesir auec tou
tes les fẽmes de son pere voiãt tout
peuple affin q̃ tout le peuple apper
ceust a q̃lle haine il psecutoit son pe
re quãt telle honte faisoit a luy. Et
ainsi auroient tous meilleur cueur
de lensuyuir ⁊ demourer auec luy
Et ainsi fist absalon cõme archito
pel luy eut cõseille car en la p̃sence
de tout le peuple il eut compaignie
charnelle aux femmes de son pere
pour mõstrer la haine quil auoit a
son pere ⁊ en son grant despit.
a Pres ces choses dist archito
pel a Absalon. Je prendray
douze mille hõmes auec moy ⁊ men
iray contre dauid en ceste nuyt car
il est lasse ⁊ foulle. si ne me pourra
eschapper. ⁊ le mettray a mort auec
toute sa gent. ⁊ par ainsi rameneray
tout le peuple disrael a toy ⁊ seront
mis subgetz a toy. Quãt absalon
eut ouy architopel si dist. Appellõs
chussi ⁊ luy demãderons conseil sus
cecy. Et quãt chussi eut ouy le con
seil q̃ architopel auoit dõne si respõ
dit q̃ ce nestoit mie bien q̃seille pour
ceste fois. et que meilleur conseil il
donneroit qui le vouldroit croire.
Adonc luy demanda Absalon quel

fueillet. xcv.
conseil il vouldroit donner. ⁊ chussi
luy dist. Tu sces que ton pere ⁊ to⁹
ceulx q̃ sont auec luy sont tresfortes
gẽs ⁊ puissans hõmes ⁊ esprouues
aux armes se on leur court sus sou
dainemẽt et ilz se voient surpris ilz
begerõt leur mort: ⁊ vauldra lung
deulx quattre: ⁊ feront vne grant
plaie au peuple. Et quãt les nou
uelles iront aual la terre que ceulx
qui estoiẽt auec absalon sont descõ
fitz ou quil y en a plusieurs mors ⁊
affoles ilz seront tous esbahis et ne
te seruiront mie si voulẽtiers mais
ie te diray que nous ferons. Faitz
ton assemblee si grande que tu pour
ras ⁊ dem̃ai tous ẽsemble luy cour
rons sus: ⁊ nullemẽt a telle multi
tude de gens ne pourrõt resister. car
no⁹ luy courrõs sus de toutes pars.
Et quãt chussi eut finee sa parolle
si accorda tout le peuple a son q̃seil
et rõpit dieu nostre seignr̃ tout le cõ
seil architopel e de dauid lauoit prie
a nostre seignr̃. Et tãtost chussi ap
pella sadoth et albiachar les p̃stres
de nostre seignr̃ ⁊ leur dist Archito
pel a dõne tel q̃seil ⁊ tel contre da
uid ⁊ sa gent. allez bien tost et luy
mãdes quil se departe du lieu ou il
est ⁊ sen voise oultre le fleuue de ior
dain quil ne soit surpris. Adonc
prindrent sadoch ⁊ Albiachar vne
de leurs damoiselles. ⁊ luy firent
porter vng troppel de drapeaulx ⁊

laver ⁊ lenuoierēt a la fontaine rouge ou estoiēt muces achimaas ⁊ ionathas: et attendoient la aulcunes nouuelles. Et la femme leur dist ce quō luy auoit chargie a dire. ⁊ tantost se departirēt de la ⁊ sen allerēt au roy dauid mais ilz ne peurent si secretemēt aller ne partir de la q̃ aulcuns ne les dissent q̃ tantost le non ceret a Absalon. ⁊ enuoia apres eulx mais ilz ne les peurent trouuer: car ilz estoiēt cachez en lostel dune fēme au bauriin qui les auoit cachez en vng puis: et auoit le puis couuert dūg drappeau ⁊ auoit mis dessus de lorge pour secher. Et quant les gens de absalon q̃ les queroiēt vindrent leans si demāderēt a celle femme ou ilz estoiēt. Et elle leur respōdit quilz sen estoient ia allez. Adonc quāt ilz virēt quilz ne scauroiēt pl⁹ ou querir: si sen retournerēt a absalon leur seigneur. Et quāt ilz furēt partis: ceulx q̃ estoiēt cachez saillirent hors ⁊ sen allerēt au roy dauid ⁊ luy dirent q̃ chussi luy mandoit et comment architopel auoit conseille absalon encontre dauid.

¶ Dant dauid eut ouy dire ce que chussi luy mandoit: ⁊ cōmet achipolet auoit oseille si passa oultre le fleuue de iordain luy ⁊ ses gens auāt quil fut iour ⁊ se logerēt en vng lieu quō appelle le manan. Et quāt achitopel vit quon nauoit mie creu son conseil si en eut si grāt dueil quil sen alla en sa maison: et se pendit a ses propres mains cōme tout desesspere ⁊ ainsi mourut de put te mort. Et absalon assembla grās gens: ⁊ passa oultre le fleuue de iordain pour courre sus a son pere ⁊ logerent en la terre de galaad. Quāt ceulx de la tre du fleuue iordain virent dauid q̃ estoit loge au lieu quō appelle manan si vindrēt a luy sabin le filz de naas de rabath ⁊ mathie le filz amuel de lobada. ⁊ bersalem de galaad. ⁊ luy apporterēt litz pour gesir. ⁊ courte pointes ⁊ tapis potz ⁊ vaisselemēs pour leurs necessites / bledz / vins / ⁊ chairs diuerses asses ⁊ a grāt plāte ⁊ daultres victuales asses. car ilz se pensoient bien / et verite estoit / quilz auoient este mal peuz au desert dont ilz venoient et auoient bon besoing destre recrees ⁊ de bien auoir.

¶ Dant ilz furēt vng peu recrees si regarda dauid le peuple qui estoit ētour luy. ⁊ le diuisa en trois pties. ⁊ fist Joas capitaine sus lune des parties. Et abisay son frere sus la seconde ptie. Et quāt il les eut ordōne si dist q̃ l iroit auecq̃s eulx. Et ilz luy respōdirent que nō feroit: mais demourroit en la cite. car ilz ne queroiēt aultre q̃ luy: ⁊ nauoiēt cure de nul deulx mais q̃ luy tāt seullemēt. Et si estoit mort

ou prins: mal pour eulx/ z quilz ſai
mēt mieulx auoir prins q̄ dix mille
dautres. Et dauid creut leur cõſeil
q̄ demoura mais il pria a tous que
ſilz prenoiēt abſalon que bien le gar
daſſent ſans bleſer.

Commēt abſalon en fouiāt de
la bataille quil eut contre les gens
de dauid ſon pere ſe pendit par ſes
cheueulx a ung arbre.

a Tant ſe deptirent les gens
dauid z ſen allerent a leurs
batailles rēgees contre abſalon et
ſa gent z ferirent enſemble de grant
vigueur: mais abſalon ne les ſiēs ne
peurent durer a lēcontre du roy da
uid z de ſes gens car ilz cheoiēt ça et
la mors par grãs mõceaulx. Et y en
eut bien de mors de la ptie abſalon
vigt mille hõmes. et en mirēt aſſes
plus a mort les beſtes ſauluaiges q̄
yſſirent hors des bois la ou ilz ſe cõ
batirēt que ne firent les gens dauid
Or ſe trouua abſalon en grãt peril
quāt il vit ſes gens ainſi deſconfitz
q̄ aucuns giſoiēt mors z les autres
ſen fouyoient. Et il ſe miſt a fouir
ſus une mule ou il eſtoit mõte: z en
ſen fouyãt paſſa par deſſoubz ung
cheſne large z eſpãdu: adõc ſes che
ueulx ſentorteillirēt ētour une brā
che z ſe nouerent: z la mule ſus la-
quelle il eſtoit monte paſſa tout oul
tre z il demoura a larbre pendu par
ſes cheueulx. et pendoit en lair tout

Fueillet. xcvi.

eſperdu. Or le vit ung hõme de la
ptie de Joas qui luy vint dire. Vees
la Abſalon qui pend a ung arbre p̄
ſes cheueulx. Et ioas courut celle
part et luy ficha trois lances parmi
le cueur. Et q̄nt aulcũs de ſa racelle
le virent encores remouuoir: ilz le
prindrēt et le tuerēt z le getterēt en
une foſſe pres de la. z aſſemblerent
ung grant monceau de pierres ſur
luy. Adonc corna ioas ſon cor z fiſt
les ſiens retourner: z ne voulut pl9
les autres pſecuter. Adonc ſen vint
achimaas a ioas z luy diſt. Sire
ſil te plaiſt ie iray dire au roy les no
uelles de la bataille. Et ioas luy
reſpondit. Tu ne porteras huy les
nouuelles de la bataille q̄ le filz du
roy ſoit mort car ie ſcay bien q̄ le roi
ſeroit courrouce. Adonc diſt ioas a
ung aultre quon appelloit chuſſi.
Va ten au roy z luy dis cõment la
beſongne ſe porte. Et quant celuy
fut parti Achimaas ſen reuint a io
as: z Joas luy diſt. Da doncques
puis que tu veulx. Et celuy ſe depar
tit z ſe miſt au chemin le plus brief
q̄l peult et fiſt tant quil paſſa le pre
mier. Et le roy ſeoit entre deux por
tes et attēdoit nouuelles de ſes gēs
z au deſſus de luy auoit une guette
q̄ regardoit ſe nul venoit z q̄nt il vit
venir achimaas de loing ſi diſt au
roy. Sire ie voy venir ung homme
courãt par deca. Et le roy luy diſt

sil est seul cest bon signe. Et quãt il fut plʒ pres de la si luy dist la guette Il me semble q̃ ce soit Achimaas le filz d̃ sedoch. Et adonc dist le roy. cest ung preudhõme: il ne pourroit apporter sinon bonnes nouuelles. Et quãt la guette vit lautre si cria au roy. Sire ie voi ung aultre qui sen vient courãt apʒ luy. Et le roy respõdit. ecores nest ce q̃ bien.

q̃ Dant achimaas le filz d̃ sa doch vint deuãt le roy si le salua. Et q̃t le roy luy eut demã de cõment la besongne se portoit si luy respondit achimaas. Benoist soit celui qui a conclus tes enemis en ta main: a humilies ceulx q̃ estoient esleues contre toy. Et dauid luy demanda q̃ fait mon filz absalõ: ay ie paix auec luy. Et achimaas luy respondit, quant ie partis il y auoit si grãt noise a estoiẽt a si grãt mesaise quõ nepouoit ecoresmie biẽ scauoir lesquelz estoiẽt mors a lesq̃lz non. Et q̃t chussi vint au roy li luy dist Sire ie tapporte bonnes nouuelles car au iour duy nostre seignr̃ ta venge de tes enemis et a mis dessoubz toy ceulx qui estoient rebelles a toy Adonc luy demanda le roy. que fait mon filz absalon. Et chussi luy respõdit. Pleust a dieu q̃ toutes ẽne mis fussent ainsi mis. Quãt le roy entẽdit q̃l estoit mort: si saillit tout esploure a entra en su chãbre criant

et braiãt en disant. O absalon mõ cher filz absalon: q̃ mefera ceste gra ce que ie puisse mourir pour toy mõ cher filz absalõ: absalõ mõ cher filz.

q̃ Dant Joas ouit dire q̃ le roi menoit tel dueil q̃ nul nosoit pler a luy a vit que sa gent estoient tellemẽt esbahis a ainsi des cõfortez si vint au roy a luy dist Que sce que tu fais: tu noʒ q̃sons et nous des hõ noures au plus q̃ tu peulx. tu vois q̃ nous noʒ sommes mis en peril de mort pour toy sauuer a deffendre garãtir tes femes et tes ẽfans de ce luy qui ainsi tauoit dechasse d̃ ton royaulme et fait telle vilanie quon ne peult plus grãde: a tu en maine tel dueil. Or voi ie bien q̃ tu hais ceulx q̃ bien te font. et que tu aimes ceulx q̃ mal te font. et certes il appt cleremẽt et ie voi biẽ et cognois cer tainemẽs que se noʒ fussions este to mors mais q̃ absalõ vesquit que tu en serois tout ioyeulx a ne serois for ce de nous. Or te lieue et va saluer tes gens a les remercie de ce q̃lz ont fait pour toy Et se tu ne le fais ie te iure a promets par nostre seignr̃ q̃ a uant q̃l soit minuit il ne te demoura homme auec toy d̃ ceste cõpaignie. Quãt dauid eut ouy ce q̃ Joas lui auoit dit il laissa le plourer a laua son visaige a vint seoir a la porte. Et quãt lesdictes gẽs sceurẽt q̃l se seoit a la porte si le vidrẽt toʒ saluer

Et il les resalua ⁊ remercia du seruice q̄z luy auoiēt fait et menerent grant ioye tous ēsemble.

q Dant ceulx q̄ auoiēt ēsuiuy absalon virent que absalon estoit mort si dirēt lung a lautre. q̄ auōs nous fait: nous auōs laisse celuy qui tant de foiz nous a deliures de la main de nos ēnemis: ⁊ sen est fouy pour absalon que nous auiōs fait roy lequel est mort. Allons dōc a dauid ⁊ le pnons cōme nostre roy ⁊ le ramenōs ⁊ regne sur nos ainsi q̄me il souloit faire. Or sen vindrēt tous au roy dauid pour le ramener. Et dauid dist a abiachar. Vous direz a ceulx de la lignie de iuda de p moy. Do estes mon sang ma chair mes freres et mes amis. pour quoy avez vous tant attendu de moy faire cest honneur de moy venir querir: et estes les derniers de tous. Et dires a Amasan q̄l sera prince de ma cheualerie apres ioas ⁊ en lieu de luy. Et p ces parolles doulces ⁊ amiables dauid enclina le cueur de ceulx de iuda vers luy. Et enuoierēt querir dauid et luy vindrēt au deuāt au fleuue de iordain a grāt compaignie ⁊ lemmenerēt a grāt solemnite. Et ainsi comme il passoit le fleuue de iordain semi q̄ luy auoit dit tant de vilanies ⁊ de reproches luy vint deuāt a tout grāt cōpaignie de ses amis bien a tout mille hōmes: et se

feuillet. xcviii.

getta a ses piedz ⁊ luy cria merci en disant Sire ne te vueille mie remēbrer des iniures ⁊ vilanies q̄ ie tay dit ⁊ fait. car ie cognois bien que iay trop grandemēt failli contre toy pour ce ie suis venu a toy tout le premier de ceulx de la maison de Ioseph pour toy ramener q̄me nostre seignr̄ droicturier et roy. Quant abisay leut ouy ainsi parler si dist. Sire cōment laisses vous aller cest hōme q̄ lautre fois vous dist tant de reproches et de vilanies. certes il a deseruit a mourir. Et dauid luy respondit. seuffre toy abisay: ne vois tu mie q̄ au iour duy ilz me font roy en israel. Se ie vouloie mettre a mort tous ceulx q̄ mal me font et ont fait: iauroie trop des ēnemis ⁊ en seroie moins prise ⁊ plus hais. Et puis q̄ ceulx qui me souloiēt hair viēnent a moy ⁊ se humilient deuāt moy: ie ne veulx mie que la ou ilz me font tel hōneur que ie face mon deshōneur. Mais ie leur feray grace pour acquerir la mour deulx. Adonc se tourna par deuers semi ⁊ luy dist Soies tout seur car ia par moy ne mourras.

a Pres sen vint miphoboseth le filz de ionathas au deuāt du roy pour le saluer. Et quant le roy le vit si luy dist. Pourquoy ne vins tu auec moy quāt ie partis de hierusalem. Et miphoboseth luy respondit. Sire ayes pitie de moy:

o. i.

il ne tint mie a moy, car mon garsō ne me voulut oncques appoincter ne cheual ne asne pour monter sus: mais sen alla p deuers toy et me accusa mauuaisement enuers vous. Et tu vois mon cher seignr en quel estat ie suis, car ōcques puis que tu fus parti ie neus piedz lauez ne robbe chāgee ne lauee ne barbe tondue Or suis ie icy venu deuāt toy mon cher seignr qui es iuste et droicturier fais de moy ce que bon te semblera: tu vois en quel estat ie suis aies pitie de ton poure garson. Et dauid luy respōdit, Ce que iay dit de ciba et de toy ie veulx quil se tiengne: ne aultre chose ie ne pense a ordonner quāt a present partisses vous entre voꝰ deux. Apres appella le roy dauid berselai quant il sen retournoit en hierusalem et lui dist. Vien ten en hierusalez auec moy et ie te feray du bien et de lonneur asses. Et Barselai luy respondit que il estoit trop viel et trop ancien et quil auoit bien quatre vingtz ans: et quil nauoit que faire de suiuir court de seigneur ne de acquerir grās honneurs, mais il auoit son filz si lemmenast auec luy et luy fist du bien ce ql vouldroit Adonc print conge du roy et sen retourna en son lieu: et le roy emmena son filz auec luy.

Quant le roy eut passe le fleu ue de iordai auec ceulx de la lignie de iuda ꝗ le recōduisoiēt et ramenoiēt en hierusalē tous les autres six lignies si luy vindrēt audeuant, et luy dirent asses despiteusemēt, pourquoy tamenesvous tous les ēfans de iuda Et ilz leur respōdirent pource quil noꝰ est plus prochain quil nest pas a voꝰ Et adonc les filz disrael leur dirēt, mais appartient mieulx a nous que a vous: car nous sōmes dix lignies et vous ne estes que deux au plus. Et la eut grāt noise ētre eulx pour ceste cause Or auoit la vng mauuais hōme ꝗ eut moult de despit de ce ql luy sembloit ꝗ les ēfans de iuda ploient bie duremēt a eulx, et auoit nom celuy hōme ciba le filz de botris de gemin attraict: si print vne busine et corna Et fist crier p tout le pais disrael en disant ꝗ auons noꝰ a faire ne a ptir a dauid le filz isay: retournōs et le laissons: car nous nauonsque faire de luy. Adonc sen retournerēt les enfans disrael et sen allerēt tous aps ciba et laisserēt le roy dauid et ceulx de iuda cōduirent dauid iusques en hierusalē. Et quāt il fut en son hostel si appella amasā ql auoit faict prince de sa cheualerie auec. Ioas et luy dist. Va ten et assemble toutes les hōmes darmes de iuda et au chief de trois iours viēdras icy et tout les gens. Et amasā sen alla et demoura asses plus que le roy ne vouloit.

Quāt le roy vit quil ne venoit mie si appella abisay le frere de Joas, z luy dist. Je voy bien q̄ se ciba peult il nous fera plus de mal et de greuāce q̄ ne fist oncques absalon. prens les gens de ton frere ioas et t'en va, cōme tu pourras apres ciba pour veoir se tu le pourras prendre auant q̄l face point dassēblee ēcontre nous. Adōc print Abisay tous les meilleurs de hierusalem en sa compaignie, z s'en alla courāt apres ciba. Et quant il s'en alloit amasan luy vint au deuant pres dune pierre en gabeō. Et Joas estoit vestu dune belle robbe estroicte: et auoit chainte vne espee aisee a traire. et vint a amasan z le salua, z puis le print par le mēton z fist semblāt de le baiser. z il tira son espee z le tua emmi la voie. Et aulcuns q̄ passerēt la le tirerēt hors du chemin et le couurirēt. Et disoient aulcuns de ceulx q̄ passoient q̄ cestoit a bon droict q̄l estoit mort: car il auoit fait de faict aduise demourer plus q̄ le roy ne luy auoit dit. z vou loit bouter hors Joas de son office. Et ioas z abisay chasserent tant ci ba quilz l'encloirēt en la cite de Bela, z trouuerent quil auoit ia visite et attraict a luy le peuple z les bōnes villes disrael.

Rassiegerēt ioas z ses gens la cite de Bela ou estoit ciba en refuge z se pena de percer les murs a force. Et leās auoit vne saige fē me q̄ vint sus les murs z pla a ioas z luy dist po͏rquoy veulx tu destrui re ceste cite q̄ est de leritaige de Dieu q̄ lauons nous fait. Voicy la mere des cites disrael, z de laq̄lle on souloit dire es anciēs prouerbes Qui demā de a scauoir verite si demāde en Ha bela. Ne suis ie mie celle qui respondz verite en israel, z veulx tu ceste cite destruire z mettre a neāt sans auoir iuste cause. Adonc luy respōdit ioas ie ne veulx ceste cite destruire: mais ie veulx auoir ciba q̄ est leās qui sest esleue contre le roy dauid. Se vous le me voules deliurer ie m'en iray z vo' laisseray en paix. Adonc quant celle femme eut bien diligēment escoute tout ce q̄ ioas luy eut dit: si respondit. Nous tēuoirōs sa teste asses tost: mais q̄ vueilles vng peu atten dre. Et tātost elle descendist z alla parler a ceulx de la cite z leur demō stra le peril ou ilz estoient. z tant les prescha quilz prēdrēt ciba, z luy coup perēt la teste z luy apporterēt. Et Joas leua son siege z s'en reuint en hierusalem, et le roy le mist en son office z fut de la en auant maistre gouuerneur z prince de la cheualerie sur tout le peuple disrael pasiblement z sans nul contredict.

Ces choses faictes aduint q̄ nostre seigr̄ enuoia vne tres grant famine en israel q̄ dura trois

ans tous ƈtiers sans cesser dont da‑
uid fut moult esbahi. ⁊ sen vint a
nostre seigneur ⁊ luy demanda pour
quoy il auoit enuoie ceste famine. et
nostre seignr luy dist q̃ cestoit escores
pour le peche de saul ⁊ de ses gens
qui auoiēt occis ceulx de gabeo qui
nestoiēt mie du peuple disrael mais
Josue ⁊ les enfans disrael quāt ilz
cōquirēt la t̃re de promissiō leur pro
mirent ⁊ iurerēt que point ne lestue
roient. ⁊ Saul les a mis a mort po⁹
cōplaire au peuple disrael si en fut
nostre seignr trop courrouce. Quāt
il eut escoute nostre seignr il sen vit
a ceulx de gabeon ⁊ leur demanda.
Que voulesvous que ie vous face
pour vous appaiser. car ie voy biē
q̃ nostre seignr est courrouce contre
nous pour lamour de vous et pour
la vilanie q̃ vous a este faicte. Et
les gabonicies luy respondirēt. dor
ne dargent ne fault il point parler
car nous nen voulons point. mais
nous voulōs auoir celuy qui ainsi
no⁹ a destruitz affin q̃ nous le puis
sions tellemēt mettre a fin ⁊ ses en
fans si destruire que iamais nait li
gnie q̃ de luy puisse faire mētion ne
souuenāce. Adonc leur deliura da
uid sept hōmes qui estoiēt les plus
prochains de saul excepte miphobo
seth a q̃ espgna la vie pour lamour
de Jonathas a qui il auoit promis
foy ⁊ loyaulte. Et quāt les gaboni

ciens eurēt ces sept hōmes si lespē‑
dirent tous deuant nostre seigneur.
Et David print les os de Saul ⁊
de ceulx q̃ estoiēt pendus ⁊ les ēse‑
uelit pres du sepulchre de cis le pere
de saul. ⁊ nostre seignr fut appaise
⁊ leur euoia des biēs asses.

ASses tost apres sen vindrent
les philistiēs a grāt ost contre
israel. Et David alla ēcontre eulx
⁊ se cōbatirēt tant q̃ David ne pou‑
oit plus si lasse estoit. Et vng des
philistiēs grant hōme geāt qui por
toit vne lāce dont le fer pesoit trois
cens onces q̃ auoit nō. Gebi de nobe
qui saudra ⁊ ferit David ⁊ leust oc
cis: mais abisay luy vit au secours
⁊ courut sus au philistiē ⁊ le mist a
mort. Adonc iurerēt les ēfans dis‑
rael q̃ iamais nētreroiēt en bataille
auec luy affin quil ne detēt la lumi‑
ere disrael. Vne aultre bataille y
eut contre les philistiēs en laquelle
vng cheualier de David tua vng
philistien de la lignie de geans. La
tierce bataille fut en laquelle dauid
tua le geant golias. La quarte fut
en geth en laquelle auoit vng hom
me q̃ auoit six dois a chascūe main
⁊ six dois a chāscun pies. et disoit
de moult grās reproches au peuple
disrael. Et ionathas le filz semaa
qui estoit frere de David loccist en
celle bataille. Quant David fut a
repos tellemēt quil fut au dessus de

tous ses enemis si prist a louer nostre
seigneur De ce quil lauoit deliure de
tous ses ennemis. Et fist ce bel pseaume quon chante en saincte eglise
Diligam te domine fortitudo mea: et
plusieurs aultres quil ordõna pour
Dieu louer en sanctuaire.

Cy apres sont les nõs specifiés
Des preux qui regnoient au temps
du roy Dauid.

Uoicy les noms des fors hommes Disrael qui regnoiẽt au
tẽps que Dauid regnoit, et entre les
aultres y en auoit xxxvi. qui empor-
toient le pris õme les plus fors. Et
ẽtre les xxxvi. y en auoit trois tres
fors. Mais Dauid estoit le xxxvii
a qui nulz des autres ne se pouoiẽt
comparer quant au sens ne quant a
la force. Et aussi sans Dauid cõpter
il y en auoit xxx. fors et trois plus
fors: et autres trois tres fors. Le pre-
mier est cõme ung vermicel de bois
tendre et delicieux. Il tua sept cens
hõmes a ung assault. Et apres lui
est eleazar le filz de loncle de Dauid
qui est ung des trois fors qui est a-
uec Dauid, et fut en une bataille qlz
eurent contre les philistiens lequel
se combatit tant q̃ les mains et les
bras luy faillirent de lasserie et luy
furent tousamortis. Et fist si grãt
victoire ceste iournee q̃ les sans de
israel qui sen fouioiẽt retournerent
pour prendre la despoille des gens

feuillet xcix

quil auoit mis a mort. Le tiers fut
semaa le filz aage. Ung iour estoiẽt
assemblees les philistiens encontre
israel, et la ou ilz se combatoient auoit
ung champ plain de lentilles: et le
peuple disrael se mist a fouyr deuãt
les philistiẽs qui la estoient. Si fist
une gracieuse victoire celuy iour:
Et ces trois firent une aultre fois
des grãs proesses et des grãs forces
cõbien que plusieurs aultres lattri-
buoiẽt aux secondz trois plus fors
cy apres nõmes. Ung iour sassem-
blerent les philistiẽs ẽcontre israel
et encontre Dauid en bataille: et se lo-
gerent en Betheleem. Or eut Dauid
grãt soif et eut desir dauoir de leaue
de la cisterne de Bethelẽe: et leur alla
dire tout en hault. Pleust a dieu q̃
ieusse de leaue de Bethelee q̃ iay tant
desiree dauoir pour en boire. Si sen
alletent ces trois sans plus attendre
et rompirent lost des philistiẽs et pas-
serent tout a force parmi eulx, et al-
lerent puiser de leaue de la cisterne
de Bethelẽe et sen reuindrẽt sains et
saufz, et apporterẽt de leaue de la ci-
sterne quil auoit tãt desiree. Et q̃nt
il vit ce: si nen voulut õcques boire
mais il loffrit a dieu pource q̃ cestoit
le sang et la vie des trois hõmes qui
sestoiẽt mis en peril de mort pour a-
uoir de celle eaue po' lamour de luy
Entre les aultres trois fors estoit
abisay q̃ estoit frere de Joas q̃ estoit
o.iii.

si fort hardi a preux quil tua trois
cens hõmes toutesfois il ne se pou
oit comparer aux trois pmiers Aps
luy estoit vng aultre quõ appelloit
Banayas q occist les deux lyons de
moab. Et fut hõme de moult grã
force. Entre les aultres il vit vng
hõme degipte q estoit grant a mer
ueilleux a tres espouetable a regar
der qui tenoit vne grosse lance en sa
main: a ne losoit nul approucher.
Mais banaias sen alla vers luy et
luy tollut sa lance a force hors des
mains a le tua de sa propre lance.
Encores fist il vng aultre merueil
leux faict. Vng lion estoit cheut de
dens vne cisterne a le lion vit q nul
ne le secouroit si prit a braire a a cri
er moult horriblemẽt. Et banaias
louyt: si courut vers luy: et nauoit
en sa main que vng petit bastonnet
et toutesfois il courut sus au lion a
le tua. Et cõbien quil eust fait tant
de beaulx faictz si ne se pnoit il mie
aux trois pmiers. Des aultres en
suiuãs lescripture ne fait point mẽ
tion mais q de leurs noms. ne Joas
ny est point nomme car il sen fouyt
pour sa traison car mauuaisement
a en traison il occist abner a amasa
a en pdit sa bõne renõmee. Bien est
vray q lescripture met quilz furent
xxxvii. en cõtant david: mais elle
ne nõme point le premier des trois
fors ne le tiers des moiens. ne aussi
ne fait le maistre des hystoires.

Cõmẽt David fut tẽté tellemẽt
ql fist nõbrer le peuple disrael.

Apres ces choses se courouca
noftre seignr contre le peuple
pour leurs peches: a souffrit que le
dyable esmeut david a ce ql fist nõ
brer le peuple qui estoit soubz luy: a
commanda a Joas ql allast nõbrer
le peuple disrael q estoit en toute la
tre dadã iusques en bersabee. et luy
apportast le nõbre p escript. Quãt
ioas ouyt ce q le roy luy auoit com
mãde: si dist au roy. Sire ie me dou
bte que dieu ne se courouce a toy, ad
uise que tu veulx faire. Mais pour
chose q ioas luy sceust dire elles ny
valut il conuint que le roy eust son
intẽtion acõplie. Adõc sen alla ioas
par toute la terre disrael et mist en
escript toꝰ les meilleurs du peuple
quant a force a a valeur: a apporta
tout au roy. a fut le nombre tel Car
de bõnes gens a esleus y auoit huit
cens mille bons combatãs: preux et
hardis. a de la lignie de Juda cin
quante mille bons cõbatans. Et
nostre seignr fut moult courouce de
ce faict: si toucha le cueur de david
a luy dõna cognoissãce de ce quil a
uoit fait. Si dist david a nostre sei
gnr. Sire iay trop grã demẽt peche
contre toy vueilles moy pdonner ce
meffait. Adonc enuoia nostre seignr
vng siẽ prophete a david q auoit nõ

Agas: z luy fist dire. Tu as trop grandement perche z failli. Or eslis lune de ces trois punicions. ou par le space de sept ans y aura grāt famine en la terre disrael z p ton roiaulme ou p trois mois tous entiers tu seras en la chasse de tes enemis. ou p trois iours aura pestilēce z mortalite en ton peuple. Or aies aduis z deliberation laqlle tu veulx de ces trois choses z q tu me dies ce que ie respōderay a nostre seignr. Et quāt dauid eut ouye loffre q dieu nostre seigneur luy faisoit si dist. Or suis ie bien tenu a grāt mechief de toutes pars. Se ie eslis famine les poures le opareront z les riches tousiours se passeront. Et se ie me metz en la chasse de mes enemis: honte sera a mes gens qui suis euironne de si fortes gens. Doncques ie me metz en la main de nostre seignr z en sa misericorde q est si grāde que nul ne la peult extimer z mieulx me vault asses estre en sa main que en la main de homme ne a sa voulente.

Quant dauid eut esleu celle voie de se mettre en la main de nostre seignr: si prit nostre seignr telle vēgeance du peuple qlz mouroient soudainement. Et du matin iusqs au vespre en mourut du peuple disrael par toute la terre biē. lx mille. Et vng aultre lieu dit lescripture trois cens mille. Voire cest a

feuillet. c.

entēdre au pmier des nobles hōmes Et en aultre lieu des grans z des petis de hōmes z de femes. Quant lange de nostre seigneur voulut extendre sa main sus hierusalē: si dist nostre seigneur a lange. Il souffist: cest assez. Et lange estoit pres de la place de ramas iebuser quō appelloit ornā. Et dauid qui estoit pres de la getta ses yeulx z vit lange de nostre seigneur qui tenoit vne espee toute nue dont il tuoit le peuple Et quāt dauid lapperceut si se getta a ses piedz z luy dist. Je suis celui qui a fait le meffaict q doibs estre puni. que ont deserui ces poures brebietes qui ny ont mort deseruie. en moy: et en mes amis soit ta vengeāce z non mie sus ces poures brebietes qui ny ont mort deseruie Et ce mesmes tost vint gaad le prophete a dauid z luy dist. D aten z edifie vng autel en la place de ramas iebuser en lonneur de nostre seignr. Et tantost dauid sen vint a ramas z luy demāda ql luy voulsist vendre sa place por edifier vng autel en lonneur de nostre seignr. Adonc ramas luy respondit Sire pnes la place z en faictes vostre voulēte: car ie la vous donne frāche z quitte z auec ce ie vous donne vne charrue de beufz pour faire vostre sacrifice. Et le roy luy respōdit quil ne vouloit mie aultre chose a dieu sacrifier mais q du sien propre

o. iiii

Et ainsi bien lacheta & lyement le paya et y fist ung autel & sacrifia a Dieu, & nostre seigñr se rapaisa & receut son sacrifice & fist cesser ceste pestilence.

¶ Cy commence le tiers liure des roys.

OR aduint apres ces choses dessusdictes que le roy dauid deuint viel & ancien et estoit de grant aage si viel & si ancien quil ne pouoit eschauffer ou lit tāt fust fort couuert. Adonc dirent ses seruans. Il fault querir a nre sire le roy une ieune pucelle q le puisse seruir iour & nuit & gesir auecques luy pour leschauffer Si en amenerēt une au roy q auoit nō Abisach q estoit belle sur toutes autres, & seruoit le roy & lui donnoit a boire & a mēger & gisoit auec luy. ne oncques le Roy ne la toucha ne eut cōpaignie charnelle a elle. Et adomas le filz agas qui estoit le second apres absalō estoit moult bel hōme Si voulut regner & estre roy au viuāt de son pere, & disoit a chascun q̄l deuoit estre roy, & fist tant quil eut chars & cheualiers auec lui & .l. hōmes q estoiēt auec luy & deuant luy Et auoit a son oseil Joas le prince de la cheualerie de son pere dauid: & abiachar le p̄stre. Et les deux ēfās estoiēt formēt pour luy & lui aidoiēt de tout leur pouoir. Mais sadoch lautre p̄stre souuerai & nathā le prophete & banaias le filz ioiade & cleri, & philetiet la force de la cheualerie du roy dauid nestoiēt mie auec adomas ne point ne luy aidoiēt. Et adomas fist ung grāt sacrifice & appella tous ses freres & amis auec luy mais q salomon son frere & les auts dessus nōmes, & firent grant feste & menerēt grāt ioie, & crierēt a haulte voix. Viue le roy adomas, & bie cuidoiēt quil deust regner & que ce fust du gre de son pere.

Q̄ant nathā le prophete sceut cecy il vit a bersabee la mere de salomō & lui dist. Ne sces tu mie bien que adomas veult estre roy comment quil soit, & ia se met en saisine de regner & le roy ne scet riens. Je le donneray bon conseil se tu me veulx croire. Va tā bien tost parler au roy & auāt q tu aies ta parolle finee ie viēdray la & parleray pour toy. Adonc sen vit bersabee p̄ deuers le roy & le trouua gisant en son lit q a peine se pouoit il esmouuoir de vielesse. Et q̄nt elle leut salue & fait reuerence le roy lui dēmāda q̄lle vouloit. Adōc elle luy dist. Mon cher seigñr vous maues aultresfois promis et iure q vostre filz salomo seroit roy apres vous & q̄l seroit sur vr̄e trosne. Et voicy q adomas se fait couronner cōme roy, & a fait grant mēger, & ap-

Feuillet. ci.

pelle tous voz enfans ⁊ ses amis ne oncques na tãt fait quil ait appelle son frere salomon auec lui. ⁊ toutesfois mon cher seignr chascun satẽt a toy. car ilz tiendrõt pour roy cellui q̃ tu ordõneras a estre roy: cest raisõ

Adonc appella le roy bersabee et lui dist. tout ainsi vray cõme dieu est Je te prometz deuant mon dieu qui ma fait roy et prĩce sur son peuple: ⁊ qui ma deliure de tõ9 mes ẽnemis quil sera tout ainsi cõme ie tay autrefois iure ⁊ promis. Salomõ mõ cher filz regnera apres moy Adonc fist venir deuant lui sadoch le prestre et nathan le prophete ⁊ banaias le cheualier et leur dist. prenes des gẽs de mon hostel ⁊ salomõ mõ cher filz ⁊ le mettrez sur ma mule ⁊ vo9 en alles en giró. ⁊ la sacres mon filz salomõ a roy: et feres crier a haulte voix. viue le roy salomõ et vous ẽbiedzes auec luy en hierusalẽ ⁊ le mettrez seoir sur mon trosne ⁊ regnera apres moy. et ie lui promettray ⁊ cõmettray tout le gouuernement du peuple disrael

Quant sadoch/ nathã/ ⁊ banaias eurent ouy ce q̃ le roy leur cõmandoit si sen allerẽt moult ioyeux et sen vindrẽt ⁊ prindrẽt salomõ et le mirẽt sur la mule du roy dauid son pere ⁊ le menerent en giró Et sadoch print huille saicte ou tabernacle et en oingnit salomon et le

sacrerẽt et le firẽt roy sur israel. Et firẽt tromper et businer par tout et criez a haulte voix. viue le roy salomon. Et menoient tous grant ioye au courõnemẽt du roy salomõ et venoient tous a luy pour le receuoir et lui faire honneur et reuerẽce Et a grant ioye lemmenerent en la cite de hierusalẽ: et retõdissoit toute la terre ⁊ la cite de la ioye q̃ le peuple menoit a la venue du roy salomõ. ⁊ tant que adomas ouyt le cri et la noise de ceste feste. et aussi firẽt tous ceulx qui la estoient auecques luy et lui disoient. Que peut auoir trouue ce peuple de ceste ville lequel maine tel cry et fait si grant feste. Et ainsi cõme ilz parloient de ceste chose: voicy Jonathas le filz abiachar qui entra au lieu ou ilz estoiẽt et leur print a racõpter cõmẽt dauid auoit fait sacrer et courõner son filz salomõ: et que tout le peuple lauoit receu a grant ioye ⁊ lauoiẽt intronise ou trosne de son pere. et cestoit la ioye et la feste quilz auoient Et quãt adomas ouyt ainsi parler Jonathas: si fut moult trouble et tous ceulx qui la estoient. Et quãt ceulx qui lauoient la amene virent cecy: si sen fouirẽt et le laisserẽt. Et quãt adomas vit cecy: si eut grant paour et sen fouyt ou tabernacle de nostre seignr: et se tint au cornet de lautel: ⁊ dist que de la ne departiroit iusqȝ a ce q̃ le roy luy auroit iuré q̃ point ne locciroit. ⁊ le roy lui mãda quil sen allast en son hostel.

Quant dauid vit quil approuchoit de sa mort: si appella son filz salomon ⁊ luy dist. Salomon beau filz voicy q̃ ie meurs. Je te prie ⁊ requiers q̃ tu soies homme iuste ⁊ veritable. Et garde de tout son cueur la loy ⁊ les cõmãdemẽs de dieu ⁊ ne trespasse riens de ce que Moise a escript ⁊ quelque chose que tu face aies tousiours deuant tes yeulx la paour de dieu a ce quil vueille confermer ⁊ acõplir ce quil ma promis ⁊ dit. Se tes ẽfans me veullẽt faire ma voulẽté ⁊ seruir de bon cueur ⁊ ensuiuir ma trace ⁊ mon chemin iamais ne sera q̃ tu naies de ta lignie qui recognoisse sus israel. Et tu edifieras le temple en la maison de nostre seigneur selon le sens ⁊ la sapience qil ta donne. Et iay appareille or ⁊ argent fer ⁊ arain cuiure bois ⁊ toutes autres choses asses a grant foison ⁊ abondance.

Puis apres luy dist Tu sces que ma fait Joas au temps passé ⁊ comment par enuie ⁊ trahiteusemẽt il occist abner et amasan. Si en feras telle iustice que iamais on ne puisse reproucher ne a toy ne a moy que nous auons supporte telle mauuaistie sans estre punie. Et de herselay te souuiegne que moult de biens me fist par le temps que ton frere absalõ me psecutoit. Si veulx que ses ẽfans soiẽt de ta table ⁊ fay pour eulx tant comme tu pourras. Aussi veulx ie qil te souuiegne de semi qui me dit tant de reproches qñt ie fouioie deuãt ton frere absalon, si ne lẽ laisse mie porter le peche en tre

Or eut ordonne dauid toutes ses besongnes: ⁊ rendit graces a dieu de ce qil veoit regner son ẽfant apres luy ⁊ estre son successeur au royaulme disrael. Et puis se laissa mourir et Salomon le fist enseuelir moult honorablemẽt en ebron. ⁊ salomon regna en lieu de luy. ⁊ dauid regna quarante ans sus israel.

Or fut salomon bien cõferme en son roiaulme: ⁊ prit a gouuerner moult saigement le peuple tant que tous le pnoient bien en gre Ung iour aduint que adomas vint a bersabee la mere de salomon ⁊ luy pria quelle voulsist prier son filz qil luy voulsist donner a femme celle belle pucelle abisach qui souloit seruir a son pere. Je scay bien/dist il/q̃ chose que tu luy vouldras demander quil ne te vouldra mie refuser. Or sen alla bersabee au roy Salomõ son filz pour faire ceste demãde. Et quãt le roy la vit venir ĩ se dresa encontre elle: ⁊ moult rewerammẽt la receut: et la fist mettre au trosne pres de luy. Et assist sa mere feuillet. cii.

a sa dextre & puis luy demāda qlle vouloit et pour quoy elle estoit venue. Et elle luy dist. Cher filz ie te demande vng don asses petit. Je te prie q̄ tu ne le me vueilles refuser. Et salomō luy dist. Mere demāde ce que tu vouldras: & se cest chose de raison point ne la te refuseray. Et elle luy dist Je te prie q̄ vueilles dōner abisach a femme a tonfrere adomas. Adonc luy respōdit salomon. Mere pourquoy ne mas tu demādé a luy dōner le royaulme auecq̄s. ne sces tu mie bien q̄mēt il a voulu regner contre la voulēte de mō pere. & cores auec luy Joas & Abiachar ses qseilliers Je prometz a dieu q̄ la trop ple: & en sera mis a mort auant q̄l soit nuit. Adonc q̄māda le roy a banaias qu'il le fist mourir sans plus attēdre. & si fist il. Et puis appella le roy abiachar & luy dist. Tu as moult biē deserui a mourir: mais ie ne te feray mie mourir pource q̄ tu portas larche quāt mō pere. & souffris moult de meschief & de trauail auec mon pere. & pource te veulx ie espgner maītenāt. va donc en ton pais & te tiens la. Et ainsi le bouta hors de son office pour acōplir ce q̄ nostre seignr auoit dit de hely & de sa g̃station p samuel. Assez tost aps fut dit au roy q̄ Joas estoit four au tabernacle: & se tenoit au cornet de lautel. & le roy commāda a banais

quil lallast tuer. Et quant Banais vint au tabernacle a ioas si luy dist Le roy te mande que tu isses hors de ceans. Et ioas luy respondit quil ney istroit point mais demourroit la. Et Banaias reuit au roy & luy dist la responce de ioas. Adonc le roy salomon commanda q̄ puis quil nen vouloit issir q̄l fust la occis. & ainsi le fist Banaias: & puis lensenelit. Adonc fist le roy salomon prince de sa cheualerie banaias le filz de ioyade aps la mort de ioas & en son lieu

Puis apres manda le roy querir semi & luy dist. Edifie pour toy vne maison en hierusalem & demoura la. & garde bien que tu nen isses point: car en quelque iour q̄ tu en istras tu mourras. Et semi luy respōdit Sire vo~ dictes moult bien: & ie le prens moult bien en gre. Adonc sen alla semi en hierusalem & demoura la sans issir hors de sa maison. Or aduint que étour trois ans les sergens de semi sen fouyrēt de leur seigneur & sen allerēt en geth a reffuge ou demouroit achis. Et quāt semi le sceut: si monta sur son asne & les alla querir puis les ramena en son hostel. Adonc le roy le māda querir tantost & luy dist. Ne te auoie ie pas bien dit & commādé q̄ tu ne yssisses point hors de ton hostel & en quelque iour que ce fust que tu mourrois et tu lauois bien prins

en gre. ⁊ disoie que ie lauoie trop bien
dist ⁊ commande. Tu scees moult
bien que tu feis a mon pere vng temps
fut ⁊ en as bien memoire du mechef
que tu luy feis, or te reuient ⁊ retour-
ne maintenant sus ta teste. Adonc
comanda a banaias quil le fist mou-
rir tantost en lheure. ⁊ si fist il.

Or fut salomon bien ferme en
son royaulme ⁊ neut plus nul
a doubter. Si fist grans alliances au
roy degipte: ⁊ eut a lui grant affinite
⁊ tant quil print sa fille a femme. Et
proposa trois choses a faire cest a sca
uoir le temple de nostre seigneur: sa mai
son. ⁊ eslargir la cite de hierusalem
Et mist son cueur ⁊ son entente a ser
uir nostre seigneur ⁊ de ensuiuir le che
min ⁊ la trace de nostre seigneur ainsi
gme dauid son pere auoit fait. mais
encores sacrifioit le peuple es haulx
lieux ainsi come faisoient lespayens
Et salomon sen alla en gabeon en
vng hault lieu ainsi appelle ou on
sacrifioit a dieu. ⁊ fist la grant sacri
fice salomon sur lautel de nostre sei
gneur en gabed. Celle nuyt sappa
rut nostre seignr a luy p vision ⁊ luy
dist demande moy ce que tu aimeroie
plus auoir ⁊ ie le te donneray. Adonc
respondit salomon. Sire tu as fait a
mon pere tant quil ta serui ⁊ aime de
tout son cueur: ⁊ aussi telle miseri-
corde que tu luy as donne hoir de son
corps et vng filz qui siet en son trosne

et regne aps luy. ⁊ mas fait regner
sur ton peuple aps mon pere ⁊ ie suis
encores vng ieusne home ⁊ petit qui
ne scay rien ne nay le sens pour gou
uerner ⁊ iuger tel peuple q est tel et
si grant que nul ne le pourroit nombrer
Or te prie q tu me vueilles donner
sens ⁊ scauoir ⁊ telle sapience que ie
puis ton peuple gouuerner et sache
discerner entre bien ⁊ mal. Quant
nostre seigneur eut ouy ce q salomon
luy demandoit: si luy en sceut moult
grant gre, ⁊ moult luy pleut celle de
made. ⁊ luy dist. Pource que tu ne
mas demande nulles richesses ne lo
gue vie ne nulles vengeances de tes
enemis. ainsi gme souloient faire les
aultres hommes. mais as demande
scauoir ⁊ sapience pour scauoir plus
iustement iuger le peuple ie te octroie
ce q tu demandes ⁊ as demande, car ie
te octroie cler entendement ⁊ telle sa-
pience q oncques home deuant toy
ne leut telle ne a toy ne se peut compa
rer: ne aussi ne sera apres toy home
q soit viuant. Encores auec tout ce
ie te donneray ce q tu ne mas mie de
made: cest richesse ⁊ longue vie. car
oncqs roy ne fut si riche come tu se-
ras, ne si honoure ne fut: voire se tu
te penes de garder ma loy ⁊ mes com
mandemens ainsi gme a fait ton pere.

¶ Comment salomon rendit iuge-
ment pour lenfant q les femmes pre
tendoient chascune estre sien.

Dant salomon se fut esueille si trouua q̃ cestoit vraye vision et que nostre seignr̃ lui estoit apparu. Si sen retourna en hierusalẽ et sen vint deuãt la saincte arche de nostre seignr̃: et le print a remercier de la grãt grace q̃l luy auoit faicte et octroiee. Si fist grãs sacrifices et offrit grans dons et offrãdes a dieu. et fist vng grant mẽger et vne grãde feste a toute sa gent. Adonc vindrẽt deuãt salomõ deux folles femmes et luy proposerẽt le cas et luy dirent Sire vueilles nous vng peu escouter. Moy et ceste fẽme demourions ensẽble, ne nul aultre demouroit auec no9. Or aduint q̃ ie acouchay dũg enfant: et ceste icy au tiers iour dung aultre. Asses tost apres son filz fut mort: si le prĩt et lẽporta au pl9 secretemẽt quelle peult en mon lit et prĩt mon ẽfant et me laissa le sien qui est mort. Et q̃ñt ie fus esueillee ie voulus alaicter mon ẽfant ie le trouuai mort: si en fus toute espouee et descõfortee. si prins lẽfant et lẽportay au iour et le regardoie a merueilles et moult diligẽmẽt et quãt ie leus biẽ regarde et moult osideree ie trouuay que lẽfant mort nestoit pas le mien Adonc respõdit lautre fẽme. Il nest mie ainsi mais le cõtraire est verite car ton enfant est mort et le mien est vif. tout au cõtraire lautre disoit. et se cõbatoiẽt elles deux ainsi deuant

Feuillet. ciii.

le roy salomon. Et quant le roy les eut biẽ escoutes et tous ceulx qui la estoiẽt: si estoiẽt tous esbahis q̃mẽt le roy pourroit iustemẽt ceste doubteuse q̃relle dẽtminer et pareillemẽt iuger. Si commãda le roy quõ luy apporta vne espee. et dist aux fẽmes Tu dis / dist il a vne des femmes/ et as propose q̃ lẽfant q̃ est vif est tiẽ et tu dis / dist il a lautre/ le cõtraire. Adonc cõmanda le roy q̃ lẽfant qui estoit vif fust decouppe p le meilleur et en eust lune la moitie et lautre lautre. Quãt celle q̃ estoit mere de lenfant vif et q̃ lauoit porte vit et ouyt quõ vouloit coupper son ẽfant si se getta aux piedz du roy toute esploree et toute conturbee: car toutes les estrailles du corps et du cueur si luy prindrẽt a trẽbler et luy mua la couleur du visaige et deuit toute morte pour la paour q̃lle auoit de lenfant car elle cuidoit quil deust estre occis et la fẽme regardoit et cõsideroit tout ce et puis dist au roy. Sire ie te prie q̃ lẽfant ne soit point tue donne luy. car iayme mieulx q̃lle laye que ce q̃l soit mort. Et lautre dist. Il ne sera mie ne mien ne tien, mais sera parti en deux, si en auras vne partie et moy lautre. Quant le roy ouit ce si dist dõne lẽfant a ceste cy: car elle est vraie mere a cest ẽfant. Et quãt les gens du roy salomon virent le iugement q̃ le roy auoit rendu tant

saigement de ces deux femmes, et que
tout le peuple le sceut, si prindrent a
doubter et a priser le roy Salomon
car ilz virent bien et apperceurent que
la sapience de dieu estoit en luy pour
faire droit a ungchascun.

Or fut salomon grant homme
et renommé par tout le monde
pour la grant sapience q estoit en luy
car il surmontoit en vraie sapience
toute la sapience des egiptiens et de
ceulx dorient : et de tous les plus sai
ges du monde. Et tous les rois du
pais dentour luy portoient grant hon
neur et reuerence : et luy faisoient hom
maige et presentoient grans dons : et le
desiroient moult a le veoir et a ouyr
pour la grant sapience q estoit en luy
Et auoient telle paix par tout son roy
aulme que nul ne le pourroit penser :
car tant come il regna ilz estoient tous
en telle paix dessoubz luy que riens
ne doubtoient. Et menoit le roy salo
mon grant estat car tous les iours
luy failloit bien trente muis de fro
ment et septante muis dautre bled.
Dix beufz gras et xx. vaches gras
ses et cent moutons sans la venoison
et la volatille et des poissons quon
luy apportoit asses a abondance. et
auoit cinquante mille cheuaulx de
chars dont la moitie le seruoit en hie
rusalem et luy amenoient ce quil luy
failloit a lostel et lautre moitie estoi
ent par les villes qui au roy appar

tenoient. Et escripuit et disputa de
toutes choses qui estoient dessoubz le
soleil. et des grans cedres iusques a
la petite ysope. Et fist trois mille
prouerbes et paraboles. et venoient
a luy de toutes pars du monde les
rois les princes et les saiges hommes
pour ouyr et escouter sa sapience qui
tant grande estoit quon ne scauroit
dire.

Et adonc salomon enuoia par
deuers irain qui estoit roy de
thuri et de sodomie si luy dist. Tu
sces q mon pere eut moult grant vo
lente de edifier ung temple a dieu :
mais il neust loisir pour les guerres
q luy suruenoient tousiours iusqz a
tant q nostreseigneur eut suppedite
tous ses enemis Et luy a donné ung
filz q se siet sus son trosne ainsi qme
tu le vois. Et dieu dist a mon pere
que ie luy edifieroie son temple. et ie
veulx son vouloir acomplir : car tout
mon intention est de luy edifier ung
temple grant et merueilleux. Or me
fais doncques coupper en tes bois
du marrin asses : especiallement des
cedres et des sappins. et ie tenuoiray
mes ouuriers pour les enuoier en
tes bois auecqz les tiens pour coup
per du bois necessaire a mon edifice.
Car tu sces bien que ie nay ouurier
qui se cognoisse en bois coupper ne
tailler si bien comme font les tiens
ouuriers. et tout quanques tu voul

gras auoir pour ton bois ie paieray tres voulētiers ₰ largemēt. Et qñt Irain vit les messagiers de salomō et eut ouy ce q̃l luy auoit mādé si en fut tresioyeux car il auoit esté mõlt grant amy de dauid son pere ₰ luy remāda. Iay veu ₰ ouy ce q̃ tu mas mādé ie feray coupper mes cedres,et mes sappins tant comme tu voul/ dras ₰ les mettray en la mer dedēs des nefz, ₰ les feray mener par la mer ou tu vouldras. Mais il fault que tu menuoies des viures et aul/ tres choses la ou iay disette ₰ neces site. Adonc enuoia irain a salomon des cedres ₰ des sappins ₰ desaul tres bois tant comme il en voulut. Et le roy salomon luy enuoioit chas cun an vingt mille muis de fin fro mēt ₰ autant d'uille trespure. Et esleut salomon vingt mille ouuriers ₰ les enuoia en la montaigne de li ban dix mille chascun mois Il y en alloit dix autres mille,₰ se reposoi ent deux mois entiers les dix mille p̃miers,₰ aussi faisoient les aultres a leur tour Et fist salomō q̃l en eut biē septante mille hōmes q̃ portoient bois ₰ pierres ₰ aultres choses pour ledifice Et eut quatre vingtz mille massons pour tailler pierres sans les maistres du mestier ₰ de louura ge dont il y en auoit biē trois mille et trois cens. Et commanda le roy qlz taillassent grās pierres precieu/

feuillet. cliii.
ses pour les fondemens du temple ₰ les fist pollir ₰ escarrer p̃ les mai sons mesmes en la mõtaigne ₰ par les massons irain ₰ les charpētiers appareillerēt leurs bois pour le tē/ ple edifier dont salomō fist tellemēt tout appareiller dehors de la cite pi/ erres,₰ bois ₰ toutes ferrailles pour edifier le temple que oncques coup de marteau ne aultre ferrement ne fut ouy au temple faire.
¶Salomon commenca le tēple de dieu a edifier quatre cens ₰ quatre vingtz ans apres ce quilz furēt saillis degipte au quart an de son roiaulme au mois de may. Et fut le tēple edifie de mabre blāc cler ₰ reluisāt. Et eut soixante coudees de long:q̃ sont trois cēs piedz. Vigt coudees de large ₰.xxx. de hault. Et en ce tēple fist salomō de moult merueilleux et curieux ouuraiges Lesquelz on ne pourroit proprem̄t mettre en francois mais tant fut ri che le bois ₰ richemēnt edifie q̃ tout quāq̃ues il y auoit au temple estoit couuert de fin oz. Et estoiēt toꝰ les vaisseaulx/ chādeliers/ fioles/ au/ telz/ ecenciers/ ₰ toutes aultres bel les choses necessaires au tēple de fin oz. Et fut ce tēple tout parfaict en lespace de sept ans ₰ sept mois. A/ donc appella salomō tous les plus vaillās,anciēs du peuple disrael ₰ les princes des douze lignies po

apporter larche au temple de dieu et mettre sus lautel q̃ salomon auoit fait faire. Et quant ilz furent tous assembles si allerẽt querir larche de dieu au tẽple et mettre sus lautel q̃ salomon auoit fait faire et a grãt solemnite lemporterent au temple et la mirent ou sanctuarie dessoubz les deux cherubins de fin or q̃ de leurs ailles a dextre et a senestre courroient larche saincte. Et quãt les prestres seurent assise en son lieu et ilz se furent departis de la: la gloire de dieu descẽdit sus en semblãce dune nuee si grãde que les p̃stres ne pouoient p̃faire leur seruice pour cause de la nue.

8 Dnt quãt salomon vit que la gloire de dieu estoit descendue et se monstroit visiblemẽt: si en eut moult grãt ioye et dist. Or voy ie bien q̃ nostre seigñr a icy esleu sa demourãce et bien luy plaist icy demourer. Depuis q̃ nous partismes de egipte iusques au iour duy tu ne vousl' demourer en cite q̃ fust mais as esleu ce lieu po' y demourer auec nous, et as voulu que iay edifie ceste maison pour toy habiter: dont ie te rendz graces et mercis. Et puis se mist a genoulz deuãt larche et extẽdit ses mais vers le ciel et pria dieu moult deuotemẽt quil voulsist ouyr et escouter to' ceulx qui au temple le vẽdroiẽt prier pour qlque necessi-

te quilz eussent: fust pour prier pour famine ou po' batailles ou pour ses peches ou pour maladie ou pour autre besongne fust priue ou estrange q̃l leur voulsist octroier ce quilz luy demanderoiẽt en la maison q̃l auoit edifie en son nom. Et me vueilles faire ceste grace et a tout le peuple q̃ nous puissions ta saincte loy et tes benoistz commãdemẽs acõplir. Et dõna sa benedictiõ a tout le peuple disrael. et firent tous ẽsemble vng grãt sactifice a dieu de vingt mille beufz et de six mille q̃ moutõs que brebis. et firẽt feste et ioye de ceste de-dicasse. et firent grãt solẽnite deuãt nostre seigñr p lespace de sept iours et a la fin dõna conge a tout le peuple et adonc sen alla chascũ en son pais en grãt ioye et en grãt paix de cueur de ce qlz veoiẽt que nostre seigneur les auoit tellemẽt prouueuz de roy qui si saige estoit que trestout le monde parloit de luy.

Commẽt dieu sapparut a salomon aps quil eut edifie le temple.

q Dant salomõ eut parfait le tẽple de dieu et tout ordonne quãques il apptenoit au seruice de dieu nostre seigneur sapparut a luy en visiõ comme il auoit fait lautre foiz en gebeon et luy dist. Jay receu ta priere q̃ tu as fait deuãt moy au temple: et ay sanctifie ceste maison en mon nom a tousiours mais. et y

auray le cueur ⁊ les yeulx pour faire
et pour garder ce dont tu ma requis
Et se tu gardes ma loy ⁊ aussi mes
gmandemens: ⁊ vueilles aler le droit
chemin deuant moy ⁊ faire ma vou-
lente tout ainsi et en la maniere cōe
Dauid ton pere a fait. Je fermeray
mon trosne a tousiours mais sur mō
peuple ainsi q̄ iay promis a tō pere
Mais se tu ne voulois mie tenir le
sentir ⁊ le chemin si q̄ toy et les en-
fans me despites ⁊ ma loy ⁊ mes cō-
mandemēs ⁊ vous tournes aux ydo-
les ⁊ les seruies ⁊ adoures Je vous
destruiray ⁊ osteray de dessus la t̄re
⁊ destruiray ce peuple en Despit de
eulx ⁊ sera tout israel a grāt honte
et a grāt reprouche p̄ tout Et ceste
maison sera exēple de leur mauuai-
stie ⁊ de leur destruction. Et diront
ceulx q̄ ce verront comment et pour
quoy nest ce tēple si noble comme il
estoit. Et les aultres rēderōt, pour
ce q̄ ilz ont regnie leur dieu qui les a
gectez hors degipte: et tant de biens
leur auoit fait et se sōt tournes aux
dieux estranges et les ont seruis et
adoures· et pource ont ilz souffert
telz maulx.

APres ce q̄ salomon eut le tē-
ple de dieu edifie: si se mist a
edifier ses maisons. Et en fist trois
grās et solēnelles dont lune fut en
vng bois po̅ son esbatemēt. lautre
fut pour sa femme la fille du roy pha

feuillet. cvi.

raon roy degipte. La tierce fut en hie-
rusalem. La p̄miere fut a deux estai
ges. le bas estaige estoit de pierres ⁊
y mettoit on les espices / q̄ fectiōs / et
ongnemēs p̄cieux tant pour le tem-
ple q̄ pour lostel du roy. Et les aul-
tres estaiges estoiēt de libā de cedres
et dautres bois p̄cieux. et lappelloit
la maison du bois pource q̄ elle estoit
euirōnee de toutes pars de bois tres
beaulx ⁊ delicieux iardins et vergi-
ers. Et en lestaige qui estoit cōpose
de bois ou lon mettoit les armures
pour le roy et pour ceulx de son ho-
stel affin que par bōnes oudeurs et
vertus du bois elles peussent estre
gardees destre enroillees. Et la fist
faire deux cens escus dor. et pesoit
chascun six cens sicles. ⁊ autre tāt
de lances q̄ pendoient aux creneaux
de celle maison. ⁊ fist faire trois cēs
boucliers dor q̄ portoient deuāt le roy
trois cens hommes. et gisoient tous
deuant son palais. Et quant le roy
vouloit aller en q̄lque lieu ilz mon-
toient a cheual ⁊ alloiēt deuāt le roy
et portoient ces boucliers dor ⁊ estoi
ent bien armes dautres armures et
estoient nobles iouuēceaux q̄ auoēt
leurs cheueulx pēdans iusques a la
selle de leurs cheuaux. et auoient
chappelles dor fin en leurs testes af
fin que q̄t le soleil luiroit sur leurs
testes quilz resplendissēt pour lor et
fussent plus beaux a veoir. Et le
p.i.

roy alloit apres eulx en ung char ri
chement paré en la maniere des an
ciens. Et auoit celuy estaige cent
coudees de large et cinquāte de lōg
et trente de hault et estoit tout cou
uert de belles plates de cedres et gi
soit sur trois ordres de coulonnes et
en auoit en chascune ordre quize lune
contre lautre. entre les murs et les
trois ordres de coulōnes auoit trois
belles allees Aussi fist il la maison
de hierusalem asses pres de la primiere
et tout semblant a lautre: mais quil
ny auoit que ung tout seul estaige
mais trop noblement estoit ouure p
dehors et p dedens. Celle maison
fut ung trosne merueilleux de yuoi
re platureux et couuert de fin or et
auoit celuy trosne six degres a mon
ter, et estoit ront au dehors p derrie
re et deux mains tenoiēt le siege ou
on seoit lung a dextre et lautre a se
nestre: et auoit deux lyonceaulx de
chascune main et douze lyonceaulx
seoient sus les degres lung cōtre lau
tre. Et oncques en nul royaulme
ne seoit tel ouuraige ne ne fust fait
cōe fut celuy trosne q salomō auoit
fait faire. et puis fist la maison de
la royne tres belle et moult riche. et
eslargit les murs de la cite et les fist
moult haulx et moult puissans Et
edifia mōlt de villes: et ferma beau
coup de cites et fist nefz qui alloient
en afric et apportoient grant foison

dor dont il faisoit ses edifices Et il
mist a faire ces maisons xiii. ans. et
a faire le tēple de dieu. vii. ans Ainsi
p lespace de xx. ans ne cessa dedifier
et puis se voulut reposer.

Commēt la royne de sabba vit
vers le roy salomon et des presens
quelle luy fist.

En celuy tēps couroit la renō
mee de salomon p tout le mon
de de sa tresgrāde sapiēce et des mer
ueilleux ouuraiges quil faisoit et a
uoit fait. Et tant coururēt les nou
uelles q̄lles vindrēt aux oreilles de
la Royne de sabba q̄ estoit lune des
plus saiges femmes du mondei et se
pēsoit q̄lle viēdroit esprouuer sil
estoit verite q̄ fut si saige hōme quō
disoit Et print celle dame de lor et
de largent sans nombre et pierres pre
cieuses et espices a tresgrāt quātite.
et fist tout charger et mener auecq̄s
elle et sen vint des parties doriēt en
ethiope a tout grāt quātite et cōpai
gnie de gens en hierusalem et vint au
roy salomon et parla a luy et luy de
manda de moult de choses dōt elle
auoit doubtance et luy dist ce quelle
auoit sur son cueur Et il luy respō
dit cleremēt ne riens ne luy eut pro
pose tant fust obscure chose ne doub
teuse dont le roy ne lui en dist la ve
rite. Et quāt celle dame eut veue
toute lordonnance du peuple et des
ministres de son hostel q̄ mēt toutes

choses estoient proprement ordonnees
a lordonnance de seruiture des vi
andes a leurs offices comment ilz gi
soient a estoient. a de sacrifices et lor
donnace du peuple elle fut si prinse
a si rauie quelle ne sceut q̃ dire ne q̃
penser. Adonc sen vint au roy a luy
dist. Certes or voy ie bien que ce que
on me disoit de toy en mon pais est
verite: et plus en voy asses quon ne
ma compte. Ta sapience a tes oeu
ures passent ta renommee: car on ne
peult tant dire que encores ne y ait
asses plus. Benoistz sõt tes hõmes
a bien eures a tous ceulx qui sont en
ton seruice qui sont deuant toy a qui
oyent ta sapience a ta doctrine. Et
benoist soit ton dieu q̃ ta tant aime
a a qui tu as tant pleu quil ta mis
sus le trosne disrael q̃ ta fait regner
sus son peuple pour faire droicture
a iustice

Donc la royne de saba don
na au roy salomon six vingtz
besans dor. a tãt de pieces precieuses
que õcques puis ney eut tant en hie
rusalez cõe elle luy apporta et don
na ceste fois Et luy dõna aussi des
pierres precieuses Et vne racine de
balme que salomon plãta a nourrit
tant que delle vidret les vignes de
gadi qui portoiẽt le balme Et le roy
salomon donna a celle royne grans
dons a tout quãques elle luy vou
loit demander il luy donna. Et elle

feuillet. cvi.

print conge de luy a sen retourna en
son pais. Et dist aulcuns que puis
apres elle escripuit au roy salomon
a luy mãda vne chose merueilleuse
q̃lle ne luy auoit ose dire De bouche
Cest du bois auquel debuoit estre
pendu vng hõme par qui la loy des
iuifz periroit et seroit destruicte. et
luy manda certaines enseignes par
quoy il pourroit cognoistre a trouuer
Et quant salomon le sceut si le fit
prendre a bouter en terre bien pfond
Et puis apres la fist vne piscine ou
lange de dieu descendoit a montoit
leaue. a le premier qui dedẽs pouoit
entrer il estoit gueri de q̃lque mala
die quil eust. Et au tẽps de la pas
sion ce bois commẽca a nouer. a les
iuifz le prindrent a en firent la croix
ou nostre seigneur dieu fut pendu.

Ap̃res ces choses faictes le roy
salomõ auoit ses nefz qui luy
apportoiẽt or a argẽt asses: especial
lemẽt la nef de prain q̃ alloit en af
fric a apportoit a salomon de lor et
de bois precieux a de pierres preci
euses a grant foison Et pesoit lor q̃
on apportoit au roy chascun an six
cens a sixante six besans dor. exce
pte celuy q̃ ceulx qui recueilloiẽt les
rentes et les terres qui luy apparte
noiẽt: les marchãs: les rois: les ducz
a les princes: a luy rendoiẽt chascũ
an. Et fist le roy salomon tous les
vaisseaulx de son hostel especialle
p. ii.

ment ou on buuoit tous de fin or, et toute la vaisselle de la maison du bois. Et fist tant salomon que en hierusalez lor fut aussi peu prise come largent a telle abondace cōe pierres et nestoit point prise tant y en auoit grant abondāce: car la nef du roi salomon sen alloit de trois ans en autres trois auec la nef de prain en tarce ⁊ apportoiēt or ⁊ argēt a grāt quātite: ⁊ des dens des elephans: des cinges ⁊ de paons. Or fut le roy Salomon magnifie sur tous les roys du monde en gloire en richesse et en sapience. Et tous les roys du pais le desiroient a veoir pour la sapience qui estoit en luy: ⁊ luy faisoiēt grās presens ⁊ vaisseaulx dor en robbes en armes en espees en cheuaulx et en aultres choses.

¶ Commēt salomon par la tentation des femmes laissa a seruir dieu ⁊ aoura les ydoles

Mais quant salomon eut laisse ledifier ⁊ quil fut a repos ⁊ deuenoit ia anciē il mua sa vie de bien en mal: ⁊ print a aymer femmes damour deshonorable que dieu lui auoit deffēdu, cest assauoir la fille du roy pharaon ⁊ celle de moab ⁊ damon ⁊ dautres q̄ nestoiēt mie de leur loy deqlles nostre seigr̄ leur auoit bien dit. Gardez vous bien delles: et ne aies nullement cōpaignie a elles ne elles a vous, car pour certain elles

vous decepueront et vous feront croire en leurs dieux ⁊ aorer leurs ydoles a vostre tresgrant meschef. A elles sacoupla salomon et les ayma tresardāment Et auoit six cens femmes toutes adournees cōe roynes, ⁊ trois cens cōcubines, et le menerent a tel erreur q̄lles le firēt aorer leur dieu chascun des pincipaulx le sien, ⁊ edifia temples a leur dieux estranges et laissa nostre seigneur. Adonc nostre seigneur fut corrouce contre luy ⁊ luy entuoia vng prophete qui luy dist. Pource que tu mas laisse et as serui aux ydoles et aux dieux estranges: ⁊ as fait contre ce que ie tauois dit ⁊ deffendu Je deuiseray ton royaulme ⁊ tē osteray la plus grant partie ⁊ la donneray a vng de tes garsons toutesfois ce ne sera mie tāt q̄ tu viueras. Mais ce ne sera mie pour lamour de toy: mais ce sera pour lamour de mō sergent dauid. Et ia soit ce q̄l eut vescu en grant paix toute sa vie: toutes fois depuis quil eut courouce nostre seigr̄: nostre seigneur luy prit a faire des ēnemis qui le prindrēt a guerroier ⁊ greuer de plusieurs ps Entre lesquellz lung fut hierobod le filz de Nabal qui estoit lung des officiers du roy salomon, car quāt salomon edifia melo il vit que hieroboam estoit vng saige et cler voirant; si le fist maistre de celle oeuure.

Et puis apres le fist recepueur sur la lignie de ioseph. Ung iour entre les aultres yssit hieroboam hors de hierusalem: & trouua le prophete achias en une voie, & estoit uestu de ung mantel tout neuf si le deuestit et decouppa en douze pieces: & uint a hieroboam & luy dist. Prens dix pieces de mon manteau: uoicy q̃ nostre seign̄r te mande. Je coupperay le royaulme de la main de salomõ et ne luy demoura q̃ deux lignies. Et tu regneras sur les dix aultres et tout pource quil a adoure les dieux estranges & na pas garde mes commandemens ne ma loy ainsi cõme fist son pere dauid. Toutesfois encores pour lamour de mon amy dauid ie ne luy osteray mie tant cõme il uiura: mais apres sa mort son filz ne regnera tãt seullemẽt q̃ sur deux lignies. Car ie ne ueulx pas du tout destruire la lumiere ne la memoire de mon loyal sergent dauid et ie te donneray les aultres dix lignies. Or te prẽs garde q̃ tu me sois bon et loyal: car si tu ne mes bon/et obeis a moy et acomplis ma loy et mes commandemens ainsi cõme fist dauid mon sergẽt:& toy & les tiens regneras a tousiours mais sus israel, & si tu fais le cõtrevire ie feray tout au contraire. Quant hieroboam eut ouy ce q̃ nostre seign̄r luy eut dit par le prophete, si se print moult

fort a orgueillir et soy esleuer cõtre salomon & quãques il pouoit il enhortoit le peuple cõtre salomon. Et quant salomon sen apperceut si queroit uoie et maniere de le tuer. Et hieroboaz se fouit en egipte iusques a tant que salomon fut mort. Assez tost apres mourut salomon. et fut enseueli en la cite auec dauid son pere quãt il eut regne quarãte ans sur tout le peuple disrael

Or est a scauoir que Josephus ung grant maistre des iuifz dist q̃ salomõ mourut moult anciẽ et regna quarante ans. & nauoit q̃ unze ans quant il cõmẽca a regner. Or est solution de ceste doubte que lescripture ne prent le temps quil regna que iusques a tãt quil se mist a mal faire. & desla en auãt lescripture nẽ compte riens. Salomon fut il sauue ou non? De ce ont plusieurs doubtance:car on ne trouue point en lescripture quil fist õcques penitãce. Mais aulcuns dict q̃ ia soit ce que lescripture nẽ face point de mention toutesfois il eut grant repentãce. Si comme il appert en ung liure q̃l fist quon appelle Ecclesiastes. auquel liure il racompte toutes erreurs. et monstre clerement que tout quãques est au monde nest mais q̃ uanite. et quil auoit trouue femme asses plus amere q̃ la mer. Et moult de telles choses que pl9 appartiennent a penitence que aultre chose. Et sainct gregoire dist, Le seignr et ledifieur du temple salomō ia soit ce quil pechast: toutesfois apres il se repentit et en fist penitēce. Dont il fist et escriuit ce liure des prouerbes au tēps de sa petitēce a regarda q̄ bō estoit quil se chastiast et print correction a discipline. Et sainct ambrose en lune de ses epistres il lappelle sainct Et aussi nous ne trouuons mie que nulz hōmes dāpnes soiēt nombres en la lignie de ceulx desquelz Jesu christ descendit selon lumanite.

Commēt apres la mort de salomon Roboam regna sus deulx lignies seullement

Apres la mort de salomon Roboam son filz regna pour luy. et sen vint en sichen ou les prices des douze lignies estoient tous assembles pour faire roy roboam. Et hieroboam estoit venu auec eulx en sichen. Or sen vindrent tous ēsemble en robōa a luy dirent Ton pere nous a gouuerne moult durement, se tu nos vouloies ainsi gouuerner cōme il a fait:nos ne le pourriōs porter ne souffrir. a si tu veulx nous souffrir et laisser traiter doulcemēt nous seriōs tiēs tousiours, mais, et seras nostre seignr:et serōs tes subiectz. Et il leur respondit. Je

veulx auoir conseil sus eccy. Alles vous en: et dedēns trois iours ie me aduiseray et venes a moy a ie vous diray ma responce. Or appella roboam son conseil qui auoit esleu du conseil de son pere gens saiges a biē aduises:si cōme sadocḣ, banaias, a iopa dc, et plusieurs aultres, et leur dist comme les princes des douze lignies luy auoiēt dit. Si leur demanda quel cōseil ilz lui dōneroient sur cecy. Et ilz luy respondirēt, Se tu veulx iouyr de ce peuple faitz ce qlz te requierent a parle a eulx doulcement et tu les aura a ta voulente Quant robōa eut ouy le cōseil des saiges et de plus anciens: si ne luy pleut mie leur conseil, et appella les ieusnes gens qui estoiēt ieusnes de cueur de corps et de sens, et leur demanda quil responderoit. Et il leur dist quel conseil les ancienes gens luy auoient donne. Et les ieusnes gens luy respondirēt selon leur ieunesse et luy dirēt Se tu crois ces gēs et faitz ce quil te demandēt il ne te priseront riēs et si tu te tiēs roy de encōtre eulx ilz te doubterōt a priseront:car ilz nōt aultre a qui ilz puissent aller mais q̄ a toy Or dōcques tu leur diras ainsi. Mon petit doy hault mieulx asses que ne faisoit le gros doy de mon pere Il vous a batus de petites verges:mais ie vous batteray de grosse corgiee.

feuillet.cviii

Quant roboam eut ouy le cõ/
seil des ãciens et des ieusnes
gens:si laissa le conseil des anciens
Et quant vint au tiers iours hiero
boam et les plus grans des lignies
vindrent a roboaz au lieu et a leure
quil leur auoit assignee. Et luy de
manderent la responce. Adonc leur
respondit roboã moult haultement
Vous dictes que mon pere vous a
este dur (a) vous a trop foulles (a) as
seruis et me reqrés q̃ ie vo9 vueille
ceste rigueur laisser: et que ie vous
soie plus debonnaire ee plus doulx
et vous seres a mon commãdement
et vo9 me seruires a tousiours mais
de bon cueur. Et ie vous respondz
q̃ ie ne feray riens de ce que vo9 me
requeres:et se mon pere vous a bien
tenus. Encores vo9 tiedray ie mieulx
Se mon pere vous a batus de ver
ges:ie vous bateray de cozgies:car
ie cuide plus valoir au petit doy de
ma main lequel est plus gros q̃ nest
le plus gros doy de mon pere

Quant hieroboã et les princes
des douze lignies ouyrent cõ
ment roboam leur auoit respondu
si en eurent grant despit et diret lũg
a lautre.quauons nous a faire de
dauid ne de ses enfans:ne que auõs
nous de luy. Allons nous en (a) fai
sons vng autre roy sur nous:si ver
rons q̃ seront ceulx qui luy demou
ront. Adonc sen allerent les dix li/
gnies.et prindrẽt hieroboaz le filz de
nabal:et le firent roy sur eulx (a) la li
gnie de iuda et de beniamin tant seul
lement demourerẽt a roboaz. Et ro
boam enuoia a eulx vng grant hõ/
me quon appelloit adurã pour ve
oir sil pourroit faire reto'ner les dix
lignies:mais ilz le tuerent. Quant
roboam vit ce:si eut moult grant
paour et sen reuint en hierusalem
courant. Or furent adonc desasse̋/
bles les dix lignies de iuda (a) de ben
iamin desla en auant. Et eurẽt les
enfans disrael deux roys. dõt ro
boam et ses gens en eurent grant
despit. Et fist son mandemẽt pour
courre sus aux dix lignies (a) les cui
doit rauoir pour sa force. Et assem
bla de iuda et de beniamin bien cent
et quatre vingtz mille hõmes bons
combatans et gens esleuz (a) sen vou
loit aller cõtre les dix lignies mais
nostre seigneur luy enuoia vng pro/
phete de p luy quon appelloit semy
qui luy dist quil retournast:car no
stre seigneur auoit faicte ceste diui
sion.ne nostre seigñr ne vouloit mie
quil allast combatre contre ses fre/
res. Adonc sen retourna roboam en
hierusalem.

Or fut hieroboã roy disrael:si
se pẽsa et aduisa soy mesmes
dune tres grãt mauuaistie cest quil
ne souffriroit poit que le peuple qui
estoit dessoubz luy allast en hierusa

p.iiii

lem ou temple de dieu pour faire ses sacrifices es festes et es solemnites selon la loy: car ilz pourroient retourner a leur droicturier seigneur et conspirer contre luy et moy mettre a mort. Adonc fist faire deux veaulx de fin or. et les mist lung en adaz et lautre en Bethel. Et commanda a son peuple quilz nallassent plus en Hierusalem pour dieu adourer au temple: mais fist adourer les ydolles et les veaulx dor quilz auoient faitz. et faisoient dire a tous. Voicy les dieux qui tont deliure. Ainsi qme sil vouloit dire qui toutes manieres de gens ont leur dieux. Dont naues vous q faire en hierusale pour y seruir dieu. Et les fist estre ydolatres dont nostre seignr en fut moult courrouce encontre luy. Et mua et paruertit toute la loy de dieu. Et fist aultres pstres que ceulx de la lignie de leui et establit aultres festes et les fist sacrifier aux ydolles.

E n celuy temps q Hieroboaz faisoit le peuple disrael adorer les veaulx dor quil auoit fait Il vint vng iour en Bethlee pour adorer le veau ql auoit la mis sus lautel en vng temple ql auoit fait edifier. Et adonc vint vng prophete que nostre seigneur auoit enuoie au roy Hieroboam. Et luy dist de par nostre seigneur: et le trouua sus lautel ou il sacrifioit et offroit encens. O autel voicy que nostre seigneur si dist. Ung homme naistra de la lignie de Juda qui sera appelle Josias q sacrifiera sus celuy autel les prestres des ydolles: et qui maintenant se entremeslent de sacrifier et offrir encens et aultres choses sus cest autel. Et en signe quil soit verite ce que ie dis voicy q lautel fendra par mi et sera espandu ce qui est dessus. Et quant le roy leut ouy ainsi plerfi estendit sa moin et commanda quil fust pris. Et tantost le roy fut feru par iustice de dieu en la main et au bras tellement quil perdit tout le visaige et fut aussi comme tout mort et tout sec. Adonc pria le roy au prophete quil luy pleust de prier nostre seigneur pour luy et si fist il: Et tantost q le prophete eut faicte so oraison le roy fut gueri du tout. Adonc le roy pria le prophete de venir en son hostel et il luy donneroit de grans dons et luy feroit bonne chiere. Mais le prophete luy respondit quil ny pouoit aller. Car nostre seigneur luy auoit commande que poit ne beut ne mengeast en la voie ne aussi ne retourna stpas par le chemin par ou il estoit venu. Et sil luy donnoit la moitie de tout ãques il auoit baillant il noseroit faire le contraire.

O R sen vint le prophete par aultre voie quil nestoit venu.

Et en Bethleem auoit vng homme ancien qui se faisoit prophete & si ne lestoit mie: mais estoit vng faulx prophete, lequel ouyt par ses enfans les merueilles que le prophete sainct auoit faictes & dictes, et quant il eut ouy ce: si commanda quon luy appareillast son asne. & quat il fut appareille il monta dessus et sen alla apres le sainct prophete, et tant courut apres luy quil le rataindit. Et quant il eut trouue: si le pria daller en son hostel et retourner auec luy. Mais lautre se print moult fort a excuser et a dire comment nostre seigneur luy auoit deffendu que poit ne beust ne mengeast en la voie. Adonc luy dist le faulx prophete. Je suis aussi bien prophete comme tu es. Car lange de Dieu nostre seignur a parle a moy et ma dit que ie te feisse retourner et que tu venisses auecques moy. Et le preudôme le creut: car il cuidoit qil dist verite, mais il le deceuoit et donnoit faulx a entendre & se retourna en lostel. Et tout ainsi comme il se seroit a table lesperit de Dieu parla au faulx prophete & dist au prophete de Dieu, pource que tu nas garde le commandement de dieu pource quil tauoit comande que tu ne beusses ne ne mengeasses en ce lieu: et tu as beu et mengie contre sa volente. Saiches q̃ tu mourras et ne seras mie ton corps enseueli ou sepulchre

feuillet. cix.

de tes peres et amis. Quant ilz eurent bien beu et bien menge: le prophete monta sus son asne et sen cuidoit bien seurement aller. Mais vng lion le trouua en la voie quil lestrangla. Et quant le lion leut estrangle, si le laissa tout coy sans le plus toucher, ne oncques mal ne fist a lasne. Et on le vint noncer au prophete qui lauoit deceu comment il gisoit mort apres de son asne. Et le lyon estoit encores la qui le gardoit q̃ les aultres bestes ne touchassent. Si print ce prophete le corps et lenseuelit en son sepulchre. Et commanda a ses enfans que quant il seroit mort quilz enseuelissent tout decoste luy et missent ses os auecques les siens et ainsi le firent ilz.

En celuy temps fut Abia le filz de hieroboam tresariefuement malade: dont hieroboam en fut moult courouce. Si appella sa femme & luy dist. Mue & change ton habit et ten va en habit dissimule en sillo a vng sainct prophete quon appelle Aias qui aultressois parla a moy & en dica q̃ ie deuoie estre roy et il te dira veritablement ce qil doibt aduenir a lenfant. Or sen alla la femme de hieroboaz en sillo et sen vint a lostel de aias le prophete qui estoit aueugle de vieillesse mais elle ne sceut entrer dedens si secretemen que le prophete ne le sceuſt ⁊ luy diſt ffeme de hieroboaz entre hardimēt: pourquoy te veulx tu celer voicy q̃ tu dyras a hieroboaz ton mary de p̱ noſtre ſeigñr Je tay exaulce et eſleu demmy le peuple:⁊ tay fait roy ſur mō peuple. ⁊ tu mais renōce et mis derriere ton dos⁊ as fait des dieux eſtrãges. et voicy le mal q̃ te viēdra Je te puniray ⁊ metteray a mort q̃ ques appartient a hieroboaz q̃ rien ne luy demoura. Et donneray ton corps aux beſtes de terre: car tu as adoure les ydolles ⁊ fait plus q̃ oncques homme ne fiſt. Car tu as p̱uerti mon peuple tellemēt quil ma laiſſe et a adoure les ydolles ⁊ dieux eſtranges. Or ten retourne et dis a hieroboaz cecy et quãt tu ſeras en ceſte maiſon lenfãt mourra ⁊ ſera enſeueli ⁊ tous ceulx qui app̱tiennent a hieroboam. Et tout ainſi cōme le prophete eut dit il aduit. Et regna hieroboã ſus iſrael. xxii. ans ⁊ puis mourut. Apres regna ſ9 iſrael ung ſien filz q̃ fut appelle nadab Et roboam regna ſus la lignie de iuda. ⁊ auoit. xli. an q̃t il commenca a regner. et regna. xxiiii. ans. et firent les enfans diſrael moult de maulx deuant dieu et ſeruirēt aux ydolles et enſuiuirēt la maniere des meſcreans. dont dieu en fut moult courrouce contre eulx. Et en lan quizieſme du royaulme de roboã dieu enuoia

ſuzac le roy degipte en hieruſalē rompit les alliãces quil auoit eues a ſalomō et ſon filz et entra au temple et print tous les treſors qui leãs eſtoient. et auſſi to9 les treſors q̃ ſalomon auoit laiſſe. et eſcus dor que ſalomon fiſt:⁊ emporta tout. ⁊ fiſt faire roboã des eſcus darain en lieu de ceulx dor. Or mourut roboaz ⁊ fut enſeueli en la cite de dauid auec ſes peres Et regna ſon filz abian apres luy.

AO huitieſme an de hieroboaz regna apres ſon pere roboam abiã ſon filz. et fut de mauuaiſe vie q̃me ſō pere auoit eſte ⁊ ne fiſt force de dieu. Or eurent hieroboã ⁊ abiã guerre enſemble tant quilz veſq̃rēt Et ne regna abian que trois ans:⁊ puis mourut. Et regna ſō filz aſa apres luy. dont au. xx. an de hieroboã regna. ⁊ regna en hieruſalē. xli an. et fiſt la volēte de dieu ⁊ laima ainſi q̃me auoit fait dauid. Et lan ſecond du royaulme de aſa prit a regner nadab le filz nadab le filz de hieroboã ſus iſrael apres ſō pere. et fut auſſi mauuais comme ſō pere. Et ne regna q̃ deux ans. dont il aduit quil auoit aſſiege la cite de ierico des philiſtiens. Et baaſa qui eſtoit de ſa maiſnie loccift ⁊ regna en lieu de lui au troizieſme an du royaulme de aſa qui regnoit en hieru ſalez Et miſt a mort et a p̱dition celui feuillet .cx.

baasa tous ceulx q̄ pouoient appar tenir a hieroboam que ung seul nen demoura q̄ tout ne fut mis a mort et destruict ainsi q̄ dieu lauoit pñon cie p̄ la bouche de son prophete. Or re gna baasa .xxiiii. ans sus israel. et fist moult de maulx. Et vint a luy iehu le prophete de p̄ dieu et luy dist ie tay gette hors de la poulsirre et te ay fait roy. et pour le bien que ie tay faitz tu me rendz tel seruice: tu vaulx pis q̄ hieroboā. et pource soies certaī q̄ ie feray de toy comme de hieroboā car ceulx q̄ te pourront appartenir q̄ mourront en la cite les chiens deuo reront leur chair. et ceulx q̄ morrront aux champs les oiseaulx les despiece ront. Mais de chose que le prophete luy eut dit: oncques ne se amenda mais empiroit tousiours Or eurēt querre ēsemble asa et baasa lung cō tre lautre. Et asa le dixiesme an de son royaulme eut une grāt victoire cōtre le roy dethiope qui estoit en la terre de iuda a grant ost. et vouloit destruire et despouiller le pais. Et asa alla au deuāt et le descōfit. Et ainsi cōme il venoit de celle victoire ung prophete vint a luy et luy dist pource q̄ tu as aime dieu et las serui de bō cueur il ta donne ceste victoire Adonc commāda asa p̄ tout son roy aulme q̄ dieu fust serui et honoure et q̄ chascū se penast dacōplir sa loy et obeir a ses commandemens.

Et baasa guerroya moult fort asa: et entra en la terre de iuda. et fist faire une grāt forteresse encontre hierusalē qui fut appellee rama. et la fist pource q̄ nul ne osast entrer ne yssir en hierusalē Et quant asa se vit si pres pris quil ne pouoit mie bien resister a sa voulēte: si prit tout lor et largent quil trouu en son tresor et lenuoia par certaīs messagi ers a benadab le roy de syrie. et luy pria que telles alliāces quilz auoiēt eues a son pere quil voulsist auoir a luy. et le voulsist secourir encontre basa le roy disrael q̄ ainsi court le te noit et couroit sus Quant benadab le roi de sirie vit ces massagiers et le presēt et la requeste q̄ le roy de iuda luy faisoit: si en fut biē ioieux. et prit et receut les dons: et tantost enuoia ses gens encontre le roy disrael: et en tra en sa terre et la print a destruire. Quant basa ouyt ceste nouuelle si laissa son ouuraige et sen alla pour garder son pais Et tātost āsa le roy de iuda māda par toute sa tre q̄ nul ne se excusast et venissēt tous a luy et puissent les pierres et les bois que basa auoit fait appareiller pour fer mer rama. et fist deux aultres for teresses gabaa et mapba de la terre de bē iamin Quāt iehu le prophete eut nōcie a baasa comment nostre seigr̄ estoit courrouce ō tre lui pour les maulx quil faisoit et pōit ne sa

mēdoit mais empiroit tousiours si en
eut basaa grāt despit et fist mettre a
mort celuy prophete. dont nostre sei
gneur en fut moult courrouce. cōtre
luy   Et regna celuy basaa .xxiiii.
ans sur israel et puis mourut. Aps
luy regna ung sien filz q auoit nom
bela. Dont lan. xxvi. du royaulme
de Asa print a regner sur israel. Et
regna deux ans et fist moult de mal
ainsi cōme son pere auoit fait. pour
ce le punit Dieu et rebella cōtre luy
ung de ses officiers qui auoit nom
ranzi qui lespia une fois en sō hostel
en thersa ou il estoit liez et ioyeulx et
plain de uin. si luy courut sus et le
tua et regna apres luy   Et lan. xx
vii. du royaulme dasa regna ranzi
sus israel. et ne regna q sept iours et
la cause fut pour le tēps quil occist
bela son seignr lost disrael estoit lo
gie deuant gebeton une cite des phi
listiens. Or uindrēt les nouuelles
en lost qui estoit mort et q ranzi la
uoit occis. Adonc firent le peuple et
tous ceulx de lost ranzi leur prince et
gouuerneur de lost le roy sus israel
et laisserent le siege et uindrent assie
ger thersa. Et quant ranzi uit ce: si
eut moult grant paour et sen fouyt
en la maison du roy. et mist le feu de
dens et se ardit dedens. et par ainsi il
mourut de mauuaise mort pour sa
mauuaise vie. Et aussi regna ranzi
sur israel en lan. xxvi. du royaulme

de asa. Et regna douze ans. et fut
mauuais homme et ydollatre ainsi
cōme roboā auoit este. et fist ēcores
pis que son pere ne tous les aultres
deuāt. Et quāt il eut regne douze
ans il mourut. Et regna son filz a
chas apres luy. et fist ēcores pis que
son pere ne tous les aultres rois qui
deuant auoiēt este. et fut achas ung
tres mauuais homme. et print a re
gner en lan du royaulme de asa q
regnoit en hierusalē.   Et ne souf
frit mie a Achas quil courroussast
nostre seigneur ainsi comme nostre
seigneur lauoit souffert aux autres
roys. mais il fist nouueaulx autelz
en samarie en plusieurs lieux en is
rael: et nouueaulx dieux Et print
a femme la fille du roy de sido mieie
sabel qui estoit une tres mauuaise
fēme. et fut si prins en sō amour qlle
luy fist adourer son dieu baal

Donc sen uint helie le prophe
te a Achas et luy dist. Pour
la grant mauuaistie de toy. Je pro
metz icy deuāt dieu a q ie sers de bon
cue' ql ne plouuera ne ne fera rousee
sus tre iusques a tant q ie le te diray
Adōc nostre seignr dist a helie quil
sen allast et departit de la Et helie
sen alla sus ung fleuue quon apel
loit caris.   Et la se caicha pour la
paour du roy achas qui le queroit
pour mettre a mort Et la le nourrit

noſtre ſeigneur ſi ſecretement q̃ nul ne le ſcauoit ou il eſtoit:mais venoient a luy les corbeaulx deux fois le iour au matin z au veſpre:z luy apportoiẽt a menger du pain et de la chair: z buuoit de leaue du ruiſſel. Or aduint q̃ dedẽs pou de tẽps ſeicha le ruiſſel:car il ne plouuoit poit Et pource diſt noſtre ſeigñr a helie vatẽ en ſarepta q̃ eſtoit vne petite ville en la terre de ſidomie et la tu trouueras vne poure fẽme veufue q̃ recueilloit des lainnes et des buchettes aual les champs z parmi le chemin.Adonc luy diſt helie femme ie te requiers et prie q̃ tu me voiſes q̃rir vng peu deaue a boire.z ainſi cõe elle y alloit helie luy eſcria q̃lle luy apportaſt vng peu de pain auec Et elle luy reſpondit quelle nauoit point du pain mais q̃ vng peu de farine en vng huche z vng peu duille en vng poinſon. Et voicy q̃ ie cõcueille des tiſonnetz pour faire vng pou de feu pour cuire vng tourteau pour menger moy et mon enfant et puis nous laiſſerons mourir Et helie luy diſt Ne doubte riẽs ne naies nulle paour de fallir mais fais moy p̃mier vng tourteau de celle farine et puis ap̃s feras pour toy z ton enfant.car noſtre ſeigñr a ordõne q̃ ta farine ne fauldra point ne tõ huille ne appetiſſera point iuſques a'tant quil ſera plouuoir ſur terre.

feuillet.cxi.

OR demoura helie vng petit de tẽps auec celle fẽme:z deſla la farine ne luille du poinſon ne failleret poit iuſques a tãt q̃l pleut aſſes et quõ eut de noueaulx fruictz Aſſes toſt aduint q̃ le filz de celle femme ou helie demouroit fut griefuementmal a de z tant q̃l en mourut. Et q̃t elle vit ſõ filz ſi diſt a helie. Cher ſire q̃ võ ay ie meffait:eſtes võ venu ceans pour moy punir de mes meffaitz et de mes pechez que aiſi tue mauez mon enfant. Et elle cuidoit q̃ pour la ſainctete de helie elle fuſt ainſi de ſes pechez punie. Et helie la regarda z la dit a grant meſchef pour ſon enfant qui eſtoit mort Et helie print lẽfant et lenporta au ſoleil ou il giſoit z le miſt ſur ſõ lict et ſe coucha ſus lui trois fois.z pria dieu q̃l ſoulſiſt redre la vie a celuy enfant: et ne ſoulſiſt mie pis faire a celle fẽme pour ſa venue.Et noſtre ſeigñr receut ſa priere et fiſt lẽfãt reſuſciter.et luy rendit lenfãt vif a la requeſte du ſaint prophete. Adonc print helie lẽfant z le rendit tout vif a ſa mere q̃lle luy auoit rendu mort Et celle preu de femme commẽca a dieu louer et diſt.Or voy ie biẽ q̃ tu es ſainct prophete et la polle de dieu eſt veritable en ta bouche.

Quant les trois ans de la famine de la grant ſecherreſſe furent paſſes:noſtre ſeigneur appella

helie le prophete ⁊ luy dist Je veulx
q̃ tu voises pler a achas car ie vueil
faire plouuoir sur terre Or y auoit
si grant secheresse sur terre quon ne
pouoit trouuer Verdure. Et achas
auoit vng maistre dostel quon ap-
pelloit abdias q̃ doubtoit et aymoit
Dieu Et q̃nt iezabel fist tuer les pro
phetes de nostre seignr̃ il en caicha
cent ⁊ le mist en caues ⁊ en celiers et
leur dõna a boire ⁊ a mẽger. ⁊ pour
ce luy en sceut dieu grant gre. car il
fut prins apres ⁊ rempli de lesperit
de prophetie Or dit achas a abdias
Allons par tout toy et moy veoir se
nous pourrions trouuer pasture pour
nos bestes. tu iras dune part et moy
daultre part ⁊ querrõs tout p tout
Et ainsi cõme ilz alloient querant
ca ⁊ la: helie encontra abdias q̃ luy
dist. Va dire au roy tonseignr̃. Voy
cy helie qui veult parler a toy. Et
abdias luy respondit Hee saict pro
phete que tay ie mesfait qui ainsi me
veulx honnir. ⁊ certes le roy ta faict
querir pour te mettre a mort. ⁊ se ie
luy vois dire: Voicy helie qui veult
parler a toy: ⁊ le saict esperit de dieu
te prent il tempo̊rtera la ou il luy plai
ra ⁊ ne sçauray la ou tu seras. et le
roy sen prendra a moy. et le me fera
comparer cheremẽt car il me occirra
sans nul remede: et tu sces bien que
de mon enfance iayme ⁊ doubte no
stre seigneur. Adonc iura helie que

comment quil fust quil parleroit a
achas. et tant alla quil le trouua.
Et quant achas vit helie si luy dist
Nes tu mie celuy qui trouble ainsi
le peuple disrael Et helie lui respõ
dit. Je ne lay mie trouble: mais ce
fais tu qui as dieu regnoie ainsi cõe
tes peres ont fait ⁊ as serui baal et
as adoure les dieux estranges ⁊ as
laisse nostre seignr̃ ⁊ despite sa loy ⁊
ses commandemens

Adonc dist helie a achas, fay
assembler tout le peuple et les
quatre cens cinquante prophetes de
baal et les quatre cẽs du bois et les
assemble tous en la montaigne de
carmel Et quant le prophete fut la
assemble auecques les quatre cens
cinquante prophetes de baal ⁊ les
quatre cẽs du bois que tous mẽgeoiẽt
a la table de iesabel: si leur dist helie
Jusques a tant ires vous clochant
⁊ boitoiant de deux parties se nostre
seigneur est vostre dieu: pourquoy
ne le serues vous ⁊ obeisses a luy et
baal est vostre dieu du tout. Et le
peuple ne respondit oncques mot
Adonc helie leur dist: Voicy q̃ ie suis
demoure tout seul prophete de nr̃e
seigneur. ⁊ Voicy quatre cens et cinc
quante prophetes de baal et quatre
cens aultres. ce sont huit cẽs ⁊ cinc
quante. nous donneres vous deux
beufz Vng a eulx ⁊ lautre a moy. et
ilz despicerõt le leur par pieces et le

metterōt sur vng autel a tout grāt foisō De bois sans point mettre du feu dessoubz ⁊ aussi feray ie du mie. ⁊ ilz appelleront leur dieu ⁊ celluy q̄ ozra leur priere ⁊ aussi la miēne ⁊ en uoira feu du ciel pour ardoir le sacrifice il sera vray Dieu ⁊ nostre Dieu Et quāt le peuple eut ouy ce q̄ helie eut propose ⁊ leur eut prophetise: si prīdrēt tous en gre ⁊ dirēt que bien leur plaisoit. Adonc helie dist aux prophetes de Baal pource q̄ vo⁹ estes le plus vo⁹ feres deuant vr̄e faict. Et quāt ilz eurent appareille leurs autelz ⁊ mis du bois dessoubz ⁊ les pieces de leur beuf dessus ilz appareillerēt leur dieu baal des le matī iusq̄s a heure de midy: ⁊ nul ne respōdit. ⁊ ilz faisoiēt tellement leurs effors quilz sepsoient de lancettes ⁊ se faisoient saigner. Car le diable prent grant plaisāce en espandāt le sang humain: mais rien ne faisoiēt Et helie se mocquoit deulx: ⁊ leur disoit Seignrs cries pl⁹ hault que vostre dieu vous puisse ouyr: peult estre qˉl dort ou a etend aultre chose ⁊ na loisir dētendre a vous. Quāt helie eut asses attendu ⁊ veu quilz ne pouoiēt riē faire: si fist appareiller lautel de nostre seignr̄: q̄ souloit estre la ⁊ estoit destruict. Et print douze grāt pieces selon le nombre des douze lignies disrael. Et puis fist vng autel en lhonneur de dieu

feuillet. cxii.

⁊ fist vng cōduit deaue tout entour ⁊ mist du bois tout etour sus lautel ⁊ le beuf despera sus le bois ⁊ fist getter grāt foison deau dessus tout ce. ⁊ puis ainsi fist faire la seconde ⁊ la tierce fois tant q̄ le bois & dessus lautel fut bien moille ⁊ bien trempe ⁊ les conduis detour lautel furent plains deaue & toutes pars. Adonc cria helie a nostre seignr̄ en lui priāt ⁊ disant en hault dd̄āt tout le peuple Tres benoist dieu abrahā ysaac ⁊ iacob vueilles au iourduy mōstrer que tu soies le dieu disrael et q̄ ie suis ton sergēt ⁊ amy: ⁊ que tout ce q̄ iay fait soit de ton gre et de ta voulente: escoute ⁊ recois ma priere affin que ce peuple cognoisse q̄ tu es vray dieu ⁊ que tu le veulx conuertir a toy. Et tantost quil eur prie et fine sa priere: voicy vng grāt feu q̄ descēdit du ciel ⁊ ardit ⁊ deuoura beufz bois ⁊ les pierres de lautel et leaue du conduit tellemēt que riens ny demoura ne la cendre aussi Et quāt le peuple vit cela si adora nostre seignr̄ en dsant. Tu es vray Dieu: et nest aultre dieu que toy. Adōc commanda helie a tout le peuple quilz pnissent ses huit cens cinquante faulx prophetes: ⁊ les fist amener sus le ruissel de cedron. et la les mist helie a mzot que vng tout seul nē demoura Et quāt helie eut to⁹ ces faulx prophetes occis si dist a achas. Đatey māger auant que la pluie ne viēne: car il pleuuera asses tost. Et helie mōta en la mōtaigne de carmeli ⁊ se mist en oraison la teste beffāt iusques aux genoulx ⁊ prioit a dieu. ⁊ apppella son varlet luy dist. Regarde vers la mer se tu vois nulles nuees mōter. Car lair estoit si bel ⁊ si cler ql napparoissoit vne toute seulle en lair. Adonc son varlet luy dist quil ney veoit vne toute seulle en lair. Et helie commāda ql allast ainsi iusques a vii. fois. Quant il vint a la septiesme fois le varlet luy dist quil veoit vne petite nuee ou grant dūg home q̄ tātost creut ⁊ multiplia ⁊ espandit par tout. Et helie dist a achas Monte bien tost sus tō char q̄ tu ne soies surpris de la pluie. Il ne fut mie si tost monte q̄ il regarde entour luy ⁊ regarde le ciel qui estoit tout rouuert de toutes pars ⁊ print fort a plouuoir ⁊ a venter tresgrādemēt. Et achas se caicha au mieulx quil peult: ⁊ sey vint en hierusalez. ⁊ la main de dieu fut estēdue sus helie ⁊ couroit aussi fort a pied cōme faisoit le roy sur sō char iusques a tant ql viendrēt en la cite

Q̄uant hiesabel la femme de achas eut ouy conter cōment helie auoit misa mort toꝰles prophetes de baal ⁊ des bois si en eut mōlt grāt dueil ⁊ mādā a helie q̄ lendemain deuāt ceste heure elle le mette roit en tel estat cōme il auoit misles aultres Dont quāt helie ouit ceste nouuelle si eut paoꝛ ⁊ sey fouit tant ql vint en bersabee ⁊ laissa son varlet qui estoit appelle Jonas selon ce q̄ auncuns veullent dire ⁊ entra ou desert bien lallure dune iournee ⁊ sassist dessoubz vng beau genieure tout lasse ⁊ tout enuie ⁊ print a souhaider sa mort. Et dist a nostre seigneur. Jay tant vescu ql me souffit Sire ie ne suis mie meilleur q̄ mes peres q̄ sont mors deuāt. Je veulx bien mourir sil te plaist. Et en ces choses disant il sendormit. Adonc vng āge de dieu vint a luy ou il dormoit ⁊ le hurta en disant. Lieue toy ⁊ boy ⁊ mēgue ⁊ tantost il sesueilla ⁊ trouua decoste sa teste vng pain cuit en la cendre ⁊ vng pot plain de eaue ⁊ puis beut ⁊ mēgea ⁊ sendormit. Et lāge de dieu le vint esueille de la seconde fois ⁊ lui dist. Lieue toi ⁊ mēgue car la voie est venue ⁊ as grāt chemin a faire ⁊ a aler. Et q̄t il fut leue ⁊ eut mēgie il se mist a cheminer. ⁊ alla quarante iours ⁊ quarāte nuitz en la force de celle viande quil auoit mēgie sans auoir faim sans aultres choses boire ne mēger ⁊ vint iusq̄s a la mōtaigne de dieu. quō appelle oreb en laquelle nostre seigūr sapput a moise en vng buisson ardāt: ⁊ la demoura en vne fosse Et ainsi cōe il estoit la nostre seigūr feuillet.cxiii.

luy dist. Que fais tu icy. Et Helie lui respondit Je suis en grāt ialousie pour toy: ay grāt indignatiō et despit de ce q̄ le peuple disrael a fait contre toy: car ilz ont ta loy et tes cōmandemēs trespasses Ilz ont telz autelz destruictz. Ilz ōt tes prophetes mis a mort: et suis tout seul demoure. et encores me quierēt ilz po' me mettre a mort. Adonc luy dist nostre seigneur p̄ lāge. Isses hors: car nostre seignr veult passer deuāt toy. Et helie se tint a luis de celle fosse et vit venir ung fort vent q̄ fendit les pierres. Mais nostre seigneur nestoit mie en celuy vent. Apres vint ung aultre mouuemēt de terre mais nr̄e seigneur ny estoit mie. Quartemēt ouyt venir ainsi cōme ung soufflet vng tresdoulx vent Qant helie lap perceut: si couurit son visaige de sō mantel. et entendit bien que nostre seignr estoit en celuy vent et passoit par la et ouyt une voix q̄ passoit par la q̄ luy dist. Helie q̄ fais tu icy. A dōc helie respōdit. Je suis ialoux et ay despit cōtre tō peuple disrael q̄ ta ainsi despite. et aussi ont tes autelz destruictz. et ont mis a mort tes prophetes et suis tout seul demoure. et encores me quierēt chascū iour pour me mettre a mort

Adōc parla nostre seignr a helie le prophete et luy dist. Je veulx q̄ tu retournes au lieu dont tu es venu par le desert et t'en iras en damas la cite. et quāt tu viēdras la tu sacreras et oidras azel et le feras roy sus sirie et iheu le filz nazi feras roy sus israel. et helisee sacreras en lieu de toy. Ces trois mettrōt a pōtion les ydolles disrael tellement q̄ ceulx q̄ eschapperōt de la main de azel cherront en la main de iheu. et ceulx q̄ eschapperont de la main de iheu cherront en la main de helisee et ne cuide mie estre seul: car ie garderay encores sept mille hōmes q̄ me sont bons et loyaulx q̄ oncq̄s ne sagenoillerēt deuāt baal ne ladorerēt ne seruirent oncq̄s dieux estrāges.

OR sen vint helie et trouua en sa voie douze hōmes emmy les chāps q̄ arroiēt a tucq̄ de beufz, entre lesquelz helisee en estoit ung. Et quant helie le vit: si print son māntel et luy mist sus son coul. et tantost helisee laissa boeufz et charue et sen alla apres helie Et helisee pria a helie q̄l peult commāder a dieu sō pere et sa mere et ses amis et helie lui dist. va et reuiēs biē tost. Et helisee print ses deux beufz et les tua et les cuist du bois de la charue et fist ung grāt māger et prit q̄ q̄e deulx et vint aps helie et lui seruit de la en auāt.

En celuy tēps sen vint benadab le roy de sirie a tout grāt force et grāt multitude de gens de chars et de cheualiers encontre sama

q.i.

rie q̃ estoit la principale cite du roy/
aulme disrael ou demouroit achas
a amena auec lui sans ceulx de son
royaulme bien xxii. rois Et assiege
rent la cite de samarie et benadab
print aucūs certains messaigiers a
les euoia a achas a lui fist dire Be
nadab si te mandé q̃ ton or a ton ar
gent est sien, a veult auoir tes fem
mes a tes enfans. a demain entour
ceste heure il euoira des gens de son
autel a viedront cercher ton hostel
a les hostes de tes seruiteurs. a pren
dront ce que bon leur semblera a sen
iront a eporteront auecques eulx.
Quāt achas eut oui ceste nouuelle
si fut moult esbahi a appella les an
ciens du peuple a leur dist a deman
da conseil sur cecy. Et ilz lui respō
dirent q̃ nullemēt ne fist ceste chose
Adōc appella achas les messagiers
de benadab a leur dist. Quācques
ie pourrois faire pour benadab ie le
vouldrois faire: mais ceste chose ie
ne puis faire nullement.

Quant benadab onyt ceste re
sponce: si fut ainsi q̃me en rai
ge, a iura par ses dieux q̃l mettroit
samarie au neāt. Et dist q̃ la poul
siere de samarie ne souffriroit a resi
ster au plus petit de son peuple cest
a dire quil auoit tant de gens auec
luy q̃ se chascū apportoit vne pierre
ou vne piece de marrin il feroit bien
vng tel morceau quil aduiēdroit au

plus hault des murs de la cite de sa
marie pour eulx combattre main a
main. Adonc cōmanda banadab
a lassieger de toutes pars a a lais
saillier vigoreusemēt. et quāt achas
vit ce, si eut grāt paour de ceste gēt
Si vint a luy le prophete micheas
a luy dist. Ne aies nulle paour: car
dieu mettra en ta main celle multi
tude de gens q̃ tu vois au iourduy
Et achas demāda au prophete, q̃
sera celuy ou ceulx p q̃ celle victoire
sera faicte, et le prophete lui respon
dit. Ce sera par les paiges varles
et escuiers des princes des prouīces
Et achas lui demāda q̃ seroit leur
gouuerneur en ce faict, a le prophe
te lui respōdit, ce sa tu Adōc achas
conta les paiges varles et escuiers
et en trouua deux cens a. xxxiii. et
sen alla auec eulx hors de la cite en
contre les siriens. Et on le vint nō
cer a benadab q̃ cōmanda tantost a
ses gēs qlz sceussent sil venoit pour
paix ou nō et quilz fussent prins/ et
quō les luy amenast tous vifz. Et
quāt ilz les cuiderent prēdre chascū
de ces deux cens a. xxxiii. gettoient
mors ceulx q̃ leur venoiēt au deuāt
Et quant les siriēs virēt cecy: si se
mirent a fouir au mieulx quilz peu
rēt Et ceulx de la cite isserēt hors et
chasserent apz a porterēt mōlt grāt
dōmage celuy iour aux siriēs Adōc
vint le prophete de nostre seignr mi

cheas a achas et luy dist Or as tu
veu q̃ nostre seignr a fait pour toy
regarde q̃ tu feras pour luy car lā-
nee qui vient le roy de sirie reviēdra
a plus grant force contre toy et luy
diront ses gens Nous fumes adōc
desconfitz pource q̃ nous nos cōba-
tismes aux montaignes car le dieu
des montaignes fut oultre no⁹. mais
nous cōbaterons ceste fois es Val-
lees si nauront les dieux des mōtai-
gnes nulle force contre nous
q
Dant vint lautre an apres
benadab le roy de sirie sen re-
vint a grāt multitude de gēs q̃ me-
lautre fois voirement il laissa les .xx.
et deux rois q̃ lautre fois il auoit a-
mene auec lui et du cōseil de ses gēs
et prindrēt autres gēs en lieu deulx
et dirēt a benadab. Lautre an nous
nos cōbatismes es mōtaignes et y
fumes loges et le dieu des montai-
gnes est le dieu de ceste gēt Or no⁹
logerōs maintenāt es Vallees, si ne
pourrōt auoir force sur no⁹. Adonc
se vindrēt les siriēs et se logerēt en
plain chāp. Et achas sen alla encō-
tre eulx mais ilz nestoiēt q̃ vng pe-
tit tropel de gēs au regard des siri-
ens. Et le prophete de dieu dist a
achas Pource q̃ les siriens ont dit
que le dieu disrael nest mais que le
dieu des montaignes et non mie le
dieu des Vallees: auras tu victoire
contre eulx Adonc se cōbatirēt ense

feuillet. cxiiii.
ble: et furent les siriens tous descon-
fitz. Et en mirent a mort achas et
sa gent cent mille hōmes: et les aul-
tres sen fouyrent en asseth la cite: et
les murs de la cite cheurēt sur eulx
et mirēt a mort ceulx q̃ estoiēt de mo-
res et qui sen estoiēt fors. Et le roy
benadab se caicha en vng lieu de la
cite au plus secret lieu de la cite q̃ l
peult trouuer. Quāt les sergens le
virent a si grāt mechief cōe il estoit
si le prindrent a cōforter au mieulx
quilz peurēt en disāt. Nous auōs
tousiours ouy dire que les rois sōt
doulx et de bōnaire Si nous allōs
p deuers lui no⁹ pourrons trouuer
grace et misericorde
L
Ors quāt benadab ouit ses
gens ainsi parler si leur pria
quilz voulsissent aller p deuers le
roi disrael pour veoir si pourroient
ipetrer grace deuers lui. Adonc sen
vindrēt les serges benadab a achas
vestus de sacz et la corde au coul: et
le saluerēt et puis luy dirēt Bena-
dab tō poure serf te fait prier que tu
prēnes de luy telle rēcon q̃ tu voul-
dras mais que tu luy saulue la vie.
Quāt achas les eut ouy si dist. Se
benadab vit: Jen suis bien ioyeulx
et ne luy ferai ia mal ne q̃ a mō frere
Et quant les sergens de benadab
ouirent achas: si sauancerēt et ame-
nerent benadab leur seignr deuāt a
chas. Et q̃nt achas le vit si le prin-
q.ii

par la main ⁊ le fist monter en son char auec luy. Adonc benadab luy dist. Voicy q̃ ie te rendz to⁹ les pais ⁊ les cites q̃ mon pere ta aultre foiz tollues. ⁊ Veulx q̃ tu ayes places en damas ainsi cõme mon pere la uoit iadis en samarie ⁊ aions alliãces ensẽble ⁊ soids amis ⁊ me laisse aller. Et qñt ilz eurẽt faictes leurs alliãces si sen alla benadab quitte ⁊ franc en son pais. ⁊ achas sen retourna en samarie.

Cõmẽt micheas le prophete vit parler au roy achas apres ce q̃l eut laisse aller le roy benadab.

OR aduint q̃ quant achas eut laisse aller benadab le prophete micheas vit a vng sien cõpaignon ⁊ luy dist. fiers moy. ⁊ celuy ne voulut. Lors micheas luy dist. pource q̃ tu nas mie voulu faire ce que nostre seigñr ta mãdē par moy quant tu partiras dicy vng lyon te estrãglera ⁊ occirra. Apres vint a vng aultre ⁊ luy dist fiers moy ⁊ celuy le ferit en la teste ⁊ lui fist vne plaie tant q̃ le sang luy couroit par le visaige Adonc il print d̃ la pouldsiere ⁊ la getta sur son visaige ⁊ se mua tellemẽt quõ ne le cognoissoit ne qui il estoit ⁊ sen vint au roy Achas ⁊ luy dist Sire ie viens d̃ lost ⁊ quant iestoie la vint vng homme qui menoit vng prisõnier ⁊ me dist Garde moy ce prisonnier ⁊ sil te eschape tu demourras pour luy ou tu me dõneras vng besãt dor pour luy Assez tost apres il sen fouyt ⁊ regarday ca ⁊ la ⁊ ne le puis trouuer que dis tu suis ie tenu a rẽdre ce q̃ ma demande. Adonc le roy respondit que vraiement il y estoit tenu Adõc le prophete descouurit son visaige ⁊ dist au roy. Pource q̃ tu as laisse aller benadab q̃ est vng mauuais ẽnemi de dieu ⁊ digne d̃ mort ta vie sera en lieu de la sienne ⁊ en cores te mettra il a mort Et quant le roy eut ouy cecy si en eut grãt dueil ⁊ ne le daigna escouter mais le fist prendre ⁊ mettre en prison ⁊ entra en son hostel.

APres ces choses aduint en celui temps q̃ vng homme qui auoit nõ naboth d̃ israel auoit vne tresbelle vigne pres de lostel du roy ⁊ pres de son palais Or la desiroit moult achas a lauoir ⁊ sen vint a naboth ⁊ luy dist. Donne moy ta vigne qui est pres de mõ hostel: car elle me viẽdra trop bien a point pour en faire vng iardin pour mõ hostel ⁊ ie te dõneray meilleur en vng aultre lieu ⁊ si tu aimes mieulx largẽt selõ le pris delle vouletiers le te dõneray Adonc luy respondit naboth dieu ait pitie de moy sil veult mais leritage d̃ mes peres d̃ par moy tu nauras. Quãt le roy leut ouy si en eut mõlt grãt despit ⁊ si grãt dueil

qͥl sen alla sus son lit ⁊ oncques ne
voult boire ne mẽger de droit despit
Et ihezabol sa femme ouit dire q̃ le
roy estoit si desplaisant qui ne vou-
loit pas boire ne mẽger. si lalla vec-
oir et le trouua gisant sur son lit. et
lui demanda quil auoit ⁊ po'quoy il
estoit si desplaisãt. Et il lui racõta
cõmẽt il auoit parle a naboth pour
auoir sa Vigne ⁊ cõmẽt il luy auoit
refuse si plainemẽt si en auoit mõlt
grãt dueil ⁊ despit. Adonc luy dist
la roine. Il appert bien de quelle au-
ctorite tu es et cõmẽt tu gouuernes
ton roiaulme q̃ aisi te prise on. Or
sͦ faiz bõne chiere ie te ferai biẽ tant
q̃ tu lauras a ta voulente.

Ors ihezabel escriuit vnes
lettres secretemẽt ⁊ ⁊ les sig
na de lanel de achas. ⁊ les enuoia a
la iustice disrael esqlles il auoit es
cript. faites ieuner le peuple ⁊ tenes
voz assises ⁊ q̃ toͦvienẽt a la iustice
faire: ⁊ mettez naboth au milleu. et
faictes venir deux faux tesmoing3
qui tesmoignerõt quil a dicte vila-
nie de dieu ⁊ du roy. Et par aisi le
faictes lapider ⁊ mourir. et ainsi le
firent cõme la roine lauoit cõmãde
Et quant elle sceut qͥl fut mort elle
sen vint au roy et lui dist. Or sus
fais bõne chiere: car naboth est mort
Et adonc le roy se alla en la Vigne
de Naboth pour soy mettre en pos
session. Et ainsi comme il sen al-

feuillet. cx̄

loit: vint helie le prophete ⁊ lui alla
a lencontre ⁊ lui dist De par nostre
seignͬ. tu as occis naboth et veulx
rauir aultrui possession. au lieu ou
les chiẽs ont leche le sãg de naboth
ilz lecherõt le tien. Et achas dist a
helie. Me trouue tu poit aultre ene-
mi q̃ moy: pourquoy es tu aisi mon
ennemi. Et helie lui respondit. pͦ
ce que tu es rẽdu au diable: ⁊ que tu
as fait marche de faire le pis que tu
pourras ⁊ De corroucer nostre seig
neur ⁊ Dont il est courrouce contre
toy. ⁊ il mettra toy et tout quãques
il appartiẽt a toy aisi cõme il a fait
de hierobaom ⁊ de baasa. lesquelz il
a tellemẽt destruitz q̃ riens nest de-
moure que a eulx appartenist. Et
ihezabel te dit q̃ les chiens mẽgerõt
sa chair au lieu disrael. Quant a-
chas eut ouy ce q̃ helie luy auoit dit
de p̃ nostre seignͬ: si print a plourer
⁊ a dessirer sa robe ⁊ a vestir sa hai-
re et dormir sus gros sacs: et nosoit
la teste leuer. Et quãt nostre seignͬ
le vit a tel mechief ⁊ q̃ aisi se humi-
lioit si eut pitie de luy ⁊ dist a helie
Ne vois tu mie bien commẽt achas
sest humilie deuãt moy: ⁊ pour ceste
humilite qͥl ma mõstre lui promets
ie q̃ ces choses q̃ tu luy as dictes ne
viẽdrõt mie en sõ tẽps mais au tẽps
q̃ son filz regnera sil ne se met a mal
faire. Or passerẽt trois ãs aps sãs
auoir guerre ẽtre sirie. ⁊ israel pour
q. iiii.

lalliāce q̄ aultresfois auoient faicte benadab le roy de sirie z achas au tēps que achas le desconfit.

Apres celui tēps aduint q̄ iosaphat le roy de Juda bailla femme a son filz ioram achalia la fille de achas z iḣezabel. po' laq̄lle chose ilz furēt amis enseble et eurent affinite lung a lautre pour cause de celui mariage. Ung iour aduint que celui iosaphat roy de iuda vint veoir Achas le roy disrael pour cause de laffinite q̄lz auoient ensēble. Et quāt ilz furēt bien festoies lūg lautre z estoiēt biē ioyeux, si dist achas a sa gent qui estoient entour de lui: nest mie nostre ramothgalaad: po' quoy souffrōs nous q̄ le roy de sirie la tiēne a tort et ainsi p nostre negligence le pdōs. Il le no' fault recourer de la mai du roy de sirie. Adōc dist a iosaphat le roy de iuda. Tu viēdras auec moy en ramothgalaad, pour cōbatre le roy de sirie. Et iosaphat lui respondit. Telle fin q̄ tu feras ie feray: mon peuple est tien et le tien est mien. Mais ie cōseillerois q̄ no' eussiōs aulcūs prophetes de dieu et lui demādissiōs conseil de ceste chose. Adōc vindrēt auāt quatre cēs faulx prophetes qui seruoiēt a baal que le roy achas auoit mādé Et achas leur print a demāder silz pourroiēt seuremēt aller en ceste bataille z silz auroiēt victoire. et tous

lui respōdirent q̄l y allast seuremēt et quil auroit victoire a sa voulēte Et Josaphat le roi de iuda luy demanda. A il ps dicy nulz prophetes de dieu. Et achas lui respondit. Il en a ung quon appelle micheas qui est ung vrai pphete mais ie le haiz trop. car il ne me dist oncq̄s q̄ mauuaises nouuelles z ce q̄ me deplaist Et iosaphat luy dist. cest mal dit: on ne doibt mie dire ainsi. Adōc a la requeste de Josaphat. Achas fist venir micheas le prophete z les messagiers q̄ lallerēt querir lui dirēt en la voie q̄ biē se gardast quil ne dist chose qui peust deplaire a Achas ou aultremēt mal pour lui Et il respōdit que pour quāques il en deust aduenir il ne diroit mais ce q̄ dieu lui reueleroit. Dont quāt micheas fut venu si lui demāda achas z dit Puis ie bien aller z nous tout seurement contre ramothgalaad. ou no' y debuōs demourer Et micheas luy respondit. Tu y peulx bien aller voiremēt, quoy donc. Adonc le cōmenca a coūoier z a la requerir a certes et p son serment ce que dieu luy auoit reuele sur ce q̄l luy dist la verite. Adonc leur dist micheas Jai veu en vision tout le peuple disrael qui estoit espādu par les montaignes cōe brebis sans pasteur. et ouy nostre seignr̄ qui disoit. Ces poures gēs nōt point de seignr̄, or reto nassent chascun en son hostel. Quant achas leut ouy si dist. Ne disois ie mie bien que oncques bonnes nouuelles ne me dist. Adonc dist micheas escoute encores ce que ie te veulx dire qui ma reuele. Je vis/na mie long temps/ nostre seigneur qui se seoit sus son trosne hault et esleue, et tous les anges bons et mauuais estoient deuant lui: les bons a dextre et les mauuaises a senestre Et nostre seigneur demanda a tous ses anges lequel deulx pourroit deceuoir achas le roy disrael et lui faire entendre quil allast en ramothgalaad affin quil peust mourir. et voicy vng mauuais esperit qui saulx auant et luy dist Je me fais fort que ie le deceueray. Et nostre seigneur luy dist la maniere coment. Et il luy respondit. Je men iray, et seray esperit de mensonge en la bouche de tous les prophetes de achas. Et nostre seigneur lui dist. Va hardiment: car par ce tu le deceueras Adonc saillit vng faulx prophete que on apelloit sedechias qui portoit deux cornes en sa teste et disoit a Achas par ces deux cornes que ie tourne en la teste tu destruiras toute sirie. Lors se dechias fiert en ire contre micheas: et incontinent luy donna vne palme en disant. comment dis tu ainsi mal ma du tout laisse lesperit de dieu et ple a toy. Quant il leut ainsi feru, si lui dist micheas, tu mas feru. mais tu verras ce que ie tay dit aduenir

feuillet. cxxi.

car tu te cacheras le plus secretement que tu pourras pour la paour que tu auras adonc, et seras repute menteur de ce que tu dis maintenant. A ces parolles fut tellement achas esbahy quil estoit en doubtance quil feroit: mais ce mauuais homme sedechie lui fist étendant que se michee benist ou non de dieu il leut puni ainsi comme fut hieroboam de ce quil estendit sa main encontre le peuple disrael Adonc commanda le roi quon mist en prison michee iusques a tant quil fust retourne de la bataille.

Comment le roy achas fut mis a mort.

OR sen allerent les deux roys a tout leur ost en ramothgalaad, et le roy achas dist a iosaphat quil alast en la bataille a tout son habit come roy: et il iroit et se metteroit en simple cheualier pource quil ne fut cogneu Et le roy de sirie commanda a ses gens quilz ne se combatissent point aux grans ne aux petis fors que au roy disrael tant seullement. Quant ilz se prindrent a combatre, et ilz virent iosaphat arme come roi: si cuiderent que ce fut Achas, et luy coururent sus a grant force. Et quant iosaphat vit que la grant force de la bataille venoit sus lui: si sescria a haulte voix a ses gens en demandant secours et aide. Et quant les siriens louyrent: si apparceurent bien que ce nestoit mie le roy achas roy disrael si le laisserent en paix: et

q.iiii

queroiēt le roy par tout. Adōc ūng archier trahit ūng coup dauenture ā ferit achas parmi le corps tant ā la saiette trespassa le stomach tout oultre ā pmi le polmō ā lui couroit le sāg p dessoubz le char ou il estoit Et quāt il se sentit aisi blece si dist a sō escuier Maine moy hors de lost car ie suis trop fort naure. Quant vint vers les vespres les princes de la bataille firēt leurs gens retraire et firēt crier p tout que chascun se retournast en son pais Et mourut achas et lempozterēt en samarie: et lēseuelirēt auec ses peres et lauerēt le chief qui estoit tout enseglāte sus la piscine de samarie et vindrent les chiens ā lecherent le sang de achas ainsi comme le prophete lauoit dit long tēps deuāt Et iosaphat le roy de iuda cōmenca a regner au quart an de achas. Et auoit. xxxv. ans quāt il cōmenca a regner. et regna xxv. ans en hierusalē et seruit dieu de bon cueur. et puis mourut. et fut enseueli auec ses peres Et regna son filz ioram en lieu de lui. Othosias cōmenca a regner aps son pere qui fut filz du roy achas. Et regna en lan dixseptiesme du roiaulme de iosaphat. ā ne regna que deux ans et fut de mauuaise vie. ā fist de grās peches deuāt dieu ainsi comme son pere et sa mere auoiēt este. ā tint la voie de hieroboam qui auoit fait pecher le peuple Et adoura baal et dessira nostre seignūr.

¶ Cy commence le quart liure des rois.

EN celuy tēps se esleua moab contre israel et ne voulut plꝰ paier tribu a luy Des que achas par vne aduenture se laissa tomber dung sien sollier aual les degres tellement quil en fut tresfort greue et foulle et moult griefuesment malade. Et enuoia ses gens par deuers belzebuth le dieu de acharō poꝰ prēdre cōseil a lui sil pourroit guerir ou non. Et ainsi cōme les messagiers sen alloient nostre seignūr enuoia au deuāt deux helie le prophete qui leur dist Cōment seignrs na il point de dieu en israel ā voꝰ alles querir cōseil au dieu de acharō: pource soies certains ā ia le roy ne releuera de ceste maladie mais mourra. Dz sen retournerēt les messagiers ā eurent ouy le prophete ā nosoiēt aller plus auāt. Et othosias leur print a demāder pourquoi ilz estoiēt si tost retournes Et qnāt ilz lui eurēt dit la cause sileur demāda qui estoit celui hōme ā auoit plē a eulx: et de quoy il estoit vestu. Lors lui dirēt. hōme vetu qui auoit chainte vne couroie de pelisō ētour lui. ā adōc cogneut le roy que cestoit helie. Si enuoia en l'heure de ses cōpaignons et de ses gens bien armes apres luy pour la mener au roi ou par force ou par amour. Et quāt le quinquagenaire vint la si dit helie qui se seoit sus le hault de la mōtaigne a lui dist. Hōme de dieu: le roy te mande que tu descēdes a viēnes a luy: Adonc helie luy respondit. Si ie suis hōme de dieu: du ciel descēde feu qui te puisse ardoir a tes cōpaignons aussi. Et tantost en l'heure descēdit du ciel le feu q de uora le quīquagenaire a les cinquāte hommes qui estoiēt auec luy. Et le roy luy enuoia ung aultre a tout cinquāte hommes auec luy, et tout ainsi luy aduint cōme aux pmiers. A la tierce fois y enuoia ung aultre qui ne fut ainsi que les quinquagenaires qui estoient deuant uenus. Adonc lui dist l'ange de dieu q seurement sen allast auec lui. Et quant il vint deuāt le roy si dist. nostre seigneur te mande pource que tu as enuoié a belzebuth le dieu de achozū pour toi cōseiller tout ainsi cōme se israel nauoit point de dieu a qui on peust cōseiller, tu ne leueras ia de ceste maladie mais mourir te cōuiēt. Asses tost aps mourut, a regna son filz ioram apres luy.

℣Comment dieu esleua au ciel helie le prophete.

OR aduint q en celui tēps nostre seignr voulut esleuer au ciel helie le prophete a helie a helisee sen vindrent en galgala. Quāt ilz y furent si dit helie a helisee. demoure icy a mattēs iusqs a ce q ie soie reuenu car nostre seignr mēuoie en bethel. Et helisee lui respōdit q nullement ne le laisseroit: car il lui estoit reuele quil deuoit mōter au ciel. et les ēfans des prophetes de bethel sen vindrēt a helisee a lui dirēt secretemēt. Ne sces tu poīt q au iourduy ton maistre te sera tollu. Et il leur respōdit. Souffise vo9 brauemēt ie le scay bien. Et quāt ilz vindrēt en hierico les ēfans des prophetes luy dirēt ainsi cōe les aultres. Et helie lui dist quil demourast la tout coy mais il ne voulut. Quant ilz vindrent tous deux sus le fleuue de iordain a bien cinquāte des ēfans des prophetes q de loing lespoient a regardoiēt quilz faisoient: helie print son mantel, a quāt il leut enueloppe si ferit sus leaue: a tantost se diuisa en deux parties. Et passerent tous deux helie a helisee a pied sec. Adōc quāt ilz furent oultre: si dist helie a helisee. Demande tout ce que tu veulx auāt q ie parte d'icy. Adonc helisee luy dist. Sire ie te prie que lesperit double qui est en toy viēne sur moy. Adonc helie luy respondit. Tu demāde vne chose asses forte a auoir. toutesfois quāt ie partiray d'icy se tu veulx tu auras tout ce q

tu demãdes. Helie eut en lui dou-
ble esperit lũg de prophecie ⁊ lautre
de faire miracles Ainsi eut helisee ⁊
pl⁹ encores: car en sa vie ⁊ apres sa
mort il resuscita les mors Et ainsi
cõe ilz ploiẽt ẽsẽble voicy vng char
de feu ⁊ les cheuaulx q̃ lemmenoiẽt
estoient tous de feu qui se mist ẽtre
eulx. ⁊ helie mõta au char ⁊ le char
lemmena au ciel. Et quant helisee
le vit emener. si se print a crier aps
luy ⁊ lui dist: mõ cher pere q̃ estois
le gouuernemẽt disrael ⁊ le confort
ou ten vas tu. Et a p̃ elie tomba le
mãtel ⁊ helisee print a dessirer ses
robbes. Aucũs diẽt q̃ ce fut de cour
roux selon la coustume des anciens
Aulcũs dient q̃ ce fut par deuotion
pour vestir sa robbe. Et q̃t helisee
vint sus le riuaige du fleuue de ior-
dain si print le mãtel de helie ⁊ en fe
rit leau. mais point ne se diuisa Et
adonc il dist. Ou est ores le dieu de
helie: pour quoy nest il icy. Il print
ẽcores le mãteau ⁊ en ferit la riuie-
re ⁊ tãtost elle se diuisa ⁊ luy dõna
pãssaige et passa oultre a pied sec.
Quãt les ẽfãs des prophetes virẽt
ce: si conclurẽt ⁊ dirẽt q̃ lesperit de
pphecie q̃ souloit estre en helie estoit
venu sus helisee. ⁊ lui firẽt moult
grãt reuerẽce ⁊ dirẽt. voicy bien cin
quãte ieusnes bões fors ⁊ deliures
se tu veulx nous irons querir ton
maistre par tout q̃ son espit ne layt

porte en qlques montaignes ou e͡
aulcunes vallees. ⁊ combiẽ quil l͡
leur deffendit: toutesfois tãt firẽt
par deuers lui quil les laissa aller
Et quant ilz leurẽt bien queru per
lespace de trois iours: si se reuindrẽt
sans riens faire.
¶Donc sen vindrent ceulx de
hierico a helisee ⁊ luy dirẽt
Cher sire nous sõmes a grãt mes
chief. voicy q̃ la terre ⁊ toute labita
tion ⁊ le pourpris de ceste cite est tre
bonne: mais les eaues sõt tresmau
uaises. Ce sont ceulx de la cite de
leur mauluaistie q̃ la terre ne peult
porter fruict. Et quãt helisee eut c͡
ouy. si leur dist. Prenes vng pot de
terre tout neuf et lemplisses de sel ⁊ l͡
mapportes. Et quãt ilz luy eurẽt ap
porte: si le print ⁊ se mist en oraisõ
Quãt il eut fait sa priere il print l͡
pot ⁊ le mist en leaue. ⁊ adonc leau
fut guarie de toutes mauuaises ou
deurs desla iusques a maintenant.
Or sen vint helisee de hierico en be-
thel. Et ainsi comme il sẽ alloit en
bethel: les petis enfans de la ville
courroient apres luy ainsi cõme ap͡
vng fol: ⁊ se mocquoiẽt de lui en cri
ant. Chauue ⁊ pelle monte monte
chauue ⁊ pelle. Et quãt il les ouyt
Si retourna par deuers eulx et les
mauldit ou nom de dieu Et voicy
deux lions q̃ saillirẽt du bois q̃ pres
de la estoit qui en estranglerẽt quã

feullet.cxViii.

riste deux z demourerēt. Et helisee
sen alla de la en la montaigne de car
meli. z de la sen reuint en samarie.
OR regna Jozaz le filz achas
en samarie sur israel lan qua
torziesme de iosaphat roy de iuda.
Et regna xii. ans z fist des maulx
duāt Dieu nō mie tant cōe son pere
auoit fait. car il osta les ydolles q̄
sō pere auoit faitz mais encores tint
il le chemī q̄ hieroboā auoit tenu. et
micheas le pnoit z remōstroit cōme
il auoit failli: mais riens ny valoit
car il en eut si grāt despit quil le fist
mourir. Et le roy de moab nourris
soit chascū an moult de bestes z pai
oit chascun an tribu au roy disrael
cent mille aigneaulx z cent mille
moutons a tout leurs laines. Et
quant achas fut mort z il le sceut il
brisa lalliance quil auoit au roy dis
rael de paier chascun an ce tribu. z
ne le vouloit plus paier. Pour la
quelle chose le roy disrael fist sō mā
dement pour luy curre sus. Et eut
auecq̄s luy Josaphat le roi de iuda
z Josaphat eut auecq̄s lui le roy de
edon. Et ainsi cōme ilz sen alloient
par le desert de idumee p̄ sept iour
continuelz ilz ne trouuerēt point de
eaue. Et quāt Joram le roy disrael
vit cecy si fut a tresgrant mechief z
print a dire. Helas pourquoy nous
a dieu icy amenes trois roys pour
mourir en ce desert z pour nous li

urer en la main de nos ēnemis Adōc
commāda iosaphat le roy de iuda et
dist. A il pres dicy nulz prophetes de
nostre seignr par lesquelz nous puis
sions demāder cōseil a nostre seignr
de nostre faict. Et on luy respondit
quil y en auoit ung quon appelloit
helisee qui auoit este varlet de helie
le prophete. Et ces troys roys sē
allerēt a helisee le prophete z helisee
dist au roy disrael. Pourquoy vies
tu a moy. tu es ung ydollatre et as
Dieu laisse pour seruir aux ydolles
que ay ie a faire de toy Va plet aux
prophetes de ton pere z de ta mere.
Adonc le roy disrael luy dist. Pour
quoy nous a dieu icy assembles trois
rois pour nous mettre en la main de
nos ēnemis. Et helisee lui respōdit
Par dieu q̄ vit ce ne fust pour iosa
phat q̄ est icy ie neusse ēnuit parle a
toy: ne si ne teusse daigne escouter.
ADonc lesperit de dieu entra en
helisee le prophete z leur dist
faictes au milleu de ce ruisel ung
estang affin de retenir leaue q̄ elle
viēdra. z nostre seignr vous ēplira
ce ruisel z ne verres ne vent aussi ne
pluie z si aures de leaue asses pour
vous z pour vos bestes. z vous
mettray en vos mains moab et les
plus belles cites de sa terre. Vous
prēdres z destruires tous les arbres
portās fruictz: z coupperes z estou
peres leurs fontaines. z les chāps

plains de biens sous espires plains
de pierres. Et quāt vint lendemain
au matī voicy que grāt foisō d'eaue
sen vint aual et emplit le ruisel. et
estoit leaue toute trouble a aduiser
cōme elle est apres la pluie. Et les
moabiciēs se tenoiēt tous armes p̄
les passaiges: z gardoiēt les ētrees
de la terre q̄ nul ny peust aller ny en
trer. car ilz scauoiēt bien q̄ ces trois
roys venoiēt encontre eulx. Adonc
quāt les moabiciens virent ainsi les
eaues troubles et rouges descēdre
a grāt foison: si dirēt entre eulx que
ces trois roys auoient eu entre eulx
discētion telle q̄lz sestoiēt occis lūg
lautre. z po' ce sestoiēt ainsi rougies
les eaues pour le sang q̄ estoit espā
du. Si dirēt lung a lautre. No⁹ ad
uersaires se sont occis lung lautre:
allons a la despoille Et ainsi cōme
ilz sen alloiēt les enfans disrael les
mettoiēt a mort sans nulle merci. z
despoillerēt la terre de moab z coup
perēt to⁹ les arbres portans fruictz
et estouperēt les fōtaines z empli
rent les chāps de pierres et enuiron
nerēt la cite ou ilz estoiēt retraitz de
egins. Et q̄nt le roy de moab vit q̄l
estoit a tel destroit et que ses aduer
saires estoiēt au milleur. si print six
cens hōmes auec luy de plus esleus
quil peult trouuer. et sen vint pour
courresus au roy de edon: mais rien
ny valut. car il fut de celuy roy z de

ses gēs trop laidemēt recueilli. Et
quāt il vit quil eut failli si fut deses
pere. z print son filz qui debuoit re
gner aps luy z le sacrifia a sō dieu
sus les murs de la cite. Et quāt les
trois rois q̄ estoiēt la virent ce. si en
eurēt grant horreur z leuurent leur
siege z sen vindrēt chascū en sō lieu
Et ainsi cōme iosaphat sen venoit
en hierusalē iheu vng prophete luy
vint au deuant et le reprint moult
fort de ce q̄l auoit este ainsi trauelle
pour aider a vng ydollatre.

En celuy tēps vint vne fēme
d'ūg prophete qui estoit mort
nouuellement quō appelloit Abdie
a helisee z luy dist. Cher sire mon
mari est mort et tu sces q̄l aymoit z
doubtoit dieu. et voicy quil estoit o
blige en debtes grādemēt encores po'
les prophetes q̄l nourit au tēps que
hiezabel les queroit pour mettre a
mort. Or me viēt le crediteur q̄ me
contraint de le payer z nay de quoy
Si veult prendre de moy deux siēs
filz q̄ iay: z il les veult auoir cōme
siens serfz de maisnie Si te prie q̄
tu me vueilles cōseiller que ie ferai
Et helisee demāda. quelz biens ya
il doncq̄s en ta maison. Et elle luy
respōdit q̄lle nauoit riens en sa mai
son en tout le monde q̄ vng pou de
huille pour soy oindre contre la cha
leur du tēps. Adonc helisee luy dist
Va a toutes tes voisines z eprunte

des vesseaulx tant cõe tu pourras auoir et porte en ta maison: et clos ton huis sus toy ꝛ sus tes enfãs, et gette de luille que tu as en toꝰ les vesseaulx vuides. Et elle fist comme helisee luy auoit dit, et de faict cõme elle les emplisoit luille croissoit tousiours, et elle ꝛ ses enfãs emplisoiẽt les vesseaulx que auoit empruntes. Quãt ilz furent tous plains luille se tint a tant et ne creut plus et elle sen vint a helisee, ꝛ lui dist commẽt elle auoit fait. Et helisee luy dist Va ten ꝛ vens ceste huille ꝛ en paie tes debtes, et du remenant viueras toy ꝛ tes enfans.

Ung iour aduint que helisee passa per simã la cite et la auoit vne hõnourable fẽme de grãt renõmee en richesse et en prudence. Si se mõnoit helisee biẽ souuẽt en son hostel. Dont vne fois dist a son mari Il me semble que cest hõme est hõme de dieu et vne saige personne. Je cõseillerois que nous luy fissiõs faire vne chãbre ceãs et vng beau lict, et eut sa table, ꝛ tout ce que lui fault po̅ lui aiser ꝛ reposer priuemẽt toutes les foys quil passeroit p icy. Et ainsi le firẽt ilz. Quãt helisee vit qment celle femme lauoit receu tãt de fois et si humainemẽt: si lappella vng iour et luy demãda selle vouloit riens quil peust faire a la court du roy et que moult voulẽtiers le feroit. Et giezi le varlet de helisee dist quil ne veoit chose dont ilz eussent tant besoing cõe vng enfant ꞇ son mari estoit ia ãcien et nauoit nulz hoirs. Adonc dist helisee En ceste heure ꝛ en ce tẽps lãnee qui vient se tu es en vie tu auras vng beau filz. Et ceste dame lui dist Sire ne me faictes mie bourdes ne mensonges entẽdant tu es vng preudõme: comme peust estre ce que tu dis. Asses tost apres elle conceut et eut vng beau filz au temps et a lheure que helisee lui auoit dit. Or creut lenfãt et alla apres sõ pere aux chãps auec ses messõniers ꞇ le soleil que estoit chault ferit sus la teste de lenfãt et luy fist trop de mal dont lenfãt se print a plaindre mõlt et dist a son pere que la teste lui doloit ꞇ faisoit mal. Et le pere le fist ramener a sa mere, ꝛ asses tost aps il morut entre les bras de sa mere. Et elle le print et coucha au lit de helisee et cloit luis apres elle. Quãt le mari reuint des chãps elle lui dist cõmẽt elle vouloit aller a helisee. Si print de sa maisnie auec elle ꞇ monta sus sa mulle ꞇ sen vint a helisee en la mõtaigne de carmeli. Et ainsi cõe elle approchoit de lui helisee le cogneut et dit a giezi La femme simã qui est de nostre hostel vient. Va au deuãt delle, ꞇ lui demande sil lui est riens mal aduenu et sil est chose que faille a son mari ne a elle. Et elle respõdit

r.i.

feuillet. cxix.

que nenny, et quant elle vint a Helisee elle se getta a ses piedz; et plouroit tresamerement. Et giezi la vouloit bouter toute derriere; mais Helisee lui dist qu'il la laissast, car il la veoit a grant mechief de cueur, et lui dist que nostre seigneur ne lui avoit mie revele pourquoy cestoit. Adonc lui dist elle Sire vous ay je demandé que vous me donnasses enfans; ne vous priay je mie que vous ne me deceussies point pourquoy que ay je gaigne de cest enfant quant je l'ay perdu et est mort. Adonc Helisee appella giezi et lui dist Prens mon baston de quoy je fais bourdon et t'en vas courant et garde que tu ne t'arrestes a nullui pour saluer pour respondre ne pour parler et mectras mon bourdon sus la face de l'enfant. Et giezi s'en alla courant pour faire ce que son maistre lui avoit commandé. Quant la mere vit cecy si dist a Helisee Je promets a dieu que je ne partiray dicy se tu ne t'en viens avec moy. Adonc Helisee se descendit et s'en vint avec elle jusques a l'ostel. Et giezi retournoit ja et n'avoit rien fait si dist a son maistre Sire j'ay fait ce que tu m'avois commandé mais je n'ay veu en l'enfant ne voix ne mouvement de vie. Adonc Helisee s'en vint et se coucha du long sus l'enfant; et mist sa bouche sus la bouche de l'enfant et ses mains sus les siennes. Et tant demoura sus luy que la chair de l'enfant fut echauffee; et puis l'enfant se print a bailler et a sangloter sept foiz; et revint en vie et rendit vif l'enfant a sa mere; et puis s'en vint en galgalis.

EN celui temps eut grant famine par tout le pais d'israel, et les enfans des prophetes; c'est a dire les disciples qui demourroient avec Helisee ou ilz estoient venus a lui pour demander conseil quil feroient. Adonc commanda Helisee a ung d'iceulx qui la estoit et lui dist. Fais de la viande et mets cuire aulcuns potaiges pour ceste gens qui sont venus avec moy. Et il alla cuire de la jonxte sauvage et des diverses herbes aval les champs entre lesquelles il cueilloit de la vigne sauvaige et de son fruict qu'est merveilleusement amer que les philistiens appellent colloquitidas, et ne scavoit qu'il avoit cueilli et mist tout cuire ensemble. Et quant vint au menger et ilz sentirent l'amertume si prindrent a crier et a dire. Nous sommes mors; nostre mort gist en ce pot, car la viande estoit si amere quilz ne pouvoient gouter. Adonc print Helisee de la farine et la getta au pot; et tantost celle amertume fut ostee et la viande adoulcee. Ainsi quite ilz estoient la: Voicy ung homme qui vint a Helisee qui portoit deux pais de nouvel bled et dix pains d'orge et de la graine de nouvel froment en une bource de cuir et luy presenta. Et Helisee fist

mettre tout ce deuant ceulx q̃ estoiẽt
assis au mẽger Et le ministre q̃ les
seruoit si dist. que fera si pou de païn
a tant de gens: ilz sont bien cent hõ
mes icy assis Et helisee lui dist fay
ce q̃ ie te cõmãde et n'aies nulle paor
car ilz aurõt asses de remenant

¶ En celui temps auoit ung ri-
che e puissant hõme en sirie q̃
estoit prince de la cheualerie du roi
de sirie qui estoit moult aime du roy
et de sa gent. car nostre seignr̃ Dieu
pour l'amor de luy auoit faict auoir
au peuple de sirie victoire et moult
de biẽs asses mais il auoit une tres-
griefue maladie et honteuse. car il
estoit meseau e si ne pouoit trouuer
pour or ne pour argent qui le peust
guerir En celui tẽps estoient yssus
de sirie aulcuns robeurs e pillars q̃
s'estoiẽt boute en la terre d'israel. et
auoiẽt prins proie sus israel gens e
bestes. e les auoient menes en sirie
entre lesq̃lles ilz auoient prins une
ieusne pucelle d'israel qui seruoit a
celuy naamã Ung iour aduint que
celle pucelle se aduisa e dist a sa da
me. Se mon seigneur fust alle par
deuers ung prophete qui est en sa-
marie il fust maintenãt gueri de sa
mesellerie Quãt naamã sceut ce. il
s'en vint au roy et lui dist comment
la pucelle d'israel auoit dit. Adonc
le roy luy dist. va ten tout droit au
roy d'israel e ie lui escripuray Adõc

feuillet. cxx.

naamã print lettres du roy et dix be
sant d'argẽt: six mille florins d'or: et
dix paires de robbes e s'en vint au
roy d'israel et lui bailla les lettres.
desq̃lles la tenẽ estoit telle. Quant
tu auras receu ceste lettre saiches q̃
ie t'enuoie naamã mon amy e mõ ser
uiteur pource q̃ tu le guerisses de sa
meselerie Quãt le roy vit ceste let-
tre. il fut mõlt esbahy e print a des-
sirer sa robbe et dist a ceulx q̃ estoiẽt
entour luy. Dees seignrs cõmẽt le
roy de sirie quiert occasion ẽtre moy
suis ie dieu qui puisse tuer les gens
et viuifier. Quant le prophete ouit
dire que le roy auoit dessire sa robbe
pource: il lui dist. Pourquoy as tu
dessiree ta robbe: fais le venir deuãt
moi si scaura il s'il n'est nul prophete
en israel. Or s'en vit naamã a tout
ses chars et son auoir: et s'en vint a
luis de l'ostel de helisee e la se tint. et
helisee lui enuoia dire par giezi va
e si te laue sept fois au fleuue de ior
dain et tu seras gueri Quant naa-
man eut ouy ce q̃ helisee auoit man
de il en eut moult grant despit et s'en
alla tout murmurãt et disoit q̃ c'est
de celui hõme: ie cuidois quil deust
venir parler a moy et me toucher de
sa main et appeller le nõ de sõ dieu
et que ainsi me deust guerir. e il m'en
uoie au fleuue de iordain pour moy
baigner bien s'est morque de moy Il
ne me faulcoit ia venir icy pour moy

r. ii.

baigner & lauer au fleuue de Jordan
moult meilleurs eaues auons nous
en nostre pais de damas Et ainsi
cõme il sen alloit murmurãt aucũs
de ses gens lui dirẽt Sire se le pro-
phete vous eust commande a faire
plus grant chose pour auoir sante,
vous le deussies faire, pour quoy ne
faictes vous si pou comme il vous
cõmãde a faire. Adonc se tint naa-
man au conseil de sa gẽt & sen alla
au fleuue de iordain et se laua sept
fois & fut tellemẽt gueri q̃ sa chair
fut aussi belle et aussi nette que la
chair dũg petit enfãt Quãt naamã
fut ainsi gueri: si sen reuint a grant
ioye par deuers helisee et luy rendit
graces de ce quil estoit gueri et dist
Or cognois ie certainemẽt ql nest
dieu fors q̃ le dieu disrael tant seul-
lemẽt Et psenta grans dons a he-
lisee: mais helisee ne voulut oncq̃s
riens prendre Et naaman pria quil
peust prẽdre la charge de deux mul-
letz de celle terre pour porter en son
pais et faire vng autel pour sacri-
fier a Dieu, car il promist a dieu de
uãt helisee q̃ iamais ne sacrifieroit
aux ydolles, ne adoureroit aultre di
eu mais q̃ le dieu Disrael: fors que
en vng cas quil ne pouoit pas bien
amender. Car il estoit si pres tenu
du roy quant il sacrifioit quil cõue-
noit quil fust tousiours pres de luy
Car le roy le tenoit par la main: et
se tenoit tousiours appuie sus luy.
Et quelque sẽblant quil fist adonc
de adourer les ydolles: ce ne feroit
mie de bon cueur ne de bonne vou-
lente Par quoy ie te prie q̃ tu vueil-
les a dieu prier pour moy ql me vu-
eille ceste chose pardonner: car ie ne
veulx seruir ne ne seruiray de bon
cueur aultre dieu que luy En celuy
tẽps ledict naamã se deptit de heli-
see & retourna en son pais. Et quãt
giezi vit les psens q̃ naaman auoit
psentes a son maistre & q̃l les auoit
refuses si fut plain de si grãt cõuoi
tise cõme il appert apres car il cou-
rut apres naaman Et quant il eut
attint si luy dist. Ilz sont venus
maintenant deux iouuẽceaulx des
enfans des prophetes visiter mon
maistre & na q̃ leur donner si voul-
droit bien auoir vng besant dargẽt
& deux paires de vestemens Et na-
amã luy fist donner deux vestimẽs
quil demãdoit: et luy bailla dargẽt
pour luy porter, et giezi les print et
mist dune part pour luy Quãt vit
le soir que giezi seruoit son maistre
& estoit deuãt lui helisee lui demãda
dont il venoit Et giezi luy respon-
dit. Sire ie ne partie huy dicy ne ne
allay ne ca ne la. Adonc dist helisee
Mon cueur estoit biẽ pres de toy q̃t
celuy qui se va se retourna écontre
toy. Or as prins argẽt et robbes de
luy, mais tu en porteras la punitiõ

car la meſellerie de naamã viendra
ſus toy ⁊ ſus tes hoirs.⁊ tantoſt en
lheure fut meſeau.

HElisee demoura auec les en
fans des prophetes leſquelz
plerẽt a lui ⁊ luy dirẽt. Sire le lieu
ou nous ſõmes eſt trop eſtroit pour
nous.Allons iuſques au fleuue de
iordain ⁊ couppons la du matrien
aſſes pour faire nos habitations.
Et il leur donna conge dy aller. et
ilz luy prierẽt quil allaſt auec eulx
⁊ il y alla. Quant ilz vindrent au
fleuue de iordain en vng grãt bois
qui la eſtoit ſi ſe prindrẽt a coupper
du bois ⁊ voicy q̃ le fer de la hache
q̃ eſtoit en la main de lung de ceulx
qui coupoiẽt du bois ſaillit hors du
mãche ⁊ cheut en la riuiere q̃ eſtoit
pſonde. Et voicy celui qui auoit p
due ſa hache qui ſe prit a crier ⁊ diſt
Jay perdu le fer de ma hache ⁊ ſi ne
eſtoit mie mie. Et heliſee lui demã
da ou il eſtoit cheut. Et quãt il eut
mõſtre ſi print la mãche de celle ha
che ⁊ le miſt endroit: ⁊ le fer ſe prĩt
a nouer du fond de leaue deſſus ⁊ il
le prit ⁊ le rendit a celuy qui lauoit
perdu.

EN celuy temps le roy de ſirie
eſtoit en la tre diſrael a grant
oſt: ⁊ ſe cõbatoit tous les iours con
tre iſrael ⁊ miſt pluſieurs fois eſpi
eurs en diuers lieux cõtre le roy diſ
rael et ſes gens pour le prendre ou

feuillet.cxxi.

luy porter dommage a ſon pouoir.
Mais heliſee mãdoit touſiours au
roy diſrael diſãt. Garde toy en tel
⁊ en tel lieu:car le roi de ſirie y a mis
ou veult mettre eſpieurs. Adonc le
roy diſrael y envoioit ſes gẽs ⁊ trou
uerẽt les ſiries p tout ou ilz alloiẽt
Car le roi diſrael ſeſtoit auãce ⁊ a
uoit tollu leurs lieux. Dont le roy de
ſirie fut eſbahy ſi appella ſes gẽs
et leur diſt. Il cõuient q̃ ſoies trahiz
dauc̃us de vous car ie ne puis riẽ or
dõner q̃ le roi diſrael ne ſache tout
dont vient cecy: Adonc luy dirent
aulcũs de ſes gẽs Il neſt mie ainſi
cõme vo9 dictes:mais ce fait le pro
phete heliſee qui ſcet tout ce q̃ nous
faiſõs.ne ſi ne peulx riens ordonner
tãt ſoit fait ſecrettmẽt quil ne ſache
tout:⁊ tout ce reuele au roy diſrael
Adonc cõmanda le roy de ſirie a ſes
gens quilz fiſſent tant qlz ſceuſſent
la ou ilz le peuſſent trouuer Et il
luy fut noncie quil demouroit en do
tain. Si enuoia tãtoſt de ſes gens
⁊ la fleur de ſõ oſt ⁊ de ſes cheuaulx
et en celle nuitee aſſiegerẽt celle cite
Quant vint au matin le varlet he
liſee vit la cite enuironee de gens:ſi
ſen vint a ſõ maiſtre et luy diſt. He
las ſire q̃ ferons no9 nous ſõmes aſ
ſieges. Et heliſee luy reſpondit Ne
teſbahis de riẽs:car no9 auõs auec
no9 aſſes gẽs ⁊ plus qlz ne ſont Et
pria heliſee a nr̃e ſeignr̃ ql voulſiſt

r.iii

ouurir les yeulx a son varlet Adonc furent ouuers et toute la montaigne couuerte dāges ⁊ de chars de feu tous embraises q̃ gardoiēt helisee. Et helisee pria nostre seignr qͥl les aueuglist tellemēt q̃ point ne le cogneussent et si ne sceussent ou ilz fussēt. ⁊ pla a eulx ⁊ leur dist. Ce nest mie icy vr̄e voie ne la ville q̃ vous queres Mais suiues moi et ie vous menerai vers come q̃ vous queres. Et il les mena en samarie ⁊ quāt ilz furēt la helisee pria nr̄e seignr q̃l leur voulsist ouurir les yeulx q̃lz vissēt ou ilz estoiēt. Adonc virent q̃lz estoiēt en samarie entre leurs enemis. Et q̄t le roy disrael les vit si demāda a helisee sil les feroit mourir. Mais helisee ne le voulut souffrir ains q̃mandda q̃ō leur fist bōne chere ⁊ q̃ō lē dōnast a boire ⁊ a mēger. Quāt ilz eurent beu et menge: si sē retournerent a leur seignr.

Une aultre foys benedab roy de sirie assembla toute sa gēt et sen reuint en israel et mist le siege deuant samarie et demoura le siege iusq̃s a tant que toutes victuailles faillirēt en la cite: et y fut si grāt famine quō vendoit la teste dug asne quatre vigtz deniers dargent q̃ faisoient quatre vigtz et cinquante de la monoie. et vne quarte de merde de coulōs on vendoit cinquante deniers. Ainsi cōme le roy visitoit les murs de la cite vne femme print a braire apres lui en disāt Roy sauue moy et me secours ⁊ le roy lui respōdit. Ia dieu ne te puisse sauuer: en quoy te puisse ie sauuer pa ce de paine de vin q̃ ie nay mie. Adonc elle lui dist Sire ie ne te demande riens du tien: mais ie te d'māde q̃ tu me faces iustice de ceste fēme. nous accordasmes hier entre elle et moy q̃ nous mēgerions nos deux enfans. nous mēgeames hier le mien. et nous debuions au iourdny menger le sien. et elle ne veult. Quant le roy eut ouy ce cas: si fut moult courrouce et desira sa robbe tellemēt q̃ le peuple vit la haire quil auoit sur la chair nue et cōe tout forcene dist adōc. Quelz maulx plus grans puis ie attendre dieu il me ne peult pis faire Ie promets a dieu q̃ helisee aura la teste couppee deuāt quil soit nuit. Car il tenoit que helisee faisoit tout ce meschef q̃l ny mettoit remede q̃ biē faire le pouoit Et tantost euoia pour lui coupper la teste: mais q̄t il saduisa si se repentit de ce quil auoit cōmādé ⁊ sen alla aps pour retraicter ⁊ deffendre son cōmandemēt. Et helisee seoit en sa maison et les anciens du peuple auec luy. si leur dist. Ne sauez vous q̃ le filz de ce murtrier achas a q̃māde: Il euoie son messaige pour moy decapiter: gardé q̃l nētre ceans iusq̃s a tāt q̃l y vienē en psonne lui feuillet.cxxii.

mesmes Et voicy le roy qui estra en la maison de helisee. Et helisee luy dist Demain entour ceste heure lon aura a la porte de samarie le muis de farine blanche de fromêt pour ung petit denier et deux muis dorge pour autant Et ung des princes q la estoit se print a mocquer de luy et dist. Se bled plouuoit du ciel et fussêt les fenestres du ciel ouuertes a cecy faire ne pourroit estre ce q tu dis. Et helisee lui dist tu le verras a tes yeulx mais ia nen mêgeras de ce soies certain. Or auoit au dehors de la porte de samarie quatre meseaulx q dirent entre eulx q faisôs no[us] icy il quiêt q no[us] entrôs en la cite si no[us] demourôs icy il no[us] quiêt mourir de pute famte. et puis q mourir nous couiêt allons p deuers les siriês en leur ost silz no[us] tiênent de p dieu. si nô aussi bien nous conuient il mourir. et silz nous laissêt aller sansmal faire au moins autôs nous a mêger Dont quât ilz vindrêt entour le vespre ilz sen vindrêt en lost et escoutterêt silz ourroient nulluy. Si entrerent en ung pauillon et ne trouuerêt personne: mais asses trouuerêt a boire et a mêger. si passerent p tous les logis des siriens mais ilz ny trouuerent home ne feme car ilz sen estoiêt fouys. Car nostre seignr les auoit trop espouêtes et esbahis: car ilz auoiêt ouy ce si leur sêbloit ung grât effroy de chars: de cheuaulx: et grât foison de gês darmes dôt ilz furêt esbahis: et disoient entre eulx Le roy disrael a leue a son aide le roi dethi oppe: et le voicy q nous vient courre sus. fouyrôs nous en auât que pis no[us] en viêne Si sen fouyrêt si hastiuemêt côme ilz peurêt et souffisoit a ungchascû ql peust sauuer sa vie q riens nêporta auec lui: mais laisserent armes et cheuaulx et toutes leurs pouruêâces de pains de bledz et de farine et de chairs de foingz dauoines et aultres richesses. et quant les meseaux eurent visites les tentes et les pauillôs des siriens et prês ce qlz vouloient pour eulx si dirent lung a lautre. Nous ne faisôs pas bien de ainsi faire q nous faisons allons no[us] en dicy sans plus attendre noncer au roy ceste bonne nouuelle car le iour vient et nattendôs point iusques a demain. Adonc sen vindrent et le dirent aux portiers de samarie. et ilz lallerêt noncer au roy. Et qnt le roy le sceut: si appella ses gens et leur dist. Je croy q les siriês no[us] vueillêt deceuoir: ilz scauêt que no[us] mourôs de pute famîe et ilz faignent qlz sen sont fouis pour nous attendre hors de la cite. Adonc ung q la estoit dist au roy Sire il nest demoure en ceste ville q cinq cheuaulx q tous ne soiêt mors. enuoiôs veoir p aucûs de no[us] sus les cheuaulx por

r.iiii.

scauoir la verite de ceste chose. Adōc print le roy deux hōmes et les enuoia veoir si les siriens sen estoiēt fouys et ilz sen allerēt iusques au fleuue de iordain et trouuerēt que les chemins par ou les siriēs auoiēt passe estoient plains et tous chargees de robbes, de vaisellemēs et dautres biēs asses q̃ les siriens auoiēt laisse cheoir en fouyāt pour la haste quilz auoient eu de fouyr.

Or sen allerent ceulx q̃ le roy auoit enuoies et visiterent les tentes des siriens: et puis sen reuindrent au roy et luy dirēt ce q̃lz auoient trouue. Adonc yssit tout le peuple de samarie q̃ entrerent toꝰ es tentes pauillōs des siriens et trouuerent tant de biens q̃lz nen scauoient q̃ faire. Et eut on vng muy de bled pour vng petit denier et deux muis dorge po autāt, ainsi cōme le prophete lauoit dit et prononce. Or auoit le roi enuoie a la porte garder le prince qui auoit dit que se le ciel estoit ouuert et q̃l pleut bled a grāt foisō si ne pourroit on auoir tel marchie de bled cōme helisee lui auoit respōdu. Tu le verras dit helisee: mais ia nen mēgeras. Et ainsi comme il gardoit la porte il y eut a celle porte si grāt presse de gēs quil fut tout casse et mourut la. Et ainsi fut la prophecie de helisee acōplie du tout en tout.

Asses tost apres appella helisee la fēme de q̃ il auoit resuscite lenfāt et luy dist Datē hors de ce pais ou tu pourras ta vie mieulx trouuer: car il viendra sept ans de grāt famine. Et celle fēme print sō ēfant q̃ sē alla demourer en la terre des philistiens, et y demoura tant q̃ la famine fut passe. Et ainsi cōme elle fut hors de sō pais ses amis saisirent ses biens et ses possessions, et q̃t elle fut retournee: si trouua quō luy auoit tout oste. q̃ sen vit au roy pour lui requerir q̃l lui fist rendre le sien q̃ ses amis lui auoiēt tollu. Et elle trouua le roy q̃ parloit a giezi q̃ lui demādoit des choses merueilleuses q̃ sō maistre helisee auoit faictes Et il lui print a raconter comment il auoit resuscite vng mort. Et ainsi cōme il racōtoit cecy celle fēme q̃ venoit parler au roy estoit la, et quant giezi la vit: si dist au roy. Voicy la fēme a qui estoit lenfant que helisee resuscita, et voicy lenfāt q̃ fut resuscite. Quāt le roy vit la fēme, si lui demāda sil estoit verite. Et la femme luy deuisa la maniere cōment il lauoit resuscite Adōc appella le roi lūg des gouuerneurs de son hostel. et lui q̃māda q̃l fist rendre a celle fēme tout son heritaige quō lui auoit oste q̃ quō luy rendit ses rentes des le temps quelle sen estoit alle iusq̃s au tēps quelle fut reuenue

Helisee p̄ aucūes aduentures sen estoit alle en la cite de damas pour aucunes besongnes. Et benadub gisoit griefuemēt malade pour le dueil de ce q̄ ainsi en estoit souy deuant samarie. Et quāt il sceut q̄ helisee fut venu: si lui enuoia ung hōme de sa court quō appelloit azael q̄ lui vint au deuāt a tout .xl. chameaulx chargies de tous biens de damas pour dōner a helisee q̄ lui fist demāder sil pourroit guerir de ceste maladie ou il gisoit Et helisee respōdit que vraimēt il seroit gueri de ceste maladie ⁊ lui dit ce pour lui donner ung peu de confort: nō mie qˡ deust estre gueri. et helisee veoit bien qˡ mouroit. Adōc appella azael et le tira dune part pour pler a lui secretemēt et prīt a plourer. Et q̄t azael le vit ainsi plourer si dist. helisee il nappartient mie a vous de ce faire qui les aultres cōfortes Et helisee dist ie ploure pour les maulx q̄ ie scay. et voicy q̄ tu feras au peuple disrael. car tu leur arderas le pais ⁊ leurs cites ⁊ mettras a lespee leurs iouueceaulx. et occiras leurs enfans. Et azael lui dist comment il pouoit estre ce q̄ tu dis Qui suis ie: ne de quelle auctorite pour faire tel fait. Et helisee lui respondit. Ie scay bien quil sera ainsi: car tu seras roy de sirie aps̄ la mort de benadab Or sen vint azael par deuers le roy

feuillet. cxxiii.

qui lui demanda q̄ helisee lui auoit dit   Et respondit quil gueriroit. voire se dieu vouloit. et lendemain mourut benadab. et azael regna en lieu de lui.

AO tēps q̄ achasias regna en sirie Ioram le filz. Iosaphat regna en hierusalez huit ans. et fist moult de maulx ⁊ courroussa dieu ⁊ tout pour sa fēme q̄ estoit fille du roy achas ⁊ de hiezabel Et quant il fut mort si regna apres lui sō filz acharias. et ne regna que ung an En celuy temps aduit q̄ iorā le roy disrael estoit alle contre azael le roy de sirie en ramothgalaad ⁊ fut griefuemēt naure des siriens. ⁊ sen reut en hierusalē pour soy faire guerir ⁊ acharis le roy de iuda lalla visiter pour cause damitie. Adonc helisee appella ung des ēfans des propheetes ⁊ lui dist prens de luille sur toy et tē va tātost en ramothgalaad: ⁊ appelleras Iheu le filz de iosaphat et le meneras dune part en aulcun lieu secret. ⁊ la le sacreras roi sus israel et puis tēn biedras fouiāt. Et quāt il vint en lost il trouua les prīces disrael q̄ la se seoiēt: entre lesq̄lz estoit Iheu/et le hucha ⁊ tira dune part et lui espādit luille sur sō chef et puis lui dist voicy q̄ nostre seign̄r te māde Ie tay oing et sacre roy sus mon peuple disrael Tu destruiras la lignie de achas tō seign̄r iusq̄s

a tant q̃ ie soie vengé q̃ que iay prĩs
vẽgeãce du sang des prophetes q̃l
a mis a mort. Et feras de la maisõ
de achas et de tous ceulx qui lui ap
partiẽnent ainsi cõme iay fait de la
maison de hieroboã. Quant le pro-
phete eut fait son faict il sen retour
na courant. Et iheu alla vers ses
cõpaignons. et ilz luy demanderẽt
q̃lles nouuelles. que ta dit ce fol q̃
ta trait dune part. Et iheu leur re-
spõdit. Il ma dit voirement comme
ung fol une biẽ grant folie a croire
car il ma dit q̃ ie suis roy sus israel
Et tãtost en lh̃eure ses cõpaignons
le prindrẽt et lintronizerẽt cõme roy
et firent crier et corner a haulte voix
Iheu regnera. Adonc ordõnerent q̃
nul ne partist de la qui peust ceste
chose noncer en israel. Or sen vin-
drent tous ẽsemble auec iheu en sa-
marie. et la guette q̃ estoit sus le pais
dist au roy. Sire ie voy ung tropel
de gens ẽsemble. Et ioram enuoia
certains messagiers au deuãt pour
sçauoir q̃lles gens cestoiẽt. et quãt
il vint a iheu il luy demanda sõ a-
uoit paix. et il respondit. q̃ appties̃t
il a toy. demoure icy et ten viẽs apr̃s
moy. Et la guette dist au roy. Sire
ie voy celui q̃ tu as enuoié parler a
eulx: mais il ne reuiẽt point. Adonc
le roy enuoia la seconde fois et tout
ainsi dist iheu au second cõme au p̃
mier. et la guette dist au roi comme
deuant. Adonc le tierce fois le roy
monta en son char. et le roy de iuda
auec luy et sẽ vindrent au deuant
de iheu et luy dirent. Commẽt va
la besongne: auons nous paix. Et
iheu lui respõdit. q̃lle paix pourrõs
nous auoir: encores dure la fornica
tiõ de ta mere q̃ les traces de sa mau
uaistie. car les grans maulx q̃lle
a faitz de seruir aux ydolles et des
pãdre le sang ignoscẽt de naboth q̃
des prophetes de dieu nous fõt auoir
malle paix a nostre seigñr. Quant
ioram le vit ainsi parler: si fist tour
ner son char pour fouir q̃ dist a son
nepueu le roy de iuda. Nous sõmes
espies et trahiz. et se mist a fouyr le
plus tost quil peult. Et iheu trahit
apres dung arc et le ferit entre deux
espaulles tellemẽt que sa saiette le
trespassa parmi le cueur q̃ la cheut
tout mort. Et iheu dist a lung des
princes de sa cheualerie. Tire au
champ de naboth disrael. car ie me
remẽbre q̃ helie le prophete dist iadis
quãt toy q̃ moy estions en ung char
et allions apr̃s achas le pere a cestui
cy: q̃ en lieu de naboth seroiẽt punis
achas et ses ẽfans Quant acharis
le roy de iuda vit cecy. Si se mist a
fouir au mieulx q̃l peult et Iheu cõ-
mãda qũ courut apres et quil fut
occis. Et quant il fut mort si le fist
porter en hierusalẽ et le fist ẽseuelir
ou sepulchre de ses peres.

feuillet. cxxiiii.

Ces choses faictes: Jheu sen vint en la cite disrael, et ihezabel la fēme de achas estoit en vne tour du palais: et sestoit biē fardee et oīgte pour estre plus belle et sestoit adornee au mieulx quelle peult ꞇ se mist au fenestres Et vit iheu qui passoit p la et luy escria. Commēt peust on porter bōneur paix ꞇ amour a celui q̇ a occis son seignr. Et iheu souyt et leua ses yeulx en hault/ et vit ihezabel a la fenestre tellement adornee. Adonc commāda iheu a deux grās hōmes qui la estoient de coste elle quilz la gettassēt p les fenestres aual Et ainsi le firēt ilz, ꞇ p ce morut de mauuaise mort ꞇ cheut entre les piedz des cheuaulx qui la effroisserēt toute: ꞇ de son sang fut la terre et la parois rouge. Et ainsi tōme iheu se seoit a table si dist a ses gens. Alles prendre le corps de celle mauuaise fēme et lēseuelisses pour ce quelle fut fille de roy. Et quāt ilz vindrent au lieu ou ilz la cuidoient trouuer ilz ne trouuerent de tous son corps fors q̇ les cheueulx ꞇ ses piedz et les dois des mains: car les chiens auoient ia mengie tout le remenāt du corps Et qnt iheu le sceut si dist Or est acōplie la polle du sainct prophete helie qui auoit dit ꞇ prononce que les chiēs mēgeroient la chair de ihezabel. Or auoit achas laisse lxx. enfans que tous estoiēt ses filz

ꞇ les nourrissoit on en samarie q̄me enfans du roy achas. Si leur manda iheu ꞇ escripuit lettres et les enuoia au gouuerne de la cite ꞇ aussi a ceulx qui nourrissoiēt les enfans du roy achas et leur manda. Tantost que vous aures receus mes lettres q̇ ayes les filz de vostre seignr les chars ꞇ les cheuaulx et les cites fermes ꞇ forteresses ꞇ eslises de tous les enfans du roy celuy qui mieulx vous plaira et faictes le seoir sur le trosne de son pere, et vous cōbates vigoreusement pour vostre seignr. Quāt ceulx de samarie eurent veu ce que iheu leur mādoit, si furēt tous esbahis ꞇ eurēt grant paour ꞇ dirēt entre eulx Que ferons nous icy que deux rois nont peu durer contre luy cōment doncq̄s pourros nous resister. Adonc luy escripuirēt ꞇ dirēt Nous voulons estre tiens ꞇ obeir a toy: commande ce que tu vouldras ꞇ tres voulētiers nous le ferons

Quāt iheu eut ouy leur bonne voulēte si leur escripuit la seconde fois et leur manda. Se vous voules estre mes amis comme vous dictes et voules a moy obeir apportes moy les testes de tous les ēfans de achas q̇ estoiēt. lx. hōmes mis en la gouuernāce des plʹ haulx hōmes et des plus vaillās de samarie. Et quant ilz eurent rēpceu les lettres de p iheu: si prindrent les soixāte dix filz de achas et les descapiterēt et mirent leurs testes en cophines: et les apporterent a Iheu en israel la ou il demouroit Et il leur cōmāda quilz les missēt a la porte de la cite en deux mōceaulx iusques au matī. Et qut vint au matin il les vint veoir: et dist a ceulx de samarie. Vous estes bōnes gens et aues moult bien fait Si iay mis a mort mō seignr ce ne ai ie mie fait mais nostre seignr qui a acōpli tout ce q auoit este pronōce p helie le prophete: et est aduenu tout ainsi quil auoit dit de achas de iezabel et de leurs enfās. Ainsi occist tous ceulx qui estoiēt parēs et amis de achas: ne vng tout seul nen demoura en vie qui luy apptenist de lignage ne grāt ne petit et puis sen vint en samarie. Et ainsi cōme il y venoit il encōtra bien quarante hōmes q estoiēt freres de achas le roy de iuda et leur demāda. q estes vous Et ilz respondirēt. nous sōmes freres de achas roy de iuda: et allons visiter le roy et la royne et leurs enfans. et riens ne scauoiēt de la mort de leur frere. si le fist prēdre et mettre a mort

Apres ces choses faictes iheu sen vint en samarie et dist a ceulx qui seruoiēt a baal. Je veulx faire plus grāt honneur a baal que nont fait ceulx q estoiēt deuāt moy.

Faictes doncqs venir au temple de baal tous ceulx qui sont a luy et qui le veullēt seruir prestres prophetes et autres ministres. et gardes q nul ne faille car q sera trouue en demeure ie le feray mettre a mort Car ie veulx faire vng moult bel sacrifice et solēnite a baal. Adonc sen vindrent tous ceulx qui seruoiēt a baal ne vng tout seul ne demoura et tāt en y eut q le tēple de baal fut tout plain Et commanda iheu a tous ceulx q estoiēt maistres des robbes de la siurce du roy quilz donnassent a vng chascun de ceulx q estoiēt au temple vne robbe Et dist aux ministres de baal. garde q ceans nait vng tout seul des ministres de dieu car ie ne veulx seullemēt que les ministres de baal. Adonc prindrent a faire les sacrifices et a mener mōlt grant feste Et iheu print quatre vingtz hommes bien armes et les mist encontre le temple et leur dist. Gardes q vng de leās ne sen fouie car se nul en echappe vostre vie sera pour la sienne Adonc commāda iheu a ses princes quilz ētrassent in cōtinent au tēple de baal et missent a mort tous ceulx qui la estoiēt sās auoir merci de nullui. Et ainsi le firent ilz. et aussi destruirēt lydolle de baal et tout le temple: et en firēt des conduitz aual la ville. Et per aisi iheu osta et destruict baal disrael.

Mais touteffois il tĩt la voie de hieroboam: car il adoura les veaulx q̃ hieroboã auoit introduitz en israel. Et dist nostre seignr̃ a iheu, pource q̃ tu as eu volente de acomplir ma loy et de faire ma voulente du tout en tout encõtre achas: tes enfans tiẽdrõt ton trosne iusques a la quarte generation. Et iheu mourut puis quil eut regne. xviii. ans. ⁊ lenseue lirent en samarie.

¶ Comment Athalia la mere de acharis voulut estre royne et regna apres la mort de acharis sõ filz sur le royaulme de iuda.

Apres ce dit athalia la mere de acharis qt elle vit que son filz fut mort et tous les enfãs du roy excepte vng qui estoit le plus ieusne de tous lequel vne soeur du roy acharis embla quãt on tuoit les aultres et le cacha au tẽple de dieu ⁊ le nourrit secretemẽt iusques a tãt q̃ lenfãt eut sept ans. ⁊ au septiesme an ioia de le souuerain pstre print les centurions auec luy: ⁊ des pstres de la lignie de leui et des cheualiers et leur monstra secretemẽt le filz du roy q̃l auoit nourri au tẽple. Et quant ilz leurẽt veu: si se mirẽt ensemble ⁊ firent alliãces pour aider a lenfãt: et q̃lz le feroiẽt roy au primier sabbat qui viendroit. Et firent ceste chose au plus couuertemẽt quilz peurẽt: et voicy la maniere. Ilz auoiẽt estre

feuillet. cxx8.

eulx. xxiiii. souuerains prestres qui seruoiẽt au tẽple chascun a sõ tour Et auoit chascũ deulx par lespace quil seruoit vingt quatre aultres pstres dessoubz lui et vingt quatre chãtres ⁊ autant de huissiers ⁊ de portiers Et quant ilz auoient faicte leur sepmaine le souuerain pstre se retournoit auec sa cõpaignie: et les autres chascun en son lieu Et celle sepmaine ioia de pour auoir plus de gens auecq̃ lui retint ceulx qui sen debuoient aller et fist deux troppeaulx. ⁊ le tiers de centurions et ceulx de la lignie de leui quil auoit appelles a son aide arma bien et bel. et cõmãda a ceulx qui sen debuoiẽt aller qui auoiẽt fait leur sepmaine q̃lz se tenissent de hors et bien gardassent q̃ nul ne leur fist enui Et les diuisa en trois pties. et mist lune des parties pour garder lentree de la maisõ du roy et de son palais. Et lautre pvrtie mist par devers la porte de la ville p ou on alloit a la maison du roy Et lautre partie mist a la porte du palais p ou on alloit au temple. Et les centuriõs ⁊ les aultres mist dehors entour lentree du palais

¶ Comment Athalia fut mis a mort

Quant ioya de eut ainsi toute sa gent ordnnee, il entra au tẽple. Et eut auec luy les anciens du peuple de la cite de hierusalem/

ȼ les p̄stres: si prĩt le filz du roy et le courōna ȼ sacra a roy. Et prin-/ drēt a crier uiue le roy Quant atha lia ouyt cecy elle sen uint au tēple ȼ uit le filz du roi courōner Si deſſira ſa robbe et prĩt a crier traiſon et cō munation: Et les centuriōs la prī drent et la mirent hors du temple. ȼ la mirent a mort et prindrēt le roy ȼ lintroniſerēt en ſon palais et me-/ nerēt grant ioye ȼ grant feſte de ce q̃ dieu les deliuroit de celle hōte qui ainſi auoiēt eſte en ſubiectiō et gou uernāce dune fēme. Et ioiade fiſt alliāce ētre le peuple ȼ le roy de dieu ſeruir: ȼ quilz fuſſent peuple de dieu Adonc allerēt au temple de baal et deſtruirēt autelz ȼ ymages q̃ atha-/ lia auoit fait faire. Et mathan le ſouuerain preſtre occirēt ȼ mirent a mort deuant loſtel de baal

An du royaulme de iheu qui regnoit ſur iſrael fut fait roy Joas le filz de acharis en hieruſalē Et nauoit q̃ ſix ans quāt il fut fait roy. Il regna quarāte ans en hieru ſalē. ȼ ēſuiuit noſtre seignr̄ tant cō me ioiade ueſquit. Il ueſquit cent ȼ xxx. ans et puis mourut et fut en-/ ſeueli en la cite de dauid. Et tan toſt apr̄s ſa mort Joas laiſſa la loy de dieu ȼ ſe miſt a mal faire ȼ deuīt mauluais a q̃ pluſieurs du peuple prindrēt exēple dont ilz furent corrō pus et p̄uertis. Et zacharie le filz

de Joiade le reprnoit bien ſouuent et luy monſtroit cōment il faiſoit mal mais il ne le prenoit point en gre et ne lui plaiſoit mie Et pource le fiſt il lapider ȼ metre a mort ētre le peu ple ȼ lautel dōt il deſpleut a noſtre seignr̄ et en fut moult courrouce cō tre luy. Et uoicy q̃ aſſes toſt apres azael le roi de ſirie q̃ auoit fait mōlt de maulx en la terre diſrael ſen uint en la terre de iuda et alla aſſieger la cite de geth ȼ la prĩt a force ȼ puis ſen uint pour aſſieger la cite de hie-/ ruſalē. Quant ioas le ſceut ſi prĩt lor et largent quil peuſt trouuer au temple de dieu q̃ ſes āceſtres auoiēt offert a dieu ȼ tout ſon treſor de pi erres p̄cieuſes ȼ lēuoia tout a azael et le fiſt retourner par force darget. Or encourut ioas une treſgrieſue maladie p̄ punition de dieu pource que ſelon les ebrieux il uouloit quō ladouraſt ͻme dieu. dont aſſes toſt apres deux hōmes de ſon hoſtel pro-/ pre ȼ de ſa maiſnie le mirēt a mort et lenſeuelirent en la cite de dauid auec ſes peres ȼ regna amaſias ſon filz apres luy.

L'an du royaulme ioas xxiii. roy de iuda Joas le filz iheu regna en iſrael xuii. ans et fut no-/ ſtre ſeigneur trop durement cour-/ rouce contre les enfans diſrael. Et les miſt en la main de azael roi de ſirie ȼ de benadab ſon filz qui telle

ment destruire israel quil ne demou-
ra a ioas que cinquāte cheualiers et
cinquāte chars et mille hōes a pied
Quant Joas vit ce si se retourna a
nostre seigñr et lui cria merci: et no-
stre seigñr eut pitie de lui et de son
peuple, et lui enuoia paix desla en a-
uant iusques a tant quil mourut.
Or se laissa mourir: et ioas sō filz
regna pour luy

En lan du royaulme Joas le
roy de iuda. xxxviii. Joas le
filz ioathas prīt a regner sur israel
Et regna. xvi. ās en samarie: et tint
la voie et le chemin de hieroboā: nō
mie tant q auoiēt fait ses peres, car
ilz furent moult mauuais. en celui
tēps gisoit helisee malade: et ioas le
roy disrael lalla visiter et quāt il le
vit ainsi malade, si print a plourer
et dist. Hee cher pere tu es le gfort et
lesperāce disrael: se tu meurs que de-
uiēdrons no9 Adonc le print helisee
a gforter et dist Apporte ici vng arc
et des saiettes et quāt il eut apporte
si dist. Metz ta main sus larc et sus
la saiette et quāt il eut mis. helisee
mist sa main dessus et luy dist. ou-
ure la fenestre vers oriēt Et quant
elle fut ouuerte si luy dist. trais par
celle fenestre contre oriēt et dist. Voi
cy la saiette nostre seigñr cōtre sirie
car tu bateras sirie dune plaie tres-
griefue de lune ptie de luy qui est en
effect iusqs a tāt q tu laies destruit.

feuillet. cxxvi.

Et quāt il eut mis ius son arc et sa
saiette si luy dist helisee. pnes celuy
fers et le fiers en terre, et quant il eut
feru trois fois si le tint tout coy dōt
helisee fut moult courrouce et dist.
Si tu eusses feru en terre sept fois.
sept fois eusses vaicu le roy de sirie
et pource q tu nas feru q trois fois.
tu nauras q trois fois de lui victoi-
re et se sept fois leusses feru sept foiz
eusses eu victoire de luy. Et quant
helisee eut ce dit, asses tost apres il
mourut et fut enseueli de coste abie
vng aultre prophete Asses tost aps
vindrēt larrōs et robeurs de la terre
de moab: et sen vindrēt par deuers
le lieu ou helisee estoit enseueli. Et
on auoit apporte le corps daulcun q
estoit mort pour enseuelir pres de la
mais quāt ilz virent les larrons et
les robeurs qui la venoiēt: ilz neu-
rent pas loisir de lenseuelir si le get-
terent au sepulchre de helisee et sen
fouirēt. Et tantost quil eut touche
la fosse de helisee lhōme resuscita de
mort a vie/ et se tint tantost sus ses
piedz.

Quāt helisee fut mort et azael
eut le peuple disrael mōlt fort
tormente et suppedite p tout le tēps
quil regna puis mourut Et regna
son filz benazab apres le roi de sirie
tellemēt quil fut desconfit trois foiz
en bataille et ql fut contraint de luy
rendre tous les pais et les cites que

son pere auoit prins sus la terre dis
rael Et ainsi fut acõplie la parolle
du sainct prophete Helisee

EN lan second du royaulme
de ioas le roy disrael. Amasi
as print a regner sur iuda en hieru
salem. Et tint la voie de nostre sei
gnr̄. excepte q̄l nosta mie les haulx
lieux ou lon sacrifioit a la maniere
des paies. Il occit ceulx qui auoient
murtri son pere. mais aux enfans de
ceulx qui nauoiēt mie sō pere tue il
ne fist nul mal. por ce q̄ la loy disoit
Le filz ne doibt mie estre puni pour
la mauuaistie du pere.

EN celui temps fist tant ama
sias q̄l eut ung ost: et print du
roy disrael cēt mille hōmes darmes
a soudoir pour cent besās dargent.
Et sen alla contre edomet. ainsi cō
me il y souloit aller ung prophete
de nostre seignr̄ vint a lui q̄ lui dist
de p nostre seignr̄ q̄l ne menast mie
auec luy ceulx disrael pource quilz
estoiēt ydolatres. et sans ceulx il lui
dōneroit victoire nō mie auec eulx
Et il creut le prophete qbiē q̄ mōlt
luy despleut pour largēt quō auoit
ia donne. Et mist a mort bien dix
mille de edon. et print une moult no
ble cite quon appelloit pierre. et lap
pella iutsrael q̄ uault autant a dire
cōme laide de dieu. Mais il fist ung
grāt deffault. Il ouyt dire q̄ le dieu
damalech donnit responce de tout

ce quon luy vouloit demāder. Et
pourtant q̄ ceulx damalech auoiēt
este negliges de lui demāder cōseil
pource auoiēt ilz este desconfitz. Si
leur emporta leurs idolles auec lui
et les adoura. dont il en fut griefue
ment puni.

QUant il vit quil eut victoire
si se print a glorifier et monta
sus son char en telle p̄sumptiō. quil
māda a Joas le roi disrael q̄l le ser
uist et fust subiect a lui q̄me il auoit
este a dauid et a salomon ou aultre
mēt quil venist en chāp si verroit le
quel se pourroit veger. Adonc luy
escripuit Joas par ung grāt despit
une telle pabole. Ung chardon du
liban a enuoie au cedres donne ta
fille a fēme ung filz q̄ iay: et les bes
tes sauluaiges en ont eu si grāt de
spit q̄lles ont foule aux piedz cestui
chardon. dont te vient tel orgueil
et telle p̄sumption que pour une vi
ctoire ton cueur mōte en tel orgueil.
Pourquoy te veulx tu perdre et ton
peuple: car tu cerches telle mechāce
dont mal te pourra venir. Mais
riēs ny vaulut: car amasias ne se vo
lut tenir en paix. Adonc ioas le roy
disrael sen vint en bethaines en la
terre de iuda. Et la se virent lung
lautre. et se cōbatarēt ensēble: et sen
fouit le peuple de iuda deuant israel
Et fut amasias prins et desconfit
du roy disrael: et lemmena en sa cite

de hierusalē et abbatit des murs de hierusalē vne grāt partie bien le lōg de quattre cens couldees Et print tout lor et largēt quil trouua au temple de dieu et au tresor du roy. ¶ prit des prisonniers a sa voulēte z puis sen reuint en samarie.

Quant amasias fut ainsi desconfit si se porta tellement ql regna. xxv. ans apres la mort de ioas le roy disrael. Et puis le peuple de Iuda se conspira contre luy z le voulut mettre a mort. Mais il sen fouit en lachis et ilz le suiuirēt aps et le prindrēt z le mirent a mort z le seuelirēt en la cite de dauid ou sepulchre de ses peres Et prindrēt sō filz q̄ auoit entour. xvi. ans et le firent roy de iuda en lieu de son pere amasias. Or mourut ioas le roi disrael et regna apres luy son filz hieroboā et regna en israel quarāte z vng an ia soit ce ql fust asses mauuais. car il tint la voie de lautre hieroboaz le filz de naboth. toutesfois fist nostre seignr moult de biens a son peuple par lui et p̄ tout le tēps quil regna. Et cōbien q̄ moult ilz leussent courrouce: toutesfois ne les voulut ilz mie du tout destruire. mais il eut pitie deulx z du mechef q̄ lles vit souffrir. Dont celui hieroboā reconura toute sa tre q̄ le roy de sirie z des aultres pais auoiēt cōquis sur eulx selō la prophecie de ioas le sainct prophete de dieu Et q̄ hieroboā eut fait moult de merueilles il mourut et regna son filz Azarias pour luy sus israel.

¶ Comment azarias le roy de iuda deuint meseau.

En dixseptiesme du roiaulme de hieroboam Azarias le filz amasie le roy de iuda regna por amasie son pere. z regna en hierusalem cinquāte deux ās. z fist le plaisir de nostre seignr ainsi cōe amasie son pere auoit fait au commēcemēt de son regne. Et celuy azarias q̄t il eut eu victoire de ses ennemis: et eut ceulx de moab faitz tributaires a luy Si fist edifier les murs de hierusalem q̄ Ioas le roy disrael auoit abbatus Et mettoit sa cure en terre cultiuer z de planter arbres de diuerses manieres: z deuint tres riche homme. Et pourtāt que prospere mōdaine fait maintesfois les cueurs en orgueil par les biēs mortelz il se pena de soy trop esleuer. contre dieu. car en vne solēnite selon la loy il se reuestit de la robbe saint a tout la quelle le souerain prestre admimistroit cōbien q̄ les prestres du temple lui demonstrassent quil faisoit mal: mais il ne fist compte. Dont nostre seignr fut tres courrouce contre luy: z tātost fut feru de mesellerie z fut mesel tout le remenāt de sa vie. z demoura tout par lui en vng lieu te lus des aultres Et le filz de Jonathas gouuerna tout le royaulme pour sõ pere tãt cõme il vesquit et q̃t il fut mort si regna apres luy

Jŏathan le filz de azarie regna aps son pere en hierusalẽ q̃ fist la voulẽte de nostre seigneur ainsi cõme son pere auoit fait. z fist la porte du tẽple toute nefue et tres haulte Et quãt il fut mort: son filz achas regna pour luy lan .xxxviii. du royaulme de azarie qui regnoit sus iuerie regna sus israel azarie le filz de hieroboã. z fist contre la voulente de dieu ainsi cõme son pere auoit fait. Et ne regna q̃ six mois et conspira encontre Selum le filz de iabes. Or fut le royaulme trãslate de la lignie de iheu aux aultres gẽs Et selũ ne regna q̃ vng mois sus samarie. z Manahẽ vng autre prince tua selũ et regna en lieu de lui. et destruict tersa vne cite z tout le pais detour pource quilz nauoiẽt voulu ouurir les portes de la cite. Au tẽps de manahẽ sen vit le roy de sirie encontre le roy disrael: mais manahẽ luy euoia mille besan dargẽt pour retourner et y sser hors de sa terre: et pour luy aider quãt besoig en seroit Et print cest argẽt: z print aussi les veaulx dor. z cuidoit bien quilz fussent dor. z les p̃senta au roy de sirie Les prestres auoiẽt fait faire deux veaulx de cuyure dorez z estoient

tresbien dorez: et les auoient mis en lieu de ceulx dor: et auoient retenu pour eulx ceulx q̃ estoiẽt dor. Dõt q̃t le roy de sirie trouua ceste fraude si fut tout erage contre israel z tint celuy manahez le chemin de hieroboam. Et quãt il fut mort: faceias regna pour luy lan cinquãtiesme et deux du royaulme de Azarie le roy de sirie. et regna deux ãs en samarie Et fist tout contre la voulente de dieu: et ensuiuit la voie de hieroboã Et conspira encontre luy phacee le filz romelie qui estoit prĩce de sa cheualerie: z le mist a mort auecq̃s cinquãte hõmes des enfans de galaad. et regna pour luy.

Lan cinquãte et deux du royaulme de azarie q̃ regnoit en iuerie regna phacee le filz de romeli sus israel en samarie: et regna vigt ans et fut mauuais deuãt dieu: car il tint la voie z le sentir de hieroboam. Et en son tẽps vint teglaphalaser le roi de assure en la t̃re disrael qui estoit oultre le fleuue de iordain et destruist toute la terre de galilee q̃ la terre de zabulon et de neptalim Et emena auec lui ses prisonniers deux lignies et demie disrael. et les mena en la terre de sirie. Encontre sirie conspira ozee le filz de hela et le tua. z regna en lieu de lui sus israel lan vingt troisime du royaulme de Joathan le roy de Juda. Lan .xxii.

du royaulme de phacee le roy disrael regna achas le filz de Jonathan le roy de iuerie. Et auoit xx. ans quāt il print a regner. et regna. xvi. ās en hierusalem. Il ne fist mie la voulē/te de dieu: ne ne tint mie la voie de dauid son pere: mais la mauuaise trace des rois disrael car il fut idol latre. Et cōsacra vng sien filz aux ydolles et le fist passer parmi le feu Encores econtre achas le roy de iu da vindrēt le roy de sirie et phacee le roy disrael et assiegerēt hierusalem Et achas se combatit a eulx. et fut vaincu. et y fut occis son filz zacha rie et bien six vingtz mille de iuda. Et emena phacee grant multitude de prisōniers dont ainsi cōme ilz sen retournoiēt apʒ celle victoire et em menoit les prisōniers vng prophete de dieu lui vint au deuāt et le reprīt moult fort de ce quil emenoit prison niers ceulx de sa lignie. Car dieu lui auoit donne celle victoire pour le peche de achas. Et q̄ sil ne les reme noit frācz et quittes dieu se courrou ceroit contre luy. Adonc les rēuoia le roy disrael apres ce q̄l les eut biē festoies frācz et quittes.

Une aultre fois sen reuindrēt phacee le roy disrael et rasin le roy de sirie econtre achas. z assie gerent la cite de hierusalem. Et q̄t achas vit ce si eut grant paour. Et ysaie le prophete lui dist quil ne dou

feuillet. cxxviii.

btast riens et q̄ nostre seigr̄ luy ai deroit. Mais achas ne le voult mie croire ne demāder signe a nostre sei gneur mais enuoia a ceglaphasor le roy des assiriens et luy enuoia grās dons et lui pria q̄l lui voulsist aider econtre le roy disrael. Et assur. et ses gens sē vindrēt en sirie et la prī drent et destruire. Quant rasi le roy de sirie ouit dire ceste nouuelle il lai ssa tout coy le siege z sen vit courāt en damas. Et le roy dassur mist le siege deuāt et la prīt a force z occist le roy de sirie et ceulx de dama trās lata en cinere qui gist en ethiope. et achas lui alla a lēcōtre pour lui re mercier. et lui porta grans dons. et puis sen reuint en hierusalē et puis apres mourut. et regna son filz apʒ luy. Au tēps q̄ achas regnoit rōme fut fondee de deux freres germains romus et romulus

Cōment semanazar print ozee z tous ceulx des sept lignees z trās porta tout en son pais et rēplit tou te sa terre de la terre disrael.

L'An. xii. de achas le roi de iue rie print a regner ozee sus is rael et regna. ix. ās et fut mauuais pecheur deuāt dieu: non mie toutes fois tant comme les aultres deuant Encontre luy vint Samanazer le roy des assiriēs: et le mist en seruitu

f.ii.

de tellement q̃ chascun an luy debuoient paier tribut et ouẽst ditte samanazar q̃ ozee se vouloit rebeller contre luy p l'aide de suzas le roy d'egipte a qui il auoit enuoie grans dons. Si le vint assieger et le print ⁊ mist en prison en Niniue sa cite ⁊ mist le siege deuãt samarie trois ans y fut en siege:⁊ l'an neufuiesme il la prit et trãsporta les aultres sept lignies en son pais ⁊ mist aultres gens demourer en samarie. ⁊ p toute la tre d'israel des ydolles q̃ chascun auoit apportes de son pais. Et dieu leur enuoia lyons qui les deuoroient: dont ilz furent a grant meschef. Et quant le roy des assiries le sceut: si enuoia ung prestre d'israel pour eulx aprendre la loy de dieu: Mais toutesfois point ne laisseret leurs ydolles a seruir. Et qñt ilz veoient q̃ les ebrieux estoiẽt au dessus: ilz se tenoiẽt pour ebrieux. ⁊ qñt ilz estoiẽt au dessoubz ilz se tenoient poꝯ paiẽs Ainsi furet les enfans d'israel a ceste chetiuete: et boutes hors de leur pais Et de l'issue d'egipte aps. ix. cens. lxiii. ans ⁊ de la mort de salomõ q̃ le roiaulme fut diuise aps deux cens et quarãte ans. vii. mois et. vii. iours

Commẽt ezechias le roy de hierusalẽ desconfit les philistiẽs et destruit tous les haulx lieux des ydoles et osta les deux serpens d'arain

AU tiers an de ozee regna ezechias le filz achas en hierusalem. et n'auoit que vingt ⁊ cinq ans quant il print a regner. Et regna xix. ans en hierusalẽ. et tint la voie de nostre seigneur comme son grant pere dauid auoit fait. Et destruist tous les haulx lieux ou le peuple souloit sacrifier et tous les lieux deputes et dediees ce que nulz aultres n'auoient fait deuant luy. Et osta les serpẽs d'arain que moise auoit fait au desert q̃ les enfans d'israel iusqs a donc auoient tousiours serui et adoures. Et appella tous les pstres et les ministres de dieu qu'il peult trouuer en tout son royaulme et fist ouurir tous les temples de dieu qui longuemẽt auoient este clos au premier an quil print a regner. Et appareilla tous les vaisseaulx du teple ⁊ remist tous les sacrifices en le stat selon la loy Et briefuemẽt il se pena tant de faire le plaisir a nostre seigneur et d'acomplir sa loy. Q onc ques puis le temps de dauid iusques la ne apres lui ny eut roi qui si bonnemẽt et si loiaulmẽt en fist son deuoir comme luy. Et fut rebelle contre le roy des assiriens: ne point ne voulut estre subiecte a lui Il desconfit les philistiens et destruist iusques a gasan et de leurs pais grant foison: ne ny demoura cite ne forteresse quil ne mist a fin.

Comment ezechias envoia a se-
minazab le roy des assiriens trois
cens besans dargent et trente dor af-
fin de laisser son pais en paix.

An quatriesme du roiaulme
ezechias q̃ estoit le septiesme
an du roiaulme Ozee le roy disrael
sen vit seminazer le roy des assiriẽs
assieger samarie et le print cõme des-
sus est dit. Et au quatorziesme an
du royaulme de ezechias vint semi-
nacherib en la terre de iuda et print
plusieurs bõnes villes et despoilla
toute la terre. Adonc quãt ezechias
vit ce: si lui mãda quil voulsist lais-
ser le pais en paix et en prosperite: et
vnist du sien ce qil vouldroit. Et se-
minacherib lui mãda q̃ moult vou-
lentiers le feroit mais qͥl lui envoiast
trois cens besans dargent et xxx. dor
Et iura q̃ sil auoit ce: quil sen iroit
et quil ne nuiroit plus au pais. Et
ezechias fist tant qͥl eut la somme de
lor et de largent et lui envoia: mais nõ
obstãt siminacherib brisa son sermẽt
et ne tint rien de chose qͥl lui eut pro-
mis, et envoia sa gẽt deuãt hierusalẽ
et la fist assieger de toutes pars, et se
logerẽt sus la piscine p ou leaue ve-
noit en la cite Et quãt ilz furent lo-
ges ilz manderẽt a ezechias qͥl vint
parler a eulx: mais il ny voult mie
aller: ains y envoia pour lui eliachi
son souuerain prestre et sobnas son
maistre docteur et iobael le   pal

feuillet. cxxix

notaire du roy, et pla a eulx rapsa-
ces en ebrieu: car il scauoit bien le lã-
gaige. Et selon ce q̃ dient aucũs il
estoit ebrieu et filz de ysaie q̃ sestoit
trãsporte a la loy de mescreans et a-
uoit requie sa loy. et leur dist en lan-
gaige de ebrieu. Dictes au roy eze-
chias q̃ le grãt roy des assiriens luy
mãde. En quoy te fies tu: au roy de
egipte? tu tappuies sus vng foible
iong, et si tu te fies en dieu: regarde
se le dieu des aultres gẽs ne disrael
les ont deliures de ma main. Se tu
te fies en tes gẽs: ie te donneray deux
mille cheuaulx se tu as tant de gẽs
pour faire mõter sus. ainsi cõme sil
voulsist dire quil nen peust finer.
Adonc dirent les messagiers de eze-
chias a rapsates Nous te prions q̃ tu
parles a nous nõ mie en ebrieu pour
le peuple affin quil nentende mie ce q̃
tu nous dis: mais parle a nous en lã-
gaige de sirie. Et rapsates leur re-
spondit. Le grãt roy des assiriens ne
ma mie envoie tãt seullement pler au
roy ne a vous: mais a tout le peuple
de ceste cite. Adonc print a parler si
hault en lãgaige des iuifz q̃ ceulx q̃
estoient aux fenestres et aux crene-
aulx sus les murs le pouoient bien
ouyr et entendre: et leur dist Voicy q̃
le grãt roy des assiriens vous mãde
faictes paix a moy si feres q̃ saiges
auãt q̃ vous soies constrains et q̃ p
famie vous quienne mẽger vos estrõs

et boire vos vrines. Ne croies eze‐
chias de chose q̃l vous die: car il vous
deceuera et moult de telles parolles
leur dist pour eulx briser leurs corps:
mais riens ne lui respondirent, car le
roy leur auoit deffendu. Or sen re‐
tournerent les messagiers q̃ le roy auoit
enuoies a rapsates: et lui racõterent
tout ce que rapsates leur auoit dit
Et quãt le roy eut ouy ces parolles
si dessira ses robbes et se vestit dug
sac et dune haire et sen alla au tẽple
de dieu et enuoia les messagiers des‐
susdictz auec des plus anciens prestres
couuers de sacz a ysaie le prophete q̃
lui disent de par luy. Or est venu le
iour de meschief et de tribulation de
diuine vengeance prier pour le rema‐
nãt du peuple disrael se dieu vou‐
loit escouter les menasses et les pa‐
rolles de cest homme et auoir pitie de
nous. Adõc enuoia dire ysaie a eze‐
chias. Ne tesbahis mie de semblables
parolles: car il sen retournera a son
pais Asses tost apres rapsates se de‐
partit et leua son siege et trouua le
roy des assiriens q̃ assigeoit louuat,
et puis sen alla contre le roy degipte
q̃ pensoit que apres quil auroit conquis
egipte il viendroit assieger hierusalẽ
Et ainsi qme il eut assiege vne cite
degipte quõ appelloit pelusmer on
luy apporta nouuelles q̃ thareca le
roy dethiope estoit venu a grant ost
a laide des philistiens. Quant il eut

ouy ce: si dist q̃ thareca estoit prestre
des dieux disrael ne point ne cõbat‐
roit a luy. Or sen vit en iuerie et se
vint de rechief assieger hierusalem
Adonc quant seminacherib se
departit lautre fois de iuerie
pour aller en egipte il escripuit des
lettres au roy Ezechias plaines de
moult grãs menasses et par grant de
spit disoit en ses lres. Roy ezechias
cuides tu que dieu et le roy disrael te
puisse garder et deliurer de mes ma‐
ins. Regarde se le dieu des aultres
gens les ont saulues et garantis oultre
moy, garde q̃ ton dieu ne te decepue
en qui tu as si grãt fiance. Quant
ezechias eut leues les lettres il les
apporta au tẽple et les espandit deuãt
nostre seignr et dist. O tres benoist
dieu disrael vueilles escouter les me
nasses et les reprouches de semina‐
cherib et nous vueilles garder de lui
Tu es roy des rois et sire sus tous
les rois de terre. Tu es celui qui as
fait ciel et tre vueilles incliner ton
oreille et escouter et ouurir tes yeulx
et nous regarder en pitie Adõc enuoia
ysaie a ezechias et lui signifia ce que
nostre seignr auoit ordonne encontre
seminacherib: et dist ainsi. O tu se‐
minacherib celle verge q̃ est de sion
te despitera et mocquera de toy quãt
elle te verra fouyr, tu as dit reprou
ches contre le sainct dieu disrael, tu
as iuerie destruicte et nasmie par long

feuillet.cxxx

tẽps cõsidere q̃ iauois dispose de assi-
batre z chastier mõ peuple. Jay ce
fait nõ mie toy.tu as este tãt seulle-
mẽt ministre et executeur de ma sen-
tẽce Adõc tourna la parolle ysaie z
dist. Voicy le signe de ta deliurance
de la mai d sennacherib.le tiers an
q̃ sensui se departira dicy sennacherib
sans iamais y retourner. Je tay dit
ce q̃ tu feras cest an et lautre apres
affin q̃ quãt tu verras ce q̃ ie te dis
acõplir tu croies q̃ ce que ie te dis est
verite. Tu mẽgeras cest ãnee tout
ce q̃ tu pourras trouuer aux chãps
lan ẽsuiuant ce que la terre portera
delle mesmes sans labourer Adonc
pource qu'ilz auoiẽt deffault de vi-
ctuailles:Dieu multiplia tellemẽt
les biẽs de tre quil en eut asses souf-
fisãce pour celuy an Mais au tiers
an semes laboures et messonnes et
mẽges vos bledz en paix.

Cõment lange de Dieu occit cẽt
iiii.xx.mille z six assiriens.

Q̃Vãt ezechias ouyt ce q̃ ysaie
luy auoit mãde:si en eut tres
grãt ioye z en fut tout recõforte. du
cõseil de ysaie il estouppa toutes les
fõtaines dẽtour la cite:affin q̃ quãt
les assiriẽs viendroiẽt qlz ne trou-
uassẽt nulles eaues. Lan apres sen-
nacherib sen reuint degipte et en-
tra en iuerie.z quãt il eut destructe

si assiegea hierusalẽ mais celle nuit
lãge de nostre seignr tua cẽt quatre
vingtz et six mille siries. Et quant
sennacherib fut leue le mati z vit
ainsi sa gent mort gisant ius:si eut
si grãt paour q̃l sen fouit a tout dix
hõmes tant seullemẽt:et retourna
en niniue. Or aduint cõme il estoit
au tẽple de son dieu ou il adouroit:
deux de ses filz lui coururent sus et
le tuerẽt:et sen fouirẽt en la terre de
armenie Et regna apres lui son filz
q̃ estoit appelle Asserdõ, et la cause
pour quoy ilz le tuerẽt fut pource q̃l
voulut faire roy son plus ieune filz
pource q̃l aimoit plus sa mere q̃ les
aultres.

Cõment dieu adiousta a la vie
du roy ezechias.xv.ans:et lui fist
certifier par certains signes q̃ dieu
luy monstra.

E̋zechias fut malade asses tost
apres bien grieuemẽt cõme
pour mourir.et dieu lui enuoia ceste
maladie selon ce q̃ dit Joseph' pour
ce q̃ apres celle victoire des siries il
ne rendit mie graces a dieu tant cõ-
me il deust. Et ysaie lui vint dire. Or
donne tes besõgnes:car il te cõuient
mourir Quant ezechias ouyt ceste
nouuelle si tourna son visage p de-
uers la parop et prit a plourer mõlt
tendremẽt et pria nostre seignr en di-
sant. Sire vueilles toy souuenir cõ-
mẽt tout le tẽps de ma vie ie tay de

s.iiii.

dōn cueur serui ⁊ aies pitie de moy en cōtes a dōc nauoit il nulz ēfans. Et encoies q̄ ysaie fust hors de lostel nr̄e seignr̄ le rappella ⁊ lui dist. Va dire a ezechias q̄ iay oui ses prieres ⁊ ses larmes sont Venues iusques a moy. Voicy q̄ ie lui dōnerai pfaicte sante dedēs trois iours. et au tiers iour tu mōtras au tēple ⁊ adiousteray a ta Vie .xV. ans. et te garantiray de la mal des siriēs et la cite de hierusalē pour lamoᵘ de dauid mō sergēt. Et ezechias demanda signe certain de tout ce. et ysaie lui dist. Voicy le signe q̄ ie te dōneray. prēs le quel q̄ tu Voudras. ou q̄ lōbre du soleil croisse de dix degres p̄ deuers oriēt en descendant. ou q̄lle culle p̄ deuers occidēt de dix degres. Et ezechias esleut q̄l retournast p̄ deuers oriēt. ainsi fut dont au tiers iour il fut gueri et Vit au temple et loua dieu. Et fist celle belle cātique. Ego dixi in dimidio dierū meorū ꝛc. Laq̄lle on chāte en saincte eglise aux laudes du nocturne du mardi. et aux laudes des Vigilles des mors.

Ases tost apseruoia merodas le roy de babiloine berodas et balada le filz de balada ses messaigiers et grās dons au roy: et lui escripuit moult amiablemēt. dōt ezechias en fut mōlt ioyeulx et lui mā doit en ce lres et reqroit dauoir amitie et alliances ēsemble. Et lune

des causes plus principaulx pour quoy lauoit ainsi hōnoure: car en la tre de caldee couroit et regnoit Vne science dastronomie et oneq̄s ne peurent trouuer tous ceulx de caldee selon lart dastronomie commēt Vng iour pouoit estre si long cōe il auoit iusques au double des aultres plus long. Et il auoit oui dire q̄ ce auoit este pour le roy disrael pource auoit il enuoie pour en scauoir la Verite. Or adouroiēt ceulx de caldee le soleil cōme leur dieu: et pource quilz auoiēt Veu q̄ leurs peres louq̄ēt ainsi hōnoure: le Vouloiēt ilz hōnourer de Visitations et de p̄sens. dont fort sen orgueillist ezechias et fist moult grant chere aux messaigiers et neut onq̄s chose tāt fust secrete au tēple ne en sa maison ne tresor ne ioyaulx q̄l ne leur monstrast. Dont nostre seignr̄ en fut formēt courrouce cōtre luy. Et quāt ceulx si furent partis ysaie Vint a lui de par nostre seignr̄ et dist. Que sont Venus querir ces hōmes qui ont parle a toy: ne Dont Viēnent ilz. Et ezechias lui racōta tout dōt ilz Venoiēt et pour quoy ilz estoient Venus. Adōc lui dist ysaie Tu as moult mal fait. Voicy q̄ les iours Viēnent brief q̄ le roy de Babiloine aura tout ce que tu lui as monstre ⁊ tout ce q̄ le roy ton pere a mis a part iusques au iourduy. et seront tes enfās menes en Babiloine pour seruir

deuant le roy de babiloine. Et eze-
chias luy respōdit. La voulente de
dieu soit faicte: mais ꝗ iaye paix en
ma vie il me souffist. Or mourut
ezechias et regna son filz manasses
apres luy.

¶ Comment manasses fut roy en
hierosalem apres la mort ezechias
son pere.

　Anasses nauoit ꝙ douze ans
ꝗ̄t il print a regner. et regna
cinquāte ans en hierusalē et fist des
maulx deuāt dieu nostre seignr̄. car
il establit les ydolles et leurs tēples
et tous les lieux ou les ydollatres a-
uoiēt acoustume de adourer ꝗ sacri-
fier aux ydolles dedēs et dehors. et
sacrifia son filz aux ydolles. et fist
passer parmi le feu ainsi cōme font
les mescreans ꝗ ydollatres. et brief
uemēt il se pena de faire to9 maulx
et dieu courroucer a son pouoir. Et
fist le peuple de iuda errer et faire
maulx auec lui. nostre seignr̄ ēuoia
plusieurs prophetes pō lui mōstrer
cōment il faisoit mal: mais il les fai
soit mourir grief uemēt ꝗ de griefue
mort. ꝗ les places furēt ātousees du
sāg des prophetes ꝗ des inocēs quil
mettoit a mort. Et ysaie le sainct pro
phete ꝗ estoit frere de sa femme selō
que dient aucūs il fist mourir si cru
ellemēt comme il peust: car il le fist
saier dune saiette de bois tout parmi
le corps pō lui faire plus de maulx

feuillet. c. xxxi.

souffrir. Et quāt on le cōmencoit a
saier ysaie demāda vng peu deaue
a boire: mais il ne voulut oncques
souffrir quō lui en dōnast. mais no-
stre seignr̄ lui ēuoia a boire du ciel.
ꝗ ꝗ̄t il eut beu il rendit lame a dieu
nō pourtāt ne laisserent ilz mie a le
saier.

¶ Cōment manasses mua sa vie
de mal en bien apres ce que le roy de
babiloine eut este en iuerie et leut de
spoillee.

　　Donc esmeut nostre seignr̄ le
　　roy de babiloine contre Ma
nasses et sen vint en iuerie et la des
poilla et prindrent la gent ꝗ manas
ses: et lemmenerent en babiloine en
chartre des piedz et des mais. et luy
fit souffrir des maulx asses. Quāt
manasses se vit a tel meschef il se prit
a tourner a nostre seignr̄ et a auoir
cognoissance des grās maulx quil
auoit fait. Adonc vit biē que cestoit
droicte vengeance de dieu de ce quil
souffroit tant de maulx. Si print
a dieu prier et plourer moult tendre
mēt et amerement. ꝗ eut moult grāt
repentance et contrition tant ꝗ dieu
eut pitie et merci de luy. et receut sa
priere sa penitāce et ses larmes: ꝗ le
ramena en son royaulme. Et quāt
il fut reuenu en hierusalē il mua sa
vie et fut tellement conuerti a dieu
quil print a destruire tout quātques
il auoit de ydolles ꝗ tellement que

ries n'en laissa dont peust auoir sou-
uenance ne de toutes les choses quil
auoit fait p auant et reuint en estat
le seruice de dieu et le teple Et mon-
stra au peuple comment lui ꝫ eulx a-
uoient mal fait et erre au teps passe
Et tellement se changea et mua sa
vie q̃ estoit merueilleuse chose ꝫ glo-
rieuse de veoir comment il sestoit a
dieu tourne. Il menoit saincte vie.
Il repara les murs de la cite de hie-
rusalez. et fistles secõdz murs et les
fosses. et rappareilla les tours de la
cite. et fist grãt fermete par tout. et
puis vint le teps que mourir le con-
uint et mourut. Et regna son filz a-
mon pour lui.

Dant amõ print a regner il
auoit. xii. ans ꝫ regna deux
ans en hierusalẽ. Et fist moult de
maulx contre nr̃e seigñr ainsi q̃ me-
son pe auoit fait en sa ieunesse. Et
q̃ spirerẽt cõtre lui aucũs de sa mais-
gnie: et le tuerẽt en sa maisõ Et qt̃
le peuple vit ce: si prindrent les mur-
triers ꝫ les mirẽt a mort. et enseueli-
rent le roy et prindrẽt ioas son filz ꝫ
le firent roy en lieu de son pere. Et
nauoit q̃ huit ãs quãt il fut fait roy
et regna. xxxi. an et tint le sentier et
le chemin de dauid son grant pere
sans aller ne ca ne la mais que tout
droit tousiours alloit

LE quart an de son royaul-
me q̃ estoit le. xii. de son aage
encommenca Joas a tenir iustice et
a auoir pitie ꝫ a faire droit a vng
chascũ. ꝫ destruist toutes les ydoles
qui estoiẽt en la terre de iuda et tel-
lemẽt les nettoia de toute ydolatrie
q̃ vng seul signe ne trasse de ydolla-
trie ny laissa Et mesmes dedẽs les
hostelz fist il querir q̃ nulles ydoles
ny demourast dont il peust auoir su-
spicion contre nul de quelq̃ ydolla-
trie. De toutes causes quilz surue-
noient il tenoit iustice cõme medicine
pour son ame. et enuoia par tout son
roiaulme: et cõmanda que chascun
apportast de ses biens pour presen-
ter a dieu selon que bon leur semble-
roit. Et fist maistre gouuerneur et
receuoir du tout ce quon apportoit
pour rappareiller le temple de tout
louuraige heliachim p̃s re de la loy
souurain. et Sephan le maistre de
la loy. et Amasan le capitaine de la
cite. et tãtost le teple fut reppareille
et mis en estat.

EN lan. xiii. du royaulme de
iosie prist hieremie a propheti-
zer q̃ estoit filz de elchie des prestres
de amalech de la terre de bẽiami Et
prophetiza quarãte ꝫ neuf ãs iusq̃s
a tãt q̃ la cite de hierusalẽ fut prise
et destruict en lan dixhuitiesme du
royaulme de iosie. et commanda il
mesmes a elchia q̃ tout le remanãt
de largẽt qui estoit demoure de la re-
paration du teple fust fondu et mis

esemble ꝗ quāt en fist les vaisseaulx
du tēple qui estoiēt necessaires. Et
ainsi cōme elchia le souuerain p̄stre
diligēmēt recerchoit le tēple ꝓ tout
ce quil y falloit il trouua ung des
liures de moise quon appelloit deu
tronomie ou toute la loi est recitee ꝗ
moise auoit mis en larche de nostre
seigneur en tesmoingnage entre no
stre seignr̄ ꝓ le peuple. ꝓ lenuoia au
roy par sephan le maistre de la loy.
Et quāt il leut leu deuāt le roy: si
dessira sa robbe car il y auoit toutes
les maudiciōs qui estoiēt escriptes
en ce liure contre ceulx qui la loy de
dieu trespassoient et les menasses ꝗ
nostre seignr̄ dieu faisoit cōtre eulx
et que silz adouroiēt les ydoles quil
les bouteroit et chasseroit hors de la
terre ql̄ leur auoit promis tout ainsi
cōme il auoit dechasse les amorriēs
deuant eulx. Et moult sesmerueil
loit cōme dieu auoit a ce tant souf
fert deulx bouter hors de la terre a
pres tant de maulx que leurs peres
auoient fait.

Donc le roy cōmāda a hel
chiam et aux aultres saiges
hōmes de sa court ql̄z querissēt con
seil a nostre seignr̄ pour luy et pour
le peuple. Et ilz senallerent a une
dame ꝗ auoit lesperit de prophecie
en elle quō appelloit olda ꝗ demou
roit en la secō de fermete de hierusa
lez, car adōc hieremie nestoit mie de

feuillet. clxxii.

grāt renō. Et celle olsa leur respō
dit. Voici ꝗ nostre seignr̄ dist. ie ferai
venir sur ce lieu tous maulx et tou
tes maudiciōs qui sont escriptes en
ce liure po‍ tous les habitās de ce lieu
pource quilz ont ma loy ꝓ mesgnā
de mes trespasses, et sera mon ire cō
tre eulx enflāmee. Et vo‍ dires au
roy qui vous a enuoies. Voicy que
dieu nostre seignr̄ te māde pource ꝗ
tu as ouy boultetiere et escoute les
parolles de ce liure ꝓ ton cueur en a
este esmeu et ton chef et tu tes humi
lie deuant moy: ces maulx ne vien
dront mie tant comme tu viueras,
mais seras auant mort et enseueli
auec tes peres.

Quant iosias eut tout ce ouy:
si māda ꝑ toute sa terre de iu
da ꝓ fist tout le peuple assembler en
hierusalē. et monta sus ung hault
eschaffault: et leut le liure de la loy
deuāt tout le peuple ꝓ leur fist a to‍
pmettre ql̄z seruiroiēt tous nostre
seignr̄ et tiendroiēt la loy que moise
leur auoit dōnee. Adonc il destruist
tous deuineurs enchāteurs et mal
faicteus de toutes les traces de ydo
latrie. Il destruict tous les haulx li
eux ou ilz souloiēt sacrifier tous les
os des ydolatres il destruit et getta
aual les chāps pour acōplir les pro
pheties. Les cheuaulx et ydolles du
soleil ꝗ le roy de iuda auoit fait pai
dre a lentree du tēple il fist destruire

et effacer: car ilz auoiẽt la fait vng ydolle sẽblãt a vng petit enfãt sãs barbe pource quil neuieillist oncqs: mais est tousiours en vng estat. et luy auoient fait chars et cheueaulx car ilz cuidoieut q̃ helie fust ainsi mõ te au ciel. Et le roy Josias sen alla en bethel et sus lautel q̃ hieroboam auoit fait faire il fist ardoir to9 les os des prestres qui auoiẽt serui aux ydolles et de tous les faulx prophe tes qui auoient este dês le temps de hieroboã iusques a son tẽps. Lesqlz il fist traire hors des sepulchres: et les fist ardoir sus celuy autel selon la prophecie de abdie ⁊ trouua le roi son sepulchre ou estoiẽt ses os ⁊ les osses de celui faulx prophete qui la uoit dcreu, ⁊ pour la reuerẽce du bõ il laissa les osses du mauluais et sẽ vint aux haulx lieux de samarie et es cites de manasses effraim et sime on iusques a neptalim. Et trahit tous les osses des pstres ydollatres ⁊ de to9 les faulx prophetes des se pulchres ou ilz estoiẽt esuelis ⁊ les mist sus les autelz des ydolles ⁊ ar dit osses ⁊ autelz, et mist tout ẽsem ble ainsi comme bien quattre cens ⁊ cinquãte et vng an auoit este deuãt prophetize et nõce par lung des pro phetes de nostre seigneur.

Dant Josias eut ainsi la por te purgee ⁊ nettoyee de tout ydollatrie ⁊ fait tout ce q̃ est dessus

deuise il sen vint en hierusalem Et pris nostre seignr moult devotemẽt et puis fist vne grãt phace a nostre seigneur, et appella tous les enfans de iuda ⁊ disrael quãt aulcuns sẽ estoiẽt fouis de leur capitaine ⁊ sen estoient retournes en la cite disrael Et fist Josias vne telle phace que oncques si grãt ne si belle ne fut fai cte en hierusalez. ne oncques roy de uant luy ne fist telle phace excepte dauid ne ne fut qui de si bon cueur ne aussi vrai seruist nostre seigneur comme fist celui Josias Et toutes fois ia pour cecy ne fut lire ne le co roux de nostre seignr appaise quil auoit contre le peuple de iuda. Si dist quil le mettroit en tel estat quil auoit mis le peuple disrael.

Comment Josias fut occis en la compaignie du roy ademon.

Quant Josias fist la phace a nre seignr il estoit au. xviii. an de son royaulme ⁊ xi. an de pha raon nathas le roy degipte qui sen alla a grant ost encontre les siriens. Car il auoit ouy dire que leur sei gnourie estoit appetissee de moult: car ceulx de mede et de babiloine les auoiẽt laisses et sestoiẽt departis de leur seignourie Si se pensa q̃ asses legierement les pourroit vaincre et conquerre, et tout premier si courut sus au roy adremon qui regnoit en quateñ. Adōc iosias a tout son ost luy vint au devant pour deffendre ql ne passast mie parmi sa terre. Et le roy pharaon envoia par devers iosias et luy fist dire. Que demāde tu Je ne viens mie contre toy ne pour toy ne pour ta gent grever. Je vois gtre ceulx dautre maisō laisse moy en paix q̄ le dieu qui est avec moy ne se courrouce contre toy et se venge de toy et te mette a mort. Et iosias ne le voult croire. mais se mist avec le roy adremon et disposerent pour cō batre et ordōnerent leurs batailles. Et iosias voulut aller dung char en vng aultre q̄ tout vuide suivoit le roy. et ainsi cōme il y estoit il fut feru dune saiette parmi le corps: et fut navre a mort et se fist oster de lost et mourut. Et le roy adremō le plora moult et en fut tout desconforte: et fut apporte en hierusalē et fut en seveli au septulchre de ses peres. et le ploureret tout le peuple de Juda et de hierusalē: et especiallemēt hieremie q̄ fist les lamētations pour luy.

Asses tost apres q̄ Josias fut mort il avoit laisse trois filz heliachim qui puis fut appelle Jeconias qui estoit le p̄mier ne. et avoit cinq ans. Joathas qui estoit le secōd ne qui fut applle Selum et avoit xxiii. ans. et le tiers nathemē qui na voit encores que huit ans. Et ioa

Feuillet. cxxxiii.

thas qui estoit le secōd ne fut prins de par le peuple: et fut roy en lieu de son pere: et ne regna q̄ trois mois en hierusalē Et cōmēca a estre moult mauvais: mais pharaon nachar le roy degipte sen vint en hierusalem et fist son frere roy le plus ancien en lieu de lui: et fist toute sa t̄re subiecte a luy parmi cent besans dargent et vng dor. Et luy mua le roy son nō de eliachim et lappella Joachim: et emmena avec luy ioathas et le mist es fers des piedz et des mais en vne bonne chartre.

Comment ioachim fist mettre a mort vrie le sainct prophete.

Quant ioachim eut prinst a regner il avoit. xxv. ans et re gna. xi. ans en hierusalē et fut mōlt mauvais et pecheur cōtre nostre sei gneur. Et vrie vng sainct prophete venoit souvēt a lui et le blasmoit et mōstroit ses deffaulx: mais il ne lui plaisoit mie. et print mōlt fort a menasser celui prophete. et quant il eut ouy les menasses du roy il sen fouit en la terre degipte Quant ioachim le sceut il envoia apres lui et le fist ra mener et le fist mourir de mort dgoissuse. Le. iiii. an du royaulme de ioa chim prit a regner nabugodonosor en babiloine q̄ descōfit le roi degipte et cōquist toute la t̄re et despoilla et eporta avec lui tout q̄ques il volut

En celuy temps pla hieremie a tout le peuple de Juda et aux citoiens de hierusalez et leur dist des le .xiii. an du royalme de iosie. Je vous ay presche et anonce les parolles et les menasses de nostre seigneur encontre vous et vous ne nauez fait force. Et voicy ia le .xx. an que ie ne cessay de vous prescher, et nul de vous ne vou lut ouir ne soy amender, et pourtant est dieu tellement contre vous cour rouce quil dit qil aimera son sergent nabugodonosor le roy de babiloine Ce nest mie a entendre quil fust ser gent p amitie ne p beniuolece: mais il lappelloit son serget car il fut mi nistre et executeur de la sentence de Dieu encontre les iuifz, et lamenera pour vous destruire en ce lieu: et ce pais estre suppedite, et mettre a serui tude, et seruires au roy de babiloine et seres a lui subgetz par lespace de septante ans mais quant les septante ans serot passes nostre seigneur les reuisitera en babiloine. Et toute la terre et le pays qui est en caldee par sa grant mauuaistie la mettra dieu en tel estat quelle sera comme ung desert ou nul ne habite. Et moult se esmerueilloit le peuple comment hieremie osoit parler si hardiment. Car quant Joachim print a regner hieremie pschoit et disoit au peuple Je mettray celle maison come selon q souloit estre ung lieu ou dieu sou

loit estre serui et honoure auant que les roys venissent en israel. Et fist celui lieu despecer et etrelaisser pour les peches du peuple, et estoiet desers ou nulz habitoiet. Ainsi souloit dire hieremie q le temple de dieu et toute la cite seroit deserte et destruicte po les peches. Adonc les prestres et les prophetes lauoient prins et iuge a mort. Et les princes de iuda sen vin drent a lostel du roy et sassirent a la porte de la maison de dieu come iu ges. Et les pstres et les prophetes accusoient puissamment hieremie. Et hieremie se offendoit, et disoit q ce quil auoit dit et preschie, dieu no stre seigneur lui auoit dit et coman de, et que en verite dieu lauoit enuoye et dist. Je suis en vos mains: se vo me tuez ce sera vostre grant meschef et vostre grant damnation.

Quant les princes eurent ouy ce q les prestres et les prophe tes proposoiet contre hieremie, et la responce quil auoit fait, si le deliure rent de leurs mains et lui defendiret q plus ne preschast telles choses, et sappaiserent et diret quilz lauoient prins pour mettre a mort: et que bie leur sembloit quil lauoit deserui en disant q moult de prophetes auoiet presche choses semblables deuant le roy et oncqs mal ne leur firet: mais les auoient eus a tres grant honneur Or vint nostre seignr a Hieremie quāt on luy defendoit qͥl ne p̄schast plus: si luy dist, Fais vng volume et escripz dedēs tous les voulumes ⁊ parolles q̄ ie t'ay dit ēcontre iouda̅ et contre toutes aultres gens des le tēps que iosias regnoit iusqͥ au ior d'uy ¶ Et hieremie appella baruth son seruiteur ⁊ fist escripre toutes ses prophecies ⁊ il les escriuoit tout a si qͥl les dictoit de sa propre bouche. Adonc dist hieremie a baruth. On ma deffēdu q̄ ie ne voise plus p̄scher or prens ce liure q̄ tu as escript et le va lire tout deuāt eulx. Et ainsi le fist baruth comme hieremie luy eut dit et commande.

En l'an cinquātiesme de Ioa-chim au .ix. mois a vng iour de ieusne quilz eurent establi q̄ tous vindrent au tēple deuāt le peuple de iuda et de hierusalē: baruth print ce liure de prophecie qͥl auoit escript cest a scauoir des prophecies de hie-remie ⁊ les leut deuāt tous. Adonc s'en vindrēt les princes de iuda a ba-ruth et prindrēt le volume de sa mai̅ et luy dirēt Garde q̄ toy ⁊ ton mai-stre ne soies trouues: allez vous ca-cher au mieulx que vous pourres. Adonc apporterēt ce liure deuant le roy ⁊ luy comencerēt a lire. Quant le roy en eut ouy trois fueilles au quatriesme il p̄rit le liure ⁊ comāda q̄ on querist hieremie et barut p̄ tout et qͥlz fussent mis a mort. Mais no-

feuillet. cxxxiiii.

stre seignr̄ les garda tellemēt quon ne les peult trouuer. Apres ce dist nostre seignr̄ a hieremie. Prēs vng aultre volume et y escripz tout ce q̄ estoit escript au liure q̄ ioachi̅ auoit ars: et y adiusteras plusieurs aul-tres choses cōtre ioachi̅ car il n'aura hoir de lui q̄ doibue regner pour luy et son corps de iour sera gette au so-leil et de nuit a la gelee. Il ne trou-uera soeur ne frere parēt ne amys q̄ le doibue plourer: ne n'aura autre se pulchre fors que cōme vng asne qͣt il se meurt

¶ Cōment nabugodonosor vint deuant hierusalē.

En l'an huitiesme du royaul-me de Ioachim qui estoit le quart an du royalme de nabugodo-nosor le roy de babiloine: nabugo-donosor se vint en iuerie. ⁊ destruist le pais et sen vint en hierusalem et despoilla Ioachim et le mist es fers des piedz. et des mains et l'emmena auec luy en babiloine et tous les no-bles hōmes de la cite et du pais espe-ciallement les nobles iou̅enceaulx qui estoient du sang royal. Entre lesquelz Daniel et ses cōpaignons ilz furent menes: et en la voie Ioa-chim fist acord a Nabugodonosor parmi certain tribu q̄ dobuoit paier et le renuoia en hierusalem: mais il retint ostaige pour luy. Et si seruit trois ans ioachim nabugodonosor

et puis ne luy voulut plus paier tri
bu ne estre serf a lui. Adonc sen vint
en hierusalē nabugodonosor z y cui
doit entrer: mais ioachī ne le laissa
mie entrer fors q̄ sus certaines alliā
ces et conuenāces que le roy nabugo
donosor lui promist et iura. Quant
il fut dedēs entre il rompit les alli-
ances z conuenances: z mist a mort
ioachī et toute la fleur de sa cheua-
lerie. et fist getter ioachī au dehors
des murs de la dicte ville aux chāps
sans estre eseueli mais que comme
vng asne. ainsi que hieremie lauoit
dit et prophetize.

Quant ioachī fut mort nabu-
godonosor fist roy son filz io-
achim, q̄ autremēt fut appelle Jeco
nias. Il auoit. xxviii. ans quant il
print a regner. et ne regna que trois
mois et dix iours. car q̄t nabugodo
nosor se fut retourne il se prit a dou
bter q̄ ioachim ne se couplast au roy
degipte. et fist alliāces a lui cōme sō
pere auoit voulu faire Si se reuint
assieger la cite de hierusalē. et selon
le conseil de hieremie celuy ioachim
se rendit au roy nabugodonosor. et
tout q̄ques a lui apptenoit. Et au
huittiesme an du royaulme de nabu
godonosor il emmena ioachim et sa
mere z des meilleurs hōmes de ioa-
chim ētour dix mille. et eporta auec
lui tous les vaisseaulx dor q̄ estoiēt
du roy et au temple de dieu

OR emena tout auec lui en ba
bilone le roy nabugodonosor
et constitua a roy nathamē q̄ estoit
frere de ioachī. Et le lia le roy nabu
godosor p̄ foy z serment sub certain
tribu q̄l seruiroit a luy et seroit son
hōe: z luy mua son nō z fut appelle
sedechias. Il auoit. xxi. an qnant il
prit a regner et regna. xi. ans en hie
rusalē. et fist moult de maulx. ainsi
cōme son pere auoit fait. Il deuint
hultain et orgueilleux et pensoit q̄l
feroit alliāces au roy degipte et brī
seroit les alliāces q̄l auoit faictes a
nabugodonosor. Et les faulx pro
phetes le decepuoiēt et luy donnoiēt
a entendre q̄ le roy de babiloine et sa
gent seroiēt destruitz et descōfitz de
dens bien peu de tēps. Et quāt hie
remie lenhortoit de mettre son espe
rance en dieu tant seullement ilz en
estoiēt courrouce cōtre luy. Et no-
stre seignr pla a hieremie et lui dist.
Descens a la maison de celuy qui
fait les potz de terre z escouteras q̄
ie te diray. Quant il vint de les le
potier il veit q̄l faisoit vng pot sus
vne roue: et vit que ce pot ne print
mie biē et fut despece: et de celle mes
mes terre en fist vng autre tel cōme
il voulut   Et nostre seignr dist a
hieremie Ne puis ie faire de vo⁹ cōe
ce potier a fait de sa terre. Ce diras
au peuple de iuda q̄ ie vo⁹ puis des
truire et puis redresser a mō plaisir

Or aduint q̄ au quart an du roy paulme de sedechie le roy de edon: & moab: le roi damō: le roy de thirie: et le roy de sidonie enuoie‐
rent certais messagiers par deuers sedechie en lui requerāt quil se voul‐
sist allier auec eulx et tous ensēble voulsissēt refuser a paier le tribu a nabugodonosor: et soy bouter hors de seruitude Adonc parla nostre sei‐
gneur a hieremie et lui dist. fay six chaines de bois et metz lune en ton coul ā les aultes mettras aux coulz des messaigiers aux cinq rois dessuf‐
ditz: et diras au roy de iuda. Jay faicte et formee la terre ā lay donee et departie la ou il ma pleu et a qui iap voulu. et pource ay ie donne ces terres en la main de mon sergēt na‐
bugodonosor. Et toutes gēs qui ne vouldrōt estre dessoubz lui mour‐
ront de glaiue: & famine: ou de pesti‐
lence. Ne croies point ces parolles ne ces mēsoges q̄ les faulx prophe‐
tes vous dōnent a entēdre et vous dient. Ne seruez point au roy nabu‐
godonosor: car il vous decoit

¶ Dant hieremie eut dit ce que nostre seignr̄ luy auoit fait dire ananias vng faulx prophete de gebeon print la chaine qui estoit au coul de hieremie ā la brisa ā mist en pieces ā puis dist a hieremie. Voicy q̄ nostre seignr̄ dit. Tout alsi brise‐
ray ie la haultesse ā la seignourie du

feuillet. cxxxv.

roy de babiloine et en deliuray tous ces rois dessusditz, audt ql soit deux ans passes ou tātost apres. et rame‐
neray tout mon peuple de babiloine en ā lieu: et feray rapareiller ā ra‐
porter tous ces vaisseaulx du tēple q̄ en ont este portes Et hieremie re‐
spondit. Je vouldroie bien et desire ql soit ainsi: mais ce ne peult estre. Adōc dist hieremie a ananias Nre seignr̄ ne tas mie cōmis de dire ce q̄ tu dis. tu as deceu ce poure peuple ā las fait fier en tes mēsōges et porce tu morras en cest an aps deux mois Et tout alsi fut il: car il mourut ce‐
lui an au septieme mois et hieremie lauoit dit deux mois deuāt. Et q̄t sedechias vit q̄ ananias estoit mort au tēps que hieremie lui auoit dit si eut tresgrāt paour et tātost enuoia le tribu ql deuoit a nabugodonosor en babiloine. Et hieremie escriuit secretemēt par le messaige du roy a ceulx q̄ estoient trāslates du peuple disrael en babiloine: ā leur māda de p nostre seignr̄ quilz edifiassēt mai‐
sons et plantassent iardis ā vignes et aussi fissent mariages entre eulx et vequissēt en la paix ou ilz estoiēt et priassent pour le roy ā la cite: car si la cite auoit paix aussi lauroient ilz. Et qlz ne creussent mie le faulx prophetes qui estoient auec eulx qui leur donnoiēt a entēdre qlz retour‐
neroient bien tost en leur pais. Car

t. i.

quant seroient passes septāte ans ilz deussent retourner.

Dant les messagiers du roi furēt retournes en babiloine ilz apporterent lres & par les faulx prophetes q̄ estoiēt en babiloine aux prestres de hierusalē: lesqlz disoient ainsi. Dieu vo⁹ a mis en sa maison sur tout hōme qui est deuineur et en chāteur en qui lennemi habite pour mettre en oraison et deffēdre quil ne face telle chose: pourquoy donc sou ffres vous q̄ hieremie face telle choses: car il nous mande que nous edifions maisōs et q̄ nous ne retournerons poit en nostre pais. Et sephonias leut la lettre deuāt le roy sedechias en la p̄sence de hieremie Adōc dist hieremie voicy q̄ nostre seignr dist. Je visiteray en partie ceulx qui ont laisse ce lieu et sen sont fouys en babiloine: car ie les ramaineray en ceste terre. Mais sus vo⁹ qui estes demoures te euoiray glaiue famine ɿ pestilēce: ɿ vous mettray ainsi cōme les figues mōlt mauuaises quō ne pault mēger: car nostre seigneur ma mōstre deux paniers de figues tres mauluaises et ma demāde que te voie. ɿ ie dis q̄ ie voie des figues tres bōnes et tresmauuaises. Et nostre seignr dist adonc. Les bonnes figues sont ceulx de ce lieu translates en babiloine: car ie les visiteray et conforteray et ramaineray en ce lieu et en ceste tre. Mais les figues tres mauuaises signifiēt vous qui estes cy demoures en la maī de vos enemis qui vous feront tant de mechief quil vous sera en reprouches a toute gēs et a tousiours mais tant cemme vous viures.

En lan neufuiesme du royaulme sedechie au cōmencement de lan Nabugodonosor vint assieger hierusalē. Car sedechie ne vouloit plus paier tribu ne estre subiect a luy. Quāt sedechie se vit assiege: si prīt sophania et phaseno les souuerains p̄stres: et les euoia a hieremie pour luy prier q̄ vousist prier nostre seignr quil eust pitie deux. Mais hieremie leur respōdit. Voicy q̄ nostre seignr dit. Je dōneray sedechias le roy de iuda et toute sa maisnie et tout le peuple en la maī de nabugodonosor le roy de babileine: ɿ les mettray tous a lespee sans nul espacgner et sans auoir merci ne pitie deux. Et alloit hieremie aual la cite ɿ p̄schoit ceste chose deuāt tō En celui tēps yssit hors le roy degipte pour venir contre nabugodonosor. Et quāt il le sceut: si laissa son siege et lui alla a lencōtre ɿ le descōfist et chassa hors de sirie et fist retourner en egipte voulsist ou non.

Cōment hieremie fut mis en p̄son en la maison de Janathe.

Dāt nabugodonosor sen fut parti de deuāt hierusalē les faulx prophetes se prindrēt a mocqr de hieremie et de ses prophecies et sen vindrēt au roy sedechie et luy bourent en la teste que les babiloniens ne retourneroiēt plus: et que ceulx du peuple q estoiēt en babiloine reuiēdroiēt bien tost et apporteroiēt auec eulx les sainctz vaisseaulx du tēple. Et hieremie pschoit tout le cōtraire et q le roy sedechie et tout le peuple seroiēt mis en la main de nabugodonosor. Assés tost apres hieremie mōta sus son asne et se voulut fouir de hierusalē et aller a nathoe sa ville. Et celui qui gardoit la porte le prīt et le mena au roy et dist q sen vouloit fouir et aller en babiloine. adōc ceulx entour le roy le batirēt merueilleusemēt et puis le mirent en prison en la maison de Jonathe q estoit lung des maistres de la loy.

En lan .ix. du royaulme de sedechie au .ix. mois sen vit nabugodonosor et mena auecques luy nabuzardā le prīce de sa cheualerie et tous les prīces de sa court. et assiegerent hierusalē et mirent garnison de toutes pars entiron la cite. et fut close tellemēt q nul nosoit issir hors ne entrer par lespace de .xviii. mois. Dont quāt sedechie se vit tellemēt assiege et vit q les choses aloiēt mal il fist tirer hors du prison hieremie

feuillet. cxxxvi.

nō mie du tout mais le fist mettre a vng aultre lieu en celui hostel et vit parler a lui: car il auoit moult grāt paour: et pla a lui secretemēt et luy demāda se cestoit de p dieu q les babiloniēs estoiēt retenus. Et hieremie luy respondit. Que veulx tu q ie te die. Tu seras mis et liure en la main du roy nabugodonosor: mais ie te prie mon cher seigneur que ie ne soie plus mis en prison dont ie vies. Adōc le roy le fist mettre en vng aultre lieu: et lui fist dōner toʳ les iours vng grant pain iusques a tant q le pain faillit du tout en la cite. et toʳ les iours crioit a haulte voix hieremie. qui demoura en la cite il mourra de famine et de glaiue perira. et q sen fourra auec ses enemis il sauuera sa vie.

ADonc sen reuindrent les prīces et les plus grās du peuple et dirēt au roy. Noʳ te prīōs q celuy hōe soit mis a mort car il oste a chascun le cuer de bien faire: et naies mie doubte: car il se ment. car ezechiel le prophete q est en babiloine dit q sedechie ne verra ia babiloine. Mais ilz furēt trop deceus: car lung et lautre des prophetes estoiēt verite car il fut prins et mene en Rabatha et la luy creua les yeulx puis le mena en babiloine: laquelle il ne vit mie car il estoit aueugle. Quāt le roy sedechias eut oui la requeste des prīces si leur

t.ii.

respondit. Voicy qlest en voz mains faictes en voſtre voulēte. Adonc ilz prindrēt hieremie a le getterēt en vng sac au fōs d'une tour ou il n'y avoit point d'eaue force q̄ bourbe, a le getterēt po' le faire mourir de sa propre mort. Et hieremie estoit en bourbe iusq̄s a la gorge dont il estoit a grāt mechief. adōc ardemalech dethiope q estoit vng grāt hōme en l'ostel du roy sen vint au roy et lui dist. Sire tu fais trop grāt peche de croire cest gent, certes mal en viendra se tu ne delivres cest hōme. Et le roi lui dist Prens trēte hōmes auec toy et fais getter dehors celui prophete. Et si fist il. quāt ilz leurēt trait hors si l'appella le roy secretemēt et lui pria qu'il lui dist la Verite de ces choses sans riē celer. Et hieremie luy respōdit, Si ie te donne bō cōseil tu ne le prēdras mie en gre car si ie te dis la Verite tu me occirras. Adonc le roy lui iura q̄l ne le mettroit mie a mort ne souffriroit q̄ nul lui mist. adonc lui dist hieremie. Si tu te rens au roy de Babiloine tu seras sauue & garde de mort et tout ce qui appartiēt a toy: a ceste cite ne sera mie arse. Et si tu ne le fais ceste cite sera arse a cherras en leurs mains toy a les tiēs sās nulle merci.

Cōmēt hierusalē fut destruicte le xi. an du royaulme de sedechie q̄ fut prins et eut les yeulx creues et mourut en prison en babiloine.

Dant sedechie eut oui ce que hieremie luy eut dit si print a souspirer a estre a moult grāt mechief et dist a hieremie q̄ moult voulentiers croyoit son conseil et le fist mais il doubtoit trop ses gēs et ses amis. Et pource lui pria q̄ se on lui demādoit de quoy avoit le roy ple a lui si longuemēt qu'il respondit. Je prioie au roy qu'il ne me delivrast mie en la main de mes enemis. Or faillirēt en la cite toutes les victuailles tellemēt q̄ les meres mēgerēt leurs enfās et fut prise la cite le xi. an du roiaulme de sedechie au quart mois de l'an au cinquiesme iour, et fut ouuerte à tour minuit, et se tindrēt les princes de babiloine a la porte moienne. Et sedechias et tout ceulx de son hostel sen fouyrent de nuit a to' les princes et ses amis auec lui. Et il fut aulcun q̄ le noncia aux princes de Babiloine. Et ilz coururent aps et les acōseurent et les prindrēt. Et aulcūs plusieurs de ses princes sen fouirent a laisserēt le roy et ilz le prindrent et le lierent et to' ceulx q̄ estoient auec luy et l'emmenerent au roy de babiloine q̄ estoit en rabatha. Et quāt le roy de babilone le vedit si lui prīt a mōstrer cōment il auoit failli contre lui et mal cogneu les biens q̄ luy auoit faitz et cōment il auoit sa foy mentie. Et puis lui tua ses enfans deuāt ses yeulx et tous les offi-

Feuillet.cxxxvii.

ciere de son hostel, et au dernier luy creua les yeulx et le lia de bonnes chaines et lemena en babiloine. Et nabuzardan bouta le feu au temple de dieu et lardit, et aussi fist il sa maison et celle du roy et toute la cite, et puis aps abatit les murs de la cite tout entour, et print toute la despoille les vaisseaulx du teple et la nef darai et fist tout eporter en babiloine. Et mist hieremie hors de prison et le mist en sa voulete ou daller en babiloine auec luy et lui feroit grant honneur, ou de demourer au pais. Et hieremie esleut de demourer: et laissa nabuzardan le comun peuple et les aultres poures gens du pais. Et fist roy sur eulx godolia le filz de eliachim et puis sen retourna en babiloine et emena ses prisonniers deuant lui. Et quant nabugodonosor vint en babiloine si fist vne moult grat feste por la victoire qͥl auoit eue. Et ainsi come il se seoit a table il fist amener sedechias le roy de hierusalem deuant luy, et buuoient tous en vaisseaulx dor quilz auoient apportes du teple. Et le roy comanda quon donnast a boire a sedechie dung bruuaige laissatif pour luy faire honte. Quant il eut beut si fut tellement laschie qͥl ne se peult contenir: mais fist son ordure deuant eulx. Et qͣnt ilz se furent bien mocqes de luy si le remirent en la chartre: et la mourut a grant douleur. Et

ainsi finist le royaulme des iuifz que oncqs puis roy ny eut, et ceste captiuite commeça le .v. aage du monde

¶ Cy commence listoire de Jonas.

Nostre seigneur appella vne fois Jonas et lui dist. Vate en niniue la grat cite: car elle estoit si grande qͥlle duroit trois iournees de grandeur, et estoit la pricipale cite du roiaulme des assiries. et criras et prescheras p toute la cite q quarante iours feront passes niniue sera destruicte et mise ce q est dessus dessoubz. Quant ionas eut oui ce q nostre seigneur lui auoit comande si eut grat paour et ny osa aller et sen fouit deuant nostre seignr et sen voulut aller en tarce et sen vit au port ge iope et la trouua vne nef q sen alloit en tarce: et etra dedens pour aller auec eulx. Et qͣnt ilz furent en la nef nre seigneur enuoia vne grant tempeste et vng grat vent tellement qlz furent en grat peril. Et adonc chascu appella son dieu et vindrent a ionas q dormoit moult fort au fos de la nef et lesueillerent et lui dirent. Tu vois bien en ql estat nous somes et ne fais q dormir. Or sus lieue toy et appelle ton dieu qui nous vueille aider.

Et quant ilz virent q ceste tempeste ne cessoit point si dirent etre eulx quil conuenoit q ce fust par le deffault de lang deux q qͥl auoit

t.iii.

dieu courouce. Si getterent les sortz entre eulx: ⁊ le sort cheut sus Jonas Adonc luy demanderent dont il estoit et ou il alloit. Et jonas respondit. Je suis ebrieu: et sers au grant dieu du ciel qui mauoit commandé aucune chose q̃ ie nay ose faire si me cuidoie fouir: mais ie croie que ie ne puis et pour moy vous vient ceste tempeste Quant ceulx de la nef ouirent ce: si eurent moult grãt paour et lui dirẽt Que pourrõs nous faire de toy ad ce que ceste tempeste cesse. Et il leur dist. Si vous me gettes en la mer elle cessera. Adonc le prindrent et le getterẽt en la mer. Et Dieu appareilla vng poisson que appelle baleine: si lengloutit ⁊ tãtost la mer se appaisa. Quant ceulx qui estoiẽt en la nef virent ce ilz loueret dieu et lã doureret et sacrifieret a luy.

Quãt ionas eut esté trois iours et trois nuytz au ventre du poissõ: le poissõ le vomit hors a la riue sans estre ne tãt ne quãt blesse ne affole. Adonc sen vint nostre seigneur a Jonas la seconde fois et lui dist. Jonas lieue toy ⁊ ten va en niniue et presche parmi la cite q̃ quãt quarãte iours seront passes: niniue sera destruicte et tournee ce q̃ est dessus dessoubz. Adonc sen alla ionas en niniue pour acomplir ce que dieu lui auoit commandé. Et quant il eut presche vne tournee toute entiere si

creurẽt ceulx de niniue en nostre seigneur. Et tãtost se mirent a ieuner et a vestir la haire hõmes et femmes grãs et petis: et vindrẽt ces nouuelles iusques au roy et a ses princes. Adõc le roy saillit sus de son trosne et deuestit ses nobles parmées. ⁊ si print vng sac et vestit la haire et se coucha en cendre. Et fist crier p̃ toute la cite de p̃ le roy ⁊ ses barons que nul ne beust ne mengeast fust hõme ou femme iusques a la nuit: ⁊ q̃ toꝰ vetissent la haire et fussent couuerts de sacz ⁊ les bestes mues. ⁊ q̃ chascũ laissast sa mauuaise vie et se cõuertist a dieu nostre seigñr: ⁊ se missent tous a bien faire et criassent a dieu merci. Et quãt nostre seigneur vit leur amẽdemẽt cõment ilz sestoient a lui cõuertis du tout de bon cueur et auoiẽt laisse leurs mauuaises vies: si eut pitie deulx ⁊ leur pardonna et quitta tout quãques ilz auoient meffait contre luy et relacha sa sentence et la punition.

Quãt Jonas vit ce: il fut si courouce q̃ plus ne peult. et dist a nostre seigñr. Sire pourquoy me fuis tu ainsi. Je scauoie biẽ q̃ tu me ferois mensonger: pource me vou lois ie fouir laultre foiz. Or ay ie plus cher mourir q̃ de voir ce que ie voy Adonc lui dist nostre seigñr. Jonas es tu biẽ courouce te semble il q̃ tu aies bõne cause de toy courroucer si

fort. Et ionas sen alla hors de la ci
te seoit au champs p̄ devers lorient de
la cite: et la fist ung petit logis con-
tre la chaleur du soleil. et la se tint
pour veoir ce q̄ dieu feroit de ceste cite
Et celle nuit fist croistre nostre sei-
gn̄r une yerre grāde et verte qui cou
uroit la teste de ionas contre lardeur
du soleil. Dont ionas fut moult ioy-
eulx. Ung iour fist naistre nostre sei
gneur ung vert en celle yerre qui la
rongea iusq̄s au vif et la fist secher
Adonc ionas fut moult courrouce.
car le soleil lui fieroit sur la teste et
lui faisoit moult de mal: et se print a
souhaiter sa mort p̄ ennuy de cueur
Adonc nostre seign̄r lui dist. Ionas
nestu mie bien courrouce: car le so-
leil lui fieroit sur la teste p̄ celle yer
re qui estoit seche. et ionas lui r̄ndit
Vraymēt ie suis bien courrouce tel
lement que ie voulsroie estre mort.
Et nostre seign̄r lui dist. Se tu es
courrouce et as grāt dueil pour une
yerre qui en ung iour et ung nuit si
est nee sans ton labeur: cōmēt donc
ne doibz ie mie estre trouble de per-
dre tant de ames qui sont en niniue:
an laquelle y a bien sept mille persō
nes ou plus simples gens q̄ a peine
scauent discerner entre dextre et se-
nestre. et tant y a dautre peuple qui
ont leurs vies amēdees et mont crie
merci. et ie les ay receuz a merci par
leur penitence.

feuillet. cxxxviii.
¶ Cy commēce listoire de Ruth q̄
Noemi amena en la t̄re de moab.

AD temps q̄ les iuges estoient
en israel apres la mort de sāp
son aduit une grāt famine en la t̄re
disrael q̄ fut moult grande et moult
greuable. Or auoit en bethlee ung
hōme quon appelloit elimelech qui
estoit de la lignie de Juda: et auoit
une moult belle fēme quō appelloit
Noemi. et eurēt deux enfans dont
lung fut appelle Maalon: et lautre
Cherlon. Or sen alla celuy hōme
hors du pais pour la famine et eme
na auec lui sa fēme et ses deux enfās
et entra en la terre de moab et la de-
moura. Or aduint q̄ y mourut et
ses enfans se y marirēt et prindrent
deux fēmes. Dont lune fut appelle
Orpha: et lautre ruth. et mourerēt
les deux enfans de helimelech sans
point auoir hoir de leurs corps. et y
ainsi demoura vefue orphee noemi
des ses deux filz. Si se mist pour se
retourner en son pais: car elle auoit
ouy dire q̄ la famine estoit passee Et
ainsi cōme elle sen venoit. ses deux
brus sen venoiēt auec elle: mais noe
my les appella et leur dist. Belles
filles retournes vous en: car vous
nauez que faire de venir auec moy.
ce nest mie doubte q̄ iamais iaye en
fans q̄ vous puissent hōnourer. Et
q̄t orpha louyt: si la creut et prīt cō
t. iiii.

ge belle ꝗ sen retourna chez sa mere mais ruth ne voulut oncꝗs retourner: mais retourna auec noemi Et noemi luy dist escoute belle fille mō dieu nest mīe cōme le tien. pource ie te cōseille de retourner en ton pais: car il te sera trop grief de demourer en estrāge pais. Mais ruth luy respōdit. ton peuple est mie et ton dieu sera le mien Je te iure ꝗ promet̄z ꝗ iamais de toy ne departiray iusꝗꝰ a la mort. quāt noemi vit son intētiō et sa cōtenance si ne lui voulut plus cōtredire. Lors sen vidrēt elles deux iusques en bethleē. Et quant elles furēt en bethleē entrees les femmes de la cite dirēt. voicy la belle noemi qui est reuenue. Et elle leur respondit. Ne mappelles plus la belle noemi: Mais marra. cest a dire amere car dieu ma rēplie de moult grāt amertume. Je me partis dicy plaine de ioye ꝗ de cōfort en mon mari et en mes enfās: et dieu ma priuee de toꝰ mes biēs ꝗ ma ramenee a tresgrant meschief et a grant douleur.

OR auoit en bethleē vng grāt saige hōme et puissāt ꝗ estoit parent ꝗ ami a helimelech le pere de son mari ꝗ auoit nō boos Or estoit messons et soyoit on les orges. Et ruth dist a sa dame. Se tu veulx ie yray messonner aux chāps en ꝗlque lieu ꝗ ie pourray. Et noemi luy respondit. va ma fille dieu te cōduie

Et elle sen alla ꝗ entra en vng chāps ꝗ ō messonnoit ꝗ estoit a celui riche hōme dessusdict. Et voicy quil venoit a son champ veoir ses messonniers et trouua ruth qui recueilloit les espis de bled qui sespādoient de la main des messōniers et dist boos Dieu soit auec vous Et ilz luy respondiret. dieu le te vueille rendre. Puis leur dist. dont est ceste ieusne femme qui cy messōne. Et ilz respōdirent. Cest ruth de moabiciens la brus de noemi ꝗ est venue auec elle et nous a priees quelle puisse messonner en vostre champ. Et des le matin iusques a vespres ne cessa et sās retourner a lostel. Quant boos eut ouy ce. si appella ruth et lui dist. fille ie veulx ꝗ dorēsnauant tu ne voises en aultre chāp glaner ꝗ en mien tāt ꝗ messōs dureront. et si ne veulx que nul de ma maisgnie te face nul ennuy: car ie leur deffendray. ꝗ si tu as soif va boire auec eulx. et quāt il sera heure de mēger va mēger auec eulx. Adōc ruth se getta a ses piedz et lui dist. sire dont vous vient ce ꝗ vous me faictes si grāt grace qui suis vne poure femme estrange Et boos lui respōdit. Jay ouy dire tant de biēs de toy et ōme tu as laisse toy pais et tes amis et ten es venue demourer entre gens ꝗ tu ne cognois: dōt chascū ten doibt priser. et le dieu disrael soubz qui tu es mise te rende tous ses biens. Adonc commāda a ses messōniers q̄ aucunesfois de certain propos ilz laissassēt cheoir des pongnies de bled a ce que au moins de hōte elle peust glaner et au mois de peine. Or vint lheure de disner ilz appellerēt et la firēt mēger auec eulx. et elle print des biens quō lui auoit donnes: et en mist dune part pour noemi sa dame. Et quāt elle eut mēgé elle se remist a glaner cōe elle auoit fait par auāt. Et quant vint la nuit elle batit ses glanes et trouua quelle auoit bien trois muis dorge de sa maison.

Comment Ruth se coucha auecques Boos.

Dant elle vint a lostel si ra conta a sa dame cōmēt elle auoit fait celuy iour et cōment Boos luy auoit fait courtoisement: et luy mōstra ce q̄lle lui auoit gardé de son disner. Et noemi respondit. Il soit de dieu benit quāt telle amour quil a eue au mort il la monstre au vif. Il est aussi nostre parēt bīē prochat Ledemain alla ruth messōner cōme le p̄mier iour et ainsi tous les iours tant q̄ messons furēt finees. Adonc estoit de coustume que quāt ūg riche hōme auoit messonné a mis ses bledz en grāge a il les vouloit batre et vaner il faisoit ūg grāt mengie a tous les messōniers et maisgnies Or vint le iour q̄ noemi lescreut et

feuillet. cxxxix.

dist a ruth. Belle fille lieue toy a te vetz et te appareille au mieulx q̄ tu pourras et ten iras arriere vers lostel de boos a p̄esgarde ou il se couchera et garde q̄ nul ne te voie. Et quāt il sera couché a endormi: si te coucheras a ses piedz et il te dira que tu deburas faire. a ainsi fist ruth ōme Noemi luy auoit commādé. Dont quāt vint ētour minuit q̄ boos fust esueille si sētit une fēme a ses piedz il fut moult esbahi et luy dist. Qui es tu qui gis a mes piedz. Et elle respōdit. Je suis ruth ton ācelle a ta petite seruāte. extēdz ta couuerture sus moy: car p̄ droit de prochaineté tu le doibs faire selō la loy pour mō mari qui est mort sans hoir. Adonc lui respōdit boos. Belle fille tes parolles et toy soient de dieu benis qui nes mie alle apres les ieusnes gens ne poures ne riches. Ne doubte riēs car quāques tu vouldras ie feray. Il nest nul en ceste ville q̄ ne saiche bien q̄ tu es une preude fēme et plaine de grās vertus. Je ne puis nier que ie ne soie ton prochain: mais il y a ūg hōme en ceste cite q̄ est plus prochain que moy Je parleray a lui sil te veult prēdre a femme bien va pour toy: et sil ne te veult prendre a fēme ie te prometz deuāt dieu que ie te prendray a femme. Or te repose a te dors iusq̄s a demain au matin et garde toy bien, que nul ne te voie de partir de ceans. Quant vint au point du iour Booz se leua et dist a Ruth qlle tendit son giron et il luy getta six muis dorge de sus. Et elle les eporta a sa dame noemi et lui racompta coment elle auoit fait et coment boos auoit parle a elle: et luy monstra les enseignemens de lorge quelle auoit apporte.

Boos vint a la porte de la cite ou on tenoit les assises et sassist entour le iuge et appella dix des plus anciens de la cite et fist venir deuant eulx celui prochain. Et quant il fut venu si luy dist boos. Noemi la feme de elimelech q estoit nostre prochain a vendu sa part dung champ q fut a son mari cest raison q toy ou moy q somes les pl° prochais lachetios. et tu dois aller deuant pource q tu es le plus prochain. Or dis se tu le veulx achetter ou no. Et celui lui respodit que voulentiers lachetteroit. Adonc lui dist boos. Pource q tu le veulx auoir po' cause de prochainete. raiso est aussi que tu faces ce q la loy veult et ordonne. cest que tu prenes ruth a feme pour susciter la semece et la lignie de to prochai. Quat celuy home ouit cecy si respodit Je renoce a tout le droit q ie pourroie auoir en ce cas et au champ et a ruth pour cause de prochainete et renoce en ta mai. Vse de mon droit hardimet: car ie le veulx bien: Et boos

luy respodit. Or te deschausse donc deuat to' ceulx q sont icy en tesmoignaige de ceste alliace car cestoit la coustume anciene et destatus de la loy disrael q quat aulcu rendcoit en la mai de so prochain il se deschaussoit et donoit ses souliers en la mai de celui a qui rendcoit a ffin q ce fut chose ferme et estable. pource se deschaussa cest home en tesmoignaige de ceste renociatio. Adonc dist boos Je vo' requiers en tesmoignaige q au iourduy ie estre en possession que tout quanques fust a belimelech et noemi la me deliuree et ie prns ruth a feme qui fut feme a maalo le fils de belimelech. Et tous ceulx qui la estoiet respodiret. No' en somes to' tesmoigz et prios a dieu q telle lignie te donne de ceste feme et la face telle en israel come fut lia et rachel q ont creu et edefie le peuple disrael. Or print boos a feme ruth des moabiciens et en lan apres en eut vng fils qui fut appelle obech: et noemi prit lenfant et luy estoit come nourrisse Et les voisins la visitoiet et se esiouyssoiet entour elle et benissoient pour lenfat que dieu lui auoit done Et celui obech fut pere de Isay qui fut aultremet appelle Jesse qui fut pere de dauid.

Cy commence listoire de Thobie.

Thobie fut de la lignie de neptaliz q̃ gist es haultes pties de gallilee, et fut prins auec les autres gens de samanazar le roy des assiriens et mene en la cite de niniue. Et ia soit ce ql fust prins et mene hors de son pais oncqs ne foruoia de la loy ne du chemĩ de dieu. Quãt les aultres du peuple disrael alloient adourer les veaulx dor q̃ hierobon auoit fait faire tout seul sen alloit en hierusalez au temple de dieu et la adouroit dieu et offroit to⁹ les pmiers fruicts et dismes si entieremẽt et si loiaulment q̃ ẽt ce venoit la tierce ãnee il deptoit aux prices les biens ql auoit offert a dieu. Ces choses et plusieurs aultres semblans faisoit mesmes en sa ieunesse q̃ estoient ou pouoiẽt estre mesmes selon la loy. Et ia soit ce ql fust le plus ieusne de toute sa lignie toutesfois ne menoit mie vel desfãt. Et qñt il fut hõme pfaict il prit vne fẽme qui fut appelle ãna qui estoit de sa lignie, et en eut vng bel ẽfant qui fut appelle thobie aps lui, leql il lẽseigna a doubter dieu des son enfance et a lui garder de toute pechee. Dont qñt il fut prins et mene en niniue sa fẽme et son filz si y habiterẽt et bien se garda de mẽger des viandes qui estoiẽt deffendues selon la loy: ne dauoir pticipation auec les ydollatres et ceulx a q̃ il veoit faire

feuillet .cxl.

aulcune chose q̃ estoit contre la loy il les repnoit et remõstroit leurs defaulx. Et dieu nostre seignr lup dõna grãt grace p deuers samanazar le roy des assiries: et tellement quil luy dõna conge daller quelq̃ part qĩ vouldroit et de visiter ses freres p tout leur captiuite. Et quãt il les ruisitoit il les admõnestoit de dieu seruir et dauoir pascience et quilz se retournassẽt a dieu de tout leur cuer et ainsi cõme il les alloit visitant p tout il trouua la vng sien parent q̃ estoit a grant pourete et eut pitie de luy: et lui presta dix besans dargẽt quil auoit q̃ le roy et les aultres bõnes gens luy auoiẽt donne. Et prit de luy vne recognoissãce et vng escript de celuy prest: et puis sen vint.

Or aduit que samanazar morut et regna son filz seminacherib apres luy. Dont seminacherib sen vint fouyãt de iuerie au tẽps q̃ ses gens auoiẽt este occis de lange de nostre seignr dieu. Il print moult fort a haier les ẽfãs disrael q̃ estoiẽt en sa tre, et les faisoit mettre a mort la ou on les pouoit trouuer. Et qñt Thobie les trouuoit mors il les enseuelissoit pour la quelle chose il en fut accuse duant le roy. Adonc le roy cõmanda quil fust prins et mis a mort. Et quant Thobie le sceut si se cacha et se destourna affin quil ne fust trouue: car chascun saimoit

biens par sa bonte a tous ses biens furent
saisis: mais quarante iours apres le roy
sennacherib fut occis de ses enfans
et puis thobie sen retourna paissiblement
en son hostel: et lui furent rendus tous
ses biens.

Comment thobie ensevelissoit les mors de nuit.

Ung iour entre les aultres a une
feste de iuifz. Thobi eut bien
appareille en son hostel: si dit a son
filz. Va avoir la val: et quiers aulcun
des nostres qui doubtent et ayment dieu
et les amene menger avec nous. Et
quant il fut retourne si dit a son pere
quil avoit trouve ung des enfans de
israel mort gisant emmi la voie.
Adonc saillit sus thobie avant quil
beust et mengeast: si apporta le corps
en sa maison et le musst dune part ius-
ques au soir et puis sassit et au men-
ger, et prindrent a menger en pleurs
et en tristesse. et lui souvenoit de la
prophecie de amos qui disoit. Vos festes
seront muees en pleurs et en gemisse-
mens. Et ses amis le reprenoient
moult durement pource quil sentre-
toit de ainsi faire. car ia pour semblant
cas on lavoit voulu mettre a mort
et lavoit le roy commande. Mais tho-
bie qui doutoit dieu plus que les hommes
ne faisoit force de leur parolles. Et
tousiours il ensevelissoit les mors en
quelque lieu quil les pouoit trouver et
les apportoit en son hostel et de nuit
les ensevelissoit.

Comment thobie devint aveugle apres ce que la captivite des iuifz fut passee.

Ung iour entre les aultres sit
tout las et travaille de ense-
velir les mors si se coucha en sa mai-
son au plus pres dune paroit et sen
dormit. Et voicy que les yrondelles qui
dessus lui estoient luy chierent sus les
yeulx et lavueugleret. Et nostre sei-
gneur lui souffrit avoir ceste tribu-
lation pour donner exemple de patience
a ceulx qui apres lui vindront. et com-
bien que des son enfance eust doubte et
ayme dieu de bon cueur il nen perdit
oncques patience ne contre dieu ne
murmura. ne dieu ne courroussa de
ce que ainsi lui estoit advenu. Et
tout ainsi comme le sainct homme Job
mocquoient et rigoloient ainsi faisoient
a thobie ses propres parens et amis
et lui reprouchoient et disoient. Or
as tu bien perdu ton temps. ou sont
les aulmosnes et les biens que tu as
faitz moult de biens ten sont venus
Et thobie les reprenoit moult fort.
et disoit ainsi. Gardes que vous di-
rez ce nest mie bien fait de ainsi pler
nous sommes tous enfans de sain-
ctes gens et attendons lautre vie qui
est lassus au ciel que dieu a promis
a donner et donnera a ses amis et a
tous ceulx qui bonnement et loyaul-
ment le serviront.

Commet thobie pria nostre seigneur pour la reprouche de sa fēme

Une la fēme de thobie alloit tous les iours a son ouuraige car elle estoit tisserāde: et ce q̄lle gaignoit a son labeur elle apportoit a lostel. Dont vne fois pour son paiement elle apporta vng cheuereau a lostel: si louyt braire thobie et dist a sa fēme. Pour dieu prēs garde q̄ ce cheuereau ne soit mēge ne ēble: rendes le a celui a q̄ il est. Quāt la fēme louyt ainsi pler si fut cōme toute enraigee: et p courroux lui print a dire Bien appert q̄l prouffit te ont fait tes aulmones q̄ tu solois faire: tres bien as emploie ton temps. Quant thobie louyt ainsi parler: si print a souspirer et a gemir griefuement. et en grans larmes pria nostre seignr̄ et dist. Sire tu es iuste et droicturier et tous tes iugemēs sont iustes toutes tes voies sont plaines de verite de iustice de pitie et de misericorde. Or sil te plaist sire ne te vueille mie souuenir de mes iniquites ne des peches de nos peres: car pourtāt quilz nōt mie voulu obeir a tes commandemēs ne toy seruir ainsi comme ilz deussēt: sommes nous ainsi dehais p tout pais. Trescher sire vueilles auoir pitie de moy et recois mon espit en paix: car mieulx me vault mourir q̄ viure en tel reprouche.

Cōment sarra se mist en oraisō trois iours et trois nuitz sans boire et sans mēger pour la reprouche de vne garse de sa maison

En celuy iour aduint q̄ sarra la fille de raguel qui demouroit en vne cite de mede eut vng tres grāt reprouche de lune de ses seruantes de lostel de son pere: car sarra la repnoit q̄me lune de ses domoiselles et seruātes daulcun deffault quelle auoit fait. et celle garse en eut grāt despit et lui respondit. iamais de toi ne puissiōs nous auoir ne filz ne filles: mauuaise murtriere q̄ as murtri et occis sept hōmes qui estoiēt tes maris espouses. me veulx tu ainsi murtri cōme tu les as murtris. Il est bien verite q̄lle auoit eu sept maris lūg aps lautre. Et qui a fait ce ilz vouloiēt coucher auec elle charnellemēt vng diable q̄ leans estoit appelle asmodeus les estrangloit. Dōt q̄t sarra eut ouy la vilanie et le reprouche q̄ celle garse lui auoit dit en eut mōlt grāt dueil et monta en vng sollier hault en leur maison et la se prīt a plourer moult fort. et la fut trois iours et trois nuitz en oraison sans boire et sans mēger. et disoit ainsi a nostre seignr̄. Sire ie te prie et requiers q̄ tu me vueilles oster de ce monde. Et quāt vint au tiers iours si cōmēca a dieu benir et louer et dire. Benoist soies sire dieu

S.i.

glorieux q es le dieu de nos peres q
apres to° couroux es appaise et fais
grace et misericorde, et au teps de tri
bulation pdõnes les peches a ceulx
qui de bon cueur te prïet et ta grace
requierēt Pource ie te prie q tu eslie
ues mō cueur par deuers toy et q tu
aies pitie et merci de moy et me vu-
eilles deliurer de ceste honte et repro
che quō me dist. Tu sces mon cher
sire q onques ne aimay ne couoitis
homme damour charnelle mais ay
garde mō ame et mō corps de toute
charneelle couoitise des mon efance
onquesne me boutay en cõpaignie
legiere ne deshoneste. Je me suis cō
sentie a hōme a ta saincte paour nō
mie po' delit corporel ne pour amo'
corrōpue: mais pour bien de lignie
et filz sont mors par auēture cestoit
pourtāt que ie ne suis pas digne de
les auoir car peult estre q tu me gar
des pour vng aultre. Il nest mie en
puissāce de hōme de scauoir ton cōn
seil ne ce q tu veulx faire. Mais po'
certain tant a de bien et de confort a
toy q chascun de bon cueur te veult
seruir: car qui a a souffrir pour toy
sera courōne et sera par toy deliure et
trouuera ta misericorde car tu ne te
delites poit en nos peches et en nos
tribulations. Car apres tēpeste tu
fais paix: et apres larmes tu dōne
ioye Or soit ton sainct nō benoist a
tousiours. En vng mesmes temps
furēt les prieres de ces deux porees
de thobie et de sarra deuant Dieu: et
les receut nostre seignr et ēuoia son
ange Raphael pour eulx sauuer et
garantir.

¶ Commēt thobie enseigna a son
filz plusieurs beaux enseignemēs.

Ont quant thobie sceut que
sa priere estoit de dieu ouye:
si cuidoit bien mourir dedēs brief de
temps. Si appelle son filz thobie et
luy dist Escoute mon cher filz mes
parolles et mes enseignemens et en
fais vng bon fondemēt en tō cueur
Quāt ie seray mort tu meseueliras
et porteras hōneur et reuerence a ta
mere tant quelle viuera, et quāt elle
sera morte tu lēseueliras decoste moi
Tous les iours de ta vie aies dieu
et sa paour en ton cueur et deuāt tes
yeulx, et te gardras de pecher et nul
lement ne trespasses les command
mens de dieu. Fais des aulmosnes
de ta propre substāce et ne refuses ia
mais rien aux pours qui te demā-
deront, et dieu ne te refusera riens q
tu lui demāde, et selon ton pouoir
soies piteux et misericors. Si tu as
des biens asses dōnes en pour dieu
largemēt et si tu en as peu: de ce peu
donnes en liemēt. Par ainsi feras
tu vng grant tresor pour toy deuāt
dieu q aulmosnes te feront: car aul
mosne deliure de tous pechies et de

la mort. Et ne souffre a aller en tenebres denfer celui qui donne souliers aux poures, z q souletiers fait qu[m]osnes: mais donne grãt fiance daller a dieu. Garde mon cher filz ton cueur et ton corps de toute fornication: et ne couoite autre femme q la tienne. Ne laisse en nul temps ton cueur cheoir en orgueil: mais le fouis tant que tu pourras car ce fut le co[m]mecement de p[er]dition humaine. Quiconques oeuurera po[ur] toy si lui paie tantost son loier et ne lui retiens a peine nullement iusqs a lendemain. Ce q tu ne vouldras mie quon te feist ne fais mie a aultrui. Pres tousiours conseil a plus saige de toy. et suis les bõs et fouis les co[m]paignies de mauuais. Loues z beniez nostre seign[eu]r en to[us] temps et luy prie quil te vueille conduire et adresser et tes conseilz soient a luy appuyes. Beau filz saiches q q[uan]t moy et ta mere allions visiter les poures prisonniers no[us] vimmes en la cite de rages q est au pais de mede, z la trouuay vng mie parent et cousin quon appelloit gabell[us] a q ie prestay dix besans dargent a grant necessite voicy la lettre de la recognissance q tu porteras auec toy. et iras querir cest argent pour toy aider et ne sois mie esbahis se nous menons poure vie et petit estat: car encores aurons nous asses de biens se no[us] voulons dieu seruir et aimer.

feuillet. cxlii.

Quant le petit thobie eut ouy ce q son pere lui auoit qmãdé si respõdit. Quãques tu mas commãdé souletiers te feray: mais dauoir cest argent ie ne scay q ien pourray faire. Il ne me cognoist ne moy luy. Je ne scay la voie ne le chemin ne le pais. comment donc y pourrai ie aller. Adonc lui respondit son pere Tu apporteras la recognoissance auec toi laqlle il nosera nier. z si suis aussi encores en vie z si scay bien que quãt il verra ceste recognoissance q iay de lui quil te paiera souletiers. Or ten va donc aual la ville et quiers aulcun preudõme qui puisse aller auec toy p[our] bon loier q nous lui payerons. Adonc yssit hors de lostel le ieusne thobie pour querir aulcu[n] qui sceust la voie en rages et aller auec lui. Et tantost il trouua vng iouuencel fort et deliure q estoit appareille selon ce qil sembloit pour cheminer. Et thobie lui demanda qui il estoit et ne scauoit mieq ce fust vng ange. Et lãge luy respõdit qu'il estoit le filz disrael. Et thobie lui demanda sil scauoit la voie en rages et il respondit q moult bien scauoit la voie z le chemin et toute la cite. z q plusieurs fois auoit este aual la cite z en lostel de gabellus q estoit des filz disrael. Adõc quãt le petit thobie louit ainsi parler si fut molt ioyeulx z lui dist Je te prie q tu me vueilles vng pou

S.ii.

icy attendre iusques a tāt q̄ iay cecy
nonce a mon pere. Adonc sen Bint
tātost a son pere et lui dist comment
il auoit trouue ce quil lui failloit ne
plus ne moins Adōc son pere en fut
moult esbali et dist a son filz q̄l luy
fist venir ce varlet plet a luy.

Quant lange en forme de mes
sagier vint deuāt le grāt tho-
bie si le salua en disāt. Dieu tēuoie
ioye et celle puisse tu auoir thobie et
Thobie lui respondit. Quelle ioye
puis ie auoir qui suis aueugle et ne
puis veoir la lumiere du ciel. Et le
iouuēceau lui respōdit en le confor-
tant et lui dist. Aies bon cuer a post
ne te desconforte:car dedēs vng peu
de temps tu seras gueri. Et thobie
lui print a demāder:pourras tu me
ner mō filz en la cite de rages ou de-
moure gabellus. a quāt tu seras re-
tourne ie te paieray a ta voulente.
Et lange lui respōdit quil le mai-
neroit et remaincroit sain et sauf
Et thobie lui demanda de quelle li-
gnie il estoit a cōment on lappelloit
Et lange lui respondit. On map-
pelle ezarie filz au grāt ananie. cest
a dire selon la signifiance des motz
nō pas aultremēt:car azarie vault
autant a dire cōme ardeur. Ananie
cōme gloire de dieu:israel cōe celuy
q̄ voit dieu Il estoit donc filz de la
gloire de dieu et ministre. Adōe tho
bie luy rēdit. Tu es de grāt lignie

mais ie te prie q̄ tu ne te courouces
mie po'ce q̄ ie le tay demāde. Soies
en paix dist lange et ie te maineray
et ramaineray ton filz en bōne sāte.

Dont quant ilz eurēt prins ce
q̄ besoing leur estoit po' leur
voie:si sen allerēt a se mirēt au che
min entre eulx deux tant seullemēt
et vng chien q̄ alloit auec eulx. Et
quāt ilz furēt partis la mere de tho
bie se print formēt a plourer et a me
ner grant dueil pour la departie de
son filz a disoit a son mari. Le bastō
et la sante de nostre vieilesse sen est
alle et en as enuoie nostre ioye et no
stre confort: mal fut oncques cest ar
gent forge: bien no⁹ deuoit souffire
nostre pourete. no⁹ estions asses ri-
ches q̄nt nous voions nostre enfant de
uāt nous. Et thobie la reconfortoit
au mieulx quil pouoit: et lui disoit.
Laisse ton plourer. car ie cray certai
nemēt q̄ nostre filz sen ira bien a seu
remēt et q̄l retournera en bōne sāte.
et q̄ encores tu le verras a grāt ioye
retourner: car ie tiēs q̄ lāge de dieu
le cōduit et q̄l fera si biē sa besōgne
que a grant ioye le nous remainera
Adonc se tint la mere de plourer

Comment vng poisson voulut
egloutir le ieusne thobie.

Or allerēt la pmiere iournee
lange et thobie tant q̄ le soir
vint. et se herbegerēt celle nuit pres
du fleuue tigris en vng hostel. Et

Thobie alla lauer ses piedz: et voicy vng poisson q̃ le voulut engloutir. et Thobie eut moult grãt paour: si hucha lange a luy dist. Helas sire voicy vng grant poissõ q̃ me veult deuorer q̃ feray ie. Et lange luy dist prens le p les ouyes a le trais a tre Et quãt il fut trait a terre si luy dist fens le p le ventre a luy trais hors les entrailles et prens le cueur a le fu gier a le fiel a le garde bie: car il por te grãt vertu et en fait on grãt me dicine. Et Thobie rostit vne ptie du poisson a le remenãt mist en sel a le mẽgerent parmi le chemin tant q̃lz vindrẽt en rages. Et ainsi cõme ilz sen alloiẽt: si demãda thobie a lãge a lui dist. Je te prie azarie cher frere q̃ tu me diez a quoy vallent ces cho ses q̃ tu mas fait mettre dune part et garder du poisson. Et azarie lui dist et respondit. Qui prendroit le cueur de ce poissõ ou tout ou vne p tie, et le mettroit sus les charbõs ar dans la fumee de luy enchasse tou tes manieres de dyables soit dhõme ou de femme ou daultre Et q̃ oing̃ roit du fiel les yeulx chassieux a ob scurs ou aueugles il rend la veue a oste toutes maladies. Or allerent tant quilz vindrent en la cite de ra ges en lostel de raguel.

Et quant ilz fure̅t en la cite de rages si dist thobie a lange ou veulx tu q̃ nous soiõs heberges

Feuillet. cxliii.

ceste nuyt. Et lãge lui dist. en ceste ville est celuy raguel que tu quiers noʒ ironsen son hostel et ie te diray q̃ tu feras. Celui hõme na que vne fille a il la te cõuiẽt auoir a femme car ses biens doibuẽt estre tiens. tu la lui demanderas quil la te vueille donner a fẽme. Et thobie lui rñdit. Jay ouy dire q̃ celle a eu sept maris q̃ sõt tous mors: car elle a auec elle vng diable q̃ les a mis a mort, a ie doubte q̃ aisi ne fist. de moy dõt mõ pere et ma mere mourreroiẽt de due il. Et lãge luy respõdit. Je te diray a monstreray q̃ sont ceulx sur qui le dyable a puissãce: cest sus ceulx qui tellemẽt se marient q̃lz nant cure de dieu mais le chassẽt hors de leur cõ paignie et vueillent tellemẽt assou uir leurs desiers charnelz q̃lz nõt en eulx ne mesure ne attrẽpãce nõ pl q̃ ont bestes mues. En telles gens prent le dyable pouoir et puissance. mais tu ne feras mie ainsi. Car qñt viendra la nuit q̃ tu lauras espou see et q̃ tu deburas coucher auec elle toy et elle seres en orisons les trois pmieres nuitz et tu prendras le cue du poisson q̃ tu as a le mettras sus les charbõs ardans et quãt le dya ble sentira la fumee il sen fouira du lieu: ne iamais au lieu ne retourne ra Et ce feras tu a la pmierc nuyt. A la seconde vous prires q̃ dieu vo face pʃonniers de saincte gloire et
d.iii.

de la chascete des patriarches. Et a
la tierce nuyt ce sera pour recepuoir
benediction de dieu pour enfans auoir
i lignie plains de saincte e de vie. A
la quarte nuyt toucheras auec elle
plus pour cause dauoir lignie q̃ de
assouuir delitz charnelz.

Comment thobie demanda auoir
a feme sarra la fille de raguel laql̃
le raguel luy donna.

OR sen vindrent a lostel de ra-
guel e la se hebergerent. Et
ilz receut moult ioyeusement e re-
garda moult raguel le ieune thobie
e dist. Celuy enfant resemble moult
bien a nostre parent thobie. Si sen
vint a eulx e leur demanda dont ilz
estoient. Et ilz luy respondirent quilz
estoient de la lignie de neptalim e de
la captiuite de niniue. Et il leur de-
manda silz cognoissoient point son pa-
rent thobie. Et ilz luy respondirent
q̃ voirement le cognoissoient ilz bien.
Adonc print il a dire moult de bien
de luy e le louer e le priser. Adonc
lange luy dist. voicy son filz. Et
raguel print a plourer de ioye e a le
brasser e baiser e luy dist mon cher
filz de dieu sois tu benist: car tu es
filz dung tresbon homme. Et coman-
da raguel a appareiller grandement
a menger. Et thobie lui dist quil ne
buroit ne mengeroit iusques a tant ql
luy eut octroye vne demande quil
luy requerroit. Cest q̃ ie veulx que

tu me donnes ta fille a feme. Quant
raguel lui ouyt sa fille demander: si
print a muser e a estre a moult grãt
mechief de lui donner, car il se doub-
toit quil lui deust aduenir comme il
estoit aduenu aux autres deuant luy.
Et ainsi qme il pensoit ql pourroit
faire lange luy dist. Ne sotes poit
esbahi de la lui donner: car il la doibt
auoir a feme pourtant ne la doibt a-
uoir nul autre q̃ luy. Adonc dist ra-
guel. Je croy q̃ dieu vous a icy ame-
nes e ql a ouy ma priere e receu mes
larmes e veult q̃ ceste fille soit ioin-
cte e couplee auec sa generation selon
la loy de moise.

Quant il eut ce dit: si print la
main dextre de thobie e la
main de sarra e les espousa ensem-
ble e leur dist le dieu de vos peres
e premiers peres soit auec vous e vous
doint sa beneisson: e firent les escrips
du mariage puis les nopces. Quant
vint le soir ilz les mirent ensemble en
vne chambre e sen allerent tous. Adõc
thobie print la partie du gisier quil
auoit en sa bourse e le mist sus les
charbons. Et raphael print le dya-
ble q̃ auoit estrangle les sept hommes
e le lia au desert des haultes mon-
taignes degipte. Et thobie appella
sarra e lui dist. Mettons nous en o-
raison huy e demain e prions nostre
seigneur. e apres ces trois iours passes
nous deuons estre ioinctz a nostre

seigñr. et la quarte nuitee vseros de
noſtre mariage Nous ſōmes enfanſ
de ſainctes gens ſi nous debuōs pl9
ſainctemēt couppler enſēble que ne
font ceulx qui ne congnoiſſent Dieu
noſtre ſeigneur.
 Dāt thobie eut ce dit a ſarra
ſi ſe miſt en oraiſō elle et tho-
bie: et dit thobie. O vray dieu piteux
et miſericors q̃ es le dieu de nos pereſ
toy doibuēt loner le ciel et la terre la
mer les fleuues et les fontaines et
toutes les creatures q̃ en eulx ſont.
Tu formas adam de limon de la
terre et luy donnas eue a ſon aide. et
maintenāt tu ſces que ie prens ceſte
fille: nō mie pour delicieux et luxu-
rieux delitz mais pour auoir lignie.
Or nous vueilles viſiter par ta pi-
tie. Et ſarra faiſoit ceſt priere en
diſant. Sire vueilles auoir pitie de
nous et nous vueilles donner telle
vie que nous enuieilliſſons enſemble
ſains et haities Quant vint apres
minuit raguel ſe leua et appella ſeſ
varletz et allerēt faire vne foſſe de
nuit le tour: car ilz cuidoiēt quil fuſt
mort cōme les aultres auoiēt eſte p
auāt. Et quāt la foſſe fut faicte: ſi
dit a ſa fēme quelle enuoiaſt vne de
ſes damoiſelles veoir ſe celui ieune
homme eſtoit mort gme les aultres
pour l'enſeuelir auāt q̃ les genſ fuſ-
ſent leues. Et quāt elle entra en la
chābre elle les trouua endormis touſ

feuillet. cxliiii.
deux enſemble lung decoſte lautre: et
leur rapporta ceſte fille bōnes nou-
uelles: dont raguel et ſa fēme furēt
ſi ioyeulx et eurent telle ioye q̃ plus
ne pourroit nul hōme penſer et prin
drent a louer noſtre ſeigneur et dirēt
Sire dieu du ciel nous te regratiōs
et beniſſōs de la grāt grace q̃ tu nos
a faicte et a ces enfans: car tu as de
chaſſe lenemi q̃ ainſi nous perſecutoit
et as garde et eſpargne ces deux en
fans. Sire faiz qlz puiſſent viure
et a toy offrir leurs ſacrifices de tou
te louēge ſi q̃ tout le monde ſaiche et
cognoiſſe q̃ tu es tout ſeul le ſouue-
rain dieu de tout le monde.
 Dont raguel cōmanda a ſes
 gens quilz rēpliſſent la foſſe
qlz auoiēt faicte et puis fiſt appreil-
ler vng grāt mēger et ſemōnit touſ
ſes amis et furēt mōlt grāt feſte et pria
raguel a thobie ql vouſiſt demou-
rer deux ſepmaines auec lui et puis
lui dōneroit la moitie de to9 ſes biēs
et luy fiſt et eſcript obligatiō de lau
tre moitie aps la mort de lui et de ſa
femme. Quāt ces choſes furēt fai-
tes: thobie appella lange et lui dit
Azarie mon cher frere Je te prie q̃ tu
me vueilles vng petit eſcouter. tu
ſces q̃ mō pere et ma mere ſōt a mal
aiſe de moy et tu me vois icy arreſte
plaiſe toi aller querir largēt que ga
bellus doibt a mon pere: et prens de
la maiſnie de ceans auec toy et luy
d. iiii.

porte la recognoissâce et le fais venir a mes nopces. Et raphael sappareilla et print des varletz de raguel iusques a quattre copaignons et deux cheuaulx et sen alla a gabello et rapporta largent et ramena gabello aux nopces de thobie. Et quant ilz furent venus si firent leurs nopces en grant ioye et a grant feste.

Comment le pere et la mere de thobie plouroient leur filz.

8 Dont pour le temps que thobie estoit occupe en faisant ses nopces il demoura oultre le terme que son pere luy auoit donne: dont luy et sa mere estoient a grant doubtance et en grant paour que aulcune chose ne lui fust mal aduenu. Si prindrent a plourer et a mener grant dueil especiallement la mere plourroit et menoit si grant dueil quelle estoit ainsi cōe toute desesperee et disoit. Lasse moy dolente que feray ie qui ay ainsi perdu mō enfant pour quoy ten laissasmes nous aller ne partir de nous: tu estois nostre ioye nostre confort et toute nostre esperance riens nestoit que nous failloit quant tu estois auec nous. Moult mal fumes aduises quant nous te laissames aller. Et thobie lui disoit. Laisse ton plourer que te vault il. Je pense que nostre filz naist si non bien. Mais riens ny valoit parolle quon luy sceut dire. car appaiser ne conforter se pouoit: mais alloit chascun iour par les champs

ca et la pour veoir selle le verroit venir.

Et prioit raguel a grant instāce thobie quil voulsist demourer ung peu de temps auec luy mais thobie lui respondit. Je scay bien tout de certain que mō pere et ma mere sont a mal aise de moy et se merueillent comment ie demoure tant, car le terme est passe que ie deuoie retourner et content maintenant les iours de ma demoure: pource me conuient il aller comment quil soit. Et raguel dist quil ne guenoit ia pour ceste cause quil sen allast si tost, car il enuoiroit bien par deuers son pere et lui fairoit scauoir son estat. Mais riēs ny valut et sen voulut venir. Adonc raguel print sa fille et la luy deliura: et donna la moitie de toute sa cheuance tant en bestes come en aultres biēs et de ses hommes qui estoient serfz a lui tant aux femes quaux hommes qui estoient de seruile condition a lui: tant aussi en or et en argent dont il en auoit asses. Et enseignerent le pere et la mere de sarra a leur fille cinq beaulx enseignemens. Le premier quelle portast paix et amour a ces deux, son sire et sa dame. Le second quelle aimast et seruast son mari. Le tiers quelle eust vouloir et en soing de bien gouuerner sa maignie et ordonner. Le quart fut de bien ordonner son hostel. Le quint fut quelle se gouuernast tellement que nul ne fust mal edifie delle et quelle se gardast de mal faire.

Quāt le pere de thobie ouyt si grāt son filz Benoit si saillit sus et se fist mener par ung enfāt a lencōtre de son filz. Et quāt thobie vit son pere: si lui courut au col et sētrebaiserēt moult tendremēt: z ploureret de ioye lung dune part z lautre dautre part. Et adoura dieu le petit thobie z rendit graces de ce q dieu luy auoit fait: et puis sassist decoste son pere. et print du fiel du poissiō z le mist sus les yeulx de son pere. Et auāt qeu une heure du iour fut passee il cheut des yeulx de son pere une peau en la sēblance dune pelote qui est entre la gresse et laubin dug oeuf Et thobie la prit et losta des yeulx de son pere: z tātost qil eut sa lumiere si eut grāt ioye et cōmenca a louer dieu en disant. Sire ie te doibs glorifier: et si fay ie. car tu mas batu z chastie et puis mas gueri z saulue. Voicy q ie vois mō filz a mes yeulx Et chascū qui sceut ce: si prit a louer et glorifier nostre seignr. Et sept iours apres passerent: et quāt ilz furēt passes sarra sen vit a tout grāt richesse quelle amenoit auec elle de gens de bestes z dargēt tant de celuy qlle auoit des dix besans rōme elle auoit fait de par sō pere. Adonc vindrēt a thobie ses amis et to° ses voisins et le prindrent a regarder/ et

feuillet. cxlij

auoiēt tous grant ioye de la grace q dieu luy auoit faicte: z menerēt too grāt ioye et grant feste auec lui une sepmaine toute entiere.

Apres ceste feste et ceste ioye q ilz auoient mene: appella le grāt thobie son filz. et luy dist. Que pourrōs nous dōner a ce sainct hōme q a este auec toy. Adōc luy respōdit son filz thobie. Sire ie ne scay q no° luy pourrīs donner dignemēt et iustemēt: ne cōme nous luy puissiōs satisfaire. car il ma mene z ramene sain et sauf. et largēt q gabellus no° debuoit il est alle querir. Il ma grādemēt marie et pourueu de femme. Il a dechasse le dyable dont il a fait grāt ioye a ses pares z amis Il me garda du poisson q me voulut engloutir. Il ta la clarte rendue. et par luy qdō tant de biens. Que luy pourrōs nous dōner dōc q puisse recōpenser a tant de biens ql nous a fait: certes no° ne pourriōs. Or te vouldroie prier cher pere que tu luy voulsisses dōner la moitie de tous les biens q no° auons amenes et telz quilz sont les preniste en gre. Ilz cuidoient que ce fust ung hōme comme ung aultre: et ne scauoient mie que ce fust ung ange.

Commēt lange Raphael se fist cognoistre a Thobie apres ce quil eut ramene son filz.

Donc le grant thobie appella l'ange par son nõ et luy pria quil souffist prendre en gre pour son payment pour le labeur qu'il avoit fait a son filz la moitie de tout ce qlz avoiẽt amenes avec eulx Et l'ange les trait d'une part et leur dist. Benisses le nõ de dieu du ciel ꝗ le remercies, et devãt toutes psones qui vivent cognoisses et confesses qu'il a fait grace pour vous: car il vous a fait grace et misericorde. Je vous dis q le secret du Roy celer est droit: mais les oeuvres de dieu sa gloire reveler et prescher c'est honnourable chose et bonne. Donc je vous diray aucun secret de dieu. Bõne est oraisõ avec jeune et aulmosne: car aulmosne si hault asses mieulx ꝗ nulz tresors ꝗ on peult avoir. Car celle delivre et garãtit de mort et purge les pechez et fait trouver la voie perdurable Quicõques fait peche il hait l'ame de luy. Je vous vueil dire une chose saincte et reveler et magnifier Tu thobie je te dis quãt tu ensevelissois les mors je presentois ton oraisõ devãt dieu, et pource q tu estois de dieu accepte et aime il couvenoit que tu fusses de dieu examine et esprove par ceste tentation q tu as eue ung peu de temps. Or ma cy dieu envoie pour toy guerir et pour delivrer sarra la femme de ton filz de l'enemy q elle avoit entour elle. Je suis l'ung des prĩcipaulx anges q sommes devãt dieu. Quãt thobie et son filz ouirẽt q l'ange se nõmoit si furẽt si espvẽtes qlz cheurẽt sus la tre cõme palmez: mais l'ange les releva et leur dist. Soies en bõne paix et ne doubteztiens, tant qme jay este avec vo˦ il sembloit q je mẽgeoie ꝛ buvoie avec vous: nõ faisoie mais mẽgeoie aultres viandes et buvoie aultres bruvaiges ꝗ homme mortel ne peult veoir Or est le tẽps q je mẽ retourne par devers caluy q m'a envoie, et vo˦ qui demoures beneisses nostre seigñr et racontes les merveilles. Et quant il eut ce dit il se esvanoit et s'en mõta au ciel et ne le virent plus. Et ilz geurent a terre par l'espace de trois heures et puis se reveillerẽt et prindrent a louer nostre seigñr et a racõter ses oeuvres merveilleuses.

Comment thobie rendit graces et louẽges a nostre seigñr de puis q l'ange se fut esvanoy de luy.

a Donc ouvrit sa bouche le grãt thobie et prit a dieu louer et dist. Sire tu es le grãt dieu q dures a tousjours q donnes a souffrir et puis gueris, et q fortes tu maines jusques en enfer et remaines ceulx q tu veulx: et n'est nul qui fouyr puisse ta correctiõ ne eschapper. O filz d'israel cõfesses et cognoisses sa bõte feuillet.cxlvi

deuāt ceulx entre qui vous vives, et le loues et benisses: car pourtant vous a espandus par toutes terres et ētre gens qui point ne le cognoissent ⁊ vous racōtes ses merueilles ⁊ faites scauoir qlest dieu tout puissāt. Il nous a batus et chasties par nos iniqtes et p nos pechez: mais il nous sauuera p sa misericorde. Regardes ql a fait a nous et en paour le recognoisses cōme roy du ciel ⁊ de tout le monde. et le magnifies a ses oeuures. et moy q̄ suis en la terre de mes enemis en captiuite le' magnifesteray et confesseray: car il a monstre sa misericorde sur nous. Les poures pecheurs cōuertisses vo' a luy vous q̄ estes pecheurs et vous mettes a bien faire et a faire iustice et esperāce certaine dauoir misericorde. O hierusalem cite de dieu il ta chastiee ⁊ punie p tesoeuures: retourne toy p deuers lui ⁊ requiers sa bonte ⁊ lui pries ql vueille son sainct temple en toy edifier: et rappeller tous dechasses de toy ⁊ poures prisōniers et seras mis en estat ⁊ meneras ioye a tousiours mais. Tu resplendiras cōme plaine de lumiere: et de toutes les fins de la terre te viēdront a adourer les loingtaine nation te viēdrōt visiter et apporter leurs dons et les offrandes pour adourer dieu en toy. Ceulx seront mauldictz qui te despiterōt et dampnez qui te maul-

diront. et bien eures qui te edifiront Tu tesiouyras a tes enfans: car to' seront benis et assēbleront auec nostre seignr. Bien eurez seront ceulx qui te aimerōt et q̄ auront ioye de ta paix et diront. Aimes dieu et beneis ses nostre seignr: car il a deliure hierusalem de toutes tribulatiōs et aduersites Bien euteux me reputerai se ma lignie peust veoir la clarte de hierusalē. Les portes de hierusalem seront faictes et edifiees de saphirs et daultres pierres pcieuses. Et les murs deuiron et les places et pauēmēs seront de pieres blanches clers et luisans. Et par les rues on chātera alleluia Benoist soit nostre seigneur q̄ la redifice et ainsi exaulcee qui veult regner en luy a tousiours mais sans fin.

Quant thobie eut ses parolles finees si appella son filz quāt il voulut mourir et les enfans q̄ son filz auoit et leur dist la destructiō de niniue a aduenir. Car il cōuient la parolle de dieu acomplir: ⁊ vos freres qui sont hors de la terre disrael qui estoit toute deserte sera replie de ses gens. Et le temple de dieu sera redifie et la retourneront tous ceulx qui doubtēt nostre seigneur et laisseront les gens leurs ydolles et viendront en hierusalē et y habiteront et se confieront en luy tous les roys de terre: ⁊ adoureront le roy disrael

Or escoutes mes enfans seruez vre
pere, mais sur toutes choses seruez
nostre seigr en paour et en verite:
et mettes peine et diligéce de faire ce
qui luy plaira, et commádes a vos
enfans qlz fassent iustice, z fassét aul
mosnes en tous téps, et aient dieu
deuát les yeulx de leur cuer, et aient
tousiours souuenáce de luy et benis
sent dieu en tous téps de bon cueur
en verite de toute leur puissance
Et puis apres leur dist. Mes
enfans croyes moy de ce q ie
vous diray. Ie vo° dis que vo° ne
demourres mie icy: car ie vous con-
seille que quát ie seray mort z ense-
ueli et vostre mere morte laqlle vo°
eseuelires decoste moy en vng mes-
mes sepulchre et quát ce sera fait q
vous en allies et parties dicy. Or
mourut le pere de thobie et sa mere
z les enseuelirét leurs enfans, z puis
se partit le ieusne thobie z emmena
auec luy sa femme et ses enfás et sen
vint a son sire Raguel et le trouua
luy z sa femme en grát aage z estoiét
ia bien anciens: z les gouuernerent
iusques a la mort et les enseuelirét
quát ilz furét mors: et eurent toute
leur vaillácé. Et vesquit le ieusne
thobie quattre vingtz et xix. ans en
saincte vie et en paour de dieu, et
veit les enfans de ses enfans iusqz a
la cinquiesme gñation, et puertirét
tous en saincte vie. Et le pere de
thobie auoit cinquáte et six ans q
il fut aueugle, et il en auoit soixát
quát il fut restitue en sa clarte, pui
vesquit depuis quil fut en lumier
cinquáte et deux ans. Et par ainsi
appert commét ceulx qui visitét di-
eu sont enlumines.

Cy commence lystoire de Daniel le prophete

Ou tiers an du royaulme de
Joachim le roy de iuerie
nabugodonosor le roi de ba
biloine vint en hierusalem, z emme
na le roy Joachí z la pl° grát partie
des vaisseaulx du téple en babiloine
auec luy, et fist eslire des pl° beaulx
ieusnes hómes et des plus nobles q
estoiét du sang roial esqlz il nauoit
tache ne laidure qil auoit pris en hie
rusalé et ailleurs plais de sens z de
sciéce po° estre entour lui en son palais
en sa gloire en sa maieste, z en sa ma
gnificéce, z les fist aprédre la lágue
du pais et édoctriner en toutes scien
ce, et leur fist doner a boire et a men
ger des vins et des viádes de sa pro-
pre table. Entre lesqlz quattre en y
eut de tresbons et tresnobles de la li
gnie de iuda q furét Daniel Asarias
Misael et Ananias. Mais le roy na
bugodonosor leur mist aultres nós
Il appella daniel Balthasar, ana
nias sidrac, misael misac, z asarias

abdenago. Et leur dōna a maistre vng grāt hōme de sa court et luy cōmanda tres especiallemēt quil eust pensemēt deux bien mourir: et que de ses propres viādes veniss querir a la court: et quil les fist aprēdre au mieulx quil pourroit.

OR determinerent et conclurent daniel et ses cōpaignons que nullemēt ne se ordoyroiēt des viandes des ydollatres, ne ia de vins ne des viandes de la table du roy ne burroient ne mengeroient pour mourir car ce seroit cōtre la loy et le cōmandement de dieu. Adonc sen vint daniel deuāt leur maistre et leur va dire. Nous te prions que tu nous laisses mēger telles viandes q̄ nous vouldrons: car de viādes de la table du roy nous noserions menger. Et leur maistre leur respōdit. Seignrs iay trop grant paour et me doubte fortment que se le roy vous veoit au visages passes maigres et descoulourés plus q̄ des aultres ql fait ainsi mourir ql ne le me face cōparer du corps Adonc lui dist daniel. Nous voulons que tu approuues ce q̄ nous te dirons. Donne nous a mēger pois et feues et aultres sēblans biens et grosses viādes et nous donne a boire de leaue dix iours cōtinuelz, et se tu vois que au chief de dix iours nos visages ne soiēt plus beaulx et mieulx coulourés que les visages de

Feuillet. cxlvii

ceulx qui mēgeront des viandes du roy si fais de nous ce q̄ tu vouldras Et dieu leur donna grace deuant leur maistre et leur laissa faire selō leur voulente, et quāt les dix iours furent passes leurs visaiges furent passes en beaulte plus gras et plus coulourés que ne furēt les visaiges des aultres enfans qui auoiēt menge des viādes du roy. Adonc quant leur maistre vit ce: si print la viāde pour eulx chascū iour a la table du roy et leur dōnoit pois et feues et de leaue a leur voulente.

Dont ces quatre iouuēceaulx proffiterent tellemēt par leur abstinēce et p leur sobriete qlz furēt replis de si grāt souffisāce en toute sapiēce q̄ nul ne se pouoit a eulx conparer cest ce que sobriete et abstinēce fait: car elle fait le corps doubter et garder de corruptiō elle proufite et esclarcit engin humain, elle dōne entendemēt sain et cest elle esueille memoire, elle destruit oubliance et fait hōme psōnier de pfaite cognossance Et le contraire fait gloutōnie et labōdance des viādes et seruices de plusieurs mes Pource furēt ces quatre enfans deuant dieu gracieux tellement ql les rēplist de grant sapiēce p leur sobriete et abstinēce Ansi ne fut il mie des aultres q̄ les delices en suiuirēt. Et ētre les quatre dessus nōmez celui qui plus a dieu plasoit

donna nostre seigñr tel don de sapi-
ence q̃ sus tous aultres il eut le don
de cler entendemēt quāt a veoir vi-
sions et exposer songes. Et quant
ilz eurēt ainsi este trois ans cõme a
lescolle de to9 biēs scauoir: leur mai-
stre les amena deuāt le roy et les ex
amina en diuerses q̃stions et doub-
teuses et il les trouua dix fois plus
souffisās en toutes choses q̃ les pl9
souffisans de son royaulme.

¶Commēt nabugodonosor son-
gea ung songe merueilleux. lequel
daniel exposa et interp̃ta p̃ inspira-
tion diuine la signifiance du songe

Lan secōd du roy nabugo-
donosor q̃ fut le p̃mier empe-
reur de caldees et le plus puissant.
ainsi q̃me cy apres appareistra: une
nuyt ou il dormoit il vit une mer-
ueilleuse vision dont il fut ainsi cõe
esp̃du: et pource il oublia son songe
et ne lui souuit de ce q̃l auoit songe.
Dont quāt vint le lendemain il va
mander querir p̃ tout son roiaulme
tous les plus saiges philosophes/
deuineurs et enchanteurs et aultres
telles gens q̃ de telles choses se sca-
uoiēt entremettre q̃ pourroiēt dõner
entendemēt. et les fist venir deuāt
luy. et leur p̃it a dire. Jay veu ung
songe moult merueilleux: mais iay
este trouble de ceste vision tellemēt
q̃ ie say toute oublie. Et ilz luy re-

spondirēt. Sire dis nous ton songe
et no9 le te exposerōs et dirons la si-
gnifiāce. Adonc le roy leur dist. Se
vous me dictes mõ sõge ⁊ son inter-
p̃tatiõ vous en seres de moy gran-
demēt remuneres: ou si non ie vous
feray tous decapiter et seront vos bi-
ens tous confisques. Adonc respon-
dirent. Sire tu nous requiers une
chose moult merueilleuse laq̃lle est
impossible et hors de raison: ne oncq̃s
mais ny eut roy qui fust deuāt toy
ne q̃ eust sens ne discretiõ ne requist
telle chose. car il ny eut oncques au
mõde ne peust auoir hõme tant fust
saige qui ce peust scauoir si non les
dieux q̃ point ne cõuersent auec les
hõmes. Quant il les ouit parler: si
fut duremēt courrouce ⁊ dist quon
les mist tous a mort. ⁊ on les y mist
sans espargner nul.

¶Commēt nostre seigñr reuela a
daniel la vision du roy nabugodo-
nosor et lexposition dicelle.

Ont ainsi quon les mettoit a
mort et on q̃roit daniel et ses
compaignõs qui estoient du nõbre des
saiges de babiloine: daniel qui ouyt
les nouuelles de ceste setēce cruelle
sen vint au roy et lui demāda respit
et dilation dung iour et dune nuyt
tant seullemēt pour scauoir ton son-
ge et lexpositiõ. Et quant le roy lui
ent dõne il sen vint a ses compaignõs
et se mirēt en oraisõ toute celle nuit

et prierēt nostre seignr moult deuo∣tement que a ce besoing il les voulsit secourir et aider. et leur voulsist re∣ueler ceste vision et son interpretatiō Dont daniel print a dieu louer et benir en disant. Le nom de dieu soit be∣nist a tousiours: car sire tu es celuy qui mues et chāges le tēps et le roy aulme selon ta voulēte. Tu dōnes sapiēce aux saiges et a ceulx qui de toy la requierēt. Tu reueles les se∣cretz et les choses reprouuees et ob∣scures fais venir a clarte et a cognoi∣ssance. Et nostre seignr receut leur priere: et reuela a daniel ceste vision Adonc dist daniel. Je te doibs louer seruir et benir q̄ mas dōne force et sapiēce q̄ mas reuele ce q̄ noꝰ tauōs deuotemēt prie et requis: dont nous te remertiōs tresh̄ublement.

¶Donc sen vint Daniel et ses cōpaignōs deuāt le roy: et le roy lui dist Daniel que dis tu: me scauras tu a dire mon songe et la si∣gnifiāce. Et Daniel luy respondit. Sire il nest mie en puissance dōme mortel qui dire le te puisse. Mais le dieu du ciel q̄ lassus habite est celui tant seullemēt qui scet et peult reue∣ler les choses q̄ cy apres viendront. Tu roy pensois en ton lict q̄ seroiēt ceulx qui apres toy regneroient q̄ le mōde gouuerneroient. et tendormis en ceste pensee. Si ta nostre seignr voulu monstrer p̄ vision ce dont tu

feuillet. cxlviii

estois en pensemēt. ¶ma Dieu ceste vision reuelee: nō mie poꝰ plus grāt sens q̄ soit en moy plus q̄ en ung au∣tre: mais pour toy monstrer les cho∣ses aduenir et soies certifie de ce dōt tu auois pensemēt. Et voicy ta vi∣sion. tu veoie deuāt toy une grant ymaige et trible q̄ auoit la teste ⁊ le col de fin or: les piedz et les bras dar∣gent. le ventre et les cuisses darain. les iambes de fer. et les piedz moitie de fer et de tre. Et de la montaigne decoste ceste ymaige fut taillee une pierre sans mains dhōme et cheut a val et ferit lymaige au piedz et luy brisa les piedz ⁊ lymaige cheut a tre et fut toute froissee et mis en cendre et destruicte tout ainsi comme ung peu de flāmesche destrain q̄ le vent emporte ne nen demoure ne lieu ne trasse non plus q̄ se onques ne fust este. Et la pierre q̄ ainsi lauoit de∣struicte deuint une grāt montaigne et rēplit toute la terre de sa grādeur Et voicy le songe q̄ tu as veu. or te diray ie q̄ tu as veu et la signifiāce.

O roy nabugodonosor es si∣gnifie par la teste et le col dor car dieu nostre seignr ta donne sei∣gnourie et puissance richesse ⁊ haul∣tesse plus q̄ a nul roy qui fust deuāt toy tellement que toy et ton royaul∣me estes signifies p̄ le chef dor: mais apres viendra le second royaulme q̄ sera moindre et ne sera mie si puissāt ne si repute cõme le tiẽ q̃ est signifie par le pis et p̃ les bras dargẽt, et ce fut le roiaulme d̃ perse ꞇ de mede p̃ lesq̃lz le roiaulme de babiloine fut destruist. Le tiers viẽdra apres lui q̃ est figure p̃ larain qui sera seigr̃ de tout le monde, ce fut le roiaulme de grece: duq̃l alixãdre fut le premier ꞇ le p̃ticipal roy. Mais le quart sera dur ꞇ fort cõme le fer est, q̃ dõme tous les aultres metaulx ꞇ nul ne le peult dõmer. Et ce q̃ tu as veu lune partie des piedz de lymage de fer et lautre de tre signifie q̃ tout ainsi q̃ la terre ne se peult ioindre au fer ainsi seroit en ce dernier roiaulme noises ꞇ descẽ tissẽt ne se pourroiẽt accorder mais destruira vne partie lautre et si gai gnera le plus fort. Mais apres tous ces roiaumes suscitera dieu vng roiaulme q̃ destruira tous les aultres royaulmes, et durera a tousiours sãs fin. Quãt le roy eut ce ouy si se getta par tre ꞇ adoura daniel et dist Ie voy biẽ veritablemẽt q̃ ton dieu est le dieu des dieux souuerain sus tous les aultres q̃ ainsi ta reuele et fait scauoir ceste chose qui estoit tãt obscure. Adõc le roy adoura daniel et le fist maistre p̃ncipal sus tous les saiges de babiloine ꞇ de tout son roy aulme: et lui dõna grãs dons. Et a la requeste de daniel le roy fist les trois cõpaignõs d̃ daniel, cest assa uoir sidrac/misac et abdenago mai

stres et p̃uotz sus toutes les oeu ures de son roiaulme.
a Pres vng peu de temps fist faire le roy Nabugodonosor vne grãt ymage dor q̃ auoit soixan te couldees de hault et six d̃ large, et la mist ẽmi vng champ qui estoit appelle durã, et manda p̃ tout son royaulme q̃ tous les princes venisẽt adourer ceste ymaige ꞇ a lui sacri ficr. Et quãt ilz furent tous venus le roy fist crier p̃ ses heraulx a hau te voix q̃ tantost en lheure que ses menestriers cõmenceroiẽt a iouer d̃ leurs instrumẽs que chascun se age noillast deuãt lymaige ꞇ ladourast Et qui ainsi ne le feroit il seroit mis dedẽs vne fornaise ardant sans nul respit Ainsi le firẽt ilz tous: excepte daniel et ses cõpaignons q̃ point ne sagenoilleret et ne voulurẽt lymai ge du roy adourer. dont ilz furẽt ac cuses au roy. Si les manda le roi ꞇ les fist venir deuant lui et leur dist. Se vous ne adoures lymaige que iay faicte ie vous feray tãtost getter en la fornaise du feu ardãt qui sera le dieu q̃ vous deliurera de ma main Et les trois enfans lui respondirent Il ne cõuient mie que d̃ ceste chose nous en respõdions a toy: car nous te faisons assauoir q̃ nostre dieu nous peult trop bien de ta main deliurer et de la fornaise et du feu q̃ est dedẽs Et sil ne lui plaist de nous deliurer:

si voulons nous q̃ tu saiches que tes dieux point ne seruirōs: ne limaige que tu as faicte point adourer nous ne voulons.

¶ Comment nabugodonosor fist getter en la fornaise ardāt les trois cōpaignons darmies de Daniel, cest assauoir sidrac misac et abdenago.

Quant le roy ouyt sidrac misac et abdenago ainsi haultement parler et se vit ainsi despité, si fust si courroucé q̃ plus ne peult, et tātost fist la fornaise enflāmer sept fois pl⁹ q̃ par auāt et les fist getter en la fornaise to⁹ chaussées et to⁹ vestus les piedz et les mains liées mais ceulx q̃ les y gettoiēt furēt en leure ars et brulés de la flāme de la fornaise. Et les cōpaignons de Daniel furēt déliurés sās sentir mal: ne onc ques cheueul de le teste ne fut peri ne poil de leurs robbes ne fut brulé ne blecé. Et lange de dieu se descendit auec eulx en la fornaise et espādit le feu ça et la et leur fist ūg vēt doulx venir ēmi le feu pour les recōforter. Et la flāme de la fornaise se espādit p̄ dehors la fornaise bien du long de quarāte et neuf couldées entour de la fornaise, et ardit tous les ministres du roy q̃ la estoient qui se penoiēt de les ebraser. Et les trois enfās se prindrēt a louer dieu et a benir moult deuotemēt, et firēt deux

feuillet. cxlix.

hymnes et cantiq̃s belles et glorieuses dont la p̄miere se cōmēce. Benedictꝰ es d̄ne deus patrū nostroꝝ et laudabilis et glorios⁹ et superexaltat⁹ in secula. Et le chāte on le samedi des quatre tēps en laduēt: et en karesme et en septēbre a la messe quāt on fait du temps. Et lautre est. Benedicite o͞ia opera d̄ni d̄no ꝛc. En laq̃lle hymne ilz semōnent toutes les creatures du ciel et de la terre et de la mer a dieu louer et benir.

Ainsi comme le roy regardoit ceste merueille de ces trois enfans q̃ estoient emmi le feu en la fornaise ardāt et nul mal ne se toiēt: si dist a ses gens. Dia nauez vo⁹ mis en la fornaise q̃ les trois que ie vous y fismettre. Et ilz lui respondirēt q̃ bōnemēt plus ne y auoiēt ilz mis. Dont dist le quart dit il q̃ est auec eulx q̃ est si bel a regarder quil semble le filz de dieu. Adonc sapprocha le roy de la fornaise et cria a haulte voix. Sidrac misac et abdenago q̃ estes vrais amis de dieu le trespuissant yssés hors de la fornaise. Et tātost ysserēt hors de la fornaise sās estre brulés. Et les princes q̃ estoiēt la assēblés de diuers pais les regardoiēt a moult grāt merueilles: car ūg seul signe de brulure ne ardeur de feu nappceuoient en leurs corps ne en leurs biens. Quant le roy vit ce: si print a dieu louer et dist Benoit

soit le dieu de sidrac misac (t abdena
go q̃ est le dieu des dieux q̃ a ses ser
gens deliures p son ange parmi le
feu pource quilz ne sont mis voulu
laisser pour aultre adourer. (t si nõt
mie tant aimes leurs corps ne leurs
biẽs ne leurs vies q̃ exposé ne layẽt
pour lamour de luy. Adonc cõman
da le roy a tous ceulx de son hostel
et de son royaulme q̃ nul ne fust tel
et si hardi q̃ osast blasmer ne desloer
le dieu q̃ adouroient sidrac misac et
abdenago: car il nestoit nul q̃ ainsi
peust sauuer ses gens cõme lui. Et
le roi restitua sidrac misac (t abdena
en leurs premiers dignites.

Ses tost apres vit nabugo
donosor vne merueilleuse vi
sion. et escripuit p tout son royalme
en disant. Je nabudonosor en ma
grãt fleur et valeur plain dorgueil
et de presumption vis vng songe en
vne vision dont ie suis bien esbahi.
Adonc appellay to⁹ les plus saiges
de babiloine (t les fis venir douant
moy (t leur racõtay mon songe (t le
demãday qlz me dissent lexposition
et la signifiance: mais nul deux ne
me sceut a dire la sigifiãce ne lexpo
sition iusq̃s a tant que daniel mon
compaignon et le second apres moy
vint en la tour par deuers moy et
me dist la propre verite si cõe le faict
le monstre: car il a en lui le sainct es
perit: lequel daniel on appelle bal

thasar q̃ est le nõ de dieu. dont le son
ge q̃ ie vis est tel. Ong iour aduint
que iestoie sus mon lit couche et dor
moie en mõ lit: si me vint en vision
veritablemẽt q̃ ie veoie vng grant
arbre q̃ estoit si hault quil aduenoit
au ciel et estoit fort et puissãt et se ex
tendoit p toute tre. (t auoit tres bel
les fueilles: (t estoit trop biẽ charge
de viandes de fruict. et dessoubz ha
bitoiẽt toutes bestes de tre (t les oy
seaulx des cieulx en ses branches et
en ses rameaulx. (t toutes creatures
pnoient refection en celui arbre. Et
ainsi comme ie regardoie cest arbre
tout esmerueille: voicy vng ange
q̃ descẽdit du ciel qui crioit a haulte
voix. Couppe cest arbre et ses bu
rchettes et ostes tout son fruict. (t sen
fouyrẽt tous ceulx q̃ de luy venoiẽt
hões bestes et oyseaulx. mais laisse
la racine de luy en tre (t le sie de fors
liens de fer et darain aux chãps cõe
vne beste: car sa vie sera en pasture
cõme vne beste (t auec les bestes. Le
cueur humai sera mue en cueur de
beste sauluaige: (t apres sept ans se
passerõt et muerõt sur luy. car il est
determine (t diffini en la court des an
ges destre ainsi: et lont les sainctz re
quis a dieu iusques a tant que tous
ceulx q̃ viuẽt recognoissẽt q̃ le dieu
du ciel a la seignourie sus tous les
royaulmes des hõmes, a q̃ il voul
dra il donnee a sa seignourie. Doict

feuillet.cl.

le songe q̃ ie nabugodonosor ay Veu
a toy balthasar dis moy la significa
ce de celui songe: car il n'est nul a q̃
me sache adresser si nõ a toy q̃ as les
perit des sainct dieux en toy. Adonc
daniel print a muser et a estre trou-
ble p l'espace d'une heure / et vit q̃ ceste
vision estoit contre le roy. Et qñt le
roy le vit ainsi pensif et melancolieux
si luy dit. Balthasar ne sotes mie
esbahi de ceste visiõ dis seuremẽt ce
q̃ tu veulx. Et daniel luy dist. Si-
re ceste visiõ soit sus tes enemis nõ
mie sur toy. Tu es l'arbre que tu as
veu: car tu es creu et grandemẽt mõ-
te et venu avant et est ton orgueil et
ta haultesse mantee iusq̃s au ciel: et
ta puissance se extend iusq̃s a la fin
de toute tres. Et le sainct ange q̃ tu
as ouy crier couppe cest arbre c'est la
sentẽce du treshault dieu encontre toy
car tu seras boute hors de ton roy-
aulme et de la cõpaignie des hõmes
et demourras auec les bestes saul-
uaiges et mengeras de l'herbe et du
fruict ainsi q̃me elles font. Et sept
ans passerõt a muerõt sur toy iusq̃s
a tant q̃ tu recognoisses le treshault
dieu du ciel et q̃ a la haultesse et sei-
gnourie sus tout le monde tel quil
veult. Et ce qu'il a commande de laisser
le germe et la racine en tre signifie q̃
tu retiendras en ton roiaulme apres
ce q̃ tu auras recogneu que dieu est
au ciel de q̃ toute puissance descend et

vient. Pour laq̃lle chose roy ie te con-
seille q̃ tu cries a dieu merci a rache-
tes les pechés par aulmosnes a tes ini-
q̃tes par faire misericorde aux poures
Car par cecy pourra nostre seignr
auoir merci de toy et te pourra tes
pechés pardonner et quitter.

L'autre an apres estoit le roy
en son palais a se desuisoit en
regardãt ses edifices en disant par
grãt psõptiõ a or orgueil en son cuer
N'est ce mie la grãt cite de babiloine
q̃ iay edifie et faicte a ma grãt force
et puissãce a en ma grãt gloire. Et
auãt quil eut finee sa parolle voicy
une voix q̃ vint du ciel qui luy dist
Je te dis nabugodonosor que tu es
hors de ton roiaulme a sera ta mai-
son auec les bestes sauuaiges a me-
geras foing auec elles a cõe elles sõt
Et serõt sept ans mues sur toy ius-
ques a tant q̃ tu recognoisses que le
treshault dieu du ciel a sus les hom-
mes a sur les roiaulmes seignourie
et dõnation. Et tãtost en celle heure
mesmes il fut boute hors du tout sõ
roiaulme et ainsi pareillemẽt de la
cõpaignie des hõmes. Et habitoit
auec les bestes sauuaiges et menge-
oit foing ainsi cõme elles faisoiẽt.
estoit son corps de la pluie a de la
rousee du ciel souuent arrouse / Et
tãt y demoura q̃ les cheueulx de luy
deuindrent gras a chenus ainsi cõe
plume d'aigle a lui estoiẽt les õgles
r.iii.

creues ainsi côme ongles doiseaulx
de proye. Et quant les sept ans de
celle penitēce z punitiō furēt passez
Je nabugodonosor dessus nōme le
uay mes yeulx par devers le ciel z
criay merci a nostre seignr et mō roi
aulme me fut rendu. Si cōmencay
a louer et benir et magnifier le tres
hault dieu: z cogneu q̃ sa puissance
ne peult prendre fin. et q̃ son royaul
me dure a tousiours mais sans fin:
et q̃l fait sa boulēte tant des habi
tans dessus terre comme es vertus
du ciel: z nest nul q̃ puisse a luy resi
ster ne dire pourquoy fais tu cecy.
Et puis fus mis en sens z en ma p̃
miere forme: z ma seignourie me fut
redue et mes princes me vindrent q̃
rir et fus remis en mon p̃mier estat
et exaulce en gloire et en magnifice
ce apres plus que devāt. Et puis ie
nabugodonosor louay z benis z glo
rifiay le roy du ciel. Car toutes ses
oeuures sont vraies z sont ses voies
iustes. et peult humilier et abaisser
les cueurs orgueilleux.

¶ Comment babiloine fut prinse
par daire.

ASsestost aps̃ mourut le grāt
nabugodonosor: et apres luy
regne Nabugodonosor son filz. aps̃
lequel regna Balthasar le dernier
roy de Babiloine: dessoubz lequel
babiloine fut prinse z destruicte dont
en son tēps q̃l regnoit vindrēt thir̃
et darius roys de perse et de medee et
assiegerēt la cite de babiloine. Et a
uāt au tēps q̃ babiloine estoit assie
gee Balthasar vint a ses princes z
leur fist ung grāt menger et estoiēt
bien mille. Et quāt il eut bien beu:
si fist apporter tous les vaisseaulx
dor q̃ son pere auoit prins au tēple
de dieu en hierusalē quāt il eut prise
et destruicte. et y fist boire ses fēmes
et sa maisnie. et fist apporter ses y
dolles dor et dargēt et de fer et daul
tre metail et de pierres precieuses z de
bois z les print a louer z magnifier
et a faire grāt feste a eulx. Et ainsi
q̃ne ilz faisoiēt ceste feste voicy une
main q̃ vint en la paroy droit en la
face du roy qui escripuit en celui ap
paroy. Mane taphel phares Adō
quāt le roy vit celle main et lescrip
ture si fut si esperdu q̃ le visaige lui
print a pallir et a noircir tresfort. et
les genoulx luy trēbloient tellemēt
quilz hourtoiēt lung contre lautre.
z le cueur lui deffailloit tout: si prīt
a dire. Orsus seignrs faictesmoy
venir tous les plus saiges de babi
loine deuinrrs enchanteurs et tous
aultres sēblans clercz. Et quāt ilz
furēt venus si leur dist le roy. Qui
conques de vo9 me scauera lire et ex
poser ceste escripture il sera vestu de
pourpre et aura colier dor au coul z
sera le tiers apres moy en mon roy
aulme p tout. Mais il ny eut onc q̃s

ung tout seul q̃ sceut lire ceste escri
pture dont le roy en fut moult cour
roucé ⁊ aussi furent tous ceulx qui la
estoient. Adōc sen vint a lui la roine
nō mie sa femme; mais la femme de
son grāt pere: et le print a recōforter
et luy dist. Roy ne te descōforte mie
car il y a ung hōme en ceste ville q̃ a
lesperit des sainctz dieux en luy q̃
ton pere retint a grant honneur: et le
fist maistre sus tous ceulx de Babi
loine. fais lappeller ⁊ il te dira tout
ce q̃ tu demādes. Et le roy le fist tā
tost aller querir ⁊ amener devāt luy
et lui dist tout ainsi quil auoit dist
aux autres ⁊ propose. et Daniel re-
spōdit. Je te quitte de tes dōs et tes
promesses dōne les ou tu vouldras
mais lescripture le te diray ⁊ la sub
stance te exposeray. Tu sces que le
tresgrāt dieu du ciel ⁊ de tout le mō
de dōna a ton pere gloire et magnifi
cence si grant que toutes gens et le
mōde le doubtoiēt et obeissoiēt a lui
grās ⁊ petis prochains et loingtains
dont il se prit a orgueillir cōtre dieu
dōt dieu labbatit tellemēt ql le mist
hors de sō roiaulme et de sa seignou
rie. Et fut p son orgueil si abbatu
q̃l en mengea foing cōme ung beuf
iusq̃a tāt q̃l cogneut q̃ le treshault
dieu du ciel a la cognoissāce et puis
sāce sus tous les royaulmes des hō
mes ⁊ la donne la ou il veult ⁊ a q̃ il
veult. et tu as bien sceu cecy q̃ ne as

Feuillet clj

fait force mais tes esleué cōtre dieu
par ton orgueil et ses sainctz vaisse
aulx hōnis et contēnes a la table. ⁊
as loué et magnifié tes dieux q̃ n̄t
vie ne sentemēt. et tu nas mie loué
ne glorifié ne honnouré le treshault
dieu du ciel q̃ a le soufflet de ta vie
en sa main. Et pource dieu enuoye
ceste main q̃ tu as veu ⁊ lescripture
en la paroy q̃ dist ainsi Mane taphel
phares. Et voicy lexposition. Mane
dieu a nōbre ton royaulme et la acō
pli: cest a dire q̃ ton royaulme est ve
nu a la fin. Taphel. tu es poise a la
balance ⁊ as moins q̃ tu ne deusses
cest a dire q̃ par iustes iugemēts de
dieu tu viuras moins q̃ tu ne cuides
Phares. ton royaulme est brisé ⁊ di
uise et donne aux roys de perse et de
mede. Et priant le roy ouit Daniel
si le vestit de purpre ⁊ lui mist ung
offroy dor au coul: et le fist tiers prin
cipal sur tout son royaulme. Et tā
tost celle nuitee babiloine fut prinse
par daire et par thirus. car thyrus
fist la grant riuiere de eufrates au
dessus de la cite diuiser en diuerses p
ties et ruisseaulx: affin q̃ ce qui pas
soit ⁊ couroit par la cite de babilone
fust appetissé et q̃l peust passer aux
seilz. Et par la entrerent en la cite
par dessoubz les murs. Et par ainsi
prindrent la cite de babiloine. et fut
occis balthasar. Et regna darius
en lieu de luy.

p. iii.

Côment darius deliura Daniel en la main de ses aduersaires: lesqlz le getterẽt en la fosse aux lions

Quant daire fut ferme en sõ royaulme: si ordonna sur son royaulme six vigtz satrappes qme bardes. et sus eulx instituà trois prĩcipaulx a q les six vingtz debuoient rẽdre raison de tout affin q le roy ne eust mie si grãt peine. Entre lesqlz trois principaulx dessusdictz Daniel en estoit lung. et surmõtoit tous les autres de tout le royaulme en toute sapiẽce. ne nul ne fut tant saige qui a lui se peust cõparer. Et tant y vit le roy de biens et de sens quil le voulut faire principal gouernrur de tout son royaulme. Dont tous les princes en auoient telle enuie contre lui quilz queroiẽt toutes les occasions qlz pouoiẽt pour laccuser et honnir du corps: mais si iuste z loyal estoit au roy quon ne le pouoit reprẽdre en riens q fust. Or dirent entre eulx q ainsi le hayoiẽt. nous ne veons que nullemẽt le puissiõs surprẽdre si ce nest p sa loy. Ainsi sassemblerẽt z se virẽt au roy z lui proposerẽt et dirent Sire sur tous les hõmes de vre terre q sont saiges ont en bõne delibetatiõ et leur est aduis qlseroit bõ q vous ordõnissez que nul ne print cõseil ne riens demãdast qlque chose q ce fust aux dieux ne aux hõmes

de qlque loy quil fust ne de quelque conditiõ mais que tant seullemẽt a vous iusques a. xxx. iours. Et qui feroit le contraire qlfust mis au lac des lyons. Pource voꝰ prions noꝰ que vous veuilles ce establir et confermer pour loy en vostre court affin que nul ne soit si hardi defaire le gtraire. Et le roy fist ainsi côme ilz luy auoiẽt bouté en la teste: et establit pour loy et cõferma. Quãt Daniel ouyt ces status: si se eferma en sa maison. z p les fenestres en hault q regardoiẽt deuers hierusalez trois fois adouroit dieu le iour et faisoit sa priere a nostre seignr. Et ceulx q queroiẽt occasion sus luy espierent tant qlz le virent ainsi dieu prier dedens les. xxx. iours plusieurs fois. Si le accuserẽt au roy et luy requirent p grant instãce qlen fist raison et iustice selon la loy les status qui estoiẽt de par luy ordonnes. Quant le roy vit ce si fut fort esbahi z mõlt courouce z se pensoit de querir voie et maniere commẽt il peust sauluer sa loy z deliurer Daniel de ceulx q ainsi le psecutoient. Et quãt ses ennemis virent q le Roy le soustenoit si fort si dirent au roi Sire sachez de certai q la loy et les status de ceulx de perse et de mede cest que nulz decretz et status fais et ordonnes de p le roy et ses princes ne doibuẽt nullemẽt estre brisesne enfraincs. Adonc commanda le roy que daniel fust amene et deliura en leurs mains: et dist a Daniel Le dieu que tu sers et pour qui tu as a souffrir te puisse aider et deliurer.

Quant le roy eut ainsi deliure daniel en la main de ses ennemis qui ainsi le haioient: si le prindrent et le getterent a la fosse aux lios. Et quant ilz y eurent getté le roy fist prendre vne grát pierre (i fist clorre la fosse affin que nul ne luy fist greuáce. Et la signa de son aneau et de lanneau de ses princes. (i sen alla le roy coucher triste et dolent pour daniel: ne peut ne Uoulut soupper por chose quo lui peust dire ne toute celle nuit dormir ne peust pour le mechief qil auoit de Daniel. Dont quát vint le iour si se leua et tost bien matin sen alla a la fosse aux lios et tout esplore et arrouse de larmes dist a haulte voix. Daniel sergent de dieu du ciel qui vit et regne: ia celuy dieu que tu sers deliure de la gueule aux lyons Et Daniel respondit. Uiure puisse tu toustours en paix: sachez que mon dieu a enuoié son ange qui a clos la bouche aux lyons ne point ne mont touche ne greue. Car il ma trouue chaste et ignoscent: ne oncques certes contre toy ne meffis. Quant le roy ouyt daniel ainsi parler: si fut si liez et si ioyeulx que nul ne le pourroit penser. et fist Daniel tirer hors de la

feuillet. cliii.

fosse et le trouuerent sain et haite sás estre blece de nul coste. Et par ce appert quil est bien garde q dieu veult garder. Adonc fist prendre le roy tous ceulx qui auoient accuse daniel et leurs femmes et leurs enfans (i les fist tous getter en la fosse aux lions Et auant quilz venissent au fons de la fosse les lions les deuorerent tellement q mesmes les osses furent tous demenusees. Adonc escripuit le roy daire par tous les pais de son royaulme. Je vous fais assauoir q iay fait ce deceret (i ordonance q tous ceulx de mon empire portent honneur et reuerence et doubtent le treshault et puissant dieu de Daniel qui est le hault dieu du ciel qui vit (i regne a tousiours mais sans fin. car il est vray sauueur de ses amis qui fait grás merueilles en ciel (i en terre qui a deliure daniel de la gueule et du lac aux lions.

Apres ces choses met lescripture plusieurs visions q Daniel vit assez obscures plaines de secretz et de ministere de Dieu. Car il vit molt de signifiaces de lestat du monde quant au temporel ainsi come des quattre royaulmes du monde principaulx. cest de babiloine q fut le pmier quappelle le roiaulme des caldiens. du roiaulme de perse et de mede q fut le second et destruict le pmier. du roialme de grece de alixádre (i dátecrist et de la deliurace des

x. iiii.

enfãs d'israel et leur pmiere trãsmi-
gration. Et cõment hierusalez et le
temple seroiẽt mis en estat, et puis
apres finablemẽt destruictz sans ia-
mais estre appareille. Du iour du
iugemẽt et moult de telle choses q̃
point ne doibuẽt venir es mains de
gens q̃ entẽdre ne le peuẽt: car tous
les plus grans clercz du monde ont
asses a faire de les bien entẽdre. Et
pource sont elles icy entrelaissees.

Cy sensuit listoire de susane.

EN la cite de babiloine quant
le peuple y auoit este trãslate
de nouuel que Daniel estoit encores
ieusne hõme auoit vng homme des
enfãs d'israel quõ appelloit Joachĩ
qui eut vne fẽme plaine de tresgrãt
beaulte: mais auec ce q̃lle estoit bel-
le si estoit elle bõne Car sõ pere et sa
mere estoiẽt sainctes gens. si auoiẽt
nourrie leur fille en toute sainctete
et en la paour de dieu et selon la loy
de dieu. Laq̃lle fille auoit nõ susane
Or estoit celui ioachim vng grant
hõme et de grãt repsentation/hõnou-
rable/puissãt/et riche q̃ auoit deco-
ste son hostel vng tresbeau et dele-
ctable delist de iardin. Et sassem-
bloient les iuifz et venoient de coste
son hostel pource q̃l estoit le pl9 vail
lant et le q̃lus hõnourable de tous
les iuifz. En celuy tẽps furent esta-
blis et ordonnes deux iuges princi-
paulx sus le peuple d'israel des an-
ciens du peuple d'israel desq̃lz estoit
prophetize et dit a ta lõg tẽps deuãt
q̃ mauluaistie et iniqte viẽdroit des
anciẽs iuges du peuple en babiloine
Or ces deux vieillars frequentoiẽt
lostel de ioachĩ et veoiẽt moult sou-
lentiers la dame: et chascun iour la
veoiẽt entrer et yssir au iardin. Si
furẽt si surpris et enflãmes en mau-
uaise et charnelle cõuoitise sus elle
q̃lz ne faisoiẽt q̃ pourchasser oment
ilz la peussẽt trouuer estre sule deux

Cõment daniel deliura susane.

OR aduit q̃ susane estoit vng
iour entour midi entree au iar-
din de son mari a tout ses deux pu-
celles ou plus secretemẽt q̃lle peust
et si cuidoit lauer: et cuidoit que nul
ne la vit. Et les deux vieillars
sestoiẽt chaces en vng lieu secret au
iardin qui veoiẽt tout ce q̃lle faisoit
mais elle ne les veoit mie. Adonc
dist a ses pucelles q̃lles lui allassẽt
querir son ongement pour elle refre-
chir. Car cestoit la coustume du
temps de adonc pour les grans cha-
leurs que les femmes se fardoiẽt et
ongnoient contre la grant chaleur
du tẽps. Et ainsi cõme les pucelles
furent yssues hors du iardin et clos
luis les deux vieillars saillirent sus
et vindrẽt a susane et dirent. Voicy
q̃ nous sõmes cy par nous tant seul

lement nul ne nous voit il fault q̄ tu faces nostre voulēte ⁊ q̄ nous ayōs cōpaignie a toy se tu le veaulx faire debonnairemēt: bien, et se tu ne le veulx faire nous dirōs ⁊ tesmoigne rons cōtre toy q̄ vng ieusne hōme a ieut auec toy: ⁊ pourtāt en as enuoie tes pucelles hors dicy. Quāt susā ne se vit a tel destroit si dist. Je suis en grāt āgoisse ⁊ a grāt mechief de toutes pars. Se ie fais ce q̄ vo⁹ me requeres ie suis morte et dānee, et se ie ne le fais ie ne puis eschapper de vos mais: Touteffois mieulx me vault asses cheoir en vos mais que pecher ēcontre mon dieu Adonc prīt a braire et a crier hay hay: ⁊ aussi fi rent les deux mauluais vieillars. Adonc saillirēt sus les gēs de lostel de Joachī et sen vindrent au iardin de leur maistre ⁊ la trouuerēt seulle et les deux iuges q̄ laccusoiēt puissā ment et disoiēt q̄lz lauoient trouue en faict elle et vng ieusne hōme, et quāt ilz cuiderēt le ieusne hōme re tenir il fut plus fort ⁊ plus legier q̄ nous: si sen fouit par louis du iardī Quāt les seruās de ioachi ouvrent ces nonuelles de leur dame: si furēt moult esbahis, car oncq̄s de elle na uoiēt ouy dire telles nouuelles.

ET quant vint ledemain tout le peuple sassembla deuāt lo stel de Joachim: et sen vindrent les deux vieillars qui estoiēt iuges du

feuillet. cliii.

peuple plains de tresmauluais cou raige ēcontre susanne q̄ queroiēt sa mort Et qt̄ ilz furēt la assis en iu gemēt: si la firent venir deuāt eulx ⁊ la firent descouurir, car elle auoit son visaige couuert pour sa honte couurir: ⁊ elle estoit belle ⁊ tendre si ne se pouoiēt les deux vieillars sa ouller de la regarder. Et tous ses amis ⁊ tous ceulx q̄ la cognoissoint plouroiēt moult tendremēt de pitie q̄lz auoiēt delle. Adōc se leuerēt les deux mauluais vieillars et faulx iuges ⁊ mirent leur mai sur sa teste et voulurent racōter deuāt tout le peuple cōment ilz lauoient trouuee gisant auec vng ieusne homme et a uoit brise son mariage: pourquoy se lon la loy elle debuoit mourir, et cō ment elle auoit enuoye ses pucelles pource faire: ⁊ cōment ilz nauoient mie eu force de tenir le ieusne hōme ⁊ de tout ce portoiēt ilz tesmoignage et disoiēt q̄lz les auoiēt pris au fait Et qt̄ le peuple les ouyt ainsi pler ⁊ tesmoigner si les creurēt cōme les plus āciens et iuges du peuple, ⁊ cō dānerent susanne a mort. Et ainsi cōme ilz lemmenoiēt pour mettre a mort. susāne print a braire ⁊ a crier a haulte voix en disant. He dieu de lassus q̄ vois les cueurs de toutes creatures et q̄ sces les secretz de tou tes choses auāt q̄lles soiēt faictes tu sces q̄ṁe ilz ont porte faulx tesmoi gnaige contre moy. Et voicy quil me font mourir et si nay riēs fait ne nai coulpe en tout ce de quoy faulsemēt maccusēt ces gēs cy: mais ont tout ce pourpēse contre moy.

Quant elle eut son oraison finee, Dieu la receut et suscita lesperit du ieune hōme lequel on appelloit daniel: et print a crier a haulte voix. Je ne veulx mie auoir coulpe au sāg ne a la mort de ceste ignoscente, car ie ne veulx que riens mē puisse demāder. Et quāt le peuple loupt si print a dire, quest ce q tu dis Et daniel leur respondit. estes vo? bien affoles filz disrael qui aues cōdāne sans cause la fille disrael par faulx iugemens: car ilz ont faulsement iugee et tesmoignie si cōe ie le pense apropzier. Adonc retournerēt tous au iugemēt et daniel les fist diuiser et despartir lung de lautre et se assist au iugemēt emmi le peuple et print a examiner lung dune part et lautre dautre part. et puis vint a luy et lui dist. Vieillart endurci en ta mauuaistie et qui oncques ne cessas de mal faire maintenāt se monstrēt tes peches et reuiēnent sus ton faict et sus ton chief qui as tant de faulx iugemēs rendus et foules les ignoscens et les mauluais sousten? la ou nostre seignr tauoit cōmande le contraire. Si tu as veu ces gens faire louuraige que tu dis: dy moy soubz quel arbre ce a este. Et il luy dist. ce fut soubz vng figuier. Et daniel luy respondit. Tu as menti mauluaisemēt et voicy lange de dieu qui est appareille pour toy punir de ceste mauuaistie et tresgrant oultraige.

Quant daniel eut cestui examine: si le fist mettre dune pt et fist venir lautre par deuers luy et lui dist. Semence de canaā et non mie de iuda beaulte de femme ta deceu et conuoitise de charnel desir et delit ont cueur corrōpu: ainsi soloies tu faire des filles disrael. elles vo? doubtoiēt et faisoiēt vos voulents mais ainsi na mie fait la fille de iuda. Dy moy soubz quel arbre tu les as veu couchees ensemble. Et il respondit. Je les ay veuz soubz vng prunier. Et daniel lui respondit. tu as menti en tes dens. et voicy lange de dieu q de cecy tē punira. ainsi les approua daniel faulx tesmoigns et mēteurs et iuges mauuais et corrompus Adonc le peuple les mist a mort et fut la saincte dame deliuree dont ioachī et to? ses amis en furēt mōlt ioyeulx et en louerēt dieu grādement et aussi fist tout le peuple. Des lors en auāt fut daniel en grant hōneur et en grāt repsentatiō deuāt tout le peuple et deuāt le roy de babiloine tant qil le hōnoura deuāt tous ses amis et le faisoit seoir a sa table

Cőment Daniel destruict Bel le dieu des babiloniēs et son temple et tous les prestres qui lui seruoiēt.

EN celui temps auoit vng ydole en babiloine: dont toꝰ ceulx de babilione faisoiēt grāt feste quon appelloit bel ⁊ ladouroiēt ꝗ me leur dieu. Et tous les iours on mettoit deuāt luy en son temple sur vne table vne grāt quātite de pains blanſ et bien douze moutons cuitz et bien appareilles et six buires de vin. Et le roy le venoit tous les iours adourer. et daniel ne adouroit ꝗ son dieu et luy dist le roy vne fois. Daniel pourquoy ne adoures tu bel. Et daniel luy respondit. Je ne veulx mie adourer les ydoles ꝗ sont faictes de main douurier. mais adourer celui qui a cree ciel et terre ⁊ ꝗ a en lui vie et puissāce sur toutes choses. Et le roy lui dist. Cőment ne te semble il mie ꝗ Bel viue qui tant de biens mē gue tous les iours Et daniel print a rire et dist au roy. Tu erres ⁊ es deceu: car celui bel ꝗ tu adoures par dedēs est de terre et p̄ dehors darain oncques ne beut ne mēgeast. Adőc le roy appella les p̄stres du temple de Bel qui le seruoiēt ⁊ leur dist. Se voꝰ ne me dictes et mőstres que de uiēt ce quō met toꝰ les iours deuāt Bel ie voꝰ feray mourir. et se vous me mőstres ꝗ Bel les mēgue daniel

feuillet. cliiii.

sera occis pour la vi daniel ꝗ a dit de Bel. Et Daniel rēdit ꝗ bien le vou loit aussi. Ilz estoient septāte p̄stres ꝗ tous les iours seruoiēt bel et men goiēt tous ce quō mettoit deuāt bel et leurs femmes et leurs enfans.

ADonc vint le roy au temple et auoit auec luy daniel et les prestres dicelui temple dirēt au roy Sire nous irons hors du tēple et tu feras mettre deuāt bel les viandes acoustumes et clos le tēple et signe de ton āneau: et se vous ne trouues ꝗ Bel ayt demain tout deuore si noꝰ mettes a mort ou daniel ꝗ est nostre aduersaire. et ainsi le fist le roy. Et q̄t les p̄stres furent tout dehors du tēple le roy et daniel demourerēt a près. et daniel fist apporter grāt foi son de cendre ⁊ espādist aual le tēple secretemēt et puis sen yssercēt hors ⁊ cloirent luis. ⁊ le roy le signa de son āneau et puis sen reuindrent. En celle nuit entrerēt les p̄stres au tem ple par entrees secretes qlz auoient faictes ou ilz entroiēt au temple q̄t ilz vouloiēt et ne sen pouoit nul ap perceuoir et mengoiēt eulx leurs fē mes et leurs enfās tout ce quō met toit sus la table deuant lydolle. Et ainsi deceuoient le roy et tout le peuple. pource fist daniel getter des cendres aual le tēple pour prouuer ꝗ Bel ne mēgeoit mie ce puō luy ap portoit. mais ce faisoiēt les p̄stres

Dont celle nuyt ilz mengerent tout ainsi come ilz auoient fait les autres nuitees. Et quant vint lendemain bien matin le roy sen vint au temple et mena auec lui daniel et trouua q̃ bel auoit tout mẽge. Adonc print a crier a haulte voix le roy. O bel q̃ tu es grant dieu et nas en toy nulle mauuaistie ne deceptiõ. Et daniel cõmenca a rire ⁊ retint le roy q̃l nal last plus auãt et lui mõstra les pas q̃ estoient figures en la cendre ⁊ luy dist. Roy regarde q̃ sont ces pas et ces traces q̃ tu voix sus ce pauemẽt Et le roy respõdit. Il me sẽble que ce sont pas dhõme ⁊ femme ⁊ den fans Adõc le roy fut fort courrouce ⁊ fist prẽdre les prestres ⁊ enquist p ou ilz entreroiẽt au tẽple. Et quãt ilz le lui eurẽt mõstre si le fist prẽdre ⁊ leurs femes et leurs enfans et les fist mettre tous a mort. Et deliura bel en la mai de daniel qui le destruict et son temple aussi.

EN babiloine auoit vng grãt dragon en vne fosse q̃ ceulx de babiloine adouroiẽt comme dieu et estoit pres de celuy temple q̃ daniel auoit destruict. Adõc le roy appella daniel et lui dist. Or ne peulx tu mie dire que celuy dieu ne viue or le adoure cõme dieu Et daniel luy respondit Je ne veulx adourer mais q̃ mon dieu qui vit et ne peult mourir. Celuy dragon nest mie dieu cõ

ie le te mõstreray se tu me veulx dõner la puissãce de le tuer sans glaue et sans baston. Et le roy lui en donna la puissãce. Adonc print daniel de la poix et de la gresse et des poilz de cheueulx ou dautre beste ⁊ en fist de rons morceaulx comme de pilles grosses et les getta en la gueule du dragon. Et le dragon les engloutit et en fut estrãgle et en mourut dõt les babiloniẽs en furẽt moult cour rouces contre daniel et contre le roy et sen vindrẽt tous ensemble au roy et disoiẽt entre eulx Le roy est deue nu iuif: il ne fait mais q̃ croyre cest hõme daniel q̃ a destruict bel nostre dieu et ses prestres: et a fait tuer et mourir nostre dragon Et quant ilz vindrẽt au roy si lui dirent. Or sus deliure nous cest hõme daniel en nos mains q̃ a destruict bel nostre dieu ⁊ a mis a mort nostre dragõ ou toy ⁊ tous tes amis en seres mis a mort.

Cõment abacuth porta a menger a daniel en la fosse des lions ou il estoit.

QUant le roy vit quilz lui faisoient ainsi cõme grant force ⁊ vilenie il fut moult contraint de liurer daniel en leurs mains cõbien q̃ mõlt lui displeut: toutesfois faire luy cõuint ou perdre la vie. Adonc prindrent daniel ⁊ le getterẽt en la fosse des lions en laq̃lle auoit sept lions et leur donnoit on tous les iours deux corps domme de ceulx qui estoient a mort codénes pour leur meffaict ou deux moutons ou brebis. Et celuy iour ne leur donneret q̃ menger affin qlz deuorassét pl9 tost Daniel. Or auoit en iuerie vng prophete quõ appelloit abacuth lequel auoit appareillé a menger pour ses messonniers et leur portoit pain et potaige aux chãps. Et lange de dieu vint a luy et lui dist. Prens ce q̃ tu as appareille pour tes messonniers et le porte en Babiloine a Daniel q̃ est en la fosse aux lyons. Et abacuth luy respondit. Sire ie ne vis oncqes Babiloine, et ne scay ou est la fosse aux lions. Adonc lãge le print par vng des cheueulx de sa teste et lemporta en Babiloine et mist sus la fosse aux lyons. Adonc abacuth appella Daniel et luy dist. Daniel sergent de dieu prens ceste viande et la mẽgue car dieu la tenuoie. Quãt Daniel vit ce que dieu lui faisoit si print a dieu louer et dist. Sire ie te rens graces et merci quãt il te souuiẽt de moy or voy ie bien q̃ tu ne faulx point ne oublies ceulx qui te aimẽt et seruẽt de bon cueur. Adõc print ce q̃ abacuth luy auoit apporte et mẽgea, et lãge rapporta abacuth en son lieu.

OR fut Daniel six iours en la fosse aux lyons: et au septiesme iour le roy vint sus la fosse pour plourer Daniel: et il va regarder en la fosse des lios et vit daniel q̃ estoit sain et haitie qui le seoit emi les lios Adonc le roy se cria a hault voix. O sire dieu de Daniel qui moult es grãt et puissãt. Et fist tãtost traire Daniel hors de la fosse et puis fist en l'heure prendre ceulx q̃ estoiẽt cause q̃ Daniel auoit este gette en la fosse et les fist mettre en la dicte fosse aux lions. et tãtost furet deuorez tout en la presẽce du roy. Adonc dist le roy. Bien doibt tout le mõde doubter et honnourer le dieu de Daniel: car il est deliureur et saueur de ceulx q̃ bonnemẽt le seruẽt qui fait signes et miracles au ciel et en la tre q̃ a deliure Daniel de la fosse des lions.

¶ Cy commẽce lystoire de la belle hester.

AU temps q̃ assuerus regnoit et estoit en sõ empire et seignourie moult grande: car elle duroit de inde en ethiope, et y auoit six vingtz et sept prouinces, et estoit suse la cite et le principal siege de son roiaulme et fist vng grant mẽger et vne grãt feste a tous ses princes et a tous ses haulx et nobles hõmes de son roiaulme et empire. Et regna ceste feste cent et quatre vingtz iours. Et quãt ceste feste fut passee il fist vne autre feste a tout le peuple de suse q̃ dura sept iours. Et furent tous semons grãs et petis, poures et riches et mẽgeoiẽt tous a lentree du iardĩ du roy q̃ estoit tant noblemẽt labou re et cultiue tant cõme on pouoit: et cõme a noblesse du roy appertenoit Auquel iardĩ estoiẽt tẽtes et pauil lons esquelz on mẽgeoit q̃ estoiẽt at tachees a gros cordeaulx de soie ⁊ pẽ doiẽt a coulũnes de mabre ⁊ dargẽt qui se ioignoiẽt ensẽble en ãneaulx diuoire. Et estoiẽt ces pauillons et tentes de fins draps de soie de cou leur du ciel tous estincelles par tout de fines pierres precieuses. Et estoiẽt les lis espãdus sus les pauemẽs q̃ estoiẽt de fines emaraudes ⁊ dalba stre. Et appelloit on celuy iardĩ le iardin de delices, auquel y auoit p̃ artifices curieux. Une vigne qui a uoit sept gettõs dor et dargẽt et rai sins faitz de pierres precieuses et de diuerses couleurs ⁊ diuerses mani eres. Et buuoient tous en vaisse aulx de fin or ⁊ vin si tresprecieulx a telle abondance q̃ nul ne semõnoit lautre de boire. Et auoit le roy or dõne seruiteurs de vin qui en dõ noient si abondãmẽt que tousen auo ient tant comme ilz vouloient.

Vasti la royne fist aussi ũg grãt mẽger au palais du roy a toutes ses dames. Dont qũt vint le septiesme iour q̃ le roy fut plus es clarci que les autres fois ⁊ quil eut bien beu et mẽge, si manda querir Vasti la royne q̃lle venist couronner

⁊ appareille au mieulx quelle pour roit, car il voloit sa beaulte mõstrer a tous ses princes: car elle estoit tres belle et pl9 q̃ nulle autre. Mais elle ny volut aller et le despita, car a sõ gmandemẽt ne voulut venir. Dont le roy en eut moult grãt despit et en fut moult fort courrouce. Si demã da a sept saiges q̃ estoiẽt a sa court p le g̃seil desq̃lz il se gouuernoit en son roiaulme ⁊ estoiẽt tousiours a uec le roy pour veoir q̃l feroit de sa royne vasti q̃ ainsi lauoit despite ⁊ a son gmandemẽt nauoit daigne ve nir. Et lũg deux dist au roy. Sire vasti na mie tant seullemẽt fait ce contre le roy: mais a fait villanie a tous les hõmes de ta terre et de ton royaulme. Car doresnauãt les fẽ mes prẽdrõt exẽple a elle et diront vasti a despite le roy assuere: aussi bien nous autres maris elles nous pourrõt bien peu priser ⁊ despiter. Faites donc ceste loy affin q̃ chascũ sache que vasti ne soit plus royne: mais le soit une autre quelle ⁊ meil leure delle. et ainsi le fist le roy.

¶Commẽt hester fut esleue roine et vasti fut deboutee.

Qũãt vasti fut deboutee hors de la court du roy p sõ orgueil si dirẽt au roy ses amis et ceulx qui estoiẽt de sa court Il seroit bon a fai re qũo querist au roy les pl9 belles

filles vierges et pucelles de tout son
royaulme bien nourries et bien parees
et viennent au roy lune aps lautre et
celle q̃ mieulx plaira au roi regnera
et sera royne en lieu de vasti. Ceste
chose pleut mõlt au roy et le fist ainsi
faire. Adonc on fist querir par tout le
royaulme les plus belles filles quõ
peult trouuer pour le roy. En celui
tẽps auoit en susis ung iuif quõ ap-
pelloit mardocheus q̃ nourrissoit vne
tresbelle fille: et lauoit nourrie cõme
sa fille. Dont entre les autres filles
quroit on hester et fut menee en lostel
de celuy q̃ a ce estoit establi et par le
roy. et trouua en celle plus de grace
q̃ en nulles des aultres: mais oncq̃s
ne vaulut dire de quelles gens elle
estoit. car mardocheus son oncle lui
auoit deffendu. Et lui dõna celuy
qui les auoit a garder sept pucelles
pour elle adorner et seruir. Et mar-
docheus demouroit a lentree de la
maison du roy q̃ auoit grant pense-
mẽt de sa niepce hester: et pẽsoit que
delle pourroit aduenir. Et quãt on
les eut nourries sept ans et q̃ le tẽps
fut venu quõ les debuoit mener au
roy et q̃l debuoit gisir auec elles les
status estoient telz q̃ celle q̃ debuoit
gisir auec le roy demãdoit telz ador-
nemens cõme elle voultoit. et on lui
deliuroit. Et qñt elle auoit geu auec
le roy. elle sen alloit et plus ne retor-
noit au roy sil ne la mandoit.

feuillet. clxi.

Adonc quãt plusieurs eurent
ia este auec le Roy et vint le
temps de la nuyt que hester debuoit
coucher auec le roy: elle ne voulut
en riennemuer son habit ne changer.
car elle estoit si tresbelle q̃ nul ne la
veoit q̃ ne laimast. et merueilleuse-
mẽt estoit plaisãte et gracieuse a to9.
Et qñt elle eut geu auec le roy celle
nuitee si lui pleut plus q̃ nulles des
autres et eut sa grace sur toutes les
aultres femes: et la couronna cõme
royne et la fist regner en lieu de vas-
ti. et firẽt ses nopces q̃ durerẽt ung
mois entier. et dõna repos a tout son
royaulme et grans dons a tous ses
amis. En celuy temps aduint que
deux chãbellans furẽt courrouces
contre le roy et tellemẽt quilz qroiẽt
voie et maniere de le tuer. Et mar-
docheus q̃ demouroit a lẽtree du pa-
lais du roy ouyt et sceut ceste chose:
si le nõcea a hester et elle le fist assa-
uoir au roy de p lup. Et quãt le roy
le sceut si enqst du faict et trouua la
verite. dont il fist prendre ses deux
chãbellans et les fist pendre. et fut
le roy deliure de mort.

Commẽt aman pourchassa la
mort des iuifz.

Or aduint asses tost aps q̃ le
roy exaulsa ung hõme quon
appelloit amã q̃ estoit de malech de
la lignie a gaad q̃ iadis fut dama-
lech q̃ samie tua. et le fist le pl9 grãt
y.ii.

hōme de sa court et seclinoiēt et age‑
noilloiēt tous quāt luy a ladoroiēt
Mais qͥ mardocheͧ qui le veoit en
trer a yssir du palais il ne lui faisoit
nullemēt reuerence: dōt amā auoit
si grāt despit q̄ plus ne pouoit. Et
quāt il sceut qͥl estoit iuif si en fut en‑
cores plus courrouce: mais il ne dai‑
gna faire mettre la maī a luy pour
luy faire villanie: ains pourchassa
de destruire tous les iuifz. a en fut
ēcores mardocheͧ plus courrouce qͫ
il le sceut. Dont lan. xii. du royaul‑
me Assuerus, amā vint au roy et
luy dist. Sire il appartiēt a vous
de tenir vostre royaulme en paix a
lune des choses q̄ plus trouble paix
cest quāt on veult viure a sa guise
a a sa voulente. Je te dispour tāt q̄
en ton royaulme sont aucunes gens
qui point ne resēblent aux aultres:
car ilz tiēnent aultre maniere de vi‑
ure que nouͦ ne faisons: et ne tiēnēt
ne ta loy ne tes cōmandemēs ne tes
ordonnāces p ton royaulme. et nest
mie bon de eulx acoustumer telles
choses. Je vouldroie biē q̄ tu eusses
cōmāde et ordōne quilz fussent de‑
struicts. et pourtāt que tes rētes ne
fussent appetisses ne le tribu que tu
en recois ie dōneray du miē propre
pour ton tresor dix mille besans dar
gent content.

Quant le roy ouyt amā ainsi
parler: si luy dist. Garde ton
argent: car ie nē veulx point. Mais
ie te dōne congie a auctorite de faire
ta voulēte de ceste gent. et luy dōna
le roy son āneau pour signer les let‑
tres. Et tātost aman fist les lettres
escripre a tous les prīces du royaul‑
me: et les signa et scella du scau et
de lāneau du roy. Et contenoiēt les
lettres que le roy cōmandoit a tous
ceulx de son roiaulme q̄ vng certaī
iour les iuifz fussēt mis a mort a fē‑
mes a ēfans en qͫlque lieu qlz fussēt
trouues. Et qͫt les iuifz qui estoiēt
en susis ouirent ceste dure sentēce si
prindrēt a plourer et a estre a moult
grāt mechief. Et mardocheͧ vestit
vng sac et getta de la cendre sur son
chief et braioit et crioit moult ame‑
remēt. Et quāt hester ouyt racōter
cōment son oncle menoit tel dueil si
voulut scauoir pourquoy cestoit. et
il luy manda que cestoit pource q̄ le
roy auoit cōmande qlz fussent tous
destruicts. et luy chorloit et fist dire
quelle allast parler au roy pour son
peuple. Et elle luy māda quelle no
seroit car il y auoit bien trente iours
quelle nauoit parle au roy. a nul ne
estoit si hardi q̄ osast par deuers luy
aller sil nestoit māde a qui faisoit le
contraire el deuoit mourir. Adonc
mardocheͧ lui remanda en disant.
Ne pense mie pource q̄ tu es en lostel
du roy si grādemēt exaulsee que tu
soie toute seule eschapper se touͦ les

aultres sont mis a mort. Car se tu aimes tāt ta vie que tu ne vueilles ton peuple aider en ce besoig dieu retournera vne aultre voie de nous aider: et tu le pourras bien faire par toy, q̄ sces tu se dieu ta mise en telle dignite pour toy et nous garder. Quāt hester eut ce ouy: si manda a son oncle et a tous les iuifz quilz se missent en oraison et ieunassēt trois iours. et elle mesmes se mist en oraison et print a ieuner, z tout ce māda aux iuifz de susis.

Q̄uant vint au tiers iours hester se adorna au mieulx q̄lle peult et vestit ses belles robbes et se mist en estat de roine: et print deux damoiselles auec elle. dont lune lui portoit ses robbes p̄ derriere z elle se appuioit sus lautre deuāt et sen vit au roy qui se seoit sus son trosne deuant sa chābre. Et hester luy vint deuāt et vit q̄ le roy auoit les yeulx et le visaige cōme eflamme de cour roux: si sceut a terre ainsi cōme palmee de paour Et le roy la fist leuer et luy tendit sa verge dor qui estoit en sa maī en signe de doulceur z de bōnairete z lui dōna a baiser le chef de sa verge en signe de paix z la prīt a cōforter et lui dist. q̄ te fault il: demāde ce q̄ tu veulx: car se tu demādois la moitie de mon royaulme tu laurois. Et hester lui dist. Je te prie mon cher seignr q̄ tu vueilles venir

feuillet. clvii.

disner auec moy et amaine amā auec toy Et le roy luy octroia et vint drēt mēger luy et amā auec la roine Et q̄nt ilz eurēt biē beu z bien menge le roy fut liez z ioieux. si dist a la roine q̄lle demādast ce quelle voul droit: voire la moitie de son royaulme. Et hester lui respondit. Sire ie ne te demādes plus rien quāt a p̄nt mais quil te plaise encores demain venir disner auec moy et aman et ie te diray ce que iay sus mon cueur. z le roy lui octroia.

OR sen vint aman moult ioyeulx et mōlt glorieux de ce q̄l auoit menge auec le roy en lostel de la roine. Et ainsi q̄me il yssoit hors du palais il vit mardocheus qui se seoit hors du palais tout en sentēes: ne onc q̄ ne se meut pour lui ne reuerēce ne lui dist. dont il en eut moult grant despit. Et quant il vint a son hostel: si appella sa fēme z ses amis et leur prīt a racōter toute la gloire et lōneur q̄ le roy et tous ceulx de sa court lui faisoiēt, et cōe la roine lui faisoit grāt bōneur q̄ ainsi tout seul lauoit semont au mēge auec le roy: et puis dist. Et bien q̄ iay tous ces bōneurs: ie ne repute rien auoir tant cōme ie verray mardocheus en vie. Adonc lui dirēt sa fēme et ses amis fais faire vng gibet de. xl. piedz de hault et demāde au roy q̄l y face pēdre mardocheus: ainsi auras ton

y. iii.

intention de lui, et lui pleut celui conseil; et fist faire ce gibet ainsi comme on lui auoit conseille.

Comment mardocheus loncle de la roine Hester fut esleue du roi assuetus.

Aduint celle nuitee que le roy ne peust dormir, et pourtant qͥl ne lui enuiast il fist apporter deuant lui les liures ou estoient escrites les choses et hystoires notables de ses predecesseurs et de son temps. Entre les qͥlles il ouit lire cōment deux chābellās du roy assuerus auoient traicte de loccire et mardocheus luy auoit fait assauoir: et par ainsi auoit garde le roy de mort. Si demanda le roy a ceulx qͥ la estoient, qͥ a celuy mardocheus eu pour son seruice qͥl me fist. Et toꝰ lui respondirent q̄ riens nauoit eu. Quāt le roy ouit ce si dist a aulcuns qͥ estoiēt la entour lui, Alles veoir qͥ est la dehors en mō palais. Et on lui dist q̄ aman estoit, et il estoit venu pour pourchasser enuers le roi q̄ mardocheꝰ fust pendu. Et quant le roy vit aman, si lui print a dire, Aman dy moy quel honeur on doibt faire a vng hōme q̄ le roy veult hōnourer. Quāt aman lui ouyt ce dire si cuidoit q̄ le roy luy voulsist faire grant honeur et que pour le honourer demādast cecy. Et il luy respōdit, Sire on doibt lhomme que vous voules honnourer vestir de voz propres robbes et doibt estre sus lung de voz propres cheuaulx en vostre selle. Et doibt auoir vostre couronne en son chief et doibt estre le premier de sa court au frain du roy et le doibt on mener par toute la cite et les cheuaulx du roy doiuent aller deuāt luy et crier a haulte voix, ainsi sera honoure celui que le roy veult honourer. Quāt le roy eut ouy tout ce q̄ aman lui auoit dit, si lui māda tantost en lheure qͥl appellast mardocheus et q̄ tout lhonneur qͥl auoit deuise q̄ tantost lui fist faire sans riens laisser. Adonc fut bien esbahi aman: mais il nosa cōtredire au roi et mena mardocheꝰ tout en cest estat qͥl auoit deuise. Et au cōmencement mardocheꝰ cuidoit que aman se voulsist mocquer de lui iusques a tant qͥl sceut q̄ le roy lauoit ainsi ordōne. En ce point appert clerement le prouerbe qui veult estre verifie q̄ est dist, A qui dieu veult aider mal homme ne lui peult nuire. Bien fut retourne le ieu car celui q̄ cuidoit pēdre mardocheꝰ fut cōtraint de lauācer seruir et honourer. Adonc quant mardocheus fut reuenu au palais aman sen reuint en son hostel, et peut vng chascun penser qͥl dueil il pouoit auoir quant il veoit celuy qui tant haioit et auoit en voulente de ainsi le honnir et deshonourer estoit ainsi et plus q̄ lui honoure. Et monstra a sa femme et a ses amis tout ainsi cõme il luy estoit aduenu. et en leur racõtant luy dirent Se celuy hõme du quel tu parles est de la lignie des iuifz soies certaĩ que tu ne pourras durer deuãt lui mais seras humilie et baisse. Et ainsi qnt ilz parloiẽt ensemble: voicy les messaigiers du roy qui le venoiẽt querir pour aller digner auec luy en lostel de la roine Et combien que voulentiers fust demoure: toutesfois aller lui conuint pour la doubte du roy.

a Donc print amã a departir et sen allerent en lostel de la royne et mẽgerent auec elle et firent moult bõne chere tãt que le roy fut moult ioyeulx: mais aman nauoit talẽt de faire bõne chere. Adonc pla le roy a hester et lui dist. q̃ me veulx tu demãder se tu veulx la moitie de mon royaulme ie la te dõneray. Et hester luy respondit: Sire ie ne te demãde aultre chose q̃ tu me vueilles respiter de mort et sauluer ma vie: et nõ mie tantseullemẽt de moy mais a tout mõ peuple. Car cher sire no9 sõmes tous a mort condãnez p vng grãt enemi q̃ no9 auõs en ta court Au moins ql nous eust vendu9 et mis en dure seruitude ce fust chose q̃ no9 eussiõs peu endurer mais sãs cause et sans raison nous sõmes ainsi destruitz et mis a pdition au preiudice de toy et de ton royaulme. Quãt le

feuillet .clviii.

roy ouyt ce q̃ hester lui dist si lui dist Qui est celui en tout mõ royaulme q̃ ait puissance de ce faire: ne q̃ en ait la hardiesse. Et hester respondit. Voicy lenemy mortel qui p sa grãt mauluaistie nous a ce fait. Quant amã ouit la roine ainsi parler si fut si esbahi quil ne sceut que respondre Adonc le roy yssit hors de la chãbre et la roine fut moult couroucee: en tra le roy en vng iardin qui la estoit pour soy refroider de son courroux.

e Et quant aman vit q̃ le roy estoit a mort courouce q̃ fre luy et vit bien q̃ mal alloit pour lui si sen vint a la roine q̃ sestoit gettee sus sõ lit: car elle estoit a mõlt grãt meschef. si se mist sus le lit de la roine pour lui supplier q̃lle lui voulsist faire sa paix enuers le roy Et voicy q̃ le roy vint et entra en la chãbre de la roine et trouua aman q̃ estoit couche sus son lit pres delle et commẽca a braire et dit. Hay il me veult esforcer la royne en ma psence et en mon hostel Il neust mie si tost sa parolle finee q̃ les gens du roy ne prindrent son chapperõ et le mirent sur son vi saige et fut a lheure a mort condẽne Et vng de ceulx qui la estoit dist au roy que en la maison de amã auoit vng grant gibet quil auoit fait faire pour pendre mardocheus. Si cõmanda le roy que aman y fust pendu. Et quãt aman fut pendu si fut
y. iiii.

le courroux du roy appaise. Apres que aman fut pendu le roy donna a Hester sa maison, a aussi toutes les possessions qui auoient este a aman Et institua mardocheus en lieu de aman et luy fist donner son anneau. Et recogneust hester q mardocheus estoit son oncle: a fut maistre gouuerneur de son hostel. Ces choses faictes hester s'en vint au roy et se getta a ses piedz et en plourant luy requist et pria qil voulsist rappeller les lettres et la sentence q aman auoit enuoiees en son nom par tout son roiaulme encontre les iuifz. Et le roy luy accorda: a commanda a mardocheus qil escripuit en son nom par tout son roiaulme q tant seullement les iuifz si ne fussent mie destruictz ne tues: mais il leur donnoit conge de mettre a mort et destruire tous leurs ennemis femmes et enfans de aman et de prendre tous leurs biens. Et manda encores le roy a tous ses princes quilz fussent fauorables aux iuifz et leur aidassent en ce faict.

Dont encores le roy manda plus fort et expressement a tous les princes de son roiaulme pour les iuifz en disant. Ne cuidasse nul q nous mandons maintenant le contraire de ce q nous auons mande autresfois par aman que ce soit par deffault daduis et deliberation auql nous soions muables en nos ordonnances: mais conuient q

selon le temps et les ordonnances pour causes diuerses diuersement iugees les sentences muer pour le prouffit du bien comun. Plusieurs ont este aucunesfoiz esleues et exaulces des roys a mis en grant estat q mal ont vse de leurs offices: car ilz se sont trop esleues pour leur orgueil encontre ceulx qui en tel estat les auoient mis ainsi come a voulu aman faire qui tant auids nous honoure seul nous a voulu priuer de nostre roiaulme, a tollue la vie a mardocheus par qui nous sommes en vie au iourduy p sa bonne loyaulte q nous a fait a Hester nostre espouse auecqs toute leur generation par malice exquis et diuerses voies. Il nous a voulu destruire et pourchasser de nous bouter hors de nostre roiaulme. parquoy nous consi derons q de par Dieu nous regnons et Dieu nous a fait regner iusqs a maintenant et ne voulons mie faire contre Dieu a sa gent: mais voulons q tous iuifz par toute nostre terre a empire soient deliures et absolus de la sentence que nous auons donnee contre eulx. Et voulons et commandons expressement que tous leur ennemis soient mis a mort.

Or furent les lettres du roy par tout son royaulme: dont tous les iuifz en furent moult ioyeulx et mirent a mort de leurs aduersaires et ennemis bien soixante a quinze mille par tout le roiaulme en lieux divers chascun endroit son lieu. Et furent les iuifz magnifiez et de grant renō par tout le roiaulme de assuerie, tāt q̄ plusieurs laisserēt leur loy z se cōuertirent en la loy des iuifz. En la cite de susie tuerēt les iuifz a lūe des fois de leurs enemis bien cinq mīlle Et lautre fois pendirent les dix enfans de aman. Ainsi furēt ilz vēges de leurs enemis. Et quāt ilz eurent tout ce fait ilz firēt moult grāt feste et moult grāt mēge tous ensemble et si firēt pseus et enuoirent les vngz aux aultres. Et comandrrent mardoche⁹ et hester ces deux iours estre solēnes a tous les iuifz q̄ apres vīdroiēt. car il leur estoit aduis q̄ vng nouueau soleil et vne clarte nouuelle leur fut nee de ce q̄ dieu les auoit ainsi visites z gardes de tous perilz. Si estoit raison q̄ a tousiours mais ilz eussent memoire z souuenāce de ce benefice z tresgrāt grace que dieu leur auoit faicte.

Cy commēce lhistoire de iob et de sa grant pascience.

Ung hōme estoit en vne terre q̄ estoit appellee us, et auoit celui hōme nom iob lequel estoit iuste et preudhōme: et laissoit to⁹ maulx et faisoit tous biēs quil pouoit. Et auoit sept filz z trois filles, z moult grant maignie auoit et grans terres et grans possessions. Car il auoit sept mille brebis, trois mille chamois, cēt z cīquāte iougz de beufz et cinq cens asnes: et estoit celuy hōme lūg des plus grans de toute la terre des parties dorient, et sen alloiēt ses enfās visiter et festoier lūg lautre: Et iob se leuoit to⁹ les iours au matin et offroit a dieu sacrifice pour ses enfās: car il redoubtoit qlz neussēt dieu courrouce. Vng iour auint entre les aultres que les filz de dieu: cest a dire les anges vindrēt deuant dieu, et sathan: cest le dyable se bouta auec eulx. Et dieu luy dist. Sathan q̄ quiers tu icy ne dōt viens tu. Et sathan luy rādit. Je viens de visiter les terres et les pais et ay la terre enuironnee z alle de toutes pars. Et nostre seigneur lui dist Nas tu mie bien veu quel est mō seruiteur iob et considere comment il aime dieu z qment il est iuste z droicturier z comment il se garde de mal faire. Il nest nul qui viue qui a luy se puisse cōparer quāt a droicture et a bonte. Et sathan luy respondit Cōment ne te doubteroit iob z aimeroit quant tu luy fais tant de biens cest pour neāt: nas tu mie enuironē son hostel et mis garde entour luy q̄ nul ne le peult greuer ne toucher aux biēs qͥl a. Tu las beneis en toutes ses oeuures et ses possessions et richesses quilz croissēt et multipliēt en ce monde grādemēt. Mais metz ses biens hors de ta garde/ et le touche ung peu de la verge de aduersite. et me laisse cheuir a ma voulete. et adōc verras tu cōment et pourquoy il te doubte ⁊ ayme et se poit pert pa scièce ⁊ se poit murmure contre toy

¶ Dont nostre seignr̄ eut ouyt sathan si luy dist. Je metz en ta main et en ta puissance quāques iob peult auoir vaillant en tout le mōde: mais a son corps ie ne veulx point q̄ tu touches. Adonc se deptit sathan et sen alla pour assaillir iob et guerroier de toutes pars. Ung iour aduint q̄ les enfās de iob filz et filles beuuoient ⁊ mēgeoient ēsemble ⁊ faisoient grāt feste chez leur frere q̄ estoit le premier ne deulx. Et y vint ung varlet a iob q̄ lui dist. les beufz arroient aux chāps et pasturoient les asnes auec eulx: et les sabiniēs nous coururēt sus et ont prins toutes les bestes et les emmainent: ⁊ ont occis toutes seruās et suis tout seul escha pe pour te nōcer ceste nouuelle. Et quāt il eut finee sa parolle: ung aul tre vit a iob et lui dist. Les caldées ont prins trois routes et emmainēt tous tes chameaulx: ⁊ ont occis tous tes seruans qui les gouuernoient ⁊ suis tout seul eschappe pour toy nō cer ceste nouuelle. Et encores ploit cestui varlet: et voicy ung autre var let qui luy dist. Tempeste ⁊ feu sōt cheus du ciel sus tes brebis et sont

toutes arses et toutes tempestes et tous les bergiers aussi: et suis tout seul d'amoure pour nōcer ceste besongne. Et auant quil eut finee sa parolle ung aultre vint a luy qui luy dist. Tes enfās buuoient ⁊ mēgeoient chez le plus ā acien de tes filz: et voicy ung vent qui vint p deuers le desert et hurta aux trois coingz de lostel ou ilz estoient si fort q̄ la maisō cheut sur eulx et sont tous mors et suis tout seul eschappe pour le nōcer

a ¶ Donc se leua Job de la ou il estoit et dessira sa robbe et ba toit sa teste de ses poingz et se getta par tre ⁊ adoura nostre seignr̄ ⁊ dist Je yssis tout nud du ventre de ma mere ⁊ tout nud ie retourneray. nostre seigneur mauoit tout donne: et il ma tout tollu ⁊ oste ce quil mauoit donne. ainsi cōme il a voulu il a fait: sō nō soit benist. En toutes choses ne dist iob nulles polles oultrageuses cōtre dieu: ne ne fist chose q̄ fust a re prēdre dōt dieu se peust courroucer.

¶ Commēt dieu souffrit a sathan persecuter le corps de iob.

S ¶ Ng aultre iour vindrent les filz de dieu/ q̄ sōt les anges/ deuāt nostreseignr̄. ⁊ se mist sathan / cest le dyable/ auec eulx. et q̄t nr̄e seignr̄ le dist si dist. Sathā dōt viēs tu. Et sathā lui rndit. Jay enuirōne la tre et suis alle p tout. Et nostre seigneur luy dist. Tu nas mie bien ꝼeuillet. cix.

veu et cõsidere mõ seruiteur iob et cõme en tre nia nul sẽblant a lui iuste et droicturier q̃ aime ⁊ doubte dieu et se garde de mal faire ⁊ est encores en son ignoscẽce. Ja soit ce que mas esleu de le mettre en mechief et en affliction sans cause ne sans raison. Et sathan lui respondit. De chose que tu lui aies faicte ne mechief nest chose q̃ lhõme ne laisse legiremẽt aller mais qͥl puisse son corps ⁊ sa vie sauuer. Se tu le touches a sõ corps ne a sa chair cõe tu las touche a ses biẽs tu appceuras moult bien sil te aime ou nõ. Et nr̃e seigñr lui dist. Je le te metz en ta maĩ:mais ne touche a sa vie ne a lame de luy.

Atant se departit sathan de deuãt dieu et ferit iob de telle rongne ⁊ de telle ordure par tout le corps des la plante des piedz iusq̃s a la teste q̃ riẽs ny demoura sus sõ corps sain ne entier fors la langue. ⁊ sembloit a veoir ung meseau par tout le corps. et de la piece dung pot de tre brise rissloit et abbatit les ordures de dessus son corps. et gisoit sus ung fumier. Et quãt sa fẽme le vit en tel estat:si se print a mocq̃r de lui et lui dist. Encores es tu en ta simple parolle: maintenãt pries a dieu et luy demandes pourquoy il te fait ainsi. maulgrie le ⁊ le regnie et puis te laisse mourir q̃ a telle hõte et mechef es venu. Et iob lui rñdit

Or as tu maintenãt parle comme une des plus oultrageuses ⁊ mauuaises femmes qui soit au monde. Se nous auons receu les biens de noſtre seigñr pourquoy ne prenons nous aussi bien les maulx quil nõ enuoie a souffrir et a endurer. Et de toutes choses ne dist Job folie de sa bouche ne peche ne fist ne paseiẽce ne perdit.

Or sen vindrẽt trois grãs hõmes puissans et riches a iob qui estoiẽt ses bons et especiaulx amis. Dont lung auoit nõ baldanices: et lautre eliphathemanites: et souffernaamachites: et acorderent estre eulx daller veoir et visiter Job leur amy et cõforter. Dont quãt ilz le virent gisir sus le fumier. a peine le peurent recognoistre. Si se prindrent a plourer tresãgoisseusement decoste lui. Et furent sept iours de coste lui q̃ oncques mot ne lui oserẽt dire pour la grant douleur quilz lui veoient souffrir.

Quant sept iours furẽt passes Job print a pler et dist Maul dict soit le iour ou ie fusne ⁊ la nuit ou il fut dit. Ung hõme est cõceu. ce luy iour ne regers ia a dieu entre les autres iours de lan. ⁊ celle nuit soit seulle ⁊ ne soit ia lheure ou il fut dit q̃ ie fus cõceu. et moult se plaignoit et dist. Sire aies pitie de moy: car mes iours ne sont nulz: pris qoest ce de lhõme ne pourquoy te courrouce tu a luy. pour quoy me fais tu souffrir si grãs maulx et si grãs dole: car se ie nauoie mal de p̃ toy si ay ie asses mal de p̃ moy. Il mest grief de viure a tel douleur: et ma vie me vient a ennuy. Or ne parleray ie pl9 contre moy. et sil te plaist ne me condēne mie ⁊ se me mõstres pourquoy tu me iuges ainsi Tu scez bien que ie nay fait nulle chose dont iaye peché deuant toy: ⁊ si nest nul q̃ puisse eschapper de ta main.

Sire tes mains me firēt ⁊ formerent tout entierement et tu me trebuches et abas en peu de tẽps Sire ie te prie q̃l te remēbre q̃ tu me fis de limon de la terre. et me vestis de pel et de chair: et me coupplas de nerfz ⁊ dosses ensãble ⁊ masp̃omis a garder mon esperit. Ma chair est vestue de pourriture dordure ⁊ de pourete. mon cuir est seiche ⁊ alle a neant. Sire aies pitie de moy ⁊ si te souuiẽne que ma vie est ainsi cõme vng peu de vẽt et nul hõme ne verra q̃t il se departita de moy ⁊ ne retournera mie en ce mõde po9 bien veoir car il ny en a point. par nuit est ma bouche en grãt douleur et les vers qui me mengēt ne dorment mie ⁊ de la plante dont tant en ya: et ma vesture est toute pourrie. O tu qui es garde et sire de tous les hõmes pourquoy mas tu mis cõtraire a toy ⁊ ie suis en moy mesmes de petit pouoir Sire ayes p̃tie de moy: car ma vie est ainsi comme neant.

IE vouldroie et ma voulente seroit que le mal que iay fait pourquoy ie souffre tel meschief ⁊ la douleur q̃ ie sens fussēt pesees en vne balance lung contre lautre. Ie scay bīē q̃ la douleur et le meschief que ie seuffre seroit moult plus pesãt. Et oncqs mais ie ne deserui la grãt douleur et le meschief tel cõme ie lendure et pource sont mes parolles plaines de douleurs. Mais se ie me vouloie faire iuste ⁊ dire q̃ ie suis sans peche ma bouche me condēneroit et seroit contre moy ⁊ parleroit contre moy. et se ie me vouloie deffendre contre luy ie ne lui scauroie mie rēdre vne parolle pour mille car les cieulx q̃ sont si beaulx et si cleres et si netz ne sont mie purs ne netz au regard de lui. Mes hostelz furēt tousiours ouuers a celui ⁊ a to9 appeilles a ceulx q̃ mestier en auoiēt et a tous pelerīs et trespassãs Se iay mẽge mõ pain tout seul sans deptir aux familiere et se ie nay rēdu le loier a tous q̃ me seruent et pour moy lobourēt: pour fromēt ne naissent chardõs: et pour orge me viennent espine.

SE ie tins oncques le poure en despit pour sa pourete ⁊ se ie ne rendis droit au serf q̃ de moy se plaignoit deuant le iuge Et se le

Feuillet. clxi.

pour ne fut couuert de la laine de mes brebis: et si ses costes ne se sentirent du bien q̄ ie lui fie lespaulle me chee n̄ soit rōpue de sa ioincture. Je souspire auāt que iaie mēge au matin et me reuiēt a la gorge ainsi cōe eaue orde, car la mechāce et la douleur q̄ ie redoubtoie mest aduenue ay ce que ie redoubtoie. N'ay ie mie attendu n̄ dissimule n̄ fait semblant q̄ ie ne sentisse ne mal ne douleur: n̄ toutesfois est ton indignatiō n̄ ton courroux descendu sur moy.

ET quāt il eut tāt ple que ses amis leurēt entendu: si luy dirēt. Jusques a tant pleras tu de tes choses: il semble q̄ diuers esperis te facent pler. Regarde n̄ ōsidere en tō cueur ōt tu bois de preudōmes q̄ se sont penes de bien faire q̄lz fussēt dānes ne peris. et si tu fusses tel cōe tu dis et cōme on disoit de toy: tu ne fusses mie uenu a tel mechief ne a tel douleur mene cōme tu souftiens Et si celui q̄ tu as serui te aimast n̄ sil te peust aider il ne souffrit mie q̄ tu fusses a si grāt douleur cōe tu es Tu peus bien ueoir apptemēt que tes aulmosnes ne tes biens faitz ne plaisent mie a celui pour q̄ tu le faisoie. et que point en gre ne les prent

MOult fut ire iob n̄ a telle douleur et a male paix de ce que ses amis parloient ainsi a lui et luy remettoiēt au deuāt de ce quil estoit

uenu a tel pourete et ce quil auoit fait tant de biens et riens ne luy uāloit. Et quant il ouit tant de leurs reprouches si leur respondit. Uous mestes descōfortās chargeurs et en uieux. Je cuidoie q̄ uous me deussies amiablemēt recōforter et aidr n̄ auoir pitie n̄ ōpassion de moy qui me uoies a tel mechef. et uoꝰ me consōdes de uos paroles et me reproches et mettes au deuant cōme iay mon tēps perdu et que peu me uallēt les aulmosnes et les biens que ie soloie faire. Or me laisses en paix a tant: si auray ie confiance en luy.

APres ce pla iob a nostre seigneur et lui dist. Les os me tiēnent a la peau et ma chair est degastee et allee a neant: et ne mest demoure fors q̄ les leures sus les dēs et uous qui deuies estre mes amis au moins ayes pitie de moy: car la mal ma touche durement. pourquoy me persecutes uous ainsi cōme dieu a fait a qui iay du tout ma fiance. Je scay bien que mon saulueur uit: et au dernier iour seray resuscite: et mes propres yeulx que ie porte quilz seront telz et cōme ilz sont le uerrōt

MEs uertꝰ / mon pouoir / n̄ ma force affebliront: mes iours et mon temps iront a neant et deffauldront et la terre ou ie seray enseueli me garantira seulement. Je nay tant meffaict uers mon sei gneur cõme il me fait souffrir et soustenir de maulx et de peine. La peine est trop plus grãde q̃ ne sont les mesfais dont ie suis si grieuemẽt puni. Sire or te prie que tu me deliures de ces grãs douleurs que mon cueur et mon corps souffrẽt. Et quãt tu me auras deliure et saulue si mappelle deuãt toy et ie monstreray sil est hõme qui vueille prouuer que ie suis ainsi mene et iugie a tort. Mes iours sont trespasses: et mes pensees sont allees a neãt et a cõfusion. Et de ce est durement mõ cueur tormẽte. Iauoie esperãce que bien men venist et que ieusse ioye et hõneur et il mest pis ad uenu q̃ ie ne cuidoie. Et encores ay ie si grãt mal cõme il est apparessant encores ay ie esperance que dieu me dõnera ioye apres tribulation q̃ me destruict ainsi et tormẽte.

OR vueille ou nõ il me cõuiendra descẽdre en enfer et aller et mõ lit en tenebres et iay dit a pourriture. Tu es mõ pere et mon frere et mes soeurs sont les vers. Et ou est ores lesperãce de mon attẽdue. Tu es mõ dieu sire ma pacience et toute ma fiance. Sil te vient a gre sire tu me vueilles respõdre. quãs grans sont mes peches et ma mauuaistie: et tu me vueilles monstrer pourquoy tu me tourne ta face q̃ ie ne puis veoir tu me fais tout ainsi cõme se ie fusse ton enemi. Tu demõstre ta face et ton pouoir contre la fueille q̃ le vẽt ẽporte: et as pris guerre contre moy ainsi cõme oltre la fueille dẽs chãps q̃ est seiche et trespercee et a perdue sa force et sa vertu. Car tu monstres cõtre moy grãt cruaulte et me viens destruire pour les peches que tu dis q̃ ie fis en mon ẽfance. Tu as mis mes voies en mon esgart et ne puis tourner ne aler nulle part que tu ne me voies, et ie deffauldray si iray a neãt ainsi cõme pourriture, et ainsi cõme le vestimẽt qui est de artisons mẽge. Et sil te plaist il seroit bon q̃ tu me misses en ẽfer et fusse a repos iusq̃s a tant que ta grãt ire soit passee: et me mettras terme quãt tu auras remẽbrance de moy. Et ne sces tu mie bien q̃ ceulx qui sont mors reuiẽdront encores en vie. Tu os les iours q̃ ie suis en tel estat: attẽs que ie soie en aultre maniere, et ne scay lheure ne le temps q̃l me cõuiendra laisser la voie ou ie suis.

Ire ie tappelleray et tu me respõderas sil te plaist et extẽdras ta dextre main a celuy q̃ tu as fait, et tu sire as mes voies consideree et cõment iay ouure et fait et la voie que ie maine: mais dune seulle chose ie te prie, cest q̃ tu aies pitie de moy et q̃ ie ne soie mie iuge selon les pechies q̃ iay fais et q̃ mont encõbre et contre toy. Ie crie a toy et me vueilles estendre et esleuer ma voix au pl' hault et tu ne me veulx ouyr. Tu me soloie estre debonaire et memonstrer semblant damour Or mesemble q̃ tu es ire et courouce contre moy et es si cruel deuenu q̃ tu me fais grant durte par ta voulente: et ie attendoie amo' Tu me mises grāt seignourie et me donnas grāt honneur et glās richesses q̃ ie prisoie moult: et auois esperāce quelles me durassēt a tousiours, mais et elles me laissent aller plus tost q̃ ie ne cuidoie. Et pource me sembloit que tu mauois establi et mis sus choses vaines: et ne soustiennent non plus q̃ vent. Et pour ce q̃ iauoie en ces choses fiance et seurete et cuidois quelles me deussent tousiours durer et elles me faillirēt quāt ien cuidois mieulx iouyr. Et assez plus blece que quāt ie cheus et sailli de mon esperance que se ie ne eusses oncques rien eu.

ET que me vault ce q̃ iauois si grāt seignourie quant aux biēs ausquilz iauoie mon esperance mise quāt ilz mont failli et laisse au besoing. Et apres toutes ces choses ie scay bien q̃ tu me donneras et deliureras a la mort dont ie ne me puis deffendre et la conuient il aller tous ceulx qui ont vie en ce siecle. Se ie suis mauuais ou pecheur ie ny puis auoir si non dōmaige. Et se te suis iuste et preudōme iauray tāt de peine et de douleur po' me garder de mes

feuillet. clxii.

faire et de mesprēdre enuers toy que ie ne pourray a grant peine leuer la teste en hault

LArbre a espace sil est trēche et abbatu la racine demoure en vie et gette brāches q̃ verdoient et croissent par nature Et sil est sec entre tellemēt que le tronc qui est de dessus terre soit cōme mort et la racine soit pres de leaue elle se renouuellera et fera nouuelles branches ainsi cōme sil fust plante de nouueau. Et lhōme quāt il est mort et mis en terre et alle a neāt ou est il. dont tout ainsi se toutes les eaues estoiēt faillies de la mer et le fleuue qui est sec et alle a neāt toute en telle maniere lhōme q̃ est mort na poit de pouoir ainsi a perdu toute sa vertu, et ne releuera iusques au dernier iour q̃ le siecle ira a neant. Et adonc se releueront tous ceulx qui seront mors et qui auront este en vie, et si viendront tous ensemble au iugemēt que nostre seigneur tiendra de son peuple.

SIre se iay peche et mas deporte en aucūs tēps sane en prēdre vegeāce pour quoy me monstres tu apres ton maltalōt et pourquoy ne souffres tu q̃ ie soie deliure Tu fais tout ainsi q̃me se tu eusses tesmoi g̃z encontre moy et me veulx ainsi destruire et mettre a mort po' mes mesfais q̃ ie cuidoie q̃lz fussent oubliez ia grant temps a. Pourquoy souf-

fris q̃ ie yssisse hors du ventre de ma
mere: côme ma voulente fust q̃ nul
ne meust veu a nul iour en ce monde
Ains aimasse mieulx q̃ ie fusse alle
a neant ainsi côe se ie ne fusse oncq̃s
este veu: mais tātost que ie fusse du
ventre de ma mere yssu eusse este por
te en tre. Et sire quelle raison trou
ues tu q̃ ma vie nest finee en peu de
temps iusques a tant que ie iray en
tre obscure et tenebreuse et couuerte
en obscurite de mort celle tre est plai
ne de grāt misere dont il ny a point
de clarte ne de raison: ẽcois il y a en
tous tēps douleur et grāt orreur, et
est habitatiō de mort perpetuelle.

Dont apres ces parolles luy
respondit eliphatemanites et
dist. Si nous commēcons a pler par
aduēture tu le fieldras a aigrete qui
est celui q̃ peult retourner ne retenir
la parolle q̃ tu as commence a dire.
Pour quoy dis tu si vaines po: ol
les et na raison en chose que tu dies
Qui dit oncq̃s en nul tēps q̃ home
eust peine ne douleur sans raison.
Et se tu neusses meffaict en aulcūt
tēps il ne te fusse mie aduenu ainsi.
q̃ si tu neusses en aucune chose cour
rouce nostre seignr. Regarde et cōsi
dere la naciō des gens et tu verras
dēs nōt nulle peine et nulz maulx a
souffrir de ton seignr q̃ tu as serui:
car il trouua dfault et mauuaistie
en ses anges il les condāna por leur

meffaict et furēt abbatus. tāt plus
doibt estre lhōme consōdu qui est de
terre purement et va a neant ainsi
cōme sil fust degaste de terre et aussi
de vers.

Pres ces parolles pla Job et
dist Je scay q̃ q̃nt il lui plaira
il naura en bien peu de tēps deliure
de la peine q̃ iay eue et sil me occisoit
si aurois ie fiance et esperāce en luy.
Jay dit vne chose q̃ ie ne voulsisse
mie auoir dit: et vne aultre dont ie
ne parleray plus. Mes deduis sont
tournes en douleurs: et tous mes sou
las sont mues en plaites et en ple
mais quoy q̃ me face il maura tan
tost deliura quant il luy plaira.

Pres ce parla nostre seignr
en vision a eliphatemanites
et a ses cōpaignons et luy dist. Je
suis courrouce contre toy et contre
tes compaignons: car vous naues
mie raisonnoblemēt ne droict parle
deuāt moy ne contre iob mon serui
teur: mais ont este ses polles iustes
et raisonnables deuāt moy et ses cō
plaintes. Prenes doncques sept to
reaulx et sept moutōs et alles a mō
seruiteur Job et lui offres: et lui pri
es quil prie dieu pour vous. Et eli
phat et ses pōpaignons sen allerent
et firent tout ainsi comme nostre sei
gneur luy eut commādé.

Dant les trois amis de Job
furēt retournes: si trouuerēt

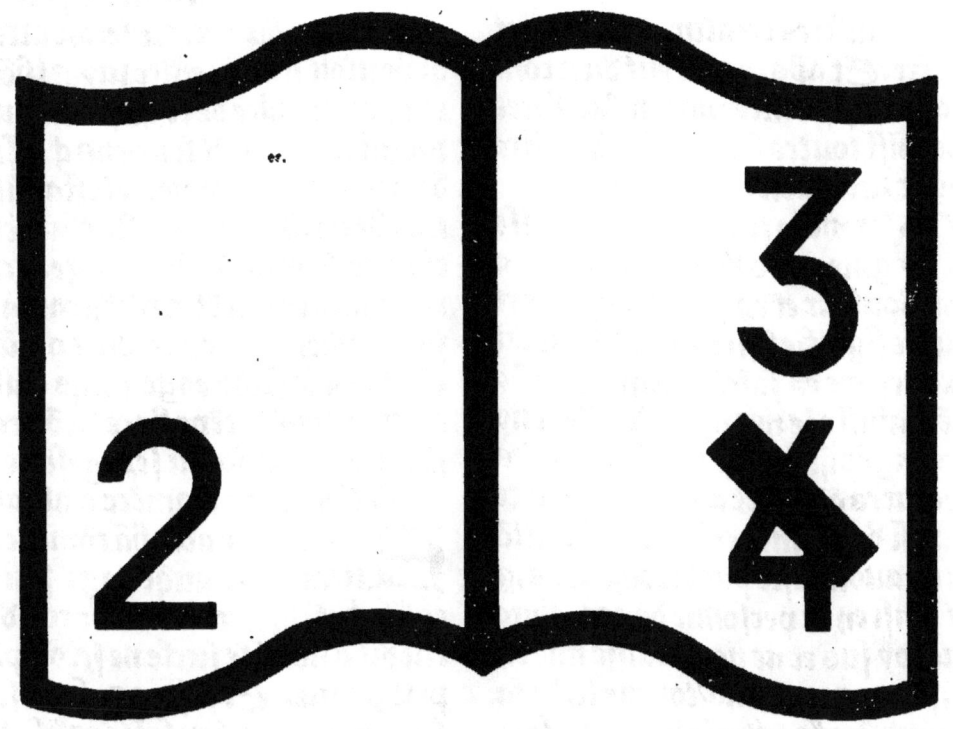

Pagination incorrecte

NF Z 43-120-12

toutes aultres creatures qui viuent sur tre. Et aps ce quil eut dit z commande il fist entrer noe en larche. et noe mist toutes les choses q̃ nostre seigñr luy auoit dit z commãde.

Dix mois furẽt noe z sa maisgnie et les bestes en larchz a grãt douleur et en grant angoisse et tout ce signifie le seruice quõ fait du sexagesime en saincte eglise. Et comẽce ainsi cõe noe appelloit dieu nostre seigñr ql̃ le regardast luy et les creatures q̃ estoiẽt auec luy et les deliurast du tormẽt et de la tribulatiõ ou ilz auoiẽt este par si long tẽps. z dit ainsi en la personne de noe. Sire liue toy sus et ne nous laisse mie en la fin. pourquoy no⁹ tourne tu la face z oublies la tribulatiõ ou no⁹ sommes. Sire aide no⁹ et no⁹ deliure par la haultesse de ton nõ. Et dit noe q̃ dieu dormoit pource quil lui sẽbloit quil auoit este trop long temps en si grant tourment.

c Eluy secõd eage dura de noe iusq̃s a abrahã. et tout le seruice du sexagesime signifie le tẽps q̃ fut de noe iusq̃s a abrahã. Et celui tẽps racõta sainct pol en lescripture les peines tribulations et douleurs qlz eurẽt z souſtindrẽt pour lamour de nostre seigñr. et en ce eut noe esperance q̃ luy ne ceulx q̃ de lui ystroiẽt ne seroiẽt iamais pl⁹ destruictz par eaue. car dieu lui dist ql̃ mettroit sõ

ffeuillet. chr t iii.

arc es nues du ciel. z ce seroit a ſiẽce q̃ l voulolt mettre entre luy z lhõme et en remẽbrãce de ce quil luy auoit promis. Et furẽt les gens q̃ yssirẽt de noe en restauremẽt et establissemẽt de ceulx q̃ auoiẽt este peus et peris p la tribulatiõ du deluge. z creurẽt et multiplierẽt z replirent la tre sicõme dieu leur auoit dit z gmãde. Et dura le secõd eage iusq̃s a abraham. et tout le tẽps de ce secõd eage signifie le seruice du sexagesime

¶ Le tiers eage q̃ gmẽce a abrahã.

AD tẽps de abrahã cõmenca le tiers eage auql eage saincte eglise fut cõfortee adonc de ce q̃ dieu eut dit a noe q̃ le siecle ne seroit plus peri p eaue. Et cest eage signifie le seruice quõ faict en sainte eglise. le dimẽche quõ appelle quinquagesime z gmẽce celui seruice ainsi. Sire tu me seras en deffence et en aide et me seras seur et sauf: car tu es mõ sire z mõ dieu. z en toy est ma seurte: mõ refuge. En celui tẽps gmenca dieu nostre seigñr a mõstrer grãt amour a abrahã et lui dist q̃ en sa semẽce seroient benets toutes gens. Et qñt il eut faicte ceste promesse abraã auoit encores nulz enfãs: mais ẽtre seigñr lui dõna ysaac. z ysaac dõna esauz iacob. et a iacob donna. xii. filz dont yssirẽt moult de gens q̃ eurent grãt pouoir z furẽt plusieurs mõlt grãs amis de dieu. Et dura ceste eage

z.ii.

iusques a moise ⁊ fut moult grant amy de dieu.

e En celuy teṗs exaulſa moult dieu ſes gens de ſon peuple. et fiſt Jacob deſcendre en egipte ⁊ le garda entre leurs ennemis et multi plierēt ⁊ furēt la tāt q̄ moyſe fut ne ⁊hōe parfaict q̄ a dieu cōmāda quil emenaſt ſō peuple hors degipte: ceſt aſſauoir les gens q̄ eſtoient yſſus de iacob q̄l appella iſrael ⁊ les deliura de la ſeruitude ou le roy de la tr̄e de gipte les tenoit et auoit mis iuſq̄s a dōc ⁊ cōmēca le quart eage a moiſe des moyſe en auāt iuſques a dauid. En celuy tēps deliura moyſe les en fans diſrael de la ſeruitude degipte ou ilz auoient grāt temps demoure

Cy cōmēce le quart eage qui cō mence a moiſe

Oy cōmence le quart eage, quāt moyſe eut mis hors degipte les enfās diſrael, et les emena au de ſert ou ilz furēt. xl. ans ſans ſemer ne labourer. et viuoient de la māne du ciel que dieu leur enuoit. ⁊ la fut la loy deſcripture dōnee: en eſpecial les dix cōmandemēs de la loy et des aultres ſerimonies q̄ appartiennēt a la loy. Et les tabernacles ⁊ larche ſaincte ⁊ pluſieurs aultres choſes q̄ on ne peult proprmēt dire ne eſcripre en nos langues. En celuy tēps fait nr̄e mere ſaincte egliſe le ſeruice q̄ pre ſente le tēps de celui q̄ diſt ainſi au cō mēcemēt de la meſſe. Il ma appelle ⁊ ie lay eſcoute ⁊ ſa priere recepueray et ſeray auec luy en ſes tribulatiōs et deliureray et glorifieray ⁊ rempli ray de longz iours. Et cecy chāte on le p̄mier dimēche de karesme. ⁊ celle p̄miere parolle ſignifie le tēps q̄ les enfās diſrael furent en ſeruitude en egite. et reclamerēt dieu nr̄e ſeigr̄ ⁊ lui prierēt quil les deliuraſt du meſ chief ou ilz eſtoient.

e Et qnt dieu eut entendu leur complaiſte: ſi pla a ſaicte egliſe ainſi cōme il rūdit. Mon peuple ma appelle ⁊ reclame pource quil eſt en douleur ⁊ en mal aiſe: et ientendray a ſa priere et feray ce quil me requiert ⁊ le deliureray de la main de ſes enemis. Et adōc qnt ilz eurēt tāt eſte au deſert ou ilz eurēt des aduerſites et tribulatiōs aſſes: ſi paſſerent oultre le fleuue de iordain ⁊ entrerēt en la tr̄e de guerre plus grāde quilz neu rent par le deſert. ⁊ adōc cōmēcerēt a batre les cites: dōt hierico fut la p̄miere. Et deſtruirent les villes et chaſteaulx. et mettoient a mort les gēs qui eſtoiēt q̄tre eulx. ⁊ eurēt ap̄s ſaul a ſeigr̄ q̄ fut le p̄mier roy qui eut en ſō tēps grās guerres ⁊ batail les ō tr̄e les philiſtiēs et aultres gēs Et en ſignifiāce portēt encores les ieuſnes gens des brādons de feu et font hordes de feu en ſignifiāce des guerres qui furent en celuy temps.

Le .5. eage q̃ commēca a dauid,
dura iusques a la trāsmigration de
Babiloine

ET dura cest eage q̃ cōmence
a moise iusq̃s a dauid. et a da
uid cōmenca le .5. eage q̃ dura insq̃
a la trāsmigratiō de Babiloine et au
tēps dauid q̃ ama et seruit dieu dont
saincte eglise eut paix en sō tēps quil
regna et aussi au tēps q̃ salomō son
filz regna. Mais ces rois q̃ furent a
pres salomō firent moult de maulx
et de males aduētures q̃ furēt cōtre
la voulente de dieu et dont il en fut
fort courrouce contre eulx: car ilz fi
rent ydolles et les adourerent. Et
dieu leur enuoia les princes de Babi
loine q̃ destruirēt hierusalem et ardi
rent le sainct temple de dieu. et firent
moult de meschief et emenerēt la fle
du peuple disrael et de iuda en la tre
de Babiloine. et y furēt la .l. ans, ius
ques a tant quilz en furēt ramenes
dura le .5. eage qui cōmēca a dauid

Le .6i. eage q̃ cōmēce au teups
q̃ hierusalem fut destruicte, les filz
disrael emenes en Babiloine

ET q̃nt ilz furent menes en la
terre de Babiloine en seruitude
et en aps aussi la tre disrael et de hie
rusalē fut destruicte. sigmēca le .6i.
eage q̃ dura de celui temps iusq̃s au
temps q̃ ihūcrist fut ne de la vierge
en Bethleē. Et tout le temps q̃ les en
fans disrael furēt mis en seruitude

feuillet .clx5.
signifie le seruice quō fait le secōd di
mēche de lzaresme qui cōmēce. Sire
remēbre toy des peches et des mercis
q̃ ton peuple a trouue en toy: et des
misericordes q̃ tu as faictes et mon
strees a tes gens le commēcemēt du
mōde. Et ne souffre mie q̃ nostre en
nemi ait puissance et seignourie sur
no9: mais ainsi cōme no9 monstrons
no9 deffens cest cōtre nos ennemis

AInsi est cōmence en la psonne
des enfās disrael qui en celuy
tēps estoiēt en babiloine en seruitu
de. Et ainsi se cōplaignoient a dieu
chascū iour, et prioiēt q̃l les deliurast
des douleurs ou ilz estoiēt Ceste cō
plainte dura iusq̃s au tempo q̃ nostre
seignr̄ vint en terre pour sauueur le
mōde: car le tēps estoit et auoit vng
tēps este en tourment et en grāt dou
leur. et attendoient celui q̃ les deuoit
deliurer des peines quilz auoiēt souf
fert par long temps et des le cōmence
mēt du mōde. Et tout celui seruice
dicelui Dimēche est dicelle priere et
celle requeste: car chascū lettendoit
et en auoit grāt mestier: mais ne sca
uoit nul tāt fut sage q̃nt il viēdroit
q̃ les prophetes auoiēt dit q̃l venoit
et deliueroit les poures deschaiz qui
estoient deschasses et deboutes hors
de leurs pais. Et tāt q̃ les prophetes
en auoiēt dit lung aps lautre entie
remēt sicōme il auoient pler: et chas
cun deulx estoit passe et acompli.

Le .iii. eage q̄ comenca a la natiuite de nostre seignr̄ Jhūcrist.

En celuy tēps ne scauoiēt nulz quil peust dire ne faire: mais estoient tous en si ferme creāce que chascun scauoit bien qĺ Benoit. Ce iii. eage dura iusques a la natiuite de nostre seignr̄ τ iusq̄s a tant qĺ fut ne et venu sus tre. Adonc ouyt et entēdit saicte eglise q̄ par luy ystroiēt de douleur et de tormēt si print grāt qfort et grāt esperāce. et biē signifie le seruice quō chāte le tiers dimēche de la cresme dōmēce ai si Mes yeulx dist saincte eglise serōt tousiours en to⁹ tēps fiches a dieu nostre seignr̄: car il gettra et deliurera mes peehez et moy hors des liēs du dyable τ des peines q̄ iay long temps souffert et endure. Sire regarde moy et aies pitie de moy: car ie suis en pourete

Ainsi chāta saicte eglise q̄t celui a q̄ elle auoit esperāce fut venu. En ce tēps alla nostre seignr̄ p la tre et prēcha et annōca la ioye de padis laq̄lle adā auoit pdue par sō mesfaict et mesprisō. et ēuoia ses disciples et apostres par tout le mōde pour mōstrer gment no⁹ seriōs sauluees: apo⁹ dire quō laissat les pechez et quō fist le biē sicōmē luy mesmes dit. Je ne suis mie venu en tre pour les iustes: mais po⁹ les pecheurs appeller a penitēce. En aultre lieu dit Je ne veulx mie la mort du pecheur mais ie veulx quil se cōuertisse τ retourne a moy par penitence: et quil ait la vie du ciel.

Et tout ce quil fist τ dist: il ne fist mais q̄ pour lamo⁹ de no⁹ et souffrit grāt pourete en terre et si estoit roy τ sire de tout le mōde: mais il aima humilite et hait orgueil. tout ce qĺ fist en la vie quil mena il fist a fin q̄ nous y pnissions bon exemple ainsi q̄ firent au pmier les saictz bōmes τ preudōmes qui furēt au tēps ancien: cōme saict pierre et saict pol et les aultres saictz q̄ tant laimerēt quilz furent lung crucifie: sicōme il fut deuāt tous les aultres. les aultres eurent les testes trēchees τ les aultres lapides. plusieurs martirez et occis par diurse tormens

Mais ilz scauoiēt certainemēt q̄ les douleurs et les tormens qĺz souffroient en ce siecle les feroiēt couroner en lautre. Et pource leur estoit le torment qĺz souffroient ainsi cōme vng trespas: et ne le prisoient riens enuers le grant guerdon quilz attendoiēt. Et en cest eage vesquit nostre seignr̄ xxxiii. ans ou plus en pourete q̄ oncques ne voulut auoir maison ne terres ne richesses nulles pource q̄ ceulx qui le vouldroiēt suiuir pnissent exēple a luy pour le ensuiuir. Et au iourduy nest mie ainsi car ceulx quon cuide qui laiment et seruent de bon cueur et de corps ne

font mie ainsi comme il fist/ ne pre
nent mie exemple a lui: mais assem
blent les tresors/ et les avoirs du mon
de/ qlz ne doibuent mye regarder silz
vouloient ensuyuir celuy qui dient
qlz seruēt. Mais il est tant de faulx
ypocrites/ et de si faulx religieux que
a bien peu les simples gens ne scauēt
que croire: car ceulx q sentremettent
de chastier/ enseigner le peuple/ et def
fendre sont plains de si grāt conuoi
tise quilz veullent auoir par force/ et
seignourie les choses quilz deffedēt
aux aultres. Et ont trouue la plus
muable et desloialle maniere de ra
pine et de cōuoitise q oncqs fut trou
uee, car se vng homme riche meurt
qui ayt assemble vng grant tresor
par vsure ou par faire tort aux pou
res gens p force ceulx qui a aultruy
auoir deffendent a acquester se tirēt
pres et ne laissent ne ne souffrent a
dire au mal homme qui a tout son a
uoir assemble par malle raison qui
na droit en celui auoir quil a. nō ob
stant quil ne la mye gaignie de bon
droit: mais ilz se mettent auāt quāt
ilz voient qlz approchēt de la mort.
et disent quilz seront executeurs de sō
affaire. et prēnent le faict du testa
ment sur eulx ainsi cōme par force.
et dient a ce mal hōme quilz le ren
dront et departirōt pour lame de lui
mais ilz tirent par deuers eulx tout
ce quilz peuuent auoir: et le gardent

Feuillet. clxvi.

si q nul ne le quiert tāt aie bon droit
q luy rendēt aucune chose de lauoir
de celui dont ilz ont pris le testamēt
car ilz ont le sien p vsure et p malle
raison ql en puisse estre ouy ne aussi
quilz le vueillēt entendre. Et ceste
malice est venue en peu de temps
Ainsi par telz gēs retourne sat
cte eglise en plus grans dou
leur et en plus grant confusion ql
le nauoit oncques este: et en tous les
six eages qui sont passes. Car ceulx
qui deuueroiēt garder les brebis les
estranglent et leur ostent leurs cho
ses par leur force. et font sēblāt par
dehors de humilite: mais par dedēs
sont plains de cōuoitise/ et de rapine
pource est il bien apparant pour ce
quilz font: car silz fussent disciples
de nostre seigneur il fussent plains
de humilite et de pitie/ et soustenissēt
les poures gens. mais de ceulx nont
ilz cure ne vouletē: mais des riches
qui dieu guerroient et poures gens
/ de telz gēs qui ont les poures des
rites/ destruictz font ilz leurs fami
liers et amis affin qlz puissēt deulx
et de leur auoir accroistre leurs tre
sors. et ia ne demāderont cōment ilz
les ont acquis: et ne leur chault dōt
ilz soient venus mais quilz en ayent
la meilleure partie. Telz gēs serōt
auant que la fin viengne a si grant
douleur et a si grāt confusion en sat
cte eglise et en christiente que des le

z. iiii.

temps q̄ gens furēt p̄mierem̄t for
mes neut si grāt douleur: car main
tenāt saicte eglise est corrompue en
leur temps

Celuy septiesme eage ou il y
eut tāt de maulx p ceulx que
dieu appella faulx prophetes dura
iusq̄s a tant q̄ ceulx qui furēt sont ā
serōt a tousiours mais et q̄ le dernier
iour du iugemēt viendra quil cōuiē
dra les bons ressasciter ā les maul
uais. et apparestra a tous commēt
chascū aura querse ā este en ce siecle
ā recevra chascū selon ce q̄l aura ser
ui. Et celui iour tāt sera beau: sera
le commēcemēt du huitiesme eage. car
le soleil raura sa clarte ainsi q̄me il
auoit au iour q̄l fut cree. Et toutes
les creatures reuiēdront et seront re
stablis en leur p̄mier estat mais que
tant seullemēt les anges qui p leur
orgueil pdirēt leur dignite. a la mō
strera nostre seigr̄ quil ne hait rien
tant cōme il fait orgueil. Et toutes
les creatures qui oncq̄s furēt raisō
nables en nul temps reuiēdrōt en
leur estat fors ceulx seullemēt qui p
leur orgueil perdirēt leur dignite

Ta ce gardent ceulx qui sōt
iuges du mōde en ce tēps q̄lz
durōt este: car a ce iour sera si cler q̄
nulle obscurite ne nulle ītētion q̄ na
este raisōnable ā droicturiere naura
lieu ne excusatiō: car les pēsees ā les
g̃rieces serōt toutes apptes. Celui

iour sera de si grāt clarte ā de si grāt
seignourie q̄ apres ce ne viendra ne
nuyt ne obscurite. Celuy iour sera
le iour redoubte ā de tribulatiō et de
grant douleur: car lung ne pourra
conseiller ne reconforter lautre et ne
aura lieu nostre excusation.

Celuy iour aurōt doubtāce
et paour les anges et archā
ges: ne q̄ ferōt donc ne q̄ pourrōt de
uenir les dolens et les meschās pe
cheurs et les faulx ypocrites et pa
reillemēt les orgueilleux et les hai
neux les enuieux les auaricieulx et
ceulx q̄ nōt mie aime dieu ne ses cō
mādemēs obey moult seront a grāt
mechief celuy iour: car adōc ne leur
vauldra riens crier mercy ne demā
der misericorde cōbien q̄ tout le tēps
quilz auront vescu au siecle soit oc
troie ā laisse pour crier a dieu mercy
et pour faire penitence de leurs mef
fais. ā celuy de adonc sera pour rece
uoir guerdon selon sa desserte

Grāt merueille s'esbahiront
ceulx ā celles qui a celui iour
serōt assēbles ou il cōuiēdra venir
et estre sans respit et sans nul q̄fort
car ilz ny aurōt qui pour eulx respō
de. ā ne sera nul quil ne porte en son
visaige et en sa face tous ses peches
mais sera celuy de grant douleur a
une partie et a lautre de grant ioye
Et celuy aura moult malle partī
sō: car il sera dit a lune des parties

Allez vous en mauldictz et qui debues estre mauldictz: car oncques bien ne fistes, alles vous en au feu d'enfer q du rera a tousiours qui est appeille por les diables, et ceste sentence sera tenue que ne sera nul q ose ne puisse dire le contraire Contre ceste sentence ne pourra valoir raison: car il sera tout descouuert et apparãt, et les faulx ypocrites qui monstrent par dehors religion et deuocion seront a celuy iour ofus et refuges: car leur ypocrisie ne leur vauldra riens et serõt ainsi cõe est ores faulse mõnoie. Et lors apperra leurs faulsetes et leur desloiaultes: mais encores les attẽd dieu a penitẽce et leur fait semblant q sil ne tiẽt a eulx quil est appareille de receuoir et attendre leur voulẽte et deuotiõ, car ilz deussent auoir fait tãt quilz furẽt en vie: car a celui iour leur faict sera passe sans recouurer.

e Ta celuy iour quant tous ceulx qui ont este en ce siecle des le temps q adã fut fait iusqs au iourduy au cruel iour q la sentẽce sera dõnee cõtre eulx et aurõt este mauuais en leurs vies et pour leurs mesfais serõt dãnes et mis a mort d'enfer Et les aultres serõt mis a la dextre partie et serõt menes et conduis en la ioye de paradis quãt la diuision des bons et des mauluais sera faicte et chascun sera establi en tel lieu cõe il deuura aller. Lors sera saicte eglise

Fueillet. clxvii.

en son estat cler et puissant: car en ce luy iour elle aura surmõte tous ses ennemis quelle aura eu des le cõmencemẽt du mõde. Et elle verra d'aultre part ceulx qui seront ses amis et ceulx qui lauront aimee, hõnouree et gardee a tousiours, et ilz seront a grant hõneur et a grant gloire par leurs dessertes et merites. Elle verra d'aultre part ceulx qui seront condãnes et mis a la mort d'enfer qui leur durera a tousiours sans fin, et adõc commẽcera son chant que le iour de karesme signifie appertemẽt par diuerses signifiãces et sont des auctorites hõnourees selon lescript: et cõmenee ainsi

Saincte eglise qui en dieu croiant et tiens a seignr Jhūcrist maine ioye et soies en liesse Et vous tous qui laimez et hõnourez assemblés vous, et vous qui auez este en douleur et en tristesse, car vous trouueres confort et soulas et grãt bien dont vous seres soustenus. Et la respõce fut telle apres ceste parolle saincte eglise respõd Je suis ioyeuse et ay grãt ioye des choses q iay ouy et qui me sont dictes, car ie scay et si voy bien que moy et tous ceulx qui la loy de dieu tiẽnet iront en la maison et au lieu dõt dieu est sire et gouuerneur dicy en auant.

Cy finit ce present liure.

feuillet .clxiii.

Et premieremēt ǫment adam et eue furēt boutees hors de paradis terestre

Job aussi sain aussi haite et en aussi bon poīt et en aussi bō estat de corps cōme il auoit oncques este. Et iob pria nostre seignr pour ses amis: et dieu receut sa priere pour eulx. Et rendit nostre seignr a iob au double de tous les biēs quil auoit eu deuāt car il auoit quatorze mille brebis et cent iōgz de beufz et six mille cha/ meaulx et mille asnes. Sept filz et trois filles les plus belles quō peut trouuer en nul temps.

Adonc sen vindrent a iob tous ses amys et luy firēt tresgrāt feste: et luy apporta vngchascun de ses biēs, et coururēt les nouuelles p tout le mōde de iob et de sa sapience et commēt dieu luy auoit rendu au doublr les biens qͥl lui auoit tollus et en estoit esmerueille de ceste nou/ uelle qui sōupt racōter. Et vesquit Job apres sa tribulation six vingtz ans, et vit les enfās de ses enfās ius/ ques a la quarte generation

a Alcūs demādent pourquoy le dyable nosta a iob sa fēme ainsi cōme il luy tollut ses enfās et tous ses aultres biēs. Mais ilz luy respondirēt que le dyable luy laissa de certain propos sa femme pour le plus tormēter asses: car pis lui fai/ soiēt les parolles que sa femme luy disoit q̄ tous les maulx quil sentoit

Cy apres sensuiuēt les eages

q Quant adam et eue furent boutees hors de paradis ter restre pour leur meffaict: lesqͣs furēt nos pmiers peres si com mēca le pmier eage. Or adōc eurent perdu. Adā et eue toute ioye et toute seignourie et entrerēt en ere de dou/ leur et en vie de pourete: car ilz auoi ent pdu la vie q̄ estoit sās corruptiō pour leur meffaict. Et furent mis hors de la maisō de repos et seignou/ rie, et leur cōuint faire leur habita/ cle de la maisō por eulx garder et def fendre des creatures que dieu leur a uoit dōne et mis en leur subiection q̄ estoiēt deuenꝰ leurs enemis por leur meffait qlz auoient meffait enuers leur createur qui leur auoit dōne la puissāce et seignourie sur toutes les creatures mais qlz se gardassēt de tres passer son cōmādemēt et sa voulēte.

Celui pmier eage dura iusqͣs a noe des q̄ adā fut cree iusqͣs au deluge. En ce tēps aduindrēt a adam moult de cruelles et diuerses adueētures: car des deux pmiers en fans cayn et abel lung occit lautre par enuie. Et quāt adam et eue vi/ rent q̄ point ne ressuscitoit, si firent vne fosse en terre et mirent abel de/ dens celle fosse et puis le couurirent de terre. Et vng aultre iour apres

z.i.

quilz le allerent veoir pour scauoir comment il estoit: si le trouuerent tout corrompu et pourri en partie: si en menerent moult grant dueil. Et dura la douleur quilz en menerent cent ans car ilz virent bien q̃ ainsi iroient ilz a debilite et a corruption. Et vesquirent long temps en grant pourete et en grant douleur, et eurent asses filz et filles: mais tant quilz furent en vie neurent oncques ioye pour la grant seignourie ou ilz auoient este q̃ par leur oultraige ilz auoient perdu Toute la douleur que adam et eue eurent, et la peine q̃lz soustindrent signifie plainement le seruice quon chãte en saincte eglise le dimenche q̃ est appelle le septuagesime auquel on laisse a chanter alleluya: q̃ signifie ioye. En celuy iour commence saincte eglise en la personne de adam vne merueilleuse chacon a chanter et dist ainsi La complainte de la mort et le gemissement mont prins et enuirõne: et les douleurs denfer mont saisi de toutes pars, et iay appelle dieu mon seigneur en ma tribulation, et il a entendu ma voix et ma priere de son saint temple. Et pource q̃ adam scauoit bien q̃ nostre seignr̃ lui auoit monstre quil seroit deliure de la douleur denfer ou il fut pour son peche. Si dist saincte eglise en son seruice mesmes en la personne de adam. Sire iay crie a toy du parfond denfer, sire

Ie te prie q̃ tu oyes ma voix et entens: car se tu nes pres garde en mon faict et en ceulx q̃ iay fait contre peche il nest nul qui le puisse soustenir Et tous les seruices quon fait en celui iour signifient plainement le dueil et la douleur q̃ adam fit et eut quant il fut gette hors de paradis. Et est le premier eage qui dura iusques au temps que noe fist larche que nostre seignr̃ luy commanda.

Le second eage qui commence a Noe.

E̱n celuy temps et eage second qui commence a noe luy commanda dieu nostre seignr̃ q̃l fist larche. Car ceulx qui estoient yssus de adam et de sa femme eue menoient si mauluaise vie et si deshõneste q̃ la clamour et la plainte estoit allee deuant dieu nostre seignr̃. car les hõmes et les femmes de adonc auoient corrompue leur nature, et ne faisoit nul chose quil deust. Si dist nostre seigneur q̃l en vouloit prendre la vengeance et les vouloit pugnir. Adonc deuisa nostre seignr̃ la forme et maniere de larche a Noe comment il la feroit et mettroit dedens masles et femelles de toutes bestes et oyseaulx qui viuent selon nature, dune chascune espece, et luy sa femme et ses trois filz, sen, cham, iaphet, et leurs trois femmes tanseullement en larche et voulut p eau du deluge destruire

Cy comence la table de ce present liure intitule la bible en francois

Et premierement.

Commēt dieu crea le ciel et la terre fueillet .ii.
Comment nostre seigneur priua et debouta adam et eue hors de paradis terrestre pource quilz furēt desobeissans a son commādemēt en mēgeant du fruit de larbre quil leur auoit deffendu fueillet iii.
Comment adam et eue ploururent leur filz abbel par lespace de cent ans fueillet iiii.
Comment le peuple creut et multiplia de degre en degre, et comment Enoch fut prins et raui de ce mōde et porte en paradis terrestre par la voulente de Dieu iiii.
Coment adam et eue apres ce quilz eurēt vescu long temps en ce mōde en grant pourete et douleur moururent et furent enterres en la valee debron fueillet iiii.
Commēt lameth et celuy qui le cōduisoit allerent en vne forest pour scauoir silz pourroient trouuer aulcune beste sauluaige quilz peussent abatre et occirent cayn cuidant q̄ ce fust vne beste sauluaige v.
De tubal et de Jubal freres, et de leur art fueillet v.

Coment dieu vint a Noe et luy cōmanda a faire vne arche vi.
Commēt noe fist larche par le commandemēt de Dieu en quoy il se saua du deluge luy et ses gens vi.
Commen Dieu parla a Abraham fueillet ix.
Coment lange parla a loth x.
Coment la cite de segor ne fut poīt perie par la priere de loth x.
Comment loth engrossa ses deux filles fueillet x.
De ysaac et rebeca sa fēme qui fut fille de batuel fueillet xiii.
De esau et de iacob freres xiii.
Coment esau vendit son p̄mier ne a son frere iacob pour vne escuellee de lentilles fueillet xiii.
Coment iacob receut la benediction de son pere ysaac que esau debuoit auoir fueillet xiiii.
Coment iacob sen fouyt en aarā devers son oncle labā pour la doubte de son frere esau fueillet xv.
Coment iacob eut espouse les deux filles de labā son oncle qui furent appelles lune lya et lautre rachel. fueillet xv.
Commēt iacob se departit de aarā et amena auec luy ce quil lui appartenoit et sen reuint en bethel par devers son pere ysaac fueillet xvii.
Comment lange luita a iacob. fueillet xix.

A.i

¶ Cōment sichē le filz d'emor ravit τ
efforca dine la fille de lya qui fut fil
le de iacob fueillet xix.
¶ Cōment ioseph fut envoie p̄ vevers
ses freres lequelle getterent en vne
cisterne τ puis le vendirent xxi.
¶ Cōment ioseph fut mene en egipte
par les marchans de madian lesq̄lz
le vendirēt au prince de la chevale-
rie du roy pharaon qui fut appelle
phatifer fueillet xxii
¶ Commēt ioseph exposa les songes
des deux serviteurs du roy pharaon
estans en prison avec luy xxii
¶ Commēt le roy pharaon fist mettre
ioseph hors de de prison xxiii
¶ Cōment Joseph exposa le songe du
roy Pharaon et fut gouverneur de
la terre d'egipte xxiiii
¶ Cōment iacob envoya ses enfās en
la t̄re d'egipte pour acheter du bled.
fueillet xxv.
¶ Cōment ioseph dōna a disner a ses
freres fueillet xxvii
¶ Commēt ioseph se fist cognoistre a
ses freres fueillet xxviii.
¶ Comment on fist assavoir au roy
pharaon la venue des freres de Jo-
seph fueillet xxviii
¶ Cōment ioseph p̄senta son pere Ja
cob et ses freres au roy pharaon
fueillet xxix.
¶ Commēt iacob donna sa bēdiction
au deux enfās de ioseph xxix.

¶ Commēt iacob avant son trespas
prophetisa et exposa tout ce qui de-
voit advenir a vngchascun de ses en
fans fueillet xxx.
¶ Cōment apres la mort de Joseph le
roy d'egipte commenca a persecuter
les enfans d'israel: τ cōment il mou
rut apres fueillet xxxi.
¶ Comment nostre seignr̄ s'apparut
a moyse au buisson xxxii.
¶ Comment moyse τ aaron son frere
sen vindrent parler au roy d'egipte
fueillet xxxiiii.
¶ Cōment dieu nostre seignr̄ apres ce
quil eut muees les eaues de la terre
d'egipte en sang p̄secuta les egipti-
ens de diverses persecutions auāt q̄
le roy pharaon voulsist laisser aller
ne partir les enfās d'israel que dieu
envoia querir par moise en egipte
fueillet xxxv
¶ Cōment les enfās d'israel mēgerēt
laignel et firēt la pasque p̄ le gman
dement de dieu auāt quilz p̄tissent de
egipte pour aller au desert xxxix.
¶ Cōment les enfās d'israel partirent
pour aller au desert fueillet xl.
¶ Commēt le roy pharaō et tout son
ost furent noyes en la mer rouge q̄t
ilz chassoient les enfans d'israel que
moyse enmenoit au desert xl.
¶ Cōmēt moyse entra au desert avec
les enfans d'israel fueillet xxxix.
¶ Cōment moyse par la voulente de

noſtre ſeigñr fiſt ſaillir eaue a grãt
abondãce de la pierre q̃ eſt appellee
oreb fueillet xxxix.
¶Comment les enfans diſrael apres
ce quilz furẽt loges pres du mõt de
ſinay prierẽt a moyſe q̃ dieu ne voul
ſiſt point parler a eulx xl.
¶Cõment les enfans diſrael pẽdãt
le temps q̃ Moyſe fut deuers noſtre
ſeigñr deuindrẽt ydollatres et adou
rerent les veaulx dor: dont dieu en
fut moult courrouce contre eulx.
fueillet xli
¶Commẽt ceulx q̃ auoient eſte cauſe
de faire adourer les veaulx dor aux
enfans diſrael eurent les barbes do
rees: leſq̃lz moiſe fiſt mettre a mort
par ceulx de la lignee de leui xlii
¶Cõment la terre ſouurit et englou
tit choro daten et abiron et to9 ceulx
qui a eulx appartenoiẽt pour la ſe
dition quilz auoiẽt mis entre les en
fans diſrael xlvi.
¶Commẽt les enfãs diſrael entrerẽt
en la terre de madian et la conq̃rent
par la voulente de noſtre ſeigneur.
fueillet xlvi
¶Comment laſne par la voulente de
noſtre ſeigñr pla a balaã xlvii.
¶Commẽt eleazar fut eſtabli ſouue
rain preſtre et eueſque p̃ moiſe ap̃s la
mort de aarõ frere de moyſe xlix.
¶Cõmẽt moyſe enuoia douze hõmes
pour eſpier la terre de canaã l.

¶Commẽt les enfãs diſrael murmu
rerẽt contre moyſe et les autres gou
uerneurs du peuple en diſant q̃ mi
eulx leur eut vallu mourir en egi
pte q̃ eſtre occis et deſtruis en la tre
de canaã q̃ noſtre ſeigñr leur auoit
donnee et promiſe l.
¶Commẽt noſtre ſeigñr laiſſa morir
et deſtruire ceulx qui auoient mur
mure contre luy li.
¶Cõment noſtre ſeigneur monſtra a
moyſe de la montaigne de nebo ou il
parla a luy la terre q̃ lauoit promis
aux enfans diſrael li.
¶Cõment moyſe mourut li.
¶Comment noſtre ſeigñr commãda
a Joſue de mener ſõ peuple en la ter
re qui leur promiſt: et garder ſes cõ
mandemens fueillet lii.
¶Comment Raab garda la vie aux
deux meſſagiers que ioſue auoit en
uoie en hierico fueillet lii.
¶Cõment par la voulẽte de dieu les
enfans diſrael paſſerẽt a pied ſec le
fleuue de iordain liii.
¶Cõment noſtre ſeigneur cõmanda
aux enfans diſrael de faire la paſq̃
fueillet liiii.
¶Comment ioſue deſtruict la cite de
hierico et tout le pais dẽtour liiii.
¶Comment achor fut lapide pour le
larcin quil auoit fait lv.
¶Cõment ioſue ap̃s la mort de achor
conquiſt la cite de hay lvi

A.ii.

Comment iosue desconfit a donze/
ch le roy de hierusalem et tous ses
aidans fueillet   lviii.
Coment Josue et les enfans disrael
destruirent en bataille xxviii. roys
fueillet   lviii.
Comment Josue sacrifia a nostre sei
gneur en sichen fueillet   lviii.
Comment Josue donna a caleth la
terre qui fut a emath le geant et la
cite debron fueillet   lix.
Coment iosue auant son trespas di
uisa entre les enfans disrael la terre
de promission   lix.
Coment barath qui fut de la lignie
de neptalim deliura les enfans dis/
rael de la main du roy de canaan.
fueillet   lx.
Comment gedeon deliura les enfas
disrael de la main de ceulx de madia
fueillet   lxi.
Comment gedeon alla contre ceulx
de madian fueillet   lxii.
Comment gedeon desconfit ceulx de
madian fueillet   lxii
Coment les enfans disrael osterent
les ydolles et dieux estranges quilz
auoient entre eulx   lxiii.
Comment iepte deliura les enfans
disrael de la main de leurs ennemis
fueillet   lxiii.
Coment iepte voua a nostre seignr
que sil luy donnoit victoire contre le
roy Amon que la premiere chose de
sa maison q luy viendroit au deuat
il la sacrifieroit a dieu: dot il aduit
que apres quil eut desconfit le Roy
amon et ses gens il sacrifia a dieu
sa fille laqlle luy estoit venue pre
miere au deuant   lxiiii
Comment lange de nostre seigneur
sapparut a la feme de mane le pere
de sapson et luy annonca la natiuite
dudict sampson   lxiiii
Coment la mauuaise feme dalida
deceut sampson le fort   lxvi
Cy comence lystoire des roys
Et premierement oment anne feme
de helcana eut ung filz q fut appel/
le Samuel quelle donna a dieu pour
le seruir au temple: a deliura a helie
le souuerain prestre   lxvii
Coment nostre seigneur parla a sa
muel fueillet.   lxviii.
Commet les philistiens conquiret
larche de nostre seignr   lxviii.
Coment les philisties renuoierent
larche de nostre seigneur aux enfas
disrael fueillet   lxix.
Comment les enfans disrael requi
rent a samuel dauoir ung roy sus
eulx. fueillet   lxx
Comment samuel sacra saul a roy
sus israel fueillet   lxxi.
Coment dauid occist golias le geat
et lui couppa la teste de son espee mes
mes et lemporta au roy saul.
fueillet   lxxvi.

Cõment le roy saul cõmenca a persecuter dauid fueillet lxxvii
Comment dauid destruit les philistiens deuãt sillan lxxx.
Cõment saul parla a dauid sus la fosse ou dauid lui coppa vne piece de sa robbe lxxx.
Commēt dauid se courroussa a nabal. fueillet lxxxi.
Cõment samuel parla au roy saul apres quil fut trespasse lxxxiii
Cy cõmence le second liure des roys fueillet lxxxv.
Cõmēt hisboseth le filz saul se courroussa contre abner le prince de la cheualerie lxxxvi.
Commēt abner fist rauoir a dauid michol sa femme qui fut fille du roi saul. fueillet lxxxvii
Cõment hisboseth le filz de saul fut mis a mort lxxxvii
Cõmēt dauid mena larche de dieu en grant solemnite en hierusalem fueillet lxxxviii
Cõment nathan le prophete parla au roy dauid lxxxix
Cõment les enfans de amon firent vilanie aux messagiers du roy dauid quil auoit enuoyes par deuers eulx fueillet lxxxix
Commēt dauid rauit et effoza bersabre qui fut fēme de lescuier ioas qui puis fut appellee phatifer fueillet xc.
Cõmēt dieu enuoia nathã son prophete parler au roy dauid xci
Comment ioas mãda querir le roy dauid pour prendre la cite de rabba fueillet xci
Cõment amon filz de dauid rauit a effozca thamar la seur de absalon fueillet xcii
Cõmēt absalon mist a mort amon son frere en vengeance de ce quil luy auoit violee sa soeur thamar xcii
Cõmēt le roy dauid sen fouyt hors de hierusalem pour la doubte de absalon son filz xciii
Commēt absalon en fouyant de la bataille quil eut contre les gens de dauid son pere se pendit par les cheueulx en vng arbre xcvi.
Cy apres sont specifies les noms des preux qui regnoiēt au temps de dauid roy xcix
Comment dauid fut tente tellemēt quil fist nombrer le peuple disrael. fueillet xcix
Cy commence le tiers liure des rois fueillet c.
Commēt salomon rendit iugemēt pour lenfant que les femmes pretēdoient estre sien cii.
Cõmēt dieu sapput a salomon aps quilz eut edifie le temple ciiii.
Cõmēt la royne de sabba vint deuers le roy salomõ et des psens qlle luy fist. fueillet cv.

A.iii.

Cõment salomon par la tentation des femmes laiſſa a ſeruir dieu z adoura les ydolles fueillet cvi
Commẽt apres la mort de ſalomõ roboã regna ſus deux lignies ſeullement fueillet cvii
Commẽt micheas le prophete vint parler au roy Achas apres ce qͥ leut laiſſe aller le roy benadab cxiiii.
Comment le roy Achas fut mis a mort fueillet cxvi
Cy commence le quart liure des roys fueillet cxvi.
Commẽt dieu eſleua au ciel Helie le prophete fueillet cxvii.
Comment athalia la mere de achaꝛis voulut eſtre royne z regna apres la mort de achazie ſon filz ſus le royaulme de iuda fueillet cxx.
Comment athalia fut miſe a mort fueillet cxx.
Commẽt azarias le roy de iuda deuint meſeau fueillet cxxvii.
Comment ſamanazar print oſee et tous ceulx des ſept lignies z tranſporta tout en ſon pais et rẽplit toute ſa terre de la tre diſrael .cxxviii.
Cõment ezechias roy de iheruſalez deſconfit les philiſtiens et deſtruict tous les haulx lieux des ydolles et oſta les deux ſerpẽs dart :cxxviii.
Cõment ezechias enuoia a ſeminadab le roy des aſſiriens trois cens beſans dargẽt et trẽte dor affin de laiſſer ſon pays en paix cxxix.
Comment lange de Dieu occit cent iiii.xx.mille z vi. aſſiriẽs cxxx.
Cõment dieu adiouſta a la vie du roy ezechias xv. ans et luy fiſt certifier par certains ſignes que dieu lui monſtra fueillet cxxx.
Cõment manaſſes fut roy en hieruſalem apres la mort ezechieas ſõ pere fueillet cxxxi.
Comment manaſſes mua ſa vie de mal en bien apres ce q̃ le roy de babiloine eut eſte en iuerie z leut deſpoillee fueillet cxxxi
Cõment Joſias fut occis en la compaignie du roy adremon cxxxii
Commẽt Joachl fiſt mettre a mort vrie le ſainct prophete cxxxiii
Comment nabugodonoſor vint deuant hieruſalem cxxxiiii.
Commẽt hieremie fut mis en priſõ en la maiſon de Janathe cxxxv.
Cõment hieruſalẽ fut deſtruicte le xi. an du royaulme de ſedechie q̃ fut prins et eut les yeulx creues et mourut en priſon en babiloine cxxxvi.
Cy commence lyſtoire de Jonas fueillet cxxxvii
Cy commẽce lyſtoire de ruth q̃ noemi mena en la tre de moab, cxxxvii.
Commẽt ruth ſe coucha auecques boos fueillet cxxxix
Cy commence lyſtoire de tobie fueillet cxxxix.

Comment thobie enseuelissoit les
mors de nuyt fueillet   cxl
Cõment thobie deuit aueugle aps
ce que la captiuite des iuifz fut pas
see fueillet   cxl
Commēt thobie pria nostre seignr
pour la reprouche de sa fēme   cxli
Comment sarra se mist en oraison
trois iours et trois nuitz sans bon
ne mēger pour la priere dune garce
de sa maison fueillet   cxli
Cõment thobie enseigna a son filz
plusieurs beaulx ēseignemēs   .cxli.
Commēt vng poissõ voulut ēglou
tir le ieusne thobie fueillet   cxlii
Comment thobie demanda auoir a
femme sarra la fille de Raguel quil
luy donna fueillit   cxliii
Cõment le pere et la mere de thobie
plourerēt leur filz fueillet   cxliiii
Comment lange raphael se fist co
gnoistre a thobie apres ce ql eut ra
mene son filz fueillet   cxlv
Cõment thobie rēdit graces et louē
ges a nostre seignr depuis que lāge
se fut esuanouy de luy   cxlv

 Cy cõmence lystoire de daniel le
prophete fueillet   cxlvi.
Comment nabugodonosor songea
vng songe merueilleux lequel da
niel exposa et īterpreta p inspiratiõ
diuine la significāce du sōge .cxlvii.
Cõment nre seignr reuela a daniel
la vision du roy nabugodonosor et
lexposition dicelle   cxlvii
Comment nabugodonosor fist get
ter en la fornaise ardant les trois cõ
paignōs darmes de daniel cest assa
uoir Sidrac Misac et Abdenago
fueillet   cxlix.
Comment babiloine fut prinse par
daire fueillet   cl.
Cōmēt darius deliura daniel en la
main de ses aduersaires lesquelz le
getterēt en la fosse aux lyons   cli

 Cy sensuit lystoire de Susanne
fueillet   clii
Commēt daniel deliura Susanne
fueillet   clii
Cōmēt daniel destruit bel le dieu
des babiloniēs en son temple et tous
les prestres qui luy seruoiēt   cliiii
Cōment abacuth porta a mēger a
daniel en la fosse des lyons ou il
estoit fueillet   cliiii.

 Cy commēce lystoire de la belle
hester fueillet   clv.
Comment hester fut esleue royne et
uasti fut degettee fueillet   clv.
Cōment aman pourchassa la mort
des iuifz fueillet   clvi.
Commēt mardocheus loncle de la
royne hester fut esleue du roy assue
rus fueillet   clvii.

 Cy cōmence lystoire de iob et de
sa grant pacience   clix
Cōment dieu souffrit a sathan per
secuter le corps de iob   clix.

Cy apres sensuiuent les aages
Et premierement
Comment adam et eue furent bou
tes hors de paradis terrestre   clxiii
Le second aage qui commēce a noe
fueillet   clxiii
Le tiers aage qui commēce a abra
ham fueillet   clxiiii
Le quart aage qui comēce a moise
fueillet   clxiiii.
Le .v. aage qui commēce a dauid τ
dure iusques a la transmigration
de babiloine fueillet   clv.

Le vi. aage qui cōmence auc temps
que hierusalem fut distruicte et les
filz disrael amenes en babiloine
fueillet   clxv
Le .vii. aage qui cōmence a la nati
uite de nostre seigneur Jesuchrist
fueillet   clxv.

Cy finit la table de ce present
liure intitule la bible
en francoys Impri
mee a paris.

www.ingramcontent.com/pod-product-compliance
Lightning Source LLC
Chambersburg PA
CBHW060503170426
43199CB00011B/1314